NomosBibliothek

Die Reihe **Nomos**Bibliothek bietet Studierenden der Sozial- und Geisteswissenschaften ausgezeichnete Einführungen in die jeweilige Fachdisziplin. Klar strukturiert und in verständlicher Sprache vermitteln die Bände grundlegende Fachinhalte und fundiertes Expertenwissen. Sie sind ideal geeignet zum Einstieg in das Studium und zur sicheren Prüfungsvorbereitung – ein unentbehrliches Handwerkszeug für alle angehenden Sozial- und Geisteswissenschaftler:innen.

Der Name ist Programm, denn ähnlich einer Bibliothek hat die Reihe den Anspruch, Studierenden prägnante und verlässliche Einführungen in das jeweilige Fachgebiet an die Hand zu reichen. In der Zusammenschau aller Einführungswerke entsteht dabei ein enzyklopädischer Wissenspool. Die markant gestalteten Bände dienen zudem der fachlichen Information auch über Studieninhalte hinaus.

Joachim Schiedermair | Hanna Eglinger
Annegret Heitmann | Patrick Ledderose

Skandinavistische Literaturwissenschaft

Einführung

Onlineversion
Nomos eLibrary

Die Deutsche Nationalbibliothek verzeichnet diese Publikation in der Deutschen Nationalbibliografie; detaillierte bibliografische Daten sind im Internet über http://dnb.d-nb.de abrufbar.

ISBN 978-3-8487-8772-2 (Print)
ISBN 978-3-7489-3339-7 (ePDF)

1. Auflage 2024
© Nomos Verlagsgesellschaft, Baden-Baden 2024. Gesamtverantwortung für Druck und Herstellung bei der Nomos Verlagsgesellschaft mbH & Co. KG. Alle Rechte, auch die des Nachdrucks von Auszügen, der fotomechanischen Wiedergabe und der Übersetzung, vorbehalten. Gedruckt auf alterungsbeständigem Papier.

Inhaltsverzeichnis

I. Einleitung ... 7
1. Eine Reflexionswissenschaft in »Bullerbü« ... 7
2. Wo liegt Skandinavien oder was gehört zum ›Norden‹? ... 10
3. Das Fach Skandinavistik ... 14
4. Zum Gebrauch dieses Buches ... 18

II. Literaturgeschichtliche Zugänge ... 23
1. Historizität des Literaturbegriffs ... 23
2. Der Kanon ... 26
3. Nationalliteratur ... 30
4. Periodisierung ... 34
5. Autorschaft ... 38

III. Poetologische Zugänge ... 43
1. Was ist Literatur? Eine Annäherung an die Begriffe Poetizität, Narrativität und Theatralität ... 43
2. Die literarischen Gattungen ... 48
   2.1 August Strindberg und die verwirrende Klassifizierung von Gurken ... 49
   2.2 Herausforderungen bei der Klassifikation von Literatur ... 51
   2.3 Welchen Nutzen haben Gattungstheorien? ... 55
   2.4 Poetiken ... 59
3. Poetizität ... 62
   3.1 Was ist Poetizität? ... 63
   3.2 Die poetische Funktion der Sprache ... 66
4. Narrativität ... 72
   4.1 Was ist eine Erzählung? ... 73
   4.2 Fabel und Sujet ... 80
   4.3 Fiktion und Fiktionalität ... 82
   4.4 Intertextualität ... 85
5. Theatralität ... 89
   5.1 Was ist Theatralität? ... 90
   5.2 Implizite Theatralität des Dramas ... 92
   5.3 Theatralität in nicht-dramatischen Texten ... 103

IV. Medienwissenschaftliche Zugänge ... 111
1. Distanz überwinden ... 111
2. Was ist ein Medium? ... 113
   2.1 Medien als Körperextensionen ... 113
   2.2 Medien als Träger von Zeichen(systemen) ... 115
   2.3 Speicher- und Verbreitungsmedien ... 116
   2.4 Medialität und Mediendispositive ... 121

2.5 Text und Bild als Leitmedien: Von der Gutenberg-Galaxie
zum *Iconic Turn* ... 124
3. Intermedialität ... 131
3.1 Medienumbrüche um 1900 (technische Medien) ... 132
3.2 Medienkombination, Medienwechsel, Medienkontexte ... 142
3.3 Medienästhetik und Medienpoetik: Intermediale Bezüge
im Zeitalter von Rundfunk und Neuen Medien ... 146

V. Kulturwissenschaftliche Zugänge ... 153
1. Was ist Kultur(wissenschaft)? Und was hat Literatur damit zu tun? ... 155
1.1 Johannes V. Jensens *Forsvundne Skove* als Fabel der Enkulturation ... 155
1.2 Kulturmodell A: Kultur vs. Natur ... 157
1.3 Kulturmodell B: Kultur vs. Zivilisation/Gesellschaft ... 159
1.4 Kulturtechniken und Zeichengebrauch ... 163
1.5 Kulturmodell C: Bedeutung vs. Nicht-Bedeutung ... 165
1.6 Die Unhintergehbarkeit von Kultur ... 168
1.7 Kulturwissenschaften und Literaturwissenschaften ... 171
2. Drei Metaphern zum Verhältnis von Literatur und Welt ... 172
2.1 Kultur als Text: Lesen und Interpretieren ... 173
2.2 Kultur als Handlung: Aufführen und Inszenieren ... 178
2.3 Kultur als Verhandlung: Der Kreislauf sozialer Energie ... 186
3. Zentrale kulturwissenschaftliche Themen in der Literaturwissenschaft ... 192
3.1 Grundlagen des Verstehens: Raum und Zeit ... 193
3.2 Der Körper und die Natur-Kultur-Differenz ... 204
3.3 Identität und Kollektivität ... 215

Literaturverzeichnis ... 227
Register der skandinavischen Autor:innen ... 229
Stichwortregister ... 231

I. Einleitung

Annegret Heitmann

Literaturwissenschaftliche Einführungsbücher gibt es viele – warum sollte man den zahlreichen bestehenden und häufig sehr guten Einführungen eine weitere hinzufügen? Der Ansatz dieses Buches unterscheidet sich durch sein Ordnungskriterium, das sich auf Skandinavien konzentriert. Zwar ändert der Gegenstandsbereich des Faches nicht die literaturwissenschaftliche Methodik – eine spezifisch skandinavische oder skandinavistische Literaturwissenschaft gibt es nicht. Wohl aber ändert sich zum einen der Beispielvorrat an literarischen Texten, aus dem die Einführung schöpft und den sie heranzieht, um Methoden der Literaturwissenschaft anschaulich zu machen. Zum anderen ändert sich aber auch der Reflexionsrahmen, wenn nicht nur über methodische Zugänge nachgedacht wird, sondern auch über deren Bezug zu einem spezifischen Gegenstand. Dazu muss jedoch erst einmal geklärt werden, welchen Objektbereich die Skandinavistik abdeckt, was wir genau meinen, wenn von Skandinavien (der Region) und von Skandinavistik (dem Fach) die Rede ist. Davon soll diese Einleitung handeln. Denn ganz so einfach, wie es auf den ersten Blick scheint, ist das nicht.

1. Eine Reflexionswissenschaft in »Bullerbü«

Ein Vorverständnis von diesen Begriffen haben wir selbstverständlich. Skandinavien liegt im Norden Europas, wir assoziieren es mit kalten Wintern und hellen Sommernächten, mit unberührten Landschaften, ewigem Eis und Wikingerschiffen, mit Pippi Langstrumpf, IKEA und dem Nobelpreis. Doch Zuschreibungen sind ungenau und wandelbar. Während wir heute an Nordic Noir-Krimis denken, an »hygge« als *life-style* oder an die Action-Serie *Vikings*, assoziierte man vor wenigen Jahrzehnten vor allem den Wohlfahrtsstaat, melancholische Bergman-Filme, die Holzhäuschen-Idylle der »Bullerbü«-Verfilmungen und die Musik von ABBA. Noch früher – in den 1930er und 40er Jahren – gab es die Vorstellung vom arisch-nordischen Menschen und der Überlegenheit der blonden nordischen Rasse, die sich schweigsam, aber erfolgreich der kargen Natur widersetzte. Diese ideologisch motivierte Projektion ist zum Glück überholt und als falsch und gefährlich entlarvt, doch auch harmlosere Zuschreibungen haben sich als Stereotype oder fragile Attribute erwiesen. Das angeblich ewige Eis und die unberührten Landschaften sind vom Klimawandel und von schonungsloser Ausbeutung der natürlichen Ressourcen bedroht, das Konzept von »hygge« hat sich als ein PR-Phänomen herausgestellt, die vorgeblich ur-skandinavische Firma

I. Einleitung

IKEA ließ in Billiglohnländern produzieren und der Wohlfahrtsstaat hat seinen Zenit längst überschritten. Vorstellungen von Egalität, Sicherheit und gesellschaftlicher Offenheit wurden durch den Aufstieg rechtspopulistischer Parteien und das Attentat vom 22. Juli 2011 in Oslo zunichte gemacht. Und selbst die hehre Institution des (Literatur-)Nobelpreises ist 2018 durch Skandale innerhalb der Schwedischen Akademie erschüttert worden.

Eine gültige Beschreibung Skandinaviens kann sich also nicht auf punktuelle Kenntnisse oder Idealvorstellungen berufen, wenngleich derartige Projektionen bei der Auseinandersetzung mit skandinavischer Literatur mitgedacht werden müssen, nicht zuletzt, weil sich Literatur selbst mit derartigen Zuschreibungen auseinandersetzt. Die Literatur ist ein Reflexionsraum, in dem eine Zeit und eine Kultur sich selbst in fiktionaler Form darstellen und ihre Grundannahmen und Werte, aber auch ihre Widersprüche und Bruchstellen entwerfen, zur Debatte stellen und hinterfragen können. Literarische Texte bieten Erprobungsräume, in denen Identitätskonzepte, Geschlechterrollen, Familienstrukturen, Natur- und Raumvorstellungen, soziale Ordnungssysteme oder Zukunftsentwürfe fiktional entfaltet, verhandelt und geprüft werden. Auch Vorstellungen von Liebe und Tod, Körperlichkeit und Emotionen, Glauben und Transzendenz, Lebenssinn und Glück oder Recht und Gerechtigkeit werden in der Literatur modelliert, erprobt, modifiziert, bestätigt oder verworfen. Insofern trägt Literatur ganz entscheidend zum Selbstverständnis und zur Selbstdeutung einer Kultur bei.

Die Beschäftigung mit der Literatur bringt für Lesende und Forschende daher nicht nur Freude an fantasievollen Beschreibungen, spannend ausgestalteten Handlungsverläufen und interessanten Figuren mit sich, sondern die entworfene Welt vermittelt auch Einsichten in Mentalitäten und Realitäten, die der Fiktion zugrunde liegen, sowie in deren Ambivalenzen und Konfliktpotenziale. So kann ein fesselnder Kriminalroman eine Auseinandersetzung mit fehlender Gerechtigkeit des Wohlfahrtsstaates beinhalten, eine Erzählung, die in den hellen Sommernächten der nordschwedischen Natur spielt, kann eine ökologisch motivierte Kritik liefern, ein Gegenwartsdrama kann die Vorstellung der Charaktere von »hygge« ad absurdum führen, ein Liebesgedicht kann heteronormative Geschlechterkonzeptionen hinterfragen. Auch Hans Christian Andersens Märchen – um eines der bekanntesten Beispiele der skandinavischen Literatur zu nennen – sind bestimmt nicht von Gemütlichkeit (= hygge) geprägt, im Gegenteil. Sie entlarven die sozialen Spannungen der damaligen Gesellschaft (*Den grimme Ælling*, 1844; *Die hässliche junge Ente*, 1844)[1], thematisieren Armut und Ausgrenzung *(Den lille Pige med Svovlstikkerne*, 1846; *Das kleine Mädchen mit den Schwefelhölzern*,

---

1 Die Titel der Originalübersetzungen unterscheiden sich zum Teil von den heute üblichen: Wir sprechen von dem ›hässlichen Entlein‹ und der ›kleinen Meerjungfrau‹. Alle Titel skandinavischer Werke und ihrer Übersetzungen werden in diesem Buch der Einheitlichkeit

1846), ›queere‹ Geschlechterrollen und Fremdheit (*Den lille Havfrue*, 1837; *Das kleine Meerweib*, 1839), Prinzipien von Ökonomie und Warenwelt (*Den standhaftige Tinsoldat*, 1838; *Der standhafte Zinnsoldat*, 1841), die Mechanismen von Herrschaft (*Kejserens nye Klæder*, 1837; *Des Kaisers neue Kleider*, 1839) oder die Technisierung der modernen Welt (*Dryaden*, 1868; *Die Dryade*, 1868). Als fantasievolle, poetische Schilderungen geben sie jedoch keine Antwort oder Handlungsanleitung, sondern sie eröffnen Einsichten, indem sie Fragen stellen und Problemkonstellationen durch fiktive Szenarien und Imaginationen erzählerisch ausgestalten. Um ein solches Potenzial der Texte zu erkennen, muss man über einen Bezug zum eigenen Leben, zur Identifikation mit dem Beschriebenen, hinausgehen und die Differenzen erkennen, die unsere Erkenntnis konstituieren: eine historische oder eine kulturelle Differenz, eine Differenz des Geschlechts, der Mentalität oder der Klasse.

Die Lektüre von historischen Texten macht zudem die Historizität nicht nur von sozialen Konzeptionen wie Recht, Ehe, Familie oder Gemeinschaft, sondern auch von anthropologischen Grundlagen wie Emotionen, Liebeskonzeptionen oder Todesvorstellungen erkennbar. Neue Fragestellungen und Konzepte und neue methodische Ansätze können nicht zuletzt in Texten vergangener Jahrhunderte oft ein bislang unerkanntes Potenzial aufschlüsseln. So kann eine aktuelle Lesart oder Inszenierung von Henrik Ibsens Drama *Hedda Gabler* (1890; *Hedda Gabler*, 1890) Aussagen zu sozialen Hierarchien, zur Konstruktion von Weiblichkeit, zu ›Queerness‹, zu Körperlichkeit und zur Heteronormativität machen, die weit über den emanzipatorischen Kontext des 19. Jahrhunderts hinaus interessant sind und gerade heute erhöhte Relevanz haben. Literatur ist ein Reflexionsmedium, das Einsichten vermittelt, die über einen Unterhaltungswert und eine bloße Abbildung der Realität weit hinausgehen. Denn indem die Wirklichkeit durch Figuren, Zeichen oder Bilder repräsentiert wird, sodass Handlungsverläufe, Relationen und Konflikte abgebildet werden, entsteht eine Vielzahl von Perspektiven auf die dargestellte Welt, deren Gesamtheit sich wie ein Mosaik zu einem komplexen Bild zusammenfügt. Literatur gibt eine »dichte Beschreibung« (vgl. Kap. V dieses Buches) der Welt, die die Komplexität kultureller Systeme abbilden kann, indem sie verschiedene Positionen kontrastiert und Bruchstellen entwirft oder auch Alternativen zum Bestehenden imaginiert. Bei der Lektüre geht es nicht um den Erwerb von Kenntnissen, die die Texte bereitstellen, sondern um – oftmals zeichenhaft indirekte oder sprachlich verdichtete – Inszenierungen von zeitspezifischen Diskursen und Wissensordnungen, die ihnen zugrunde liegen und die nur durch ein methodisch reflektiertes Lesen aufgeschlüsselt werden können.

---

halber kursiv gesetzt, auch wenn sie – wie im vorliegenden Fall – nicht als selbständige Veröffentlichungen vorliegen.

I. Einleitung

Analog zum reflexiven Potenzial der Literatur selbst muss die Literaturwissenschaft eine Reflexionswissenschaft sein, die ihrem Gegenstand sowohl einfühlsam-nachvollziehend als auch analytisch-distanziert und methodisch bewusst gegenübersteht, um dieses Potenzial erkennen und gedanklich nachvollziehen zu können. Wie genau ein solcher reflexiver und theoriegeleiteter Umgang mit Literatur sich gestaltet, soll in den Hauptkapiteln dieses Buches im Einzelnen beschrieben werden. Doch es gilt vorab zu bedenken, dass die Beschäftigung mit der skandinavischen Literatur durch deutsche Leser und Leserinnen und im Rahmen der deutschsprachigen Skandinavistik die eigene Distanz zum Gegenstand, die eigene Perspektive nicht vergessen darf. Falls man Übersetzungen heranzieht, ist die Vermittlungsinstanz des Übersetzens[2] ebenso zu bedenken wie die Notwendigkeit, die Literatur in ihrem historischen, regionalen und kulturellen Kontext zu situieren. Manchmal führt diese Sicht von außerhalb zu einer vergleichenden Forschung, die deutsch-skandinavische Wechselbeziehungen oder Übersetzungen in den Mittelpunkt stellt,[3] oder zu einem breiteren komparatistischen Ansatz, der skandinavische Texte im europäischen oder weltliterarischen Kontext in den Blick nimmt.[4] In jedem Fall ist die Skandinavistik in Deutschland ein Xeno-Fach, d.h. eine Disziplin, die ihren Gegenstand aus einer Außenperspektive betrachtet, und daher die eigene Fremdheit und die Stereotypen und überkommenen Vorstellungen von ihrem Untersuchungsobjekt mitdenken und kritisch reflektieren muss. Außerdem setzt Skandinavien als kulturelles Imaginäres eine distinkte Einheit, eine abgrenzbare Region voraus, die mehr Gemeinsamkeiten als Unterschiede aufweist. Auch diese Einheit ist zu hinterfragen: Was gehört eigentlich dazu, wenn wir von Skandinavien sprechen?

2. Wo liegt Skandinavien oder was gehört zum ›Norden‹?

Eine wissenschaftliche und sachbezogene Definition muss stets mit arbiträren Grenzbestimmungen rechnen, mit historischen Veränderungen, sich wandelnden oder auch umstrittenen Demarkationslinien und Diversität im Inneren. Die Grenzen Skandinaviens können auf verschiedene Weise gezogen werden, abhängig davon, ob wir geologische, geografische, historische, politische, kulturelle oder sprachliche Kriterien anwenden. Je nach Definition gehören z.B. Finnland im Osten und Grönland, weit westlich der skandinavischen Halbinsel und der europäischen Kontinentalplatte gelegen, zu Skandinavien und damit zum Bereich des Faches Skandinavistik dazu oder nicht –

---

2 Vgl. z.B. die schon etwas betagte, aber immer noch relevante Untersuchung: Bruns, Alken: Übersetzung als Rezeption, Neumünster 1977; Rühling, Lutz/Huntemann, Willi (Hrsg.): Fremdheit als Problem und Programm: Die literarische Übersetzung zwischen Tradition und Moderne, Berlin 1997.
3 Vgl. dazu z.B. Hoff, Karin: Die Entdeckung der Zwischenräume. Literarische Projekte der Spätaufklärung zwischen Skandinavien und Deutschland, Göttingen 2003.
4 Vgl. z.B. Felcht, Frederike: Grenzüberschreitende Geschichten. H.C. Andersens Texte aus globaler Perspektive, Tübingen/Basel 2013.

sprachliche Kriterien schließen diese beiden Regionen zwar aus, politischen, kulturellen und historischen Argumenten zufolge gehören beide Länder jedoch zu Skandinavien oder zum ›Norden‹, wie die Skandinavier selbst ihre Region mit einem übergeordneten Begriff nennen. Die Bezeichnung Skandinavien, deren Vorformen auf die Antike zurückgehen und Gebiete benannten, die nördlich von Germanien lagen, ist eine von außen herangetragene Fremdbezeichnung. Sie umfasst im engeren, geografischen Sinne die skandinavische Halbinsel mit den Staaten Norwegen und Schweden. Aus sprachlich-kultureller Perspektive wird in der Regel dann noch Dänemark dazugezählt, aus historisch-politischer Perspektive kommen Finnland, Island, die Åland-Inseln, die Färöer-Inseln und Grönland hinzu. Dieser Staatenverbund, dieser ›Norden‹, ist das Ergebnis von Nationalstaatenbildung des 19. und Dekolonisierungsbewegungen des 20. Jahrhunderts: So war Norwegen bis 1814 ein Teil der dänischen Doppelmonarchie und gehörte sogar bis 1905 – wenn auch schon mit eigener Verfassung – zum Königreich Schweden. Die Färöer-Inseln und Grönland sind ebenfalls ehemalige dänische Kolonien, die als eigenständige Staaten heute noch zum Königreich Dänemark gehören und Repräsentanten ins dänische Parlament entsenden, während Island sich von der langen dänischen Kolonialherrschaft komplett gelöst hat und seit 1944 ein autonomer Staat ist. Sowohl die interskandinavischen Beziehungen und politischen Abhängigkeiten als auch die Nationalstaatenbildung und die Entkolonialisierungsbewegungen werden nicht zuletzt in literarischen Texten modelliert und reflektiert, sowohl in zeitgenössischen Debatten als auch in kritischen Rückblicken. Auch in dieser Beziehung ist die Literatur ein wichtiges Medium der kulturellen Selbstreflexion.

Diese aktuelle Selbstauffassung als Einheit der nordeuropäischen Länder gibt sich Ausdruck in der Institution des Nordischen Rats, der 1952 von Dänemark, Island, Norwegen und Schweden gegründet wurde und uns eine institutionell beglaubigte Definition des Objektbereichs unseres Faches gibt.[5] 1955 trat Finnland dem Forum bei, und in den Folgejahren schlossen sich die zu Finnland gehörige autonome Provinz Åland und die zum Königreich Dänemark gehörigen autonomen Länder Grönland und die Färöer dem Rat an. Während die politische Macht des Nordischen Rats begrenzt ist, hat er eine wichtige kulturelle und identitätsstiftende Bedeutung, indem er höchst angesehene Film-, Musik- und Literaturpreise vergibt. Durch diese Preise und die rege kulturelle Zusammenarbeit trägt der Nordische Rat entscheidend zur Selbstidentifizierung der doch sehr unterschiedlichen Länder als Einheit bei. Und uns gibt er eine Fachbestimmung, mit der wir arbeiten

---

5 Vgl. die offizielle Website des Nordischen Rats: https://www.norden.org/en. (02.05.2024)

können, wenngleich wir uns immer der Konstruiertheit dieses Raums, seiner Diversität, seiner Grenzen und Öffnungen bewusst sein müssen.[6]

Da es sich bei der literaturwissenschaftlichen Skandinavistik um eine philologische Disziplin, eine Textwissenschaft, handelt, sind die Sprachen und Literaturen die grundlegendsten Kriterien, die die Grenzen und den Interessenbereich des Faches bestimmen. Leider wird es hier noch etwas komplizierter mit den Ein- und Ausschlusskriterien, da wir nicht nur mit unterschiedlichen Sprachfamilien, sondern sogar mit verschiedenen Formen der innerstaatlichen Mehrsprachigkeit rechnen müssen. So ist Norwegen offiziell eine bilinguale Nation, in der es neben dem Bokmål (= Buchsprache) das von ca. 10–15 % der Bevölkerung verwendete Nynorsk (= Neunorwegisch) gibt, das im 19. Jahrhundert in Abgrenzung von der stark dänisch beeinflussten Hochsprache auf der Grundlage von Dialekten geschaffen wurde und eine wichtige Rolle für die Literatur spielt. So schreiben z.B. Arne Garborg, Jon Fosse, Frode Grytten und Brit Bildøen auf Nynorsk. In Finnland spricht eine Mehrheitsbevölkerung eine nicht nord-germanische, sondern eine finnougrische Sprache, die nicht Gegenstand der Skandinavistik ist. Eine Minderheit von ca. 5 % spricht allerdings Finnlandschwedisch, und so gibt es auch in Finnland zwei Amtssprachen und mit der finnlandschwedischen eine bedeutende, in den Fachbereich der Skandinavistik fallende Literatur.[7] Vertreter der finnlandschwedischen Literatur sind u.a. Tove Jansson, Edith Södergran, Kjell Westö und Ulla-Lena Lundberg. Zu der nord-germanischen Sprachfamilie gehören, neben dem Norwegischen und Schwedischen, das Dänische, Färöische und Isländische. Dänen, Norweger und Schweden können sich – etwas guten Willen und ein wenig Übung vorausgesetzt – untereinander gut verständigen, weil ihre Sprachen eng verwandt sind. Sprachhistorisch gilt diese Verwandtschaft auch für das Isländische und Färöische, deren moderne Sprachformen sich allerdings der relativ problemlosen interskandinavischen Kommunikation entziehen. Dennoch kommt die enge linguistische Nähe den ausländischen Skandinavistikstudierenden sehr gelegen, da bereits das (aktive) Erlernen einer dieser Sprachen die passive Kompetenz für einen großen Kulturraum eröffnet. Mit anderen Worten: Wer Schwedisch sprechen kann, kann auch Norwegisch und Dänisch lesen. Im Studium wird die Kompetenz erworben, den Raum des Nordens vergleichend und von außerhalb zu betrachten, was sie von den skandinavischen Forschenden unterscheidet, die sich in der Regel schwerpunktmäßig mit den Literaturen ihrer Erstsprache beschäftigen.

---

6 Vgl. Henningsen, Bernd: Die Welt des Nordens. Zwischen Ragnarök und Wohlfahrtsutopie: Eine kulturhistorische Dekonstruktion, Berlin 2021.
7 Daher nominiert Finnland jeweils einen finnisch- und einen schwedischsprachigen Text in der Konkurrenz um den Literaturpreis des Nordischen Rats.

Darüber hinaus gibt es weitere nicht-nordgermanische Sprachfamilien in Skandinavien, das Grönländische, das Samische, das von der samischen Bevölkerung in der Nordkalotte (im Norden Norwegens, Schwedens, Finnlands und Russlands) gesprochen wird, und Minderheitensprachen wie Meänkieli oder Tornedalsfinnisch, Kvenisch, Romani, Karelisch, Jiddisch oder die Sprachen der Einwanderer aus z.B. Syrien, Iran oder Afghanistan. Die Bi- oder Multilingualität,[8] die sich aus dem Vorhandensein dieser Sprachen in Skandinavien ergibt, ist in jüngerer Zeit in der Literatur selbst reflektiert und sogar poetologisch genutzt worden; ein bekanntes Beispiel sind die Texte Jonas Hassen Khemiris (vgl. auch Kap. II und III dieses Buches). Wenn auch die Skandinavistik in Deutschland sich schwerpunktmäßig auf die festlandskandinavischen Sprachen Dänisch, Norwegisch und Schwedisch (die von gut 80 % der Bevölkerung in der Region gesprochen werden) sowie das Isländische konzentriert, hat die aktuelle politische Aufmerksamkeit für die ungelösten Probleme einer postkolonialen Welt dazu geführt, dass grönländischer oder samischer Literatur erhöhtes Interesse entgegengebracht wird. So berücksichtigt auch der Literaturpreis des Nordischen Rats seit einigen Jahren Vorschläge aus den Sprachgebieten der samischen, grönländischen, färöischen und äländischen Regionen. 1991 gewann mit Nils-Aslak Valkeapää erstmals ein samischer Autor den renommierten Preis, 2021 gewann die Grönländerin Niviaq Korneliussen ihn für ihren Roman *Naasuliardarpi* (2020; *Blomsterdalen*, 2020; *Das Tal der Blumen*, 2023). Sie ist eine zweisprachige Autorin, die zunächst in ihrer Erstsprache Grönländisch scheibt, ihre Texte dann aber selbst in ihre Zweitsprache Dänisch überträgt. Die junge Autorin hat neue und kontroverse Themen in die grönländische Literatur eingeführt, wenn sie über ihre eigene Homosexualität und über die hohe Zahl an Selbstmorden unter jungen Grönländern schreibt. Ihre Texte erweisen sich als Gradmesser für Veränderungen und Konflikte in der grönländischen Gesellschaft, und die Verleihung des Preises bestätigt die Relevanz ihrer Literatur. Gleichzeitig zeigt dieses Beispiel ein erweitertes Verständnis dessen, was traditionell als skandinavisch oder nordisch bezeichnet wurde. Die Literatur hilft dabei, die überkommenen Nationalstaatsgrenzen zu hinterfragen, (ehemalige) koloniale Abhängigkeiten zu erkennen und kritisch zu durchleuchten und Minoritäten und Mehrsprachigkeit zu berücksichtigen. Das Studium der Literaturen einer fremdsprachigen Region bietet daher differenzierte Einblicke in deren Kultur, Geschichte und Selbstauffassung, gerade indem es auch die inhärenten Ambivalenzen, Konflikte und Widersprüche offenlegt.

---

8 Vgl. zu diesem Thema z.B. Wischmann, Antje/Reinhardt, Michaela (Hrsg.): Multilingualität und Mehr-Sprachlichkeit in der Gegenwartsliteratur, Freiburg 2019.

3. Das Fach Skandinavistik

Nun besteht die Skandinavistik im deutschsprachigen Raum nicht nur aus einer auf literarische Texte bezogenen Wissenschaft. Neben der Literaturwissenschaft, der dieser Band gewidmet ist, wird an deutschsprachigen Universitäten der nordeuropäische Raum auch historisch, sprachlich, sprachhistorisch, mediävistisch, mentalitätsgeschichtlich, politisch oder landeskundlich erforscht.[9] Das Fach Skandinavistik oder Nordische Philologie,[10] wie es an einigen Universitäten heißt, ist aus der Germanistik hervorgegangen. Seine Entwicklung spiegelt in manchen Facetten Strömungen der gesamtpolitischen Situation in Europa: So trugen die Relation Deutschlands zu den nordeuropäischen Ländern, wechselnde Grenzziehungen zwischen Staaten und die Nationalstaatenbildung, die Suche der europäischen Romantiker nach Wurzeln und Ursprüngen sowie nicht zuletzt der Nationalsozialismus zu Entwicklungen der Fachgeschichte bei. Als Begründer der Skandinavistik in Deutschland gelten neben z.B. Gottlieb Mohnike (1781–1841) und Friedrich David Gräter (1768–1830) die Brüder Grimm,[11] die ein philologisches Interesse verfolgten, die altnordische Sprache und Mythologie studierten und skandinavische Texte übersetzten und nach Deutschland vermittelten. Aufgrund der reichhaltigen Überlieferungstradition des mittelalterlichen Nordens hat sich traditionell auch die Germanistik für die nordeuropäische Kultur, vor allem des alten Island, interessiert, das sie allerdings lange als Teil der germanischen Kulturtradition betrachtete. Aus diesen von deutschen Sprachwissenschaftlern und Philologen betriebenen Forschungen zu den altisländischen Sagas, der Edda und der Skaldik ging dann sukzessive die Nordische Philologie als eigenständiges Fach hervor. Der Kernbereich dieses Faches war zunächst auf die mittelalterlichen Überlieferungen konzentriert, die sprach-, literatur- und kulturgeschichtlich erforscht wurden.

---

9 Einen gründlichen Überblick über die Geschichte des Faches bieten mehrere Kapitel in dem von Bernd Henningsen herausgegebenen Buch Nordeuropa. Handbuch für Wissenschaft und Studium, Freiburg 2023. Vgl. v.a. Mohnike, Thomas: Deutschsprachige Skandinavistik westlich der Mauer nach 1989, in: ebd., S. 853–861.

10 Zur Fachgeschichte gibt es etliche Publikationen, die meist ein einzelnes Institut in den Mittelpunkt stellen. Vgl. z.B. Böldl, Klaus/Kauko, Miriam (Hrsg.): Kontinuität in der Kritik, Freiburg 2005; Glauser, Jürg (Hrsg.): 50 Jahre Skandinavistik in der Schweiz. Eine kurze Geschichte der Abteilungen für Nordische Philologie an der Universität Basel und an der Universität Zürich 1968–2018, Tübingen 2019; Lindqvist, Christer: 100 Jahre nordische Studien, in: Campus 1456. Magazin der Universität Greifswald, 9/2018, S. 9–11; Hube, Hans-Jürgen: Eine kurze Geschichte der Skandinavistik an der Berliner Universität Unter den Linden, in: https://www.ni.hu-berlin.de/de/institut/geschichte/geschich_h tml (02.05.2024); Behschnitt, Wolfgang/Mohnike, Thomas/Nix, Angelika: Geschichte des Instituts für Vergleichende Germanische Philologie und Skandinavistik der Universität Freiburg – Kurzer Abriss der Geschichte der Skandinavistik in Freiburg, 2002, in: http://www.skandinavistik.uni-freiburg.de/institut/institutsgeschichte (02.05.2024).

11 Jacob Grimm (1785–1863) und Wilhelm Grimm (1786–1859).

Das Interesse für den Kulturraum Nordeuropas wurde aber von einzelnen Forschern verschiedener Fachrichtungen an einigen Universitäten schon früh aus diversen fachlichen Perspektiven geweckt, sodass die Fachgeschichte der Skandinavistik von den jeweiligen Instituten unterschiedlich erzählt werden kann. In Greifswald, das nach dem Westfälischen Frieden Teil Schwedens war, hielt der schwedische Dichter Thomas Thorild die wohl ersten Vorlesungen über die schwedische Sprache an einer deutschsprachigen Universität. In Kiel, bis 1864 im Herzogtum Holstein und damit im Dänischen Gesamtstaat situiert, lehrte der dänische Schriftsteller Jens Baggesen von 1811 bis 1814 als Professor für dänische Sprache und Literatur. In Berlin betrieb der Historiker Friedrich Rühs (1781–1820), der 1810 Professor in Berlin wurde, nordische Studien, die von dem Germanisten Wilhelm Scherer (1841–1886) fortgeführt wurden. Und in München – um ein letztes Beispiel dieser von Individuen vorangetriebenen, noch nicht institutionalisierten Skandinavienforschungen zu nennen – publizierte der Rechtshistoriker Konrad Maurer (1823–1902) als Kenner Islands Studien zu der Geschichte und Kultur des Landes. Ab 1918 wurden im Deutschen Reich dann politisch gewollt systematisch auslandskundliche Institute für verschiedene Kulturbereiche gegründet. Eines dieser Institute war das Nordische Institut in Greifswald, das den skandinavischen Raum abdecken sollte, sodass dort erstmals der Erwerb der modernen skandinavischen Sprachen Gegenstand der universitären Lehre wurde.

Doch die Institutionalisierung des Faches Skandinavistik verlief nicht gradlinig oder kontinuierlich. Vor allem die Zeit des Nationalsozialismus bedeutete einen tiefen Einschnitt in der Herausbildung einer wissenschaftlich fundierten Fachidentität. Mittlerweile haben wissenschaftshistorische Forschungen herausgearbeitet, dass und inwiefern führende Fachvertreter an den rassistischen Ideologien von der Überlegenheit des arisch-nordischen Menschen mitgewirkt und das nationalsozialistische Regime unterstützt haben.[12] Das Fach, ja die Beschäftigung mit dem Norden, war dadurch in Misskredit geraten und bedurfte eines Neuanfangs in der Nachkriegszeit.[13] Nur auf der Basis der Aufarbeitung und der kritischen Fachreflexion konnte eine grundlegend neue Fachidentität entstehen, die dann auch zu innovativen Inhalten und neuen textwissenschaftlichen Ansätzen führte. Besonders der Frankfurter Skandinavist Klaus von See (1927–2013) machte sich um die kritische Aufar-

---

12 Vgl. Gaschke, Malte: ›Der Germanische Wissenschaftseinsatz‹ 1942–45, in: Henningsen (Hrsg.): Nordeuropa, S. 837–40.
13 Wie auch in anderen Bereichen der bundesrepublikanischen Gesellschaft war dieser Neubeginn durch erhebliche Altlasten verzögert. Vgl. zur Weiterbeschäftigung von nationalsozialistisch belasteten Professoren die kurze Zusammenfassung bei Mohnike: Deutschsprachige Skandinavistik westlich der Mauer und nach 1989, in: Ebd, S. 853–55.

I. Einleitung

beitung verdient und trug gleichzeitig entscheidend zur Neuausrichtung des Faches als moderne Textwissenschaft bei.[14]

Seit den 1960er Jahren entstand – sowohl in der Gesellschaft als auch an diversen universitären Instituten – ein verstärktes Interesse am modernen und zeitgenössischen Skandinavien. Der entscheidende Unterschied zur zuvor betriebenen philologischen Forschung war die Erkenntnis, dass sich das Fach mit der Kultur eines fremden Raums beschäftigt und Skandinavien nicht mehr als Teil eines gemeinsamen germanischen Erbes betrachtete. Es ging nicht mehr um Germanische Altertumskunde im Sinne der Erforschung der vermeintlich eigenen Wurzeln, sondern um die Kultur, Literatur und Sprache des nordeuropäischen Raums, wobei nun auch die Neuzeit bis in die Gegenwart hinein Aufmerksamkeit fand. Ab 1960 betrieb der dänische Literaturwissenschaftler Aage Kabell (1920–81) in München eine auf die moderne Literatur ausgerichtete Forschung, und 1968 wurde Otto Oberholzer (1919–86) auf den ersten Lehrstuhl für Neuskandinavistische Literaturwissenschaft in Kiel berufen, wo sich bald ein reges Interesse an der jeweils aktuellen Literatur Skandinaviens sowie an der damals virulenten Methodendiskussion entwickelte. In Kiel wurde 1970 auch die Fachzeitschrift *skandinavistik* gegründet, die bis heute – seit 2010 unter dem Namen *European Journal of Scandinavian Studies* – ein wichtiges Publikationsorgan des Faches darstellt,[15] und mit der Beteiligung am Sonderforschungsbereich 17 »Ostseeraumforschung« gab es 1969 die erste Teilnahme an einer interdisziplinären Kooperation. Derartige Forschungsverbünde sind in der heutigen Wissenschaftslandschaft von grundlegender Bedeutung und haben die disziplinäre Entwicklung und Methodenreflexion auch der Skandinavistik seither entscheidend beeinflusst.[16]

In den Folgejahren entstanden weitere neuskandinavistische Lehrstühle und Abteilungen neben den weiterhin vorhandenen mediävistischen Schwerpunkten, sodass die Disziplin nun aus zwei Fachteilen bestand. Als Grenze zwischen Alt- und Neuskandinavistik wurde die Reformation festgelegt. Dabei geht es nicht um eine religiöse Demarkationslinie, bedeutender für die Entwicklung der Literatur war eine medientechnische Innovation des 15. Jahrhunderts, die Einführung des Buchdrucks. Vor 1500 und vor Einführung des Buchdrucks entstandene Texte werden traditionell von der Mediä-

---

14 Vgl. See, Klaus von: Deutsche Germanen-Ideologie. Vom Humanismus bis zur Gegenwart, Frankfurt 1970. Seine Nachfolgerin auf der Frankfurter Professur, Julia Zernack, führte diese Forschungen fort. Eine kompakte Darstellung findet sich in ihrer institutsgeschichtlich ausgerichteten Studie: Zernack, Julia: Kontinuität als Problem der Wissenschaftsgeschichte, in: Böldl/Kauko (Hrsg.): Kontinuität und Diskontinuität in der Kritik, S. 47–72.
15 Mittlerweile gibt es mit der Netzpublikation »Nordeuropaforum« ein zweites wissenschaftliches Fachorgan der Skandinavistik, das in Deutschland herausgegeben wird.
16 Vgl. z.B. den Göttinger SFB »Die literarische Übersetzung« (1985–97), den Freiburger SFB »Identitäten und Alteritäten« (1997–2003) oder die Münchner Forschergruppe »Anfänge (in) der Moderne« (2006–2012).

vistik behandelt, die danach entstandene Literatur von der Neuskandinavistik. Dass auch diese Grenzlinie nicht absolut zu setzen ist, untersuchte ein Forschungsprojekt an der Universität Zürich.[17] Auch eine Vielzahl von Studien zur Rezeption der altnordischen Kultur und Literatur, die schwerpunktmäßig an der Universität Frankfurt betrieben wurden,[18] konzentrieren sich auf textuelle und mediale Überlieferungen und historische Kontinuitäten, die das Bild des Kulturraums Skandinaviens bestimmen.

Durch die methodologische Ausdifferenzierung der philologischen Fächer entwickelte sich die bis dahin vorwiegend als Sprachgeschichte betriebene Linguistik in den 1970er Jahren zu einer synchronen Sprachwissenschaft, sodass das Fach nun aus drei Säulen bestand. 1975 wurde in Freiburg mit Otmar Werner (1932–97) die erste skandinavistische Professur mit linguistischem Schwerpunkt besetzt. Darüber hinaus wurde an der Humboldt-Universität Berlin eine politik- und sozialwissenschaftlich fundierte Kulturwissenschaft eingerichtet, die maßgeblich von Bernd Henningsen (geb. 1945) geprägt wurde. Damit hatten sich vier Fachteile etabliert, von denen nur einer, die neuskandinavistische Literaturwissenschaft, in diesem Buch im Zentrum steht. Viele der hier diskutierten Ansätze können auch in der mediävistischen Literaturwissenschaft Anwendung finden, wenngleich die Schwerpunkte dort etwas anders gesetzt werden, indem man sich z.B. auch auf Themen wie Erinnerung und Fragestellungen der Textüberlieferung konzentriert. Wenn ein Teilbereich der vorliegenden Einführung mit der eben genannten Kulturwissenschaft überschrieben ist, kann auch dieser Ansatz mehrere Fachteile betreffen. Das zeigt einerseits, dass es sich dabei um einen sog. *Umbrella term* handelt, der vieles beinhalten kann und genauer Definition bedarf (vgl. dazu die detaillierte Herleitung der kulturwissenschaftlichen Literaturwissenschaft im V. Kapitel dieses Buches). Zum anderen deutet die Überlagerung von Literatur-, Kultur- wie auch Medienwissenschaften (vgl. Kapitel IV) darauf hin, welche methodologische Ausweitung und Komplexitätssteigerung die Literaturwissenschaft im Rahmen der Methodenreflexion seit den 1990er Jahren erfahren hat. Wenngleich sie weiterhin auf die Literatur als ihren primären Gegenstand konzentriert ist, speisen sich ihr Erkenntnisinteresse und ihr methodologisches Bewusstsein aus einem breiten Spektrum kulturwissenschaftlicher Theorien.

So hatten und haben die meisten der derzeit 16 Institute im deutschsprachigen Raum (einschließlich der Abteilungen in Wien, Österreich, und Basel und Zürich, Schweiz)[19] mehrere inhaltliche und methodologische Schwer-

---

17 Lena Rohrbach und Klaus Müller-Wille leiteten von 2020 bis 2023 das Projekt »Romanhaftwerden. Skandinavische Prosaliteratur der späten Vormoderne«.
18 Vgl. z.B. Zernack, Julia/Schulz, Katja (Hrsg.): Gylfis Täuschung. Rezeptionsgeschichtliches Lexikon zur nordischen Mythologie und Heldensage, Heidelberg 2019.
19 Diese Institute sind im »Fachverband Skandinavistik« organisiert.

I. Einleitung

punkte, die von Lehrenden mit verschiedenen fachlichen Ausrichtungen betrieben werden. Manche Institute spezialisieren sich über das grundständige Lehrangebot hinaus auf bestimmte Interessens- und Forschungsgebiete; so gibt es in Köln – um nur zwei Beispiele zu nennen – einen film- und medienwissenschaftlichen Schwerpunkt und in München einen medien- und kulturwissenschaftlichen Ansatz, wie er in diesem Buch vorgestellt wird. Ein starkes Interesse an Gegenwartsliteratur besteht z.B. in Wien, Erlangen und München. All diese Fachrichtungen können natürlich nur auf der Basis der Sprachkompetenz einer oder mehrerer skandinavischer Sprachen betrieben werden, sodass die Sprachausbildung ein wichtiges Fundament der universitären Lehre ausmacht. Bedeutsam ist auch die Ausstattung der Institute durch skandinavistische Bibliotheken, die z.B. in Kiel und München auf eine besonders lange und intensive Sammeltradition gründen und reichhaltige Bibliotheken hervorgebracht haben. Auch in der DDR gab es eine rege Forschungs- und Unterrichtstätigkeit auf skandinavistischem Gebiet mit einer intensiven Sprachausbildung.[20] Die beiden ostdeutschen Institute an der Humboldt-Universität Berlin und in Greifswald wurden nach 1990 weitergeführt, allerdings in inhaltlich und personell stark veränderter Form.

Wenn auch Skandinavistik heute als eigenständiges Fach in Bachelor- oder Masterstudiengängen studiert werden kann, besteht an einigen Universitäten weiterhin eine enge institutionelle Bindung an die Germanistik oder Komparatistik (z.B. in Bonn, Erlangen, Tübingen, Wien und Zürich). Es gibt auch Universitäten, an denen die Skandinavistik ein gemeinsames Institut mit der Fennistik (Greifswald und Köln) bildet, an anderen gibt es Nordeuropaexperten in der Geschichtswissenschaft (Kiel, Greifswald), mit denen kooperiert wird oder die (wie in Berlin) zum Institut selbst gehören. An den norddeutschen Instituten in Kiel (wo das Institut auch die Frisistik beheimatet), Flensburg und Greifswald gibt es darüber hinaus eine fachdidaktische Ausbildung, da hier das Fach als Lehramt studiert werden kann. Im Zentrum stehen immer die skandinavische Sprache, Kultur, Historie und Gesellschaft, und dieses Buch will zeigen, inwiefern man gerade über die methodengeleitete Betrachtung von literarischen Texten einen höchst komplexen Zugang dazu finden kann.

4. Zum Gebrauch dieses Buches

Die unterschiedlichen methodologischen Schwerpunkte und die Ausdehnung und Diversität des skandinavischen Raums machen deutlich, dass es sich bei der Skandinavistik keineswegs um ein kleines Fach handelt. Zwar sind die Studierendenzahlen an den einzelnen Instituten bei Weitem nicht so groß wie z.B. in der Germanistik oder Anglistik, aber die Inhalte des

---

20 Vgl. dazu den Beitrag von Muschik, Alexander: Das Fach in der DDR, in: Henningsen (Hrsg.): Nordeuropa, S. 847–852.

Faches sind weit gespannt und herausfordernd. Schon deshalb beschränkt sich diese Einführung darauf, nur die neuskandinavistische Literaturwissenschaft zu beleuchten. Wenn auch der Gegenstandsbereich – Skandinavien oder der ›Norden‹ – für Mediävistik, *area studies*, Linguistik und Literaturwissenschaft identisch ist, unterscheiden sich die Fragestellungen und die methodischen Zugänge. Und es sind diese Verfahrensweisen einer reflektierten Literaturwissenschaft, die das vorliegende Buch gliedern und in die es einführen will. Wir möchten zeigen, dass und inwiefern literarische Texte einen privilegierten Zugang zu einer Kultur, einer Gesellschaft und ihrer Historie bieten können, wenn man sie richtig zu lesen weiß.

Das Ziel ist es, eine studienbegleitende Lektüre zu liefern, die problemorientiert und theoriegeleitet ist. Alle Kapitel führen in grundlegende Verfahren der Literaturwissenschaft ein, sie können fortlaufend oder abschnittsweise gelesen werden, da die Kapitel nicht argumentativ aufeinander aufbauen. Die Reihenfolge stellt auch keine Hierarchie oder implizite Wertung dar, doch spiegelt sie eine gewisse wissenschaftsgeschichtlich begründete Abfolge, wobei die späteren Kapitel jüngere literaturwissenschaftliche Zugänge ausmachen. Insofern kann, bei wenig Vorkenntnissen, eine Lektüre von Anfang an sinnvoll sein, sie ist aber nicht zwingend notwendig. Wenn Lesende bereits literaturwissenschaftliche Kenntnisse haben und z.B. nur ein medienwissenschaftliches Interesse verfolgen, ist natürlich eine isolierte Lektüre des entsprechenden Kapitels möglich. Dennoch empfehlen wir, das Buch vom Anfang (und hoffentlich bis zum Ende) zu lesen, da es einem ganzheitlichen Konzept folgt.

Darin unterscheidet es sich von vielen anderen verfügbaren sog. ›Methodenbüchern‹, also Einführungen in die Literaturwissenschaft, die einzelne literaturwissenschaftliche Ansätze isoliert voneinander darstellen und – gewissermaßen wie in einem Supermarkt – zur Auswahl stellen.[21] Die vorliegende Einführung ist demgegenüber als Präsentation einer zusammenhängenden, umfassenden Vorgehensweise zu verstehen, deren Kapitel keine alternativen Ansätze darstellen, die in Konkurrenz zueinander stehen, sondern sich ergänzen und auf einem gemeinsamen Verständnis von Literatur und von Literaturwissenschaft beruhen. So wurden die Grundlagen der Argumentation in enger Zusammenarbeit von uns vieren konzipiert, und auch die Ausformung ist im Austausch der vier Beteiligten untereinander entstanden, wenngleich je eine/r von uns je ein Kapitel selbständig ausgearbeitet hat und dafür verantwortlich zeichnet.

Die Lektüre eines literarischen Textes, zu der das Buch anleiten möchte, beruht nach unserem Verständnis nicht auf der ›Applikation‹ einer Methode oder einer Theorie, sondern auf einem erkenntnisleitenden Interesse, das

---

21 Vgl. z.B. die vor Kurzem erschienene 3. Auflage des dänischen Einführungsbuches Fibiger, Johannes/Mølgaard, Niels (Hrsg): Litteraturens tilgange, København 2023.

dem Potenzial des Textes gerecht wird. Dabei kann das Interesse z.b. den intertextuellen Bezügen, den Erzählverfahren, der Darstellung von Emotionen, dem Verhältnis der Geschlechter, der Relation von Text und Bild oder der Wahrnehmung der Natur gelten. Immer gilt es jedoch, die ästhetischen Merkmale eines Textes genau in den Blick zu nehmen und ihre jeweilige Funktionalisierung zu ermitteln. Auch wenn ein Roman z.B. eine postkoloniale Lektüre nahelegt, wie sie in Kapitel V vorgestellt wird, ist eine literaturgeschichtliche Reflexion, in die das II. Kapitel einführt, unumgänglich; und wenn ein medientheoretischer Aspekt in den Vordergrund gestellt wird (Kapitel IV), weil ein Gedicht z.b. vom Wirken der Fotografie handelt, ist das nur auf Grundlage einer formalästhetischen Analyse sinnvoll (Kapitel III). Erst das Ineinandergreifen der unterschiedlichen Aspekte der Literaturwissenschaft, die Verbindung vom Text und seinen Kontexten, von der Ästhetik und der Thematik, dem Zusammenwirken von historischen Parametern, erkenntnistheoretischen und kulturellen Diskursen können der Literatur gerecht werden. Dabei muss man nicht notwendigerweise den thematischen Schwerpunkten des Textes folgen, eine kritische oder »kontrapunktische Lektüre« (Kapitel V) kann auch auf verschwiegene oder verdrängte Aspekte (z.B. des Kolonialismus) aufmerksam machen.

Zwischenüberschriften gliedern die Kapitel, sodass das Buch auch als Nachschlagewerk zu bestimmten Themen (was versteht man unter Kanon, Gattungen, Intermedialität, Adaption, Semiosphäre, *queer studies*?) benutzt werden kann. Ein Index der wichtigsten Begriffe schlüsselt das Buch auf und macht die selektive Benutzung noch einfacher. Erklärt werden allerdings nur solche Termini, die für die Sprache der Literaturwissenschaft spezifisch sind und für die in diesem Buch präsentierten Methoden Relevanz haben. Für auch allgemeinsprachlich verwendete Fremdwörter wie ›Tableau vivant‹, ›Melancholie‹ oder ›Bilingualität‹ bieten sich allgemeine Nachschlagewerke an, die nicht zuletzt im Internet zur Verfügung stehen. Eine elementare Voraussetzung für wissenschaftliches Arbeiten und Lernen sind ohnehin Wissbegierde und Neugier – dazu gehört das Nachschlagen und Hinterfragen von Unbekanntem. Und wir möchten mit diesem Buch nicht zuletzt dazu ermutigen, skandinavische Literatur gleichzeitig neugierig und fragend zu lesen und dabei sowohl die Texte wie die eigene Lektürepraxis kritisch zu beleuchten.

Ein Grundprinzip ist das exemplarische Vorgehen des Buchs, d.h. die Fragestellungen und methodischen Ansätze werden an vielen Beispielen erläutert, die alle einen repräsentativen Wert haben. Diese Beispiele werden immer aus der skandinavischen Literatur entnommen, sodass das Einführungsbuch gleichzeitig viele wichtige Themen und Darstellungsformen der skandinavischen Literatur der Neuzeit präsentiert. Wir haben uns bemüht, die Argumentation möglichst eng an diesen Beispielen zu orientieren, um sie anschaulicher, aber auch studienrelevanter zu machen. Man begegnet bei der Lektüre bekannten Autoren und Autorinnen wie Hans Christian Andersen, Selma Lagerlöf und Karen Blixen, aber man lernt auch viele nicht so prominente Schriftsteller und Schriftstellerinnen und Textbeispiele kennen. Da ist z.B. die Dramatikerin Charlotte Dorothea Biehl, eine oft unterschätzte Komödienautorin des 18. Jahrhunderts, oder der kinematographisch interessante Science-Fiction-Stummfilm *Himmelskibet* (1918; *Das Himmelschiff*), der einen Flug zum Mars imaginiert. Da ist eine in Alexandrinern geschriebene Zeitung, ein Hut als sozialer ›Marker‹ und Strindbergs Zweifel an der Möglichkeit, Gurken zu klassifizieren. Es gibt also viel zu entdecken!

II. Literaturgeschichtliche Zugänge

Annegret Heitmann

1. Historizität des Literaturbegriffs

Auch wenn wir alle wissen, was Literatur ist, fällt es gar nicht so leicht, den Begriff genau zu bestimmen. Alle folgenden Kapitel in diesem Buch werden Aspekte und Facetten zum komplexen Verständnis des Literaturbegriffs beitragen und ihn ausleuchten. Um einen Anfangspunkt zu setzen, soll es für den Moment genügen, Literatur in der Neuzeit als institutionalisierte Form der **Kommunikation im Medium der Schrift** zu verstehen. All diese Begriffe rufen bestimmte theoretische Konzepte auf, und sie müssen als historisch wandelbar verstanden werden: Die Institution des Literaturbetriebs entwickelt und verändert sich ebenso wie Kommunikationsformen und mediale Bedingungen. Insofern sind wir es gewohnt, Literatur in Form eines historischen Ablaufs wahrzunehmen und sie in geschichtliche Kategorien einzuordnen. Nicht vergessen darf man jedoch, dass auch die Kategorien und die Ordnungsmuster, mit denen wir Literatur zu gliedern gewohnt sind, nicht allgemeingültig sind, sondern bestimmten Perspektiven und einem historischen Wandel unterliegen. Zwei Beispiele aus der skandinavischen Literatur können einleitend beleuchten, dass und inwiefern der **Literaturbegriff ein historisches und gesellschaftliches Produkt** ist. Das bedeutet nicht, dass in diesem Kapitel eine Geschichte der skandinavischen Literatur entworfen werden soll – zu diesem Zweck kann auf eine Vielzahl von skandinavischen Literaturgeschichten und nicht zuletzt auf die von Jürg Glauser herausgegebene deutschsprachige *Skandinavische Literaturgeschichte*[1] verwiesen werden. Es geht vielmehr um die Frage, wie eine Geschichte der Literatur überhaupt zustande kommt und welche Kategorien dabei zugrunde gelegt werden. Doch zunächst sollen die beiden Beispiele aus dem 17. und dem 18. Jahrhundert den Gegenstand Literatur als historisch und historisierbar erkennen lassen.

Beispiel: Anders Bording *Den danske Mercurius* (1666–77; *Der dänische Merkur*)

Der Däne Anders Bording schrieb Gedichte zu einer Zeit, als der gesellschaftliche Bedarf an Neuigkeiten aus aller Welt wuchs.[2] Da ab den 1620er

---

1 Glauser, Jürg (Hrsg.): Skandinavische Literaturgeschichte, 2. Aufl., Stuttgart 2016.
2 Vgl. Hougaard, Jens: Fra adelskultur til hofkultur, in: Forfatterkollektiv (Hrsg.): Dansk Litteraturhistorie, 9 Bde., Bd. 2, København 1984, S. 196–202.

Jahren das dänische Postwesen aufgebaut und organisiert wurde, war es nun möglich, Informationen über aktuelles Geschehen bei Hofe und im Handel, über Kriegsgeschehen und Politik im damals neuen Medium der Zeitung im Land zu verbreiten. Zunächst war in Dänemark nur eine auf Deutsch geschriebene Wochenzeitung aus Hamburg verfügbar, die aber das lokale Geschehen nicht berücksichtigte und sprachlich nicht allgemein zugänglich war. Der König als Oberhaupt des absolutistischen Staates sah es als vorteilhaft für die Festigung seiner Macht und die Entwicklung von Handel und Wohlstand an, dass seine Untertanen über politische und wirtschaftliche Ereignisse im eigenen Land informiert würden, und erteilte deshalb ein Druckprivilegium, das es dem bekannten Dichter Anders Bording erlaubte, eine Zeitung herauszugeben, die er *Den danske Mercurius* (*Der dänische Merkur*) nannte. Das Blatt erschien monatlich von 1666 bis zum Tod Bordings im Jahr 1677 und berichtete über Nachrichten aus dem In- und Ausland, beginnend mit Dänemark und geordnet nach Ländern. Da es sich bei den Staatsereignissen um wichtige Themen handelte, wählte Bording zur Präsentation seiner Nachrichten die hohe Form des Alexandriners, ein sechshebiges jambisches Versmaß. Jede Nummer der Zeitung hatte vier Seiten und enthielt gut einhundert in Paarreimen angeordnete Alexandriner, die über Handel, Politik und das Königshaus berichteten. Während die dichterische Form also durchaus einem heute gängigen Verständnis von Literatur im engeren Sinne entsprach, zeigt die Abhängigkeit vom absolutistischen Staat und die Verpflichtung gegenüber dem König, dass die Vorstellung von autonomer Literatur keine überzeitliche Gültigkeit aufweist. Deutlich wird an diesem Beispiel auch die **Interaktion mit der medialen Entwicklung** und eine erzieherische Funktion, die Literatur in manchen Fällen aufweisen kann.

Was als Literatur gilt, hängt also nicht nur von der sprachlichen Form ab, sondern von den gesellschaftsgeschichtlichen Bedingungen sowie der Funktion, die der Literatur im jeweiligen zeithistorischen Kontext zugemessen wird. *Den danske Mercurius* war **Ästhetik, Unterhaltung, Belehrung und Information** gleichermaßen. Zu bestimmten Zeiten konnte Literatur eine gesellschaftskritische oder auch eine identitätspolitische Funktion einnehmen, sie konnte den Herrscher feiern, ihn kritisieren oder sich als Herrschaft und Politik entgegengesetzte und unabhängige Sphäre der Kunst begreifen. Diese unterschiedlichen Funktionen sind nicht immer kategorial zu trennen, und sie sind selbst im Laufe der Zeit wandelbar.

> Beispiel: Carl Michael Bellman *Fredmans Epistlar* (1790; *Fredmans Episteln*, 1990); *Fredmans Sånger* (1791; *Fredmans Lieder*)

Als ein zweites Beispiel dafür kann einer der bis heute bekanntesten schwedischen Dichter Carl Michael Bellman herangezogen werden. Bellman war ein sehr vielseitiger Poet, sodass seine Texte ein breites Spektrum an Funktionen abbilden. Seine bis heute bekannten Lieder der Sammlung *Fredmans Epistlar*

(1790; *Fredmans Episteln,* 1909) und *Fredmans Sånger* (1791; *Fredmans Lieder*) vereinen Elemente aus Volkskultur und Mythologie mit der ästhetischen Raffinesse der Anakreontik und der Rokokodichtung. Sie thematisieren Genuss und Rausch, Liebe und Erotik, Natur und Schönheit, aber auch Tod und Vergänglichkeit und verbinden Wortkunst und Musik. Besonders die von Bellman selbst musikalisch dargebotenen Gedichte stellten offensichtlich Höhepunkte der Unterhaltungskunst dar. Auch seine dichterische Formenvielfalt ist erstaunlich: Idyllen, Burlesken, Elegien, Allegorien, Parodien und Pastoralen verbinden Komik und Pathos, Eleganz und Spiel, Theatralität und Tragik. Für die Zeitgenossen enthielt seine Dichtung aber durchaus auch realistische Elemente, viele seiner literarischen Figuren haben Vorbilder in der damaligen Gesellschaft, und die Texte bilden wiedererkennbare Milieus der Handwerker, Kneipen und Dirnen der geschäftigen Hafenstadt Stockholm ab. Wie ein Palimpsest überlagern sich Realismus und Mythologie, Unterhaltung und ernste *memento mori*-Momente. Weniger bekannt ist, dass zu Bellmans Schaffen neben diesen populären Liedern auch Bibelparodien, Singspiele, Satiren sowie eine Reihe von Preisliedern auf den König gehören. Er begrüßte den neuen absolutistischen König Gustaf III. 1772 mit einem Huldigungsgedicht und stand fortan unter seinem Schutz und in seiner Gunst. Zu einer Zeit, als Schriftsteller finanziell von der Unterstützung durch reiche Mäzene abhängig waren, schrieb Bellman »royalistische Propaganda und Hofunterhaltung«[3] in allegorischem und pompös-feierlichem Stil. Sogar in kriegsverherrlichenden Oden lobte der Dichter seinen König, als dieser 1788 gegen Russland mobil machte.

Insofern vereint die Literatur Bellmans schon für das zeitgenössische Publikum die unterschiedlichsten Funktionen: **ästhetischen Genuss, Unterhaltung, Ermahnung, Mimesis und politische Stellungnahme.** Als historisches Dokument gibt es späteren Generationen Einblick in unterschiedliche soziale Milieus und in damals geltende Diskurse über Geschlechterverhältnisse, Philosophie, Politik und Religion. Wenn man heute Bellmans Dichtung rezipiert, steht meist eine ganz andere Funktionalisierung im Vordergrund. Natürlich können auch wir heute die ästhetische Finesse und die religiösen, sozialen oder politischen Ideen erkennen, doch die Funktion, die Bellmans Liedern in der Gegenwart zukommt, betrifft ihren **identitätsstiftenden Charakter.** Es gibt kaum ein fröhliches Fest in Schweden (oder in skandinavistischen Kreisen in Deutschland), auf dem nicht irgendwann zu später Stunde Bellmans Lieder angestimmt werden. Ihre allgemeine Bekanntheit macht sie zum populären Ausdruck eines gemeinsamen kulturellen Erbes und der Zugehörigkeit zu einer Gemeinschaft. Vom Hofpoeten und Gelegenheitsdichter ist Bellman zum Inbegriff schwedischer Identität geworden, seine Lieder

---

3 Lönnroth, Lars: Ljuva karneval. Om Carl Michael Bellmans diktning, Stockholm 2005, S. 219.

zu singen, ist Ausdruck einer »Schwedizität«.[4] Auch diese Funktion der Gemeinschaftsbildung, die regionale oder soziale Gruppierungen betreffen kann, gehört zu den Leistungen von Literatur und ist ebenso historischem Wandel unterworfen wie die moralische, erzieherische oder repräsentative Funktion.

Wenn wir also die Literatur als geschichtlich verstehen, dürfen wir die Muster und Linien, anhand derer wir den historischen Verlauf nachzeichnen, nicht als feste Kategorien betrachten, sondern müssen auch ihre Funktion hinterfragen. Die wichtigsten dieser Ordnungsmuster, die die herkömmliche Literaturgeschichtsschreibung dominieren, sind der Kanon, die Nation, die Epoche und die Autorschaft. Diese vier Grundsätze strukturieren alle gängigen Narrative von der Literatur als historischem Verlauf. Literaturgeschichten wählen aus, was ihnen am wichtigsten scheint und ordnen dann nach Ort und Zeit und Urheber. Ihre Selektions- und Ordnungsprinzipien stellen Konstruktionslinien dar, deren Berechtigung und Wandel im Folgenden erklärt werden soll.

2. Der Kanon

Da unmöglich die gesamte Fülle der überlieferten Texte in die Literaturgeschichte aufgenommen werden kann, muss eine Auswahl getroffen werden. Die Selektion **exemplarischer und erinnerungswürdiger Literatur** bezeichnet man als Kanonbildung oder Kanonisierung. Das griech. Wort Kanon [κανών] bedeutet ursprünglich Richtscheit, Maßstab und – im übertragenen Sinne – Norm oder Regel, z.B. auch Grundsätze des Denkens.[5] Auf eine Schriftauswahl wurde die Bezeichnung zunächst im theologischen Kontext übertragen, um die von der Kirche anerkannten Bücher der Bibel (kanonische Bücher, im Gegensatz zu den apokryphen Schriften) zu benennen. Seit dem 18. Jahrhundert spricht man im Deutschen von einem Kanon, um eine Auswahl normsetzender, als wesentlich für ihre Entstehungszeit und vor allem erinnerungswürdiger Schriften zu bezeichnen. Als maßgeblich für die Übertragung des Terminus auf weltliches Schrifttum gilt der Göttinger Philologe David Ruhnken (1723–1798). Der Kanon hat insofern einen normativen Anspruch, als er allgemeine und transhistorische Gültigkeit besitzen soll. Eine solche repräsentative Textsammlung hat die Funktion, Werte zu tradieren, als Nachweis von Bildung zu gelten (**Bildungskanon**) und die Textauswahl für den Schulunterricht festzulegen (**Schulkanon**). Darüber

---

4 Der Ausdruck ist eine Nachbildung von Roland Barthes Wortschöpfung ›Sinität‹, mit der er die Mythologisierung der gegenwärtigen Gesellschaft in Bezug auf einen geographischen Raum beschreibt. Vgl. Barthes, Roland: Mythen des Alltags [frz. Original 1957], übers. v. Horst Brühmann, Frankfurt a.M. 1964.

5 Vgl. grundsätzlich zum Begriff: Rosenberg, Rainer: Kanon, in: Weimar, Klaus (Hrsg.): Reallexikon der deutschen Literaturwissenschaft, 3 Bde., Bd. 2, Berlin 2007, S. 224–227.

hinaus kann er identitätsstiftend sein und als Vermittler moralischer und ästhetischer Normen der Handlungsorientierung dienen.

Entscheidend für die Aufnahme in den Kanon ist weder die Primärrezeption, d.h. die Beliebtheit bei Zeitgenossen, noch eine schwer zu definierende zeitlose ästhetische Qualität, sondern maßgeblich sind **mediale Mechanismen der Traditionsbildung**.[6] Dazu gehört die dauerhafte Präsenz im Druck und in angesehenen Verlagen, die Herausgabe von Gesamtausgaben, die Übersetzung in fremde Sprachen und die Pflege in literaturvermittelnden Institutionen wie vor allem in Schulen und an Universitäten. Auch der intertextuelle Bezug nachfolgender Autoren und Autorinnen begünstigt die Aufnahme in den Kanon ebenso wie die fortdauernde kritische oder literaturwissenschaftliche Beschäftigung, die Bedeutung und Wert der Literatur festlegen (**Deutungskanon**). So ergibt sich eine Auswahl, zu der zweifelsfrei z.B. die antiken Tragödien, Shakespeares Dramen, Goethes Gedichte oder Flauberts Romane gehören. Auch in der skandinavischen Literatur gibt es eine Reihe von Autoren und Autorinnen und Texten, deren kanonischer Status kaum in Frage gestellt wird: Neben vielen anderen könnte man H.C. Andersens Märchen, Strindbergs Dramen oder Edith Södergrans Lyrik nennen. In Norwegen hat der Kanonisierungsprozess zur Ernennung von vier wichtigen Autoren als »**de fire store**« geführt, womit Henrik Ibsen, Bjørnstjerne Bjørnson, Jonas Lie und Alexander Kielland gemeint sind. Lanciert wurde auch diese Auswahl durch ein mediales Interesse: Zum ersten Mal benutzt wurde der Ausdruck für diese zweifelsohne bedeutende Gruppe von Schriftstellern in einer Verlagsreklame des Verlags Gyldendal.[7]

Nicht nur weil diese Kanonisierung einem verlegerischen Kalkül folgte, ergab sich Kritik an dieser Auswahl und Hervorhebung. So wurde z.B. angeführt, dass den Autorinnen Amalie Skram oder Sigrid Undset ein ebensolcher kanonischer Status gebühre.[8] Grundsätzlich hat die Forschung die Benachteiligung weiblicher Autoren im Prozess der Kanonbildung festgestellt und **Gegenkanones** bislang marginalisierter oder ausgegrenzter Gruppen aufgestellt. Dabei wurden wissenschaftlich oder/und politisch motivierte Einwände gegen die etablierten Normen vorgebracht. Zuerst wurde in den USA ab den

---

[6] Vgl. Winko, Simone: Literarische Wertung und Kanonbildung, in: Arnold, Heinz Ludwig/Detering, Heinrich (Hrsg.): Grundzüge der Literaturwissenschaft, München 2002, S. 585–600. Eine ausführliche Diskussion bietet: Heydebrand, Renate von (Hrsg.): Kanon – Macht – Kultur. Theoretische, historische und soziale Aspekte ästhetischer Kanonbildungen. DFG-Symposion 1996, Stuttgart 1998.

[7] Der Ausdruck ist zum Allgemeingut geworden, was sich z.B. daran ablesen lässt, dass er 2007 zum Thema und Titel eines Comics für Kinder und Jugendliche wurde. Vgl. Runde, Øystein/Moen, Geir: De fire store. Når de døde våkner, Oslo 2007.

[8] Vgl. dazu die grundlegenden methodologischen Überlegungen von Elisabeth Møller Jensen in der Einleitung der skandinavischen Frauenliteraturgeschichte. Møller Jensen, Elisabeth: Historien om kvindernes litteratur, in: Dies. et al. (Hrsg.): Nordisk Kvindelitteraturhistorie, 5 Bde., Bd. 1, København 1993, S. 11–15.

1970er Jahren die Abwesenheit von Frauen und insbesondere Afroamerikanerinnen im Kanon problematisiert, später grundsätzlich der Literaturbegriff und der Anspruch der Normativität in Frage gestellt, der sich nur in einer homogenen oder hierarchisch strukturierten, nicht aber in einer modernen differenzierten und zunehmend globalen Gesellschaft aufrechterhalten lässt. Doch je mehr alternative Kanones aufgestellt werden, desto niedriger ist die Repräsentativität und Normativität des Ausgewählten. Daher gab es auch Gegenreaktionen, die wiederum die Kanonkritik hinterfragten. Am bekanntesten ist Harold Blooms Stellungnahme in *The Western Canon*,[9] der eine autoritative Liste von Meisterwerken der westlichen Literatur aufstellt. Auch in Skandinavien flammt eine **Kanondebatte** immer wieder auf, nicht zuletzt, weil die Lehrpläne der Schulen Lektüregrundlagen fortlaufend überprüfen und neu festlegen. In Dänemark hat das Kulturministerium im Jahr 2006 einen autoritativen Kulturkanon aufgestellt, der neben Literatur, Theater und Film auch bildende Kunst, Musik, Architektur und Design enthält. Man versteht diese Listen über die jeweils zehn maßgeblichen kulturellen Zeugnisse nicht als ein Pensum, sondern als ein Angebot,[10] doch die Auswahl zielt auf die Etablierung einer »kulturellen Gemeinschaft« und ist damit ein »Prägewerk kultureller Identität«,[11] das nicht nur auf Auswahl, sondern auch auf Ausschließungen beruht und der gegenwärtigen differenzierten und heterogenen Gesellschaft kaum gerecht wird.

Die Kanondebatte wird heute vor allem an Universitäten geführt und hinterfragt im Namen von Gruppen, die aufgrund ihrer Herkunft, ihres Geschlechts, ihrer sexuellen Orientierung oder ihrer Klassenzugehörigkeit bisher nicht angemessen repräsentiert sind, den normativen Anspruch eines Kanons, in dem sie keinen Platz finden. Auch in der Literatur selbst findet ein Kampf um den Eintritt in den Kanon statt, und zwar nicht erst in jüngster Zeit. Ein Beispiel aus dem 18. Jahrhundert kann das erläutern.

> Beispiel: Charlotte Dorothea Biehl *Mit ubetydelige Levnets Løb* (1787; *Der Verlauf meines unbedeutenden Lebens*) vs. Ludvig Holberg *Tres Epistolae* (1727–43; *Drei Lebensbriefe*, 1745)

Als bekanntester und zweifelsfrei kanonischer Autor dieser Zeit kann Ludvig Holberg gelten. Er hat in vielen philosophischen, historischen und literarischen Gattungen geschrieben, am bekanntesten wurden aber seine Dramen, die schon zu seinen Lebzeiten viel und mit Erfolg aufgeführt wurden und bis heute gespielt werden. Seine Schriften wurden in einer Vielzahl von Buchausgaben tradiert. Es gibt wissenschaftlich kommentierte Editionen, diverse Werkausgaben, aber auch Taschenbuchausgaben besonders populärer Schriften, es gibt Biographien und Textanalysen, und die Texte werden im

---

9 Bloom, Harold: The Western Canon, New York 1994.
10 Lund, Jørn: Forord, in: Kulturkanon, hrsg. v. Kulturministeriet, København 2006, S. 7.
11 Assmann, Aleida: Einführung in die Kulturwissenschaft, Berlin 2017, 4. Aufl., S. 225.

Schulunterricht und an Universitäten behandelt. Bis heute wird ihm wegen der Bedeutung und der Qualität der Schriften ein Platz im Kanon zugemessen.

Ganz anders geht es einer unmittelbaren Nachfolgerin auf der dänischen Theaterbühne. Charlotte Dorothea Biehl hat auch Komödien geschrieben, außerdem historiographische und moralische Schriften, Briefe, eine Autobiographie und wichtige Übersetzungen (u.a. Cervantes *Don Quichotte*) vorgelegt. Der Nachwelt ist sie aber weitgehend unbekannt geblieben. Es gibt keine Werkausgabe, keine wissenschaftliche Edition, die meisten ihrer Komödien sind überhaupt nur in den in der Königlichen Bibliothek von Kopenhagen verwahrten Originalausgaben erhältlich. Im Zuge der Kanondebatte und der Frauenforschung sind seit den 1980er Jahren ein paar ihrer Texte in modernen Ausgaben erschienen, doch in den offiziellen Kanon ist Biehl nicht eingegangen. In dieser Beziehung geht es ihr ähnlich wie vielen Schriftstellerinnen des 18. und 19. Jahrhunderts: Indem sie nicht behandelt werden und kaum erhältlich sind, werden sie marginalisiert und aus dem Kanon ausgegrenzt.

Interessant ist nun, dass die Autorin selbst bereits intratextuelle Strategien angewandt hat, um ihre Kanonisierung zu befördern. Ihre Autobiographie *Mit ubetydelige Levnets Løb* (1787; *Der Verlauf meines unbedeutenden Lebens*) ist dem bescheidenen Titel zum Trotz ein Versuch, ihre Bedeutung zu betonen und die Unterdrückung und die mangelnden Chancen zu belegen, die sie aufgrund ihres Geschlechts erleben musste. Sie spricht immer wieder von Bestrafungen, Herabwürdigungen und der aktiven Verhinderung ihrer Bildung. Als Beleg ihrer dennoch erreichten Bedeutung zieht sie wiederholt, direkt und indirekt, den Vergleich zu ihrem berühmten ›Vorgänger‹ Holberg heran. Sowohl thematisch als auch strukturell arbeitet sich Biehls Text an Holberg, an seinem Leben und an seiner Autobiographie *Tres Epistolae* (lat. 1727–43; dän. *Tre Levnedsbreve*, 1965; *Drei Lebensbriefe*, 1745) ab, um im Kontrast – trotz aller Widrigkeiten – ihre Identität als Schriftstellerin zu betonen und sich in den Kanon einzuschreiben. Zum einen nennt sie ihn namentlich und spielt mehrfach auf seinen Professorenstatus und seine Bedeutung an, zum zweiten strukturiert sie ihre Erinnerungen als eine Entgegnung auf seine Memoiren. Denn als Frau sind ihr gerade die Grundlagen seines Erfolgs und die Leistungen seines Lebens verwehrt: seine humanistische Bildung, sein Status als Gelehrter, sein sozialer Aufstieg und seine vielen Reisen, seine Mobilität. Indem Biehl Holbergs Lebenslauf als Subtext ihrer Autobiographie aufruft, betreibt sie einen Versuch der **Selbstkanonisierung**.

> Beispiel: Jette Drewsen *Hvad tænkte egentlig Arendse?* (1972; *Was dachte eigentlich Arendse?*)

Auf diese Weise hat auch innerliterarisch schon immer ein Kampf um einen Platz im Kanon stattgefunden. Wenn Jette Drewsen ihren kurzen Roman über die Stellung der Frau in der Gesellschaft der 1960er Jahre mit dem Fragesatz *Hvad tænkte egentlig Arendse?* (1972; *Was dachte eigentlich Arendse?*) betitelt, spielt sie damit auf eine bekannte literarische Figur des kanonisierten Dichters Johannes Ewald an. Arendse ist die Angebetete des unglücklich liebenden Dichters in seiner Autobiographie *Levned og Meninger* (1804–08; *Leben und Ansichten*) und zum Inbegriff der unerfüllten Liebe geworden. Mit der Frage nach der Befindlichkeit der Frau rückt Drewsen nun die weibliche Perspektive, die bislang nur als Objekt Aufmerksamkeit gefunden hatte, ins Zentrum. Sie benutzt die Bekanntheit des Namens und den kanonischen Status von Ewald, um auf den Objektstatus der Frau aufmerksam zu machen. Damit fordert sie den Kanon aber auch heraus, sie schreibt ihn insofern um, als nun der bislang Sprachlosen eine Stimme gegeben wird. Der kanonische Intertext bietet eine Verständnisfolie, er verleiht dem Debütroman einer noch unbekannten Autorin darüber hinaus eine gewisse Autorität, erhebt Anspruch auf Bedeutung. Und wenn heute Drewsens Roman zumindest zum Kanon der sog. Neuen Frauenliteratur gehört, dann nicht zuletzt wegen dieses provokanten Titels. Der Kanon ist also nicht nur eine Norm und Richtschnur für Lesende, Verlage und Forschende, sondern stellt auch einen Vorrat an Bedeutungen bereit, er kommt einem Feld gleich, das immer wieder neu bestellt und manchmal ertragreich abgeerntet wird.

3. Nationalliteratur

Das zweite Kriterium, das die Geschichte der Literatur traditionell ordnet und begrenzt, ist die Zugehörigkeit zu einer Nation. Zwar gibt es für den nordeuropäischen Raum auch Versuche, die Literaturen der einzelnen Länder als Teile eines Kulturraums gemeinsam zu behandeln, doch kommt selbst in diesen Beispielen eine Länderordnung immer wieder zum Tragen.[12] Wir sind es gewohnt, den historischen Ablauf der Literatur nach Nationen gegliedert wahrzunehmen.[13] Benedict Anderson hat in einer einflussreichen Studie beschrieben, wie **Nationenbildung und Literatur** sich wechselseitig unterstützen und befördern.[14] Er bestimmt die seit dem 18. Jahrhundert entstandene und seitdem dominante politische Kategorie der Nation als eine »**imagined political community** – and imagined as both inherently limited and sovereign«.[15] Sie grenzt sich nach außen ab, versteht sich als selbständig und vermittelt ihren Mitgliedern ein Gefühl der Zugehörigkeit, das in früheren Zeiten durch lokale, religiöse oder dynastische Gemeinschaften

---

12 Vgl. einzelne Kapitel der bereits genannten Literaturgeschichten von Jürg Glauser und Elisabeth Møller Jensen.
13 Dieses Ordnungskriterium ist offensichtlich so elementar, dass sich in dem ansonsten erschöpfenden Reallexikon der deutschen Literaturwissenschaft kein Eintrag zu dem Begriff findet.
14 Anderson, Benedict: Imagined Communities. Reflections on the Origin and Spread of Nationalism, London 1983.
15 Ebd., S. 15.

bedingt gewesen war. Nach dem Bedeutungsverlust dieser Bündnisse berief sich die Konstruktion der politischen Nationenbildung auf die gemeinsame Sprache, Abstammung, Tradition und Kultur ihrer Mitglieder. Dieser europaweit vorangetriebene Prozess des **nation building**, der Europa nach der Französischen Revolution dominierte und neu ordnete, war äußerst erfolgreich und stützte sich auf Symbole wie Flaggen, Feiertage, Hymnen und nationale Mythen. Da niemals alle Angehörigen einer derartigen Gemeinschaft einander persönlich kennen können, braucht es zur Etablierung der Zugehörigkeit und zur Untermauerung ihrer Gültigkeit solche medialen Verstärker, zu denen Anderson in erster Linie den Roman und die Zeitung zählt. Während der Roman also hilft, die Nation zu etablieren, gibt die Nation dem Roman eine kategoriale Zugehörigkeit und Bedeutung.

Doch die maßgeblich von Johann Gottfried Herder (1744–1803) im späten 18. Jahrhundert postulierte Gleichung von der Einheit von Sprache, Nation und Volksgeist war nie wirklich aufgegangen, eine Vielzahl von willkürlichen Grenzziehungen und kulturell inhomogenen und mehrsprachigen Räumen beweist das Gegenteil. Andersons Bestimmung macht auch deutlich, dass Nationen und Nationalliteratur eine historisch limitierte Gültigkeit haben. So ist es z.B. müßig zu fragen, ob der bereits erwähnte Ludvig Holberg Norweger oder Däne war: Im norwegischen Bergen 1684 geboren, lebte er den größten Teil seines Lebens in Kopenhagen, der Hauptstadt des damaligen Königtums Dänemark-Norwegen – was dazu geführt hat, dass sowohl die dänische als auch die norwegische Nationalliteraturgeschichte ihn als einen der Ihren behandeln.

Beispiel: *Nation building* in Norwegen

Innerhalb Skandinaviens haben wir mit der Etablierung der norwegischen Nation ein Beispiel, an dem sich die Nation als »vorgestellte Gemeinschaft« besonders gut nachvollziehen lässt. Seit der Kalmarer Union 1387 (zu der ursprünglich auch Schweden gehörte) war Norwegen Teil des dänischen Reiches; 1814 wurde es von Dänemark unabhängig und gab sich eine Verfassung, blieb aber bis 1905 in einer Personalunion mit Schweden verbunden. Das Verhältnis von Norwegen und Dänemark ist beschönigend als das von »Zwillingsreichen« beschrieben worden,[16] während andere von einem Abhängigkeits- oder gar Kolonialverhältnis gesprochen haben,[17] in dem Norwegen marginalisiert und dem dänischen Reich untergeordnet war. Das trifft in jedem Fall auf den Kulturbereich zu, da Norwegen bis 1811 keine Universität und bis ins 20. Jahrhundert hinein keine eigenen Verlage hatte.[18] Die Landes-

---

16 Vgl. Kjersgaard, Erik: Danmarks Historie, 3 Bde., Bd. 2, København 1982, S. 62–63.
17 Vgl. z.B. Moi, Toril: Henrik Ibsen and the Birth of Modernism. Art. Theater, Philosophy, Oxford 2006, S. 37–50.
18 Asbjørn Aarseth spricht in ›Romantikken som konstruksjon‹ (Bergen 1985) von Norwegen um 1800 als einem ›literarischen Entwicklungsland‹. Vgl. auch Glienke, Bernhard: 1814 –

sprache war Dänisch, bis Ivar Aasen und die **»landsmål«-Bewegung** auf der Grundlage von im Land gesprochenen Dialekten eine eigene Landessprache schufen, die heute als »nynorsk« bezeichnet wird und 1885, neben dem aus dem Dänischen entwickelten »riksmål«, als zweite offizielle Sprache Norwegens anerkannt wurde. Für die Entwicklung einer nationalen Identität war neben dieser sprachlichen Emanzipation vor allem die Literatur – genau wie von Benedict Anderson postuliert – von elementarer Bedeutung. Besonders die Dichtungen der beiden Antagonisten Johan Sebastian Welhaven und Henrik Wergeland, trotz unterschiedlicher Dichtungslehren beide Patrioten, etwas später dann die Sammlung *Norske Folkeeventyr* (1841–44; *Norwegische Volksmärchen,* 1847) von Peter Christen Asbjørnsen und Jørgen Moe oder auch die Bauernerzählungen Bjørnstjerne Bjørnsons trugen entscheidend zur Schaffung einer nationalen Identität bei, weshalb man auch von der Nationalromantik spricht. In ganz Europa durchzieht die Wiederentdeckung einheimischer Traditionen und die Entdeckung nationaler Spezifik in der Landschaft sowie die Debatte um die Sprache als Ausdruck des Volksgeistes das 19. Jahrhundert und kreiert ein Bewusstsein jeweils nationaler Besonderheit und Eigenständigkeit. In der jungen norwegischen Nation hat diese Bewegung ein ganz besonderes emanzipatorisches Gewicht, hieß doch das Schulfach, in dem heimische Literatur und Sprache gelehrt wurde, zu Beginn des Jahrhunderts noch »Dansk«.[19]

Doch die kulturpolitische Überzeugungskraft des Nationalismus überdeckt die Tatsache, dass Sprache, Nation, Kultur und Literatur durchaus nicht in jedem Fall in Einklang gebracht werden können. So gibt es zum einen sog. **Minderheitensprachen und -literaturen**, wie im skandinavischen Raum z.B. das Samische, die die vorgebliche Einheit der Nation durchkreuzen. Zum anderen gibt es diverse Grenzräume der **Mehrsprachigkeit,** so wie es auch mehrsprachige Schriftsteller und Schriftstellerinnen gibt. So schrieb Karen Blixen unter dem Pseudonym Isak Dinesen alle ihre Erzählungen zunächst in englischer Sprache und übertrug sie dann ins Dänische, während sich Adam Oehlenschläger auf Deutsch und August Strindberg auf Französisch versuchte. Auch der Fall von Gunnar Gunnarsson trägt zur Problematisierung der Kategorie der Nationalliteratur bei.

---

das Jahr Null der norwegischen Literatur?, in: Ders. (Hrsg.): Der neue Norden, Frankfurt a.M. 1990, S. 71–84.
19 Vgl. Steinfeld, Toril: Fra dansk til norsk nationalliteratur: Dansk litteratur i det 19. århundredes norske skole, in: Aarnes, Sigurd Aa. (Hrsg.): ›Laserne‹. Studier i den dansk-norske fellesslitteratur etter 1814, Oslo 1994, S. 19–71, hier S. 28. Interessant ist auch, dass das Wort ›fellesslitteraur‹, das die Literaturen Dänemarks und Norwegens im norwegischen Curriculum bezeichnet, in der dänischen Sprache nicht existiert (S. 27).

Beispiel: Gunnar Gunnarsson

Er wurde 1889 in Island geboren, lebte aber von 1907 bis 1939 in Dänemark, wo 1912 sein erster Roman in dänischer Sprache erschien. Insgesamt hat er 40 Romane verfasst, die sehr erfolgreich waren und in mehrere Sprachen übersetzt wurden. Bis 1922 übertrug er seine Texte selbst ins Isländische, danach erschien jedoch 50 Jahre lang keiner seiner bekannten Romane in seiner Muttersprache, obwohl sie alle in Island spielen, ein isländisches Figurenarsenal haben und die isländische Landschaft darstellen. Erklären lässt sich diese Abstinenz wohl durch die negative isländische Rezeption.[20] Man warf dem Autor Pessimismus, Realitätsferne und ein falsches Islandbild vor, auch seinen literarischen Formen begegnete man mit dem Vorwurf der Fremdheit. Das Bild wendete sich, als ihm anlässlich seines 60. Geburtstages später Ruhm zuteilwurde. Man feierte ihn nun als jemanden, der in der Fremde Ruhm gewonnen hatte und in die Heimat zurückgekehrt war – als bedeutenden Künstler und Isländer. In den Jahren vor seinem Tod übersetzte er dann zwischen 1971 und 1975 doch noch zwölf seiner Romane ins Isländische. Man hat vermutet, dass er damit die Empfindung von Treulosigkeit und Schuld sühnen wollte, die bilinguale Autoren und Autorinnen oft gegenüber ihrer Erstsprache empfinden.[21] Das Gefühl der Illegitimität und des Betrugs zeigt die Dominanz des National-Narrativs, den Druck, zu einer Nationalliteratur gehören zu müssen, dem Gunnarssons Texte nicht genügen.

Derartige Grenzübertritte haben sich in Zeiten fortschreitender Globalisierung verstärkt. Es gibt eine Vielzahl von Autoren und Autorinnen in Skandinavien, die einen Sprachwechsel vollzogen haben, die mehrsprachig sind, nicht in ihrer Erstsprache oder nicht in der national dominanten Sprache schreiben.[22] Es hat eine Reihe von theoretisch inspirierten Versuchen und Termini gegeben, um mit dieser Tatsache umzugehen. Zunächst sprach man von Einwandererliteratur oder von Interkulturalität, dann entstand der Begriff des **Grenzgängers** oder das Konzept der **Hybridität** und des **Zwischenraums**.[23] In weltliterarischer Perspektive der heutigen Zeit, so schreiben Stockhammer, Arndt und Naguschewski, »ist Anderssprachigkeit schwerlich noch als Ausnahme von der Regel zu beschreiben«.[24] Die finnlandschwedische Literatur ist ein Beispiel für eine kulturell anerkannte Minoritätenkultur

---

20 Ich beziehe mich in diesem Abschnitt über Gunnarsson auf eine unveröffentlichte Studie von Soffía Auður Birgisdóttir.
21 Vgl. Beaujour, Elizabeth: Alien Tongues. Bilingual Russian Writers of the ›first‹ Emigration, Ithaka 1989.
22 Vgl. Wischmann, Antje/Reinhardt, Michaela (Hrsg.): Multilingualität und Mehr-Sprachlichkeit in der Gegenwartsliteratur, Freiburg 2019.
23 Die Hybriditätsthese wurde begründet von Bhabha, Homi: The Location of Culture, London 1994.
24 Stockhammer, Robert/Arndt, Susan/Naguschewski, Dirk: Einleitung. Die Unselbstverständlichkeit der Sprache, in: Arndt, Susan/Naguschewski, Dirk/Stockhammer, Robert (Hrsg.): Exophonie. Anders-Sprachigkeit (in) der Literatur, Berlin 2007, S. 7–27 hier S. 8.

in einer zweisprachigen Nation; Texte von den Färöern und aus Grönland stellen Beispiele für postkolonial bedingte **Zweisprachigkeit** dar; Literatur von Sami oder von z.b. iranischen oder somalischen Geflüchteten problematisiert mit einer innovativen transkulturellen Ästhetik den Hegemonialanspruch der Nationalliteratur.

> Beispiel: Jonas Hassen Khemiri *Ett öga rött* (2003; *Das Kamel ohne Höcker*, 2006)

Besonders der schwedische Schriftsteller Jonas Hassen Khemiri trägt mit seinen viel gelesenen Erzähltexten und Dramen zur **Hinterfragung der Einheit von Nation, Sprache und Literatur** bei – und das nicht, weil er so anders oder fremd wäre (vgl. auch Kap. III). Als in Schweden geborener Sohn einer schwedischen Mutter und eines tunesischen Vaters ist er zweifelsfrei ein schwedischer Schriftsteller. Mit seinen Schriften stellt er sich aber in den Dienst von marginalisierten Minderheiten, wenn er Stereotype und Klischees der Auseinandersetzung mit muslimischen oder migrantischen Menschen reproduziert, verfremdet und ausstellt. Besonders sein Erfolgsroman *Ett öga rött* (2003; *Das Kamel ohne Höcker*, 2006) inszeniert den Identitätskonflikt eines Jungen mit Migrationshintergrund und parodiert den Soziolekt jugendlicher Einwanderer so täuschend ähnlich, dass er zunächst als Vertreter einer neuen, authentischen Migrationsliteratur rezipiert wurde. Dabei geht es ihm gerade darum, Kategorien wie Authentizität und nationale oder kulturelle Identität zu hinterfragen und sich gegen Vereinnahmungen zu wehren. Seine Texte wollen vielmehr die Erwartungshaltung des Lesepublikums aufbrechen und Kultur sowie Nationalliteratur als vielfältiges und stets zu erneuerndes Feld darstellen.

4. Periodisierung

Neben der räumlich ausgerichteten Ordnung des Nationalen dominiert als weiteres grundlegendes Kriterium die zeitlich orientierte Periodisierung (von griech. περίοδος = períodos = Herumgehen, Kreislauf) die literaturgeschichtliche Strukturierung. Aus der chronologischen Anordnung ergeben sich **Epochen** (gr. εποχή = epoché = Halt, Einschnitt), also Zeitpunkte, an denen etwas Neues einsetzt.[25] Der Ursprung der beiden Begriffe legt zwei grundsätzlich unterschiedliche Geschichtsauffassungen nahe: Während das ›Herumgehen‹ ein zyklisches Verständnis impliziert, signalisiert der ›Einschnitt‹ eher ein ansteigendes Stufenmodell der Geschichte.[26] Die zyklische Vorstellung von Epochenverläufen lässt sich bis in die Antike zurückführen: Der griechische Dichter Hesiod gilt als Begründer einer Periodisierungsvorstel-

---

25 Vgl. Titzmann, Michael: Epoche, in: Weimar (Hrsg.): Reallexikon, Bd. 1, S. 476–480.
26 Diese – verkürzte – Darstellung der verschiedenen Geschichtsauffassungen stützt sich auf: Aarseth: Romantikken som konstruksjon. Vgl. ausführlicher: Meier, Albert: Literaturgeschichtsschreibung, in: Arnold /Detering (Hrsg.): Grundzüge, S. 570–584.

lung, die von einem mythischen Ausgangspunkt über verschiedene Phasen zu einem Niedergang führt. Er wendet dabei eine Metallmetaphorik an, aus der wir die Rede vom »goldenen Zeitalter« bis heute kennen. Sie hat sich in der skandinavischen Literaturgeschichte in der Epoche des sogenannten »**Guldalder**« niedergeschlagen, womit eine kulturelle Blütezeit zu Beginn des 19. Jahrhunderts gemeint ist. Besonders in der dänischen Kulturgeschichte ist das ein bis heute – im Feuilleton sowie auch in der Tourismuswerbung – viel benutzter Terminus für Literatur, Bildkunst, Musik, Theater, Ballett und Architektur der Epoche.

Als ein alternatives Konzept hat sich ab dem 18. Jahrhundert ein Geschichtsmodell durchgesetzt, das durch stetige Entwicklung und einen Fortschrittsoptimismus gekennzeichnet ist. Der einflussreiche Philosoph Georg Friedrich Wilhelm Hegel (1770–1831) bestimmt geistige Prozesse als dialektisch und zielorientiert, sodass die aufeinander folgenden Epochen als Stufen von Innovation und Fortschritt begriffen werden. In jedem Fall geht eine Periodisierung oder Epochenbildung davon aus, dass es homogene Phasen gibt, die aufgrund gemeinsamer Merkmale und Strukturen sich von vorangegangenen oder folgenden Phasen insofern unterscheiden, dass es im diachronen Verlauf der Geschichte Stufen von Synchronizität gibt. Sie sind umso eindeutiger und stabiler, je markanter die Ereignisse sind, die ihre Grenzen abstecken, und je mehr Diskurse sich von vorhergehenden Diskursformationen unterscheiden, wenn z.B. politische, wissenschaftliche und philosophische Ereignisse und Neuerungen zusammenfallen. In manchen Fällen entspricht der Einschnitt dem Selbstverständnis der Epoche und wird schon von den Zeitgenossen selbst als Innovation empfunden. So trugen Georg Brandes' programmatische Vorlesungen über die *Hovedstrømninger i det 19de Aarhundredes Litteratur* (*Hauptströmungen der Literatur des 19. Jahrhunderts*) im Jahr 1871 zum Bewusstsein eines Epochenwechsels bei, dem er mit seinem Buchtitel *Det moderne Gjennembruds Mænd* (1883; *Die Männer des modernen Durchbruchs*) auch noch einen Namen und das Epitheton des Modernen verlieh. Die Epoche des ›modernen Durchbruchs‹, übrigens ein Spezifikum der skandinavischen Literaturgeschichte, schreibt sich selbst die Aufgabe der Erneuerung zu und versteht sich als Aufbruch.

In den meisten Fällen aber werden Epochenzäsuren im Nachhinein gesetzt. Damit sind sie Rekonstruktionen (literatur)historischer Prozesse, die Hypothesen darstellen und von den angewandten Abgrenzungskriterien sowie den jeweiligen Thesen und Interessen ihrer Urheber abhängen. Charakteristisch für die literaturgeschichtliche Periodisierung ist, dass die Abgrenzungskriterien häufig außerliterarischen Faktoren folgen, indem philosophische, soziale, ideen- oder mentalitätsgeschichtliche Kriterien auf die Literatur übertragen werden. Das lässt sich in den Gliederungsprinzipien bestehender Literaturgeschichten ablesen. So wendet z.B. die von Johan Fjord Jensen herausgegebene *Dansk Litteraturhistorie* (1983–85) überwiegend politische Ereignisse als

Zäsuren an, während Lars Lönnroth und Sven Delblanc in *Den svenska litteraturen* (1988) mediengeschichtliche Abläufe als determinierend betrachten. Auch die deutschsprachige *Skandinavische Literaturgeschichte* orientiert sich an medialen Entwicklungen und hinterfragt in den einzelnen Kapiteln die jeweils vorherrschenden Periodisierungen, so z.B. den Begriff der Romantik, des Modernen Durchbruchs oder des Barocks.

Wenn die Literaturgeschichte von der Epoche des Barocks spricht, wird damit eine ursprünglich kunst- und stilgeschichtliche Kategorie auf die Literatur übertragen. Diese in der deutschen Literaturgeschichte übliche Periodisierung hat sich im skandinavischen Bereich nie wirklich durchsetzen können und wird hier zurückhaltend angewandt, zumal der Begriff Barock weder zeitlich noch inhaltlich klar definiert ist. So hat er in jüngerer Zeit weniger als Epochen- als vielmehr als Stilbegriff Verwendung gefunden, als ein »den rhetorischen, poetischen, metrischen, emblematischen Regeln verpflichteter und durch die medialen Voraussetzungen des 17. Jh. definierter Text«.[27]

Eine grundlegende **Skepsis gegenüber den sog.** *grand récits*[28] (großen Erzählungen) hat dazu geführt, totalisierende Geschichtsentwürfe generell zu hinterfragen und stattdessen ein zeitliches Nebeneinander heterogener Strömungen und konkurrierender Verläufe anzunehmen. Besonders der von der Globalitätserfahrung informierte Blick auf die Historie lässt die Gleichzeitigkeit des Ungleichzeitigen erkennen, sodass jegliche Epochenbildung problematisch wird. Allerdings haben Periodisierungen eine wichtige mnemotechnische Funktion, sie helfen, die Vielfalt des Vergangenen zu ordnen und ermöglichen eine heuristische Einordnung von literarischen Texten. In diesem Sinne stellen Epochen wie Romantik oder Modernismus **Konstruktionslinien** oder Idealvorstellungen dar, bilden gewissermaßen ein Gerüst, zu dem die Vielfalt der real vorhandenen Literatur in Relation gesetzt werden kann, von dem sie aber durchaus auch abweichen kann.

So kann der von Brandes proklamierte ›moderne Durchbruch‹ durch die Diversität des Vorhandenen ebenso hinterfragt werden wie die maßgeblich von der deutschen Literatur beeinflusste Epoche der Romantik. Sie begann in Skandinavien mit einer Selbstinszenierung des Neubeginns.[29] In Schweden schließt sich eine literarische Vereinigung mit dem Namen ›**Auroraförbundet**‹ zusammen und verheißt mit diesem Hinweis auf die Morgenröte (= Aurora) einen Neubeginn und impliziert eine Berufung auf die Mythologie. Das Neue besteht für die schwedischen Romantiker in einer Abwendung von

---

27 Glauser, Jürg: Frühe Neuzeit, in: Ders. (Hrsg.): Skandinavische Literaturgeschichte, S. 72.
28 Vgl. die berühmt gewordene Kritik von Lyotard, Jean-François: Das postmoderne Wissen, übers. v. Otto Pfersmann, Wien 1986 [frz. Original 1979].
29 Vgl. (auch zu Norwegen und Dänemark) Müller-Wille, Klaus: Romantik – Biedermeier – Poetischer Realismus, in: Glauser (Hrsg.): Skandinavische Literaturgeschichte, S. 133–185.

den klassizistischen Idealen der Schwedischen Akademie, denen sie neuartige Gesetze der Phantasie, des Gefühls, der Natur und des Traums entgegensetzen wollen. Ihre Dichtung steht in einem engen Verhältnis zur Philosophie, doch sie beharren auf der Autonomie der Kunst und der Originalität der Bildsprache, deren spezifisches Wesen Phantasieräume entstehen lässt und auf das Unsagbare abzielt.[30]

Andererseits ist mit dieser ästhetischen Bestimmung der Romantik keine Periodisierung erreicht, sondern eine Textform beschrieben, die es auch zu anderen Zeiten geben kann – während es in der ersten Hälfte des 19. Jahrhunderts (in der Epoche der ›Romantik‹) auch entgegengesetzte, realistische Strömungen gab. Der Terminus Realismus wird sowohl als Epochen- als auch als überzeitlicher Stilbegriff benutzt, er beinhaltet die Hinwendung zum Alltäglichen und strebt mimetische Abbildung und Ähnlichkeit an. Da sich Ähnlichkeit immer in Relation zur Gesellschaftsauffassung der Lesenden ergibt, kann man Realismus auch als einen Bedeutungseffekt im Zuge der Textrezeption verstehen. Jedenfalls ist die skandinavische Literatur zwischen 1800 und 1870 sowohl durch romantische als auch durch realistische Strategien und Poetiken bestimmt.[31]

> Beispiel: Carl Jonas Love Almqvist *Det går an. En tafla ur lifvet* (1839; *Es geht an*, 1845)

Ein Beispiel dafür sind die Texte des schwedischen Schriftstellers Carl Jonas Love Almqvist. Sein umfassendes Œuvre vereint Schriften unterschiedlichster Gattungen und Themenstellungen, die er in der großen Sammlung *Törnrosens Bok* (14 Bde., 1832–51; *Buch der Heckenrose*) zusammengefasst und durch eine Rahmenerzählung verbunden hat, die selbstreflexiv die Texte kommentiert und begleitet. Er folgt damit der universalromantischen Idee der Vereinigung von Vielfalt und schafft ein **Gesamtkunstwerk**, das alle literarischen Gattungen sowie Lieder und Noten enthält. Inmitten dieses der romantischen Ästhetik verpflichteten Konzepts findet sich der kurze Roman *Det går an. En tafla ur lifvet* (1839; *Es geht an*, 1845), dessen Untertitel bereits eine enge Bindung an die Wirklichkeit ankündigt. Die Erzählung handelt von der jungen Sara Videbeck, die auf einer Reise einen Mann trifft, in den sie sich verliebt, dem sie aber erklärt, dennoch ein selbständiges Leben führen zu wollen, mit eigenem Beruf, eigenem Einkommen und eigenem Hausstand. Ihr Freiheitsstreben steht zwar nicht ihrer Liebe, wohl aber einer Eheschließung im Wege. Der Roman entwirft also ein feministisches Programm, und er tut das in einer elegant-schlichten Sprache, die auf Wiedererkennbarkeit abzielt. Mit seinen genauen Beobachtungen der Landschaft, der Reiseroute und der Verkehrsmittel, des Alltagslebens und vor allem der sozialen Klassen

---

30 Vgl. Engdahl, Horace: Den romantiska texten. Ett essä i nio avsnitt, Stockholm 1986.
31 Vgl. Aarseth: Romantikken som konstruksjon. Aarseth bezeichnet die beiden vermeintlich gegensätzlichen Richtungen als Yin und Yang der Ästhetik des 19. Jahrhunderts.

und ihrer Unterschiede (vgl. auch Kap. V), aber auch mit seinem gegenwartsbezogenen emanzipatorischen Anspruch entspricht der Text keineswegs einer romantischen Poetik, die Zuschreibung als realistisch entspricht in weit höherem Maße der Ästhetik des Romans. Dazu passt auch, dass Almqvists Erzählung eine lebhafte gesellschaftliche Debatte über die Stellung der Frau hervorrief und zu etlichen Nachahmungen und Fortschreibungen, Kritiken und Widerreden anregte. Er ist ein Beispiel für eine nur selten erreichte direkte gesellschaftliche Einflussnahme von Literatur, aber auch für die Problematik literaturgeschichtlicher Periodisierung. Denn die Bedeutung dieses Romans kann durch eine Kategorisierung und Zurechnung zu einer Epoche nur unzureichend beschrieben werden. Das gilt im Übrigen für etliche herausragende, innovative Texte wie Knut Hamsuns Romane oder Karen Blixens Erzählungen. Sie formen und schreiben Literaturgeschichte, aber sie folgen nicht den gängigen Kategorien ihrer Zeit, zu denen sie sich zwar verhalten, die sie aber nicht einhalten. So ist die **Periodisierung** immer nur ein vorläufiger Anhaltspunkt, ein **heuristisches Instrument**; als Messlatte greift sie meist zu kurz.

5. Autorschaft

Im Vorhergehenden wurde *Det går an* nicht nur in Relation zur Periodisierung bestimmt, sondern auch in den Rahmen einer Autorschaft gestellt und damit eine weitere wichtige Konvention der literarhistorischen Ordnung aufgerufen. Ein Autor/eine Autorin (lat. *Auctor* = Förderer; Ableitung von *augere* = etwas entstehen lassen) ist geistiger Urheber von literarischen Texten oder anderen medialen Produkten, von Zeitungsartikeln über Filme bis zu Podcasts. Da Institutionen wie Bibliotheken, Kataloge oder Suchmaschinen literarische Texte meist über den Autornamen auflisten und ermittelbar machen, kann Autorschaft vielleicht als der elementarste Grundbegriff der Literaturgeschichte gelten.[32] In der Gegenwart liegt die Bedeutung vor allem im juristischen Bereich, dem Autor und der Autorin kommt als »Rechtssubjekt«[33] die urheberrechtliche Verantwortung, aber auch die Entlohnung für die jeweilige Publikation zu. Doch auch dieses Konzept unterliegt dem historischen Wandel und ist zudem in jüngerer Zeit, insbesondere seit dem Aufkommen von KI (künstliche Intelligenz), heftig diskutiert worden. Die provokative Proklamation vom »Tod des Autors« aus dem Jahr 1969[34] (s.u.) hat neue Relevanz bekommen.

---

32 Vgl. Jannidis, Fotis et al.: Einleitung«, in: Ders. (Hrsg.): Texte zur Theorie der Autorschaft, Stuttgart 2000, S. 7–29.
33 Plumpe, Gerhard: Der Autor als Rechtssubjekt, in: Brackert, Helmut/Stückrath, Jörn (Hrsg.): Literaturwissenschaft. Ein Grundkurs, Reinbek 1997, S. 179–193.
34 Barthes, Roland: Der Tod des Autors, übers. v. Matias Martinez, in: Jannidis (Hrsg.) Theorie der Autorschaft, S. 185–193, ursprüngl. veröff. unter dem Titel »La mort d´auteur«, in Mateia, 1968.

Während vor dem 18. Jahrhundert Autorschaft meist nicht als Beruf ausgeübt wurde und der Originalität der Schriftproduktion noch keine bedeutende Rolle zukam, änderte sich das (Selbst-)Verständnis von Schriftstellern und Schriftstellerinnen mit ihrer Professionalisierung. Die Forderung nach Innovation und Individualität, die sich in der Aufklärungszeit herausbildete, erreichte ihren Höhepunkt mit der **Genieästhetik** der Romantik. Das Genie ist Ausdruck schöpferischer Kreativität und gewissermaßen die Repräsentation von Autorschaft in ihrer perfekten Form, was sich anschaulich am Verständnis von Adam Oehlenschlägers Lustspiel *Aladdin eller den forunderlige Lampe* (1805; *Aladdin*, 1808) verfolgen lässt, einem Hauptwerk der dänischen Romantik. Es stellt eine bunte Märchenwelt aus dem Stoffkreis von *1001 Nacht* dar, deren Held ein Glückskind ist, der mit magischen Kräften seine Widersacher überwindet und die Tochter des Sultans für sich gewinnt. In der Rezeption wurde die Genialität Oehlenschlägers gerne dadurch verdeutlicht, dass man ihn mit seinem Helden gleichsetzte. Man las das Drama also gleichzeitig biographistisch und mythologisierend. Die Idealisierung der Autorschaft führte zur Suche nach Bezügen von Werk und Leben, damit reduzierte man die Literatur in naiver Weise auf eine Kausalbeziehung zwischen individueller Biographie und Text.

Diese Methode wurde im Zuge der Verwissenschaftlichung der Literaturbetrachtung im 19. Jahrhundert sogar noch ausgebaut, aber auch differenziert. Dabei setzten sich gegenüber der Mythologisierung der Genieästhetik nun ein Objektivitätsideal und der Einfluss des Positivismus und von naturwissenschaftlichen Methoden durch. Als Literaturgeschichte ausgeformt wurde dieser Ansatz von dem französischen Kritiker Hippolyte Taine (1828–93), dessen Ideen von Georg Brandes nach Skandinavien vermittelt wurden. Taine versuchte, die Triade von *race, milieu* **und** *moment*, d.i. das Ererbte, das Erlernte und das Erlebte, als Determinanten von Autorschaft und Literatur gleichermaßen nachzuweisen. Ein schönes Beispiel für die Umsetzung dieser Methode bietet Georg Brandes' Buch über Ludvig Holberg (1884). Die Studie beginnt mit einem Blick auf Holbergs Geburtsstadt Bergen, die sich durch Lebendigkeit und Kosmopolitismus auszeichnet, was den jungen Holberg, Brandes zufolge, prägte und sein späteres Schreiben beeinflusste. Nach diesem Blick auf das *milieu* behandelt Brandes die Familie des Komödiendichters: Von seinem Vater habe er die Reiselust geerbt, »det har ligget ham i Blodet« (das liegt ihm im Blut),[35] ebenso wie weitere Eigenschaften, die als Erbfaktoren (= *race*) Holbergs Persönlichkeit geprägt haben sollen.[36] Zum dritten schildert Brandes dann in vielen Anekdoten weitere Bedingungen, die

---

35 Brandes, Georg: Ludvig Holberg, in: Ders.: Samlede Værker, 15 Bde., Bd. 1, København 1899, S. 17.

36 Dieser Faktor der *race* bedeutet bei Taine (und Brandes) Vererbung und unterscheidet sich von dem heute vorherrschenden Begriff der ›Rasse‹, einem Begriff aus der Biologie, der vor allem im Zuge des Imperialismus auf die angeblichen Unterschiede zwischen

er als *moment,* als Momentum kultureller und historischer Gegebenheiten versteht, die den Autor beeinflusst haben.

Diese sog. positivistische Literaturbetrachtung ist in dieser Weise vorrangig auf die Autorschaft konzentriert und bemüht, die Texte aus den Determinanten der Biographie herzuleiten. Der Text selbst und seine Wirkung geraten darüber aus dem Blickfeld, insbesondere wenn die Konzentration auf die Urheberschaft dadurch gesteigert wird, dass die Ermittlung der Autorintention in den Mittelpunkt rückt. Dagegen wendet sich die These der »**intentional fallacy**«,[37] die davor warnt, die Bedeutung eines Textes mit den Intentionen seines Urhebers gleichzusetzen. Die Idee der Literatur sei im Text niedergelegt und nur daraus ermittelbar, nicht aber aus den Meinungen oder Lebensbedingungen seines Autors oder seiner Autorin. In der Folge dieser weithin akzeptierten These arbeitete die Literaturwissenschaft im Folgenden daran, die Autorinstanz im Text zu analysieren und zu differenzieren (Abgrenzung von Autor- und Erzählinstanz etc. – vgl. Kap. III). Ein anderes Bestreben ging dahin, die Idee von Texten über ihre Wirkung und Analyse ihrer Rezeption zu beleuchten, dem Interesse an dem Autor und der Autorin ein Interesse am Leser und der Leserin entgegenzustellen.

Wesentlich prominenter als diese textanalytischen Differenzierungen wurden die Essays zweier bekannter französischer Theoretiker, die der **Autorschaftsdebatte** in den letzten Jahrzehnten des 20. Jahrhunderts neuen Schwung verliehen. Roland Barthes' kurzer Essay mit dem provokativen Titel »**Der Tod des Autors**« und Michel Foucaults deutlich längere Fortschreibung und Entgegnung in »Was ist ein Autor?« erschienen schon 1968 bzw. 69, wurden aber erst ab den 1980er Jahren intensiv rezipiert. Während Barthes die Bedeutung des Leseaktes einerseits und die Unabgeschlossenheit der in den Text eingegangenen Intertexte andererseits betont, geht es Foucault um die Historizität des Konzepts Autorschaft. Barthes' Text ist damit nicht nur eine Kritik an der immer noch ungebrochenen »Vorherrschaft des Autors«,[38] sondern vor allem eine **Intertextualitätstheorie**, die Literatur als ein »Gewebe von Zeichen« oder »von Zitaten aus unzähligen Stätten der Kultur«[39] versteht, die nicht nach Entschlüsselung verlangen, sondern in ihrer Vielfalt immer wieder neue Lektüren anregen können.

Foucault führt den Begriff der **Autorfunktion** ein, mit dem er die Historizität der Urheberschaft und die Eigentumsverhältnisse literarischer Texte fassen will. Auch er wendet sich gegen die Individualisierung und psychologisieren-

---

Ethnien übertragen wurde. In Bezug auf Menschen ist der Begriff heute überholt und wissenschaftlich unakzeptabel.
37 Der Begriff wurde geprägt in: Wimsatt, William K./Beardsley, Monroe C.: The Intentional Fallacy, in: The Sewanee Review 54 (3), 1946, S. 468–488.
38 Barthes, Roland: Der Tod des Autors, S. 186.
39 Ebd., S. 190.

de Tendenz der Ideen- und Literaturgeschichte, die mit dem Begriff des Autors verbunden ist, dem er dennoch eine gewisse »klassifikatorische Funktion«[40] zuschreibt. Entscheidend aber ist, dass historisch wandelbare **Diskursregeln** bestimmen, was zu einem gegebenen Zeitpunkt als Autorschaft verstanden wird – so wird z.B. mittelalterlichen Schriften meist gar kein Autor zugeordnet. In der Neuzeit ist die Autorfunktion hingegen entscheidend an das juristisch legitimierte Eigentumssystem der Staaten gebunden. Seit dem späten 18. Jahrhundert ist geistiges Eigentum urheberrechtlich geschützt, in der »**Berner Übereinkunft** zum Schutze von Werken der Literatur und Kunst« wurde darüber hinaus 1866 ein völkerrechtlicher Vertrag geschlossen, der die Anerkennung des Urheberrechts zwischen souveränen Nationen regelte, sodass auch übersetzte Texte geschützt werden. Foucault ordnet die Autorfunktion also in historische und juristische Diskursformationen ein, stärkt damit ihre Bedeutung, nimmt ihr aber die psychologisierende Tendenz.

> Beispiel: Jan Kjærstad *Homo falsus eller det perfekte mord* (1984; *Homo falsus oder der perfekte Mord*, 1996)

Insofern ist der Autor in der Moderne keineswegs tot, sondern im Gegenteil höchst präsent in der Literatur wie der Literaturdebatte der Moderne. Zum einen hat die seit den 1980er Jahren produktive feministische Forschung darauf bestanden, die damals noch vorherrschende Geschlechtsspezifik »des Autors« zu hinterfragen und »die Autorin« wiederzuentdecken und aufzuwerten. Zum anderen trägt die Medialisierung des Literaturbetriebs zur Neubewertung der Autorfunktion bei. Glaubte man in den 1980er Jahren, dass die neuartige Dominanz des Computers und der Datenverarbeitung das Schöpfertum von Literatur grundlegend verändern könnte, so wurde in jüngerer Gegenwart vor allem der Einfluss der sozialen Medien zu einem Faktor im Autorschaftsverständnis. In seinem Roman *Homo falsus eller det perfekte mord* (1984; *Homo falsus oder der perfekte Mord*, 1996) setzt sich Jan Kjærstad motivisch und formal mit der damals populär werdenden Computertechnologie auseinander. Mit seiner strukturellen Kombinatorik erinnert der Roman an die Möglichkeiten von Computerprogrammen und stellt schon durch seinen schematischen Aufbau die Idee der Originalität in Frage. Verstärkt wird dieser Zweifel durch eine erzählerische Paradoxie, wenn auf der erzählten Ebene, also textintern, die Entstehung des Romans *Homo Falsus* dargestellt wird. Die Ebenen der Narration verschwimmen, wenn der Erzähler von einer fiktiven Person Greta erzählt, die ihrerseits von dem Erzähler als einer Figur in ihrer Geschichte berichtet – eine paradoxe Konstruktion, die wiederholt mit dem Bild *Zeichnen* von M.C. Escher verglichen worden ist, auf dem zwei Hände sich gegenseitig zeichnen. Auch dieses **Verwirrspiel um die Urheberschaft** hinterfragt den Status und die Autorität des Autors.

---

40 Foucault, Michel: Was ist ein Autor?, übers. v. Karin Hofers u. Fotis Jannidis, in: Ebd., S. 198–229, hier S. 210.

Beispiel: Karl Ove Knausgård *Min Kamp* (2009–2011; *Sterben,* 2011; *Lieben,* 2012; *Spielen,* 2013; *Leben,* 2014; *Träumen,* 2015; *Kämpfen,* 2017)

In der gegenwärtigen Literatur hat die Autorschaft wieder eine Aufwertung erfahren, vor allem da die aktuell populäre Textsorte der **Autofiktion** die Urheberschaft von Literatur erneut ins Zentrum stellt, wie z.B. in Texten von Tomas Espedal, Kristian Lundberg, Vigdis Hjort oder Madame Nielsen. Doch schon Angehörige einer älteren Generation wie Tove Ditlevsen, Per Olov Enquist oder Hans Herbjørnsrud haben sich selbst und ihr eigenes Leben ins Zentrum ihrer Schriften gestellt und es metafiktional ausgedeutet. Hohe Aufmerksamkeit erfuhr Karl Ove Knausgårds sechsbändiges Romanwerk *Min Kamp* (2009–2011; eigentl. Mein Kampf, übersetzt als: *Sterben,* 2011; *Lieben,* 2012; *Spielen,* 2013; *Leben,* 2014; *Träumen,* 2015; *Kämpfen,* 2017), das minutiös die Alltagserlebnisse, Gedanken und Empfindungen des Erzähler-Ichs nachzeichnet, wobei keinerlei Unterscheidung zwischen Erzähler und Autor markiert wird: Der Autor tritt mit vollem Namen als Erzähler und Protagonist auf, andere Personen und Orte werden ebenfalls namentlich genannt und als wiedererkennbar gestaltet, Authentizität wird angestrebt. Die Detailtreue und schonungslose autobiographische Offenheit vermitteln einen präsentischen Effekt, der durch unmittelbare Reaktionen in den sozialen Medien, wo das Lesepublikum den Fortgang des Romans kaum erwarten konnte und kommentierend begleitete, noch verstärkt wurde. So haben nicht zuletzt die sozialen Medien dazu beigetragen, die Autorfunktion, die »spätestens für die Moderne um die Komponente des **medial inszenierten Autors** erweitert werden muss«,[41] wieder zu stärken. Fast alle aktuellen Autoren und Autorinnen haben persönliche Webseiten, präsentieren sich, ihr Umfeld, ihre Arbeiten und ihr ›Image‹ auf Instagram oder Facebook und erheben insofern Einspruch gegen die These vom »Tod des Autors«.

---

41 Wegmann, Thomas: Dichtung und Warenzeichen. Reklame im literarischen Feld, Göttingen 2011, S. 250.

III. Poetologische Zugänge

Patrick Ledderose

Die Funktionen, die literarische Texte in verschiedenen Kontexten erfüllen, und damit auch ihre jeweiligen Gestaltungsweisen, unterliegen seit jeher starken Transformationen. Sie sind, wie im Kapitel zur Literaturgeschichtsschreibung herausgearbeitet wurde, abhängig von historischen und gesellschaftlichen Umständen. Mit diesem Wissen wenden wir uns nun unserem Forschungsgegenstand aus anderer Perspektive zu: In diesem Kapitel liegt der Schwerpunkt auf den ästhetischen Qualitäten literarischer Texte, also jenen Verfahren und Eigenschaften, die sie auszeichnen (können). Neben möglichen Analysekriterien und -methoden sowie einem Begriffskatalog, um Texteigenschaften präzise zu benennen, soll dieser Fokus eine Sensibilisierung für die unzähligen Möglichkeiten der Textgestaltung schaffen. Die in den meisten literaturwissenschaftlichen Einführungen anzutreffende Gliederung in Lyrik, Epik, Dramatik bzw. in lyrische, epische und dramatische Texte wird dabei ersetzt durch die daran nur noch angelehnten Begriffe Poetizität, Narrativität und Theatralität. Sie bezeichnen weniger feste Gattungen oder Genres, sondern verweisen als poetologische Verfahren auf die Art und Weise, wie Texte gemacht sind, und das unabhängig davon, ob es sich z.B. um eine Ballade, einen Roman oder eine Tragödie handelt. Wie unterschiedliche Beispiele zeigen werden, mögen ein poetischer Umgang mit Sprache für die Lyrik, das Geschichtenerzählen für epische Texte oder theatrale Momente für Theatertexte typisch sein, aber es lassen sich eben z.B. auch dramatische oder lyrische Texte mit erzähltheoretischen Begriffen oder epische Texte auf ihren poetischen Gehalt hin analysieren.

1. Was ist Literatur? Eine Annäherung an die Begriffe Poetizität, Narrativität und Theatralität

In vielen Fällen scheinen wir intuitiv zu wissen, ob ein Text Literatur ist oder nicht. Ein Drama von Henrik Ibsen, eine Erzählung von Selma Lagerlöf oder ein Gedicht von Inger Christensen – Literatur. Ein Zeitungsartikel, eine Gebrauchsanleitung oder diese Einführung – keine Literatur. Im Alltag und auch in den meisten literaturwissenschaftlichen Seminaren wird eine solch spontane Klassifizierung, hinter der sich häufig ein schwammiger Qualitätsbegriff oder die stillschweigende Übereinkunft verbirgt, Literatur müsse Erfundenes darstellen, schon aus Gründen der Praktikabilität nicht hinterfragt. Geschieht dies doch einmal, muss man erkennen, dass das Problem,

Spezifika von literarischen Texten zu finden, (trotz zahlreicher Versuche) bis heute nicht zufriedenstellend gelöst wurde. Dies liegt im Kern daran, dass Literatur als Phänomen keinen ontologischen Status besitzt, sondern letztlich ein Begriff ist, dessen Inhalt je nach Kontext und Praxis immer wieder neu verhandelt werden muss. Deutlich wird die Unschärfe des Literaturbegriffs gerade dann, wenn wir Texte lesen, die unser intuitives Wissen darüber, was Literatur ist, auf die Probe stellen. Schlagen wir z.B. einmal den Erzählband *Vonde blomar* (2020; *Böse Blumen*) der norwegischen Autorin Gunhild Øyehaug auf Seite 32 auf, finden wir dort einen Text der nur aus der Überschrift *Omtrent slik* (*Ungefähr so*) und folgendem Porträt des französischen Lyrikers Charles Baudelaire (1821–1867) besteht:[1]

So ratlos uns dieser Text vielleicht anfänglich auch macht, lassen sich an ihm doch, gerade weil er sich unseren Alltagsvorstellungen von Literatur verweigert, jene Fragen und Themen etwas ausführlicher erörtern, um die es in diesem Kapitel gehen soll.

---

1 Øyehaug, Gunhild: Omtrent slik, in: Dies.: Vonde blomar. Noveller, Oslo 2020, S. 32.

Zunächst lässt sich feststellen, dass unsere Irritation im Kern wohl daher rührt, dass wir den Erzählband bereits mit bestimmten Erwartungen zur Hand genommen haben. Wir könnten z.B. davon ausgegangen sein, dass wir dort Texte lesen werden, die aus Wörtern und nicht aus Bildern bestehen. Umgekehrt wären wir wohl nie auf die Idee gekommen, das gleiche Porträt außerhalb eines Erzählbandes als Literatur zu bezeichnen. Es ist zunächst nur sein Kontext, der *Omtrent slik* den Status eines literarischen Textes verleiht und verhindert, dass wir es z.B. als Porträt oder Fotokunstwerk rezipieren. So sehr bereits schon diese Klassifizierung irritieren mag, der Untertitel des Erzählbandes (»Noveller«) behauptet sogar noch mehr. Er legt nahe, das Bild sei nicht einfach nur Literatur, sondern eine ganz bestimmte Art von Literatur, nämlich eine Kurzgeschichte. Dieser offensichtliche Widerspruch zwischen der vermittelten Vorgabe und unserer intuitiven Vorstellung davon, wie eine Kurzgeschichte auszusehen hat, lenkt die Aufmerksamkeit auf ein Problem, das unter 2. besprochen wird. Erkundet werden soll dort, ob es angesichts solcher Widersprüche überhaupt sinnvoll ist, und wenn ja, unter welchen Voraussetzungen, Texte in Literatur und Nicht-Literatur und, noch spezifischer, in verschiedene **Gattungen** einzuteilen. Es wird darum gehen, welche Unterstützung solche auf bestimmten (oft äußeren) Kriterien beruhenden Klassifizierungssysteme Lesenden und Schreibenden bieten können, und inwiefern sie bestimmte Sachverhalte durch ihre einengenden Tendenzen nur verkomplizieren.

Die Problematiken eines Texteinteilungssystems, das sich an unveränderlichen formalen Kriterien und/oder außertextlichen Faktoren orientiert, animieren fast zwangsläufig zur Suche nach spezifischen Schreibweisen und textinhärenten Eigenschaften, die bei einer Unterscheidung von literarischen und nicht-literarischen Texten zumindest helfen können. Auf einige solcher, zum Teil auch heftig kritisierter Kennzeichen, die erstmals mit dem russischen Formalismus zu Beginn des 20. Jahrhunderts dezidiert zum Untersuchungsgegenstand der Literaturwissenschaft wurden, wird unter 3. unter dem Stichwort **Poetizität** näher eingegangen. Eine erste Idee davon, in welche Richtungen diese Diskussionen um Literarizitätskriterien gehen können, kann aber auch hier bereits Øyehaugs scheinbar so unliterarische Erzählung geben.

Folgt man einem der Grundgedanken des formalistischen Literaturverständnisses, dann beruht Poetizität vor allem auf einem Netzwerk von innertextuellen Bezügen, die durch einen kreativen, nichtalltäglichen Gebrauch von Sprache entstehen. Sogenannte »Verfremdungen« rücken die Gemachtheit des Textes selbst ins Blickfeld und lassen die Zeichen als solche hervortreten, während außertextliche Bezüge unwichtiger werden. In diesem Sinne ließe sich das Porträt mit der Überschrift *Omtrent slik*, gerade weil es mit unseren Vorstellungen von Literatur bricht, selbst als Beispiel für einen kreativen Umgang mit Sprache verstehen, da hier auf Sprache fast vollständig verzichtet und ein Bild als Kurzgeschichte deklariert wird. Dass ein solches Verständnis seine Berechtigung hat, lässt sich besser nachvollziehen, wenn man die Stellung der Kurzgeschichte innerhalb des Erzählbandes betrachtet. Denn sie steht bei weitem nicht so isoliert und eigenständig da, wie es hier erscheint. Vielmehr lässt sie sich als Teil einer größeren Erzähleinheit verstehen, die mindestens die Texte vor (*Vonde blomar*) und nach ihr (*Protest*) miteinschließt. Die auf *Omtrent slik* folgende Kurzgeschichte *Protest* ist dabei für unsere Frage besonders interessant. Denn sie protestiert einerseits gegen die Form und die Kontextlosigkeit von *Omtrent slik*, legitimiert aber gerade dadurch den Status des Textes als Kurzgeschichte:

> Ferner protestieren wir dagegen, dass das Bild alleine ohne Text dasteht, nur mit einer Überschrift, die ›Ungefähr so‹ lautet. Das macht den ›Text‹ (der ja gar nicht da ist! Es ist ja bloß eine Fotografie!) viel zu offen, so dass er in alle möglichen Richtungen ausgelegt werden kann. Wir schlagen vor, Baudelaire lieber in irgendeine Handlung zu platzieren.[2]

Dieser Protest konfrontiert uns nicht nur mit unseren eigenen Gedanken, die wir bei der ersten Lektüre von *Omtrent slik* hatten, sondern fordert implizit auch ein neues Rezeptionsverhalten. Man könnte aus dem Vorwurf, das Bild sei ja gar kein Text, eine Rezeptionsästhetik ableiten, die nicht länger auf den Inhalt der Erzählung fixiert ist, sondern auf die Form. Nicht nur die Frage, wer oder was denn »ungefähr so« ist, verlöre dann an Relevanz, auch das Porträt würde seinen alltäglichen Sinn und Zweck – zu zeigen, wie Baudelaire aussieht – einbüßen. *Omtrent slik* würde dann durch die folgende Erzählung »Protest« innerhalb des Erzählbandes zum wichtigen Teil einer selbstreferenziellen Reflexion darüber, was eigentlich literarische Texte abseits ihres Inhalts zu (literarischen) Texten macht. Das Potenzial und die Qualität der Erzählung läge so genau darin, unser Verständnis von Literatur als sprachliche Äußerung in Frage zu stellen und aufzuzeigen, wie fundamentlos unser scheinbar so klares Bild von Literatur tatsächlich ist.

Doch das ist nur eine Möglichkeit, *Omtrent slik* zu lesen. Eine andere besteht darin, sich dem Protest zu verweigern und tatsächlich zu versuchen, die Kurzgeschichte als Geschichte zu rezipieren, also dezidiert auf ihren Erzählgehalt zu prüfen. Damit stünden dann nicht länger, wie in »Protest«, die ungewöhnliche Form des Textes und seine Poetizität im Vordergrund, sondern seine **Narrativität**. Um diesen Begriff und damit auch um jene Mittel und Verfahren, mit denen Geschichten erzählt und gestaltet werden, wird es unter 4. gehen.

---

[2] Øyehaug, Gunhild: Protest, in: Jordan-Bertinelli, Anna Pia (Hrsg.): Ungefähr so. Neue Prosa aus Norwegen, übers. v. Katharina Martl, Köln 2023, S. 77–80, hier S. 77. – »Vidare protesterer vi mot at biletet står åleine utan tekst, med berre ei overskrift som lyder ›Omtrent slik‹. Det gjer ›teksten‹ (som altså slett ikkje er der! Der er jo berre eit fotografi!) altfor open, han kan tolkast i alle moglege retningar. Vi føreslår at Baudelaire heller blir plassert i ei eller anna handling.« Øyehaug: Vonde blomar, S. 33–34.

Im hier gewählten Beispiel *Omtrent slik* eine Geschichte auszumachen, scheint zunächst unmöglich. Der Text ist durch seinen Verzicht auf Sprache, wie es in dem Zitat oben heißt, »viel zu offen«. Leicht erkennbar ist dieses Fehlen einer Geschichte auch daran, dass eine Nacherzählung von *Omtrent slik* zwangsläufig scheitern und wohl eher einer Porträtbeschreibung gleichen würde. Eindeutige Handlungszusammenhänge, einen Anfang, ein Ende, Zustandsveränderungen und andere gängige Kennzeichen einer Geschichte sucht man vergeblich. Doch auch diese Einschätzung ändert sich mit einem Perspektivwechsel. Denn wenn man den Text nicht im Kontext der nachfolgenden, sondern der vorausgehenden Erzählung liest, wird er zu einem Teil der titelgebenden Erzählung *Vonde blomar*, die mit folgendem Absatz schließt:

> Abschließend will ich bemerken, dass ich mich frage, was Baudelaire wohl gesagt hätte, hätte er herausgefunden, dass sein Titel [des Gedichtbandes *Les Fleurs du Mal*] in einer Kurzgeschichte verwendet wurde, in der es um Probleme mit Sesambeinen und nicht mehr produzierten Turnschuhen, aufdringliche Fitnessstudiobesucher und ausgedachte Busfahrer und -passagiere geht. Ich glaube, er hätte die Lippen zusammengekniffen. Ich glaube, er hätte schütteres, auf die eine Seite gekämmtes Haar gehabt. Ich glaube, er hätte eine große Seidenschleife am Hals getragen, und um ihn herum wäre es dunkel gewesen. Ich glaube, er hätte böse in die Kamera gestiert, so böse, dass er furchteinflößend ausgesehen hätte. Ich glaube tatsächlich, dass er auf dem Autorenfoto von 1863 – weil er gerade einen kurzen Blick in die Zukunft auf diesen Text erhascht hat – gedacht hat: *Böse Blumen, my ass*.[3]

Blättert man dann auf die nächste Seite, folgt *Omtrent slik* mit dem Baudelaire-Porträt von 1863. In Verbindung mit *Vonde blomar* hat das Porträt allerdings nun einen ziemlich eindeutigen Sinn: Es dient als »ungefähre« Illustration dessen, was zuvor beschrieben wurde. Es wird damit vielleicht nicht zu einer eigenen Geschichte, ist aber eingebunden in das Bedeutungsgefüge einer klassischen Erzählung, nämlich jener über Baudelaires Ärger angesichts der Kurzgeschichte *Vonde blomar*. Die vorausgehende Erzählung behebt also genau jenes Problem, das in *Protest* formuliert wird. Durch sie steht das Porträt nun in einem eindeutigen Handlungszusammenhang, durch sie ist sie nicht länger »viel zu offen«, sondern in ihrer Bedeutung konkretisiert worden.

---

[3] Øyehaug, Gunhild: Böse Blumen, in: Neue Prosa, S. 67–74, hier S. 73–74. – »Avslutningsvis vil eg seie at eg lurer på kva Baudelaire hadde sagt dersom han hadde oppdaga at tittelen hans hadde blitt brukt i ei novelle som handla om problem med sesambeina og joggesko som går ut av produksjon, og innpåslitne folk på treningsstudio og oppdikta busssjåførar og -passasjerar. Eg trur han hadde knipe leppene saman. Eg trur han hadde hatt tynt hår kamma til den eine sida. Eg trur han hadde hatt ei stor silkesløyfe i halsen, og at det ville ha vore mørkt ikring han. Eg trur han hadde glodd olmt inn i kamera, så olmt at han hadde sett skremmande ut. Eg trur faktisk at det han tenkte der på forfattarportrettet frå 1863 – fordi han akkurat fekk eit glimt inn i framtida og denne teksten her – var *vonde blomar, my ass*.« Øyehaug: Vonde blomar, S. 31.

III. Poetologische Zugänge

Der durch die vorausgehende Erzählung etablierte, allerdings, wie die Überschrift verrät, nur leidlich präzise Illustrationscharakter von *Omtrent slik* lenkt die Aufmerksamkeit auf die Differenz zwischen dem, was (am Ende von *Vonde blomar*) sprachlich beschrieben bzw. nachgeahmt wird, und der Vorstellung, die dieses versprachlichte Bild dann in uns hervorruft, sowie dem tatsächlichen Aussehen des Porträts. So wird ein Denkraum eröffnet, in dem die Differenz zwischen (sprachlicher) Darstellung und Dargestelltem einerseits sichtbar wird, andererseits aber das Verständnis von Sprache als rein nachahmendes Medium unterlaufen wird. Dieser Themenkomplex wird uns unter 5., wenn es um das Konzept der **Theatralität** geht, wiederbegegnen. Dort wird zunächst das theatrale Potenzial von Theatertexten im Mittelpunkt stehen. Dabei soll gezeigt werden, wie sie die theatrale Situation der Aufführung mitbestimmen bzw. festlegen können, obwohl sie auf jenen Zeichenebenen, die eine theatrale Situation abseits des Textes prägen (Körper, Licht, Musik, Rhythmus etc.), nur implizit operieren. Anschließend und bereits auf das folgende Kapitel zur kulturwissenschaftlichen Literaturwissenschaft vorausweisend wird am Ende des Kapitels erklärt, inwiefern Theatralität nicht nur eine hilfreiche Analysekategorie für Theatertexte ist, sondern auch als grundlegender Bestandteil von Sprachlichkeit an sich aufgefasst werden kann. Wie sich im Zusammenspiel von Øyehaugs Kurzgeschichten *Vonde blomar* und *Omtrent slik* zeigt, wiederholen (sprachliche) Zeichen nicht einfach etwas, sondern schaffen etwas Neues. Sprache und literarische Texte bilden (ähnlich wie eine Theaterbühne) einen Möglichkeitsraum, in dem Wirklichkeit nicht nur nachgeahmt, sondern auch hervorgebracht wird.

2. Die literarischen Gattungen

Wir haben unter II. bereits einige Möglichkeiten kennengelernt, literarische Texte zu kategorisieren. Man kann sie bestimmten Epochen oder Perioden zuordnen, sie also in einen literaturgeschichtlichen Zusammenhang stellen, kann sie nach Ländern oder Regionen unterteilen, sie bestimmten Autor:innen zuweisen oder einige von ihnen mit Hilfe ökonomischer, sozialer oder wirkungsgeschichtlicher Faktoren zu einem Kanon zusammenfassen. All diese Ordnungssysteme haben gemein, dass sie sich höchstens geringfügig auf die ästhetischen Qualitäten der Texte und weit mehr auf außerliterarische Zusammenhänge und Abhängigkeiten konzentrieren. Es gibt aber auch verschiedene Ansätze, um literarische Texte anhand ästhetischer, textimmanenter Kriterien zu ordnen. Die traditionsreichste Praxis, Literatur ästhetisch zu bewerten bzw. überhaupt als Literatur zu klassifizieren, ist ihre Einteilung in **Gattungen**. Schon auf den ersten Blick lassen dabei die bewegte, bis in die Antike zurückreichende Gattungsgeschichte und die bis heute andauernde Diskussion um den Nutzen von Gattungstheorien allerdings vermuten, dass gerade die literaturwissenschaftliche Gattungsforschung neben den üblichen Problematiken (z.B. Kleinteiligkeit, unscharfe Kriterien) mit besonderen Herausforderungen zu kämpfen hat. Um diese Spezifika deutlicher hervortreten zu lassen, bietet es sich an, als Ausgangspunkt und Kontrastfolie ein naturwissenschaftliches Beispiel der Gattungseinteilung heranzuziehen. Dies liegt auch insofern nahe, als die literaturwissenschaftliche Gattungsforschung oft von naturwissenschaftlichen Ansätzen, Erkenntnissen und Begrifflichkeiten profitierte.

2.1 August Strindberg und die verwirrende Klassifizierung von Gurken

1735 veröffentlicht der schwedische Naturforscher Carl von Linné die erste Version seiner größtenteils tabellarisch gehaltenen Studie *Systema Naturae* (*Das Natursystem*, 1781). Sie gilt als erster enkaptischer und hierarchischer Versuch, alle in der Natur vorkommenden Lebewesen und Dinge durch die Auflistung bestimmter Merkmale in Gruppen und Untergruppen einzuteilen. Linné unterscheidet dabei drei Naturreiche: Tiere, Pflanzen und Mineralien. Zusammen mit fünf aufeinander aufbauenden Rangstufen (Klasse, Ordnung, Gattung, Art und Varietät) erlauben sie es ihm, die Natur in ihre Einzelteile zu zerlegen und neu zu sortieren. Die Einteilung der Naturreiche folgt dabei anhand relativ eindeutiger, sich aufsummierender Kriterien, die Linné aus eigenen Beobachtungen ableitet. So schreibt er: »Die Steine wachsen. Die Pflanzen wachsen und leben. Die Tiere wachsen, leben & empfinden.«[4] Innerhalb der Naturreiche wiederum ist das Klassifizierungssystem komplizierter. Die Zuordnung der Pflanzen beispielsweise richtet sich nach dem Fruchtbildungsorgan der jeweilgen Pflanze, also nach dem Aufbau der Blüte und der Frucht.

Die Schwäche der linnéschen Pflanzeneinteilung liegt einerseits darin, dass sie auf natürlich erscheinende Verwandtschaften keine Rücksicht nimmt – zum Beispiel werden unter der Bezeichnung »Cryptogamia« u.a. Feigenbäume, Schimmel und Mose als eine Klasse aufgefasst, da sie keine sichtbaren Fruchtbildungsorgane hätten – und andererseits darin, dass sich die Pflanzenbestimmung in der Praxis bei weitem nicht so einfach darstellt, wie es Linnés tabellarische Naturumwandlung vermuten lässt. Das muss auch der schwedische Autor August Strindberg erkennen, wenn er gut 150 Jahre später versucht, in seinem Garten Gurken zu klassifizieren:

> Als man als Jugendlicher begann, Pflanzen zu untersuchen, verstand man recht bald, dass das System [von Linné] unhaltbar war, weil die Merkmale einen von der einen Klasse zur nächsten verwiesen [...]. Hier im Garten wuchs zum Beispiel einmal eine Gurke. Wenn man sie sah, gab es daran keine Zweifel, aber ging man daran, sie zu untersuchen, wurde es verwirrend. Beim flüchtigen Betrachten fand man in den Gur-

---

4 »Lapides crescunt. Vegetabilia crescunt & vivunt. Animalia crescunt, vivunt & sentient.« Linné, Carl von: Systema naturae, sive, Regna tria naturae systematice proposita per classes, ordines, genera, & species. Observationes in regna III. naturae, Stockholm 1735, Observatio 15.

kenblüten fünf Staubblätter, was ja kennzeichnend für Pentandria ist; aber wenn man genauer hinsah, dann erkannte man, dass jeweils zwei der Staubblätter zusammengewachsen waren und das fünfte frei stand wie bei Monadelfia. Bei noch gründlicherer Untersuchung stellte man fest, dass einige Blüten derselben Pflanze nur Staubblätter und andere nur einen Stempel trugen, was die Merkmale der Monoecia sind; aber wenn man nun weiterforschte, konnte man sogar zweigeschlechtliche Blüten finden, welche die Gurke in eine Klasse mit dem Ahorn, sprich den Polygamia, verwies.[5]

Die Verwirrung, die Linnés Angaben beim Gurkenbeobachter Strindberg auslösen, erreicht ihren Höhepunkt, als Strindberg alternative Klassifizierungsmodelle heranzieht:

> Und wenn man dann schließlich verwirrt die Gurke in Liljeblads Flora nachschlug, dann fand man sie kurioserweise unter Tetrandria (mit vier Staubblättern). Tournefort rechnete die Gurkengewächse zu allem Überfluss zu den Glockenblumengewächsen (Campanulaceae).[6]

Bei der Gurkenbestimmung treten also drei Schwierigkeiten auf. Erstens ist da der ungeübte und sehr subjektive Blick des jungen Strindberg; er weiß zum Beispiel nicht, welche Blüten für die Klassifikation wichtig sind und welche nicht. Zweitens scheinen auch die herangezogenen Klassifikationssysteme und -kriterien, wie die Konzentration auf den Stempel, theoretisch so unscharf und widersprüchlich zu sein, dass sie in der Praxis versagen. Und drittens gibt es in Strindbergs Augen ein grundsätzliches Problem mit dem Untersuchungsgegenstand: Je detaillierter und sorgfältiger er die Gurkenblüten betrachtet, umso vielförmiger und wandelbarer erscheinen sie. Es gibt so viele unterschiedliche Gurkenblütenarten, dass sie sich, unabhängig vom Betrachtenden und vom Klassifizierungssystem, von vornherein jeder eindeutigen Ordnung entziehen. Gerade dieses dritte Problem überrascht deshalb, weil man einen solchen Relativismus, wie Strindberg ihn hier zu erkennen meint, eher selten mit einer ›harten‹, empirisch arbeitenden Naturwissenschaft wie der Biologie in Verbindung bringt. In Strindbergs kurzem

---

5 »Då man som gosse började examinera växter, insåg man ju straxt att systemet var ohållbart, då karaktärerna skickade en från den ena klassen till den andra [...]. Här växte till exempel en gurka i trädgården. När man sett den i gång, kunde man icke misstaga sig på densamma, men började man examinera den så var man genast på villande väg. Vid ett flyktigt betraktande fann man i gurkblomman 5 ståndare, vilket ju vore Pentandria; men vid närmare betraktande fann man av ståndarne två och två sammanvuxna och den femte fri, vilket ju antydde Monadelfia. Vid grundligare undersökning befunnos dock somliga blommor på samma stånd innehålla endast ståndare och andra ensamt pistill, vilket var karaktären på klassen Monoecia; men om man gick längre i forskningen kunde man även träffa tvåkönade blommor, vilket hänvisade gurkan till samma klass som lönnen, eller Polygamia.« Strindberg, August: Linnés System, in: Ders.: August Strindbergs Samlade Verk 71. Essäer, tidningsartiklar och andra prosatexter 1900–1912, hrsg. u. komm. v. Conny Svensson, Stockholm 2004, S. 214–216, hier S. 214.
6 »Om man slutligen led på förbistringen slog opp sin gurka i Liljeblads Flora, så återfann man honom kuriöst nog på Tetrandria (med 4 ståndare). Tilläggom att Tournefort räknat gurkväxten till klockformiga (Campanulaceae).« Ebd.

Aufsatz ist es jedoch sogar so, dass es ihm genau darum geht: Zu beweisen, dass sich die Natur selbst ständig wandelt und jeder Vereindeutigung entzieht. Das Gurkenbeispiel dient ihm nur als Beleg für einen in dem Essay bereits einleitend formulierten Halbsatz: »nichts in der Natur ist exakt oder stabil.«[7] Mit dieser Feststellung ist jedem Klassifikationsversuch mit Absolutheitsanspruch von vornherein der Boden unter den Füßen weggezogen.

Inwiefern dieses von Strindberg aus seinem Versagen bei der Gurkenbestimmung abgeleitete Diktum in heutigen Zeiten, in denen jede Pflanzenart auf einen bestimmten genetischen Code zurückgeführt wird, noch haltbar ist, soll hier nicht diskutiert werden. Vielmehr soll Strindbergs Aussage zum Ausgangspunkt für weitere, nun die Literatur betreffende Überlegungen werden. Wir ersetzen deshalb in dem Halbsatz probeweise das Wort »Natur« durch »Literatur«. Im Kern entsteht dann eine Formel, die bereits jene Herausforderung benennt, mit der alle literaturwissenschaftlichen Gattungseinteilungen und -theorien zu kämpfen haben: »Nichts in der Literatur ist exakt oder stabil.« Ob der Umgang mit dieser überspitzt formulierten Feststellung allerdings in letzter Konsequenz zur selben Schlussfolgerung führen muss, wie sie Strindberg bei seiner Gurkenanalyse zieht, nämlich Gattungssystematiken ihren Nutzen abzusprechen, soll zunächst noch dahingestellt bleiben.

2.2 Herausforderungen bei der Klassifikation von Literatur

Literarische Texte haben einen **flexiblen Charakter** und können sehr viel mehr Formen annehmen als die Fruchtbildungsorgane einer Gurke. Dementsprechend komplizierter kann auch ihre Kategorisierung verlaufen. Der unvermeidliche Streit bei der Klassifikation von literarischen Texten fängt sogar oft schon bei der Frage an, was klassifiziert werden darf bzw. auf welches Textkorpus sich die jeweiligen Gattungstheorien beziehen. Während sich Strindberg, Linné und die gegenwärtige biologische Fachwelt zumindest darauf einigen könnten, dass es sich bei einer Gurke um eine Pflanze handelt, gibt es viele Ansichten darüber, was Literatur überhaupt ist. Was man unter Literatur versteht, ist immer abhängig vom eigenen Standpunkt. So würde heute zum Beispiel niemand auf die Idee kommen, selbst bei einem **extensiven**, also einfach alle schriftlichen Zeugnisse einschließenden Literaturbegriff, das Zither- oder Flötenspiel als Literaturgattung aufzufassen. Für Aristoteles (384–322 v. Chr.) aber, dessen *Poetik* (ca. 335 v. Chr.) gemeinhin als erste Gattungslehre der Literaturgeschichte gilt, stand dies nicht einmal zur Diskussion. Nachvollziehbar wird das nur, wenn man weiß, dass weder antike Epen noch Komödien oder Tragödien zu Aristoteles Lebzeiten still gelesen, sondern immer mit musikalischer Begleitung aufgeführt wurden. Wort und Musik waren eine Einheit. Andersherum wäre es Aristoteles wahrscheinlich kaum eingefallen, einen dadaistischen Text vom Anfang des 20.

---

7 »ingenting i naturen är exakt eller stabilt.« Ebd.

Jahrhunderts, Strindbergs Gurken-Essay, einen dokumentarischen Roman aus den 1970er oder 80er Jahren oder in den sozialen Medien veröffentlichte Texte als Literatur aufzufassen.

Die **Variabilität des Literaturbegriffs** wird besonders daran sichtbar, dass die verschiedenen Gattungslehren (ebenso wie die frühen biologischen Systematiken) teils höchst unterschiedliche Merkmale und Eigenschaften nennen, die ein literarischer Text im Allgemeinen oder bestimmte Gattungen im Speziellen aufweisen müssen. Abhängig von der gewählten Systematik, dem (historischen) Blickwinkel und der Auswahl der zu untersuchenden Kriterien (z.B. Form, Stoff, Figuren, mediale Aspekte, Buchmarkt) können deshalb die Ergebnisse der Klassifikation eines Textes stark voneinander abweichen und sich sogar widersprechen. Früher oder später kommt in jedem Klassifikationsprozess auch deshalb der Punkt, an dem man ebenso verwirrt und verzweifelt auf seinen Text blickt wie Strindberg auf seine Gurke und – im besten Fall – nur noch sagen kann, dass das, was man betrachtet, ein (literarischer) Text ist. Dies lässt sich an einem der weltweit bekanntesten Texte der Schwedin Selma Lagerlöf illustrieren.

> Beispiel: Selma Lagerlöf *Nils Holgerssons underbara resa genom Sverige* (1906–1907; *Nils Holgerssons wunderbare Reise durch Schweden*, 1907–1908)

Häufig kann ein Blick auf die **Paratexte**, also auf all jene Textelemente, die einen Text begleiten, ergänzen und/oder seine Rezeption steuern (z.B. Impressum, Klappentexte, Personenverzeichnis, Regieanweisungen etc.), eine erste Antwort auf die Frage liefern, welcher Gattung ein Text angehört bzw. zugeordnet wird. Im Falle von *Nils Holgersson* allerdings findet sich weder im schwedischen Original noch in der neuesten deutschen Übersetzung ein Vermerk der Autorin oder des Verlags, um was für eine Textgattung es sich bei dem Klassiker handelt. Eine Gattungsbestimmung muss also auf andere Art erfolgen.

Einen bewährten ersten Zugang bietet die sogenannte **Gattungstrias**. Hinter diesem Begriff verbirgt sich die Unterteilung der Literatur in **Dramatik**, **Epik** und **Lyrik** bzw. adjektivisch gesprochen in dramatische, epische und lyrische Texte.[8] Auch wenn diese Typologie die Gesamtheit der Literatur keineswegs erschöpfend abbildet und vielfach modifiziert, erweitert und verworfen worden ist, wirkt sie bis heute nach. Nicht zuletzt, weil sich trotz einiger Ausnahmen (wie z.B. dem Aphorismus) und Mischformen (wie z.B. epische Dramen) große Teile dessen, »was als Literatur bezeichnet wird […],

---

8 Die Trias reicht bis in die Renaissance und ihre Antikenrezeption zurück. Einflussreich war im 18. Jahrhundert Goethes Konzeption, der das »klar erzählende« Epos, die »enthusiastisch aufgeregte« Lyrik und das »persönlich handelnde« Drama als ahistorische und

in den Bereich der Epik und des Dramas [und in das,] was wir ungefähr seit dem 18. Jahrhundert mehr und mehr als Lyrik betrachten«,[9] einteilen lassen.

Mit einer klaren, in diesem Fall linear-episodenhaften Erzählstruktur, die sich an den Stationen der Däumlingsreise orientiert, der deutlichen, bereits im ersten Satz sichtbar werdenden vermittelnden Erzählinstanz (»Es war einmal ein Junge«[10]) und der »Nichtaktualität«[11] des im Präteritum geschilderten Geschehens besitzt der Text drei Kernmerkmale, die oft epischen Texten zugeordnet werden.[12] Diese Diagnose spezifizierend ließe sich der Text in einem nächsten Schritt als **Roman** bestimmen, denn er weist einen beträchtlichen Umfang auf (zwei Bände, gut 700 Seiten in der schwedischen Erstausgabe), ist, wie es der Literaturwissenschaftler Georg Lukács für den Roman fordert, durch die Darstellung einer »extensiven Totalität des Lebens«[13] einer Gesellschaft (der schwedischen) und einer Epoche (um 1900) gekennzeichnet und besitzt zudem eine komplexe narrative Struktur, die sich z.B. durch ihren Episodencharakter, die Kreisstruktur oder den repetitiven Aufbau vieler Kapitel auszeichnet.[14] Wenn man den Text jedoch noch genauer klassifizieren möchte, fühlt man sich plötzlich wie Strindberg, für den die Stempel der Gurkenblüten ständig neue Formen annehmen. Denn je nach Blickwinkel lässt sich *Nils Holgersson* z.B. als **Abenteuerroman** auffassen, der jugendliche Ausbruchsfantasien bedient, oder als **Entwicklungs-** bzw. **Coming-of-Age-Roman**, der Nils' pubertäre Identitätskrise mit märchenhaften Zügen bearbeitet und seine Entwicklung von einem faulen Nichtsnutz zu einem verantwortungsbewussten Menschen zeigt, oder sogar als **Heimatroman**, der schwedische Traditionen und Lebensweisen ins Zentrum stellt.

Bei sorgfältigerer Betrachtung wird zudem deutlich, dass schon auf der Ebene der epischen Untergattungen die Klassifizierung als Roman nicht die einzig mögliche ist. Lagerlöfs Text weist noch Merkmale vieler anderer epischer Untergattungen auf. So könnte ein anderer Klassifizierungsversuch die fantastischen, die Naturgesetze außer Kraft setzenden Elemente des Textes, wie

---

weltumspannende »Naturformen« der Dichtung begreift. (Goethe, Johann Wolfgang von: West-östlicher Diwan, in: Richter, Karl/Mommsen, Katharina/Ludwig, Peter (Hrsg.): Sämtliche Werke seines Schaffens. Münchner Ausgabe, Bd. 11.1.2, München 2006, S. 194).
9 Vgl. Zymner, Rüdiger: Gattungstheorie. Probleme und Positionen der Literaturwissenschaft, Paderborn 2003, S. 161.
10 »Det var en gång en pojke«. Lagerlöf, Selma: Nils Holgerssons underbara resa genom Sverige. Första Bandet, Stockholm 1907, S. 9.
11 Vgl. zum Begriff »Nichtaktualität«: Weber, Dietrich: Erzählliteratur. Schriftwerk, Kunstwerk, Erzählwerk, Göttingen 1998, S. 24–32.
12 Vgl. Scheffel, Michael: Theorien der Epik, in: Zymner, Rüdiger (Hrsg.): Handbuch Gattungstheorie, Stuttgart 2010, S. 311–315, hier S. 313.
13 Lukács, Georg: Die Theorie des Romans, Berlin 1920, S. 31.
14 Vgl. zu den drei hier genannten Kennzeichen des Romans: Martínez, Matías: Episch, in: Weimar, Klaus et al. (Hrsg.): Reallexikon der deutschen Literaturwissenschaft, Bd. 1 (A–G), Berlin/New York 1997, S. 465–468, hier S. 465.

die Existenz eines Däumlings oder sprechender Tiere, sowie die oft mündlich inspirierte, formelhafte Sprache (vgl. erster Satz »Es war einmal...«) und den repetitiven Aufbau einzelner Episoden hervorheben und *Nils Holgersson* mit dem Siegel des **Kunstmärchens** versehen. Gegen diese Einordnung sprechen aber wiederum z.B. die bereits genannte Länge, die kultur- und landeskundlichen Exkurse und die präzisen Zeitangaben über den einzelnen Kapiteln (z.B. »Sonntag, den 20. März«[15]). Letztere unterlaufen die unspezifische Zeitlosigkeit des Märchens und lassen eher an epische Untergattungen wie den **Reisebericht** und oder das **Tagebuch** denken.

Wiederum in eine ganz andere Richtung weist die Entstehungsgeschichte des Textes. *Nils Holgersson* wurde nämlich von Schwedens Allgemeinem Volksschullehrerverband in Auftrag gegeben, »damit die besten und schönsten Eindrücke aus der schwedischen Heimat und der schwedischen Natur den Kindern zum Ausgangspunkt ihres geistigen Wachstums werden können«.[16] Diese ursprüngliche Konzeption als Lehrbuch hat sichtbare Auswirkungen auf die Form von Lagerlöfs Text. Der didaktische Anspruch wird nicht nur an der auf Vollständigkeit angelegten Reiseroute oder den zahlreichen Exkursen deutlich, sondern auch an den beiden erbaulichen Gedichten, die dem Text programmatisch vorangestellt sind: *Den kristliga Dagvisan* (*Das christliche Tageslied*), das das Motiv des Vogelflugs aufgreift und in der letzten Strophe dazu aufruft, den Tag mit Fleiß und Ernst zu nutzen, sowie ein längeres Gedicht von Carl Snoilsky, *Sveriges karta* (*Schwedens Karte*), das in seiner letzten Strophe emphatisch den Zweck des Schulbuches benennt: »Und präge lebendig und warm / ein Bild von Schweden in des Kindes Brust, / das es als Mann bewahren soll«.[17]

Die hier nur beispielhafte und unvollständige Aufzählung der Klassifizierungsmöglichkeiten von *Nils Holgersson* ruft also auf allen Ebenen des literarischen Gattungsstammbaums Probleme und Widersprüche hervor. Die Konzeption als Lehrbuch stellt sogar ganz grundsätzlich das Vorhaben in Frage, Lagerlöfs Text überhaupt einer literarischen Gattung der genannten Trias zuzuweisen, da sie dem Text einen literarischen Anspruch in einem engeren Sinne abspricht. Nur wenn man seine Entstehungsgeschichte außen vor lässt und sich auf die textinhärenten Merkmale konzentriert, lässt sich *Nils Holgersson* unter Epik einsortieren. Allerdings bringt das kaum weitere Erkenntnisse, denn jede weitere, eindeutige Klassifikation zu einer Untergat-

---

15 »Söndag 20 mars«. Lagerlöf: Nils Holgersson, S. 9.
16 »[...] så att barnens bästa och vackraste intryck från både det svenska hemmet och den svenska naturen kunde få vara utgångspunkt för deras andliga växt.« Zitiert nach: Elenius, Lars: Selma Lagerlöf och Norrland. Nationella idealbilder i ›Nils Holgerssons underbara resa‹, in: Karlsson, Maria/Vinge, Louise (Hrsg.): I Selma Lagerlöfs värld, Stockholm 2005, S 182–209, hier S. 183.
17 »Och prägla levande och varm / en Sveriges bild i barnets barm, / som mannen skall bevara.« Lagerlöf: Nils Holgersson, S. 5.

tung ist ab einem gewissen Punkt zum Scheitern verurteilt. Angesichts dieser ernüchternden Erkenntnis und Strindbergs Rat noch im Ohr, alle Systematiken zu verwerfen und sich auf seine Augen zu verlassen, stellt sich nun die Frage: Welchen Nutzen haben Gattungstheorien in der Literaturwissenschaft überhaupt?

2.3 Welchen Nutzen haben Gattungstheorien?

Während die gemeine Gartengurke in unseren Beeten immer noch auf dieselbe Art und Weise blüht wie zu Strindbergs oder Linnés Zeiten, hat sich das, was wir unter Literatur, unter Lyrik, Dramatik oder Epik, unter Roman, Märchen etc. verstehen, je nach historisch-sozialem Kontext gewandelt und wandelt sich fortwährend. Hinzu kommt, dass (vor allem moderne und postmoderne) Texte sich häufig ganz bewusst jeder Gattungszuordnung entziehen und z.B. lyrische, dramatische und epische Passagen kombinieren. Für diese strukturelle und stilistische Heterogenität hat sich der Begriff der **Hybridität** durchgesetzt, den der russische Literaturtheoretiker Michail Bachtin in seinen Überlegungen zum modernen Roman entwickelte.[18] Denkt man diese Auffassung von Texten als »hybride Gebilde«[19] weiter, dann kann man wie der Literaturwissenschaftler Jacques Derrida einige Jahrzehnte nach Bachtin leicht zu der Einsicht kommen, dass jeder Text letztlich seine eigene Gattung ist,[20] und damit indirekt auch Zweifel an der generellen Sinnhaftigkeit von festen Gattungssystematiken formulieren. Solche im Geiste der philosophischen Strömung der **Dekonstruktion** vorgenommenen Relativierungen und Singularisierungen können jedoch den Blick darauf verdunkeln, dass Gattungslehren bei der Arbeit mit Texten (immer noch) wichtige Funktionen zukommen.

Auch wenn Gattungsmodelle in der Praxis früher oder später versagen, sind literarische Texte immer, und wenn nur *ex negativo*, von bestimmten Konventionen geprägt. Zwar weisen literarisch als wertvoll geltende Texte oft bestimmte ästhetische Eigenheiten auf, die sie von anderen zeitgenössischen Texten abheben, aber sie teilen zugleich immer auch Gemeinsamkeiten mit

---

18 Bachtin, der den Begriff von dem Linguisten Viktor Vinogradow übernimmt, fasst Hybridität nicht rein strukturell, sondern bezeichnet den modernen Roman auch insofern als ein Gemisch, als er verschiedene Stile, Sprachen und Weltanschauungen in sich tragen kann. Er ist vielstimmig, polyphon. Hybridität, wie sie z.B. auch Lagerlöfs Nils Holgersson aufweist, wird so also selbst zu einem Genremerkmal, nämlich für den modernen Roman. (Vgl. Bachtin, Michail M.: Das Wort im Roman, in: Ders.: Die Ästhetik des Wortes, übers. v. Rainer Grübel u. Sabine Reese, Frankfurt a.M. 1979 [russ. Original 1934/35], S. 154–300).
19 Ebd., S. 162.
20 Vgl. Derrida, Jacques: Das Gesetz der Gattung, in: Ders.: Gestade, übers. v. Hans-Walter Schmidt, Monika Buchgeister u. Gunnar Schmidt, Wien 1994 [franz. Original 1980], S. 245–283. (Derrida verknüpft darin die literarische Gattungszuordnung eng mit Genderzuschreibungen und sexueller Differenz).

ihnen. An keinem literarischen Text ist alles originell, und das, was als originell erscheint, ist häufig das Produkt einer langwierigen Auseinandersetzung mit anderen Texten und der Transformation ihrer ästhetischen Merkmale.[21] Überschreitungen (**Transgressionen**) von bestimmten Konventionen oder das, was wir als solche wahrnehmen, können aber erst erkannt werden, wenn diese Konventionen durch Systematisierungen sichtbar geworden sind. Und genau bei dieser Sichtbarmachung helfen literarische Gattungen: Sie dienen als **Kommunikationssystem**, und das sowohl für die Autor:innen, die ihren Regeln folgen oder sie bewusst überschreiten, als auch für die Seite der Rezeption (Leserschaft, Literaturkritik, Wissenschaft). Ein gutes Beispiel für diesen kommunikativen Nutzen von Gattungen bietet ein Langgedicht des schwedischen Barockdichters Georg Stiernhielm, dessen Entstehen und Interpretation ohne Einbezug von antiken und zeitgenössischen Poetiken und Gattungskonventionen kaum denkbar wäre.

Beispiel: Georg Stiernhielm *Hercules* (1658, *Hercules*, 1793)

Stiernhielms *Hercules* gilt als ein Meilenstein der schwedischen Literatur. An einem heutigen literarischen Marktgeschmack gemessen, könnte er jedoch leicht als maniriert, redundant oder schwülstig bezeichnet werden. Gerade bei den ausdrucksvollen, auf Prachtentfaltung angelegten, mit verschiedenen rhetorischen Figuren dekorierten Beschreibungen der in dem Text auftretenden allegorischen Figuren ergeht sich die Erzählinstanz in wahren Kitschkaskaden. Ein gutes, aber keineswegs das einzige Beispiel hierfür bietet schon der Auftritt der LUST ganz zu Beginn des Textes:

> I thet han [Hercules] altså går vti tankar, och högste bekymber;
> Trippar ett artigt Wijf, doch lätt af later, och anseend,
> Til honom an; blomerad i margfals-färgade kläder;
> Glimmand' i Pärlor, och Gull; och gnistrand' i dyrbare Stenar;
> Skön aff Anlete; men (som syntes) sminkad, och färgad;
> Som een drijwa sniö-hwijt, medh rosen-färgade kinner;
> Käck-ögd, diärf vtaf upsyn; af huld war hon fyllig och frodig
> Gull-gåhl-blänkiandes håår, bekrönt medh Roser i Pärlor.
> LUSTA war hennes namn, wijdt-dyrkat i werldennes ändar.

> Während er [Herkules] so in Gedanken geht, und in größter Sorge;
> trippelt eine elegante Frau, doch mit leichtfertigen Gebärden und Aussehen,
> zu ihm heran; herausgeputzt mit vielfarbenen Kleidern;
> glitzernd von Perlen und Gold, und glänzend von kostbaren Steinen;
> mit schönem Gesicht, aber (wie es schien) geschminkt und angemalt;
> wie eine Schneewehe weiß, mit rosen-farbigen Wangen;
> keck-äugig, freche Gesichtszüge, ihr Körper war füllig und üppig

---

21 Vgl. Todorov, Tzvetan: Einführung in die fantastische Literatur, übers. v. Karin Kersten, Senta Metz u. Caroline Neubaur, Berlin 2013 [franz. Original 1970], S. 11.

gold-gelb-glänzendes Haar, bekrönt mit Rosen von Perlen.
LUST war ihr Name, weitverkehrt bis an die Grenzen der Welt.[22]

Der Eindruck des sprachlichen Überflusses bzw. der Überflüssigkeit lässt sich bereits mit einem kurzen Blick auf die sprachliche Gestaltung untermauern: Der Informationsgehalt der Passage (Herkules begegnet der Lust) ist im Verhältnis zur Wortanzahl gering. Dieses Ungleichgewicht entsteht in erster Linie durch den Einsatz von zahlreichen, oft aus ähnlichen Wortfeldern stammenden Adjektiven, von Tautologien (z.B. »geschminkt und angemalt«, »füllig und üppig«), Hyperbeln (z.B. »in größter Sorge«, »weitverkehrt bis an die Grenzen der Welt«) und Vergleichen (»wie eine Schneewehe«). Möchte man nun diese Aufwertung der sprachlichen Ausgestaltung auf Kosten des Inhalts verstehen und zu einer differenzierteren Beurteilung der ästhetischen Qualitäten des Textes abseits unseres Zeitgeschmacks gelangen, ist eine Auseinandersetzung mit seinem Entstehungskontext, der Gattungstradition und den damals gängigen literarischen Konventionen unumgänglich.

Hercules wurde in den späten 1640er Jahren verfasst und 1658 gedruckt. Der Text fällt damit in eine Zeit literarischer Innovationen. Diese lassen sich vor allem mit der Ablösung des Lateinischen als Sprache für im engeren Sinn literarische Texte durch die skandinavischen Nationalsprachen erklären. Durch die von einem nationalistischen Geist getragene Absicht, gerade die schwedische und dänische Literatur mindestens auf eine Stufe mit den großen kontinentalen und antiken Literaturen zu heben, erfahren die skandinavischen Literaturen im 17. Jahrhundert auch maßgebliche Neuerungen in der Metrik und Gattungslehre. Im Zuge dieser Aufwertungsbestrebungen setzt man sich in poetologischen Diskussionen auch mit antiken Gattungs- und Dichtungskonventionen auseinander. Diskutiert wird dabei nicht zuletzt die Frage, inwiefern sich diese Konventionen in die skandinavischen Sprachen übertragen lassen. Als Vorbild dient dabei die **Versreform von Martin Opitz**, der in seinem *Buch von der Deutschen Poeterey* bereits 1624 für das Deutsche eine Ablösung des **quantierenden (silbenmessenden)** durch das **akzentuierende (silbenzählende)** Versmaß fordert, also die Längen und Kürzen, mit denen die griechische und lateinische Metrik arbeitet, durch die den germanischen Sprachen von Natur aus vertrauten Höhen und Tiefen zu ersetzen. Die aus der antiken Dichtkunst abgeleiteten Regeln werden aber oft nicht einfach nur kopiert, sondern in einem zeitgenössischen Kontext wiederbelebt, in bestehende Welt- und Gesellschaftsbilder integriert und gegenüber ihren Vorbildern teils sogar verschärft. Die von Bewunderung, aber auch von der Überzeugung eigener Überlegenheit geprägte Auseinandersetzung mit der Literatur des Altertums führt so – immer innerhalb des starren barocken Weltbildes – im 17. Jahrhundert zu einer kreativen Explosion der national-

---

22 Stiernhielm, Georg: Hercules, in: Friese, Wilhelm (Hrsg. u. Übers.): Nordische Barocklyrik, Tübingen 1999, S. 21–53, hier S. 24–25.

sprachigen Literatur in Skandinavien. Zum ersten Mal nach dem Mittelalter entwickelt die skandinavische Literatur eigene zeitspezifische Züge.

Aus der großen Menge an Texten, die die neuen Regeln praktisch umsetzen, ragt in der schwedischen Literatur Stiernhielms *Hercules* heraus. Der Inhalt des gemeinhin als **Langgedicht** oder **Versepos** bezeichneten Textes bedient sich des antiken Mythos *Herakles am Scheideweg*: Der griechische Held muss sich zwischen einem mühelosen, angenehmen, aber moralisch verwerflichen und einem beschwerlichen, aber tugendhaften und langfristig erfüllenden Leben entscheiden. Mit seiner mythologischen Themenwahl steht Stiernhielm ganz in der Tradition antiker Epen, bei denen Götter und/oder Helden im Mittelpunkt stehen, und orientiert sich auch formal an den literarischen Konventionen der Antike. So greift er mit dem **Hexameter** auf das seit Homers *Ilias* übliche Versmaß des Epos zurück und verzichtet wie die antiken Vorbilder auf einen Endreim. Allerdings greift es zu kurz, *Hercules* als reine Nachahmung antiker Epen zu sehen. Denn der Text ist nicht nur auf eine tagespolitische Situation zugeschrieben – der junge, durch den dreißigjährigen Krieg verrohte schwedische Adel soll auf den Weg eines tugendhaften Lebens gebracht werden –, sondern geht auch stilistisch trotz aller Ähnlichkeiten weit über seine Inspirationsquellen hinaus, indem er antike Motive kunstvoll mit typischen Stilmitteln (z.B. Antithesen, Allegorien, Hyperbeln, Anaphern) und inhaltlichen Motiven (*carpe diem, memento mori, Vanitas*-Motiv) barocker Dichtung verknüpft. Die durch diese Stilmittel starr und künstlich wirkende gebundene Sprache nimmt so die Antike und ihre Dichtungskonventionen zwar als Vorbild und Ausgangspunkt, ist aber zugleich durchdrungen von dem strengen Ordnungsbewusstsein des absolutistisch geprägten 17. Jahrhunderts.

Vor diesem Hintergrund wird deutlich, dass die zu Beginn dieses Abschnitts diagnostizierte Schwülstigkeit von *Hercules* als Sinnbild barocker Lebenslust kein Zufall, sondern Programm ist, um u.a. die Flexibilität und Überlegenheit des Schwedischen zu demonstrieren. Die aus der Antike übernommenen und streng ausgelegten Konventionen des Langgedichts vermischen sich mit barocken Dichtungstraditionen und fungieren als kreative Herausforderung für das Schreiben in der eigenen Nationalsprache, gerade in einer Zeit, in der sich diese als Literatursprache erst zu etablieren beginnt. Nur wenn man diese sozial-historischen Zusammenhänge, die Regeln der antiken Gattungen und ihre Rezeption im schwedischen Barock kennt, lässt sich Stiernhielms aus heutiger Sicht recht überladen daherkommender Text angemessen ästhetisch untersuchen und bewerten sowie sein innovatives Potenzial erkennen und verstehen.

2.4 Poetiken

Das Wissen über bestimmte literarische Konventionen, Schreibweisen, Gattungen und Regeln lässt sich nicht nur über die vergleichende Analyse verschiedener Primärtexte erarbeiten, sondern auch über das Studium sogenannter Poetiken. Seit der Antike haben sich dabei sehr unterschiedliche Formen herausgebildet. Drei davon – die Regelpoetik, die Autorenpoetik und die textimmanente Poetik – seien hier kurz näher vorgestellt.[23]

Die Regelpoetik

Regelpoetiken lassen sich am besten über den Wortursprung erklären. Das Wort **Poetik** bedeutet »Lehre von der Dichtung«, und das in zweifacher Weise: Einerseits vermitteln Poetiken Wissen über die Dichtung bzw. Literatur, verweisen auf und reflektieren bestimmte Merkmale, Mängel und ästhetische Vorzüge bereits bestehender Texte, systematisieren und sortieren sie, d.h. sie arbeiten deskriptiv und besitzen Reflexionswissen über Literatur. Andererseits liefern Poetiken aber auch (zusätzlich) verbindliche Regeln, wie literarische Texte inhaltlich und formal verfasst werden sollen, d.h. sie haben einen normativen Charakter und vermitteln Herstellungswissen über Literatur. Ist dieser Regelcharakter stark ausgeprägt und handelt es sich um eigenständige Texte, spricht man von **Regelpoetiken.**

Die Blütezeit der Regelpoetiken setzt in Europa mit der Antikenrezeption in der Renaissance ein und dauert bis etwa zur Mitte des 18. Jahrhunderts an. Als Vorbilder für die europaweit entstehenden Poetiken fungieren verschiedene antike Texte. Die beiden wichtigsten sind die bereits erwähnte *Poetik* des Aristoteles und das Briefgedicht *Ars poetica* (um 14 v. Chr.) des römischen Autors Horaz. Horaz' Text hat einen geringeren philosophischen Tiefgang als die vor allem deskriptiv arbeitende *Poetik* des Aristoteles, ist aber gerade wegen ihres sprunghaften, in weiten Teilen lehrsatzhaften Charakters wirkmächtig geworden. So geht zum Beispiel eine der Hauptmaximen der aufklärerischen Ästhetik, Literatur solle »nützen und erfreuen« (*prodesse et delectare*), auf zwei Verse (333/334) aus der *Ars poetica* zurück.[24] Die ersten Poetiken in Skandinavien sind Verslehren, die ab Mitte des 17. Jahrhunderts

---

23 Schon die hier skizzierten Beispiele unterschiedlicher Poetiken zeigen deutlich, dass das, was unter dem Begriff Poetik subsumiert wird, höchst vielgestaltig ist. Die Reihe ließe sich aber auch noch ergänzen. Bereits um 1900 hat sich Poetik zu einem diffusen Containerbegriff entwickelt. Neben den hier genannten werden damals auch Fundamentalpoetiken, die sich aus sprachphilosophischer Sicht mit den Grundstrukturen der Sprache auseinandersetzen, Stilratgeber, Manifeste oder Überlegungen zur Dichtung im Rahmen der philosophischen Ästhetik unter Poetik(en) gefasst. (Vgl. zu einer ausführlicheren Darstellung: Simon, Ralf (Hrsg.): Grundthemen der Literaturwissenschaft: Poetik und Poetizität, Berlin/Boston 2018, S. 23–25).

24 Die Rezeption der Verse ist ein gutes Beispiel für eine falsche bzw. zugespitzte Übertragung von antiken Dichtungsregeln in einen modernen europäischen Kontext. Horaz' Verse haben einen weit offeneren Charakter, als ihre Rezeptionsgeschichte vermuten

erscheinen und sich neben den antiken Quellen mit deren Nachfolgern wie der bereits erwähnten Versreform von Opitz beschäftigen. Neben diesen frühen Lehrbüchern, die kaum den Anspruch haben, eine vollständige Poetik zu entwerfen, sondern eher technische Ratschläge zur Literaturproduktion liefern, finden sich poetologische Überlegungen auch in erklärenden Vorworten oder Begleittexten zu verschiedenen Werken.

Die Autorenpoetik

Autorenpoetiken sind textbegleitende Poetiken und stammen häufig von den Autor:innen selbst, bilden also theoretische und programmatische Überlegungen zum eigenen literarischen Schaffen. So geben sie oft Aufschluss über bestimmte Konventionen, Innovations- und Abgrenzungsversuche und die Selbstverortung im literarischen Feld ihrer Zeit. Dem Schöpfungsepos *Hexaëmeron Rhythmico-Danicum. Det er: Verdens Første Vges Sex Dages prægtige oc mægtige Gierninger* (1661, *Hexaëmeron in dänischen Versen. Das ist: Die prächtigen und mächtigen Taten der sechs Tage der ersten Woche der Welt*) von Anders Arrebo ist zum Beispiel ein Vorwort von Arrebos Sohn beigefügt. An einigen Stellen finden sich darin kurze Gedanken zu den für das Dänische geeigneten Versmaßen. Nicht ganz unwichtiger Zweck des monumentalen Werks ist es, durchaus ähnlich wie bei Stiernhielms *Hercules*, die eigene Sprache auf ein Niveau mit den kontinentaleuropäischen und antiken Literaturen zu heben.

Als weiteres Beispiel für eine Autorenpoetik kann die poetologische Schrift *Just Justesens Betenkning over Comoedier* (1723, *Just Justensens Gedanken zu Komödien*) dienen, die von dem bedeutendsten skandinavischen Autor der Aufklärung Ludvig Holberg unter dem Pseudonym Just Justensen veröffentlicht wurde. Holberg nimmt darin einerseits Bezug auf sein großes Vorbild, den französischen Dramatiker Molière, sowie andererseits auf die Regelpoetiken der französischen Klassik, die bis heute unser Bild des Dramas als Text in Dialogform prägen, der sich an die drei Einheiten (der Zeit, des Ortes, der Handlung) hält. Holberg referiert bekannte aufklärerische Maximen und schreibt zum Beispiel in der Tradition des Nützen-und-Erfreuen-Diktums, man müsse dafür sorgen, »dass unser Publikum durch geistreiche und moralische Stücke den richtigen Geschmack entwickelt, und so wenige lustige Geschichten wie möglich dargestellt werden, die keine Lehre haben«[25]. Aus der

---

lässt. Sie lauten im Original: »Aut prodesse volunt aut delectare poetae / aut simul et iucunda et idonea dicere vitae« (Die Dichter wollen entweder nützen oder erfreuen / oder zugleich Erfreuliches und für das Leben Taugliches sagen). Eine korrekte Ableitung wäre also eher: Literatur will entweder nützen oder erfreuen oder beides. (Vgl.: Horatius Flaccus, Quintus: De arte poetica, in: Horaz Sämtliche Werke, Lateinisch und Deutsch, hrsg. v. Färber, Hans/Faltner, Max, München 1964, S. 250).

25 »Mand maa mage det saa, at vore Tilskuere ved sindrige og moralske Skuespill faar den rette Smag, og saa lidt som mueligt forrestille lystige Eventyr, hvorudi ingen Lærdom

Masse an zeitgenössischen europäischen Theaterschriften stechen Holbergs weitere Ausführungen dann jedoch heraus. Denn der seit kurzem eng mit dem ersten dänischen Theater in Kopenhagen verbundene Autor – seit der Gründung im Jahr 1722 schreibt Holberg seine Komödien für *Den danske Skueplads* (Die dänische Schaubühne) in der *Lille Grønnegade* – betont die Schwierigkeiten, zwischen Unterhaltung und Lehre das richtige Maß zu finden. Denn einerseits müsse man den Moden der Zeit folgen und andererseits den Geschmack prägen und das Publikum erziehen. Entscheidend für das Gelingen dieses Balanceakts sei nicht nur, dass der Komödiendichter mit den klassischen Dramenregeln vertraut ist, sondern »sich im Geiste vorstellen kann, welche Wirkung [Komödien] im Theater haben werden; denn manchmal gefällt die Komödie, die am lustigsten zu lesen ist, auf der Bühne am wenigsten«.[26]

Holbergs poetologische Reflexionen zur Komödie gehen also über Regeln für das Verfassen von Dramentexten hinaus, beziehen ökonomische Überlegungen mit ein und verweisen auf die implizite Theatralität von Theatertexten, indem sie die Aufführungssituation immer mitdenken (siehe auch 5.4).

Die textimmanente Poetik

Poetiken müssen nicht immer als unabhängige oder begleitende Texte erscheinen. Auch literarische Texte selbst können **immanente Poetiken** enthalten. In diesen Fällen führen sie dann die Regeln ihres Verstandenwerdenwollens und ihrer Gemachtheit mit sich. Bestimmte Merkmale oder Motive der Texte können bildhaft als Aussage über die Machart der Texte gelesen werden. Diese Überlegungen können sich sowohl auf den untersuchten Text als auch auf das Gesamtwerk beziehen. Oft liegen sie an exponierter Stelle innerhalb eines Textes. So zum Beispiel in der Erzählung *Jaktslottet* (1832; *Das Jagdschloss*, 1925), die der schwedische Schriftsteller Carl Jonas Love Almqvist als Rahmenerzählung zu seinem gewaltigen, vielbändigen *Törnrosens Bok* (1832–1851; *Buch der Heckenrose*) verfasst hat. Darin wird nicht nur die Idee eines dann mit *Törnrosens Bok* verwirklichten Gesamtkunstwerks besprochen, sondern auch anhand einiger Figuren über unterschiedliche Erzählweisen bzw. -moden reflektiert. Unter den vielen in dieser Rahmenerzählung auftretenden Erzählenden befinden sich auch die jugendlichen Familienmitglieder Henrik, Franz, Ulrika und Aurora, deren Erzählungen alle mit unterschiedlichen Attributen belegt sind, verschiedene im frühen 19. Jahrhundert übliche literarische Genres repräsentieren und sich oft antagonistisch gegenüberstehen. Der impulsive Naturbursche Henrik erzählt,

---

er.« Holberg, Ludvig: Just Justesens Betenkning over Comoedier, København 1723, a6v. Abrufbar unter: http://holbergsskrifter.dk (zuletzt aufgerufen 01.08.2024).
26 »[...] i sin Imagination kand forrestille sig hvad Virkning [Comedier] vil have paa et Theatro; thi undertiden kand den Comoedie som er lystigst at læse, allermindst behage paa Skue-Pladsen«. Ebd., a5r.

ohne nachzudenken, kurz und schnell, Franz dagegen versetzt mit seinen Erzählungen seine ganze Familie immer in einen Zustand der Frömmigkeit, Ulrika hat sich auf fantastische, grausige Geschichten spezialisiert, während sich Aurora wiederum vor allem heiteren Dichtungen widmet. Am ehesten zu einer Synthese bringt diese vier (und auch noch andere) sehr unterschiedliche Erzählweisen dann der Meistererzähler Richard Furomo – und eben Almqvist selbst in seinem *Törnrosens Bok*.

Ein anderes Beispiel für eine textimmanente Poetik ist Selma Lagerlöfs dritter Teil ihrer Autobiografie *Dagbok för Selma Ottilia Lovisa Lagerlöf* (1932; *Das Tagebuch der Selma Ottilia Lovisa Lagerlöf*, 1958), in der sie ihre Poetik anders als Almqvist nicht durch explizites Schreiben über das Schreiben/Erzählen darlegt, sondern sie – ein häufig gewählter Kniff – in einer Analogie zur bildenden Kunst verklausuliert. Als poetologische Schlüsselstellen können hier die Betrachtungen einer Darstellung von ›Karl X. Gustaf am Totenbett Axel Oxenstiernas‹ gelten, die zwar ein durchaus problembehaftetes und defizitäres Bild der Realität vermitteln, ihr Schlechtes aber bewusst hinter »›imaginären ›schönen Vorhängen‹‹«[27] verborgen halten. Parallelen zu den literarischen Strategien der ersten weiblichen Literaturnobelpreisträgerin liegen auf der Hand, ist für die 14-jährige Protagonistin Selma in der Autobiografie das Schreiben doch gleichermaßen Flucht wie Taktik, sich mit der Wirklichkeit auseinanderzusetzen. Hinter den ›schönen Vorhängen‹ der für Lagerlöf so typischen mythologischen, märchenhaften oder romantisierenden Erzählweise, die ihr das Image als *sagotant* (Märchentante) einbrachten, liegen komplexe Seelenbetrachtungen und moderne und letztlich existenzielle Konflikte und Ängste verborgen.

3. Poetizität

In *Ett drömspel* (1902; *Ein Traumspiel*, 1903), einem der berühmtesten Theatertexte von Strindberg, steigt die Tochter des Gottes Indra, Agnes, auf die Erde herab, um die Menschen und ihr leidvolles Dasein verstehen zu lernen. Auf ihrem Weg durch die menschlichen Niederungen hat sie drei Begleiter, doch nur einem davon, dem Dichter, gelingt es, die Klagen der Menschen so in Worte zu fassen, dass Agnes sie Indra übermitteln kann. Seine Verse, »eine Bittschrift an den Herrscher der Welt, aufgesetzt von einem Träumer«,[28] sind die einzigen menschlichen Worte, die von der Göttin vorgetragen zu Indra empordringen können. Der Poesie (und auch dem Dichter) wird

---

27 Heitmann, Annegret: Die Moderne im Durchbruch. 1870–1910, in: Glauser, Jürg (Hrsg.): Skandinavische Literaturgeschichte, 2. Auflage, Stuttgart 2016, S 186–234, hier S. 227.
28 Strindberg, August: Ein Traumspiel, übers. v. Christel Hildebrandt, Stuttgart 2003, S. 80. – »En mänsklighetens bönskrift till världens härskare, uppsatt av en Drömmare!« Strindberg, August: Ett drömspel, in: Ders.: August Strindbergs Samlade Verk, Bd. 46, hrsg. u. komm. v. Gunnar Ollén, Stockholm 1988, S. 92. Die Seitenangaben hinter den folgenden Originalzitaten beziehen sich stets auf die genannte Ausgabe.

damit in Strindbergs *Ett drömspel* ein besonderer Status und eine wichtige Verbindungsfunktion zugeschrieben. Sie steht zwischen Himmel und Erde, zwischen Gott und Mensch. Sie ist zwar nicht göttlich, kann aber zumindest in die Sprache der Götter übersetzt werden.

Diese überlegene sprachliche Stellung der Dichtung wird in Strindbergs Text nicht nur behauptet, sondern auch umgesetzt. Wir sehen und hören in einer Szene tatsächlich, wie Agnes die Bittschrift des Dichters vorträgt. Inhaltlich erfährt man dabei nichts, was nicht auch die übrigen Szenen von *Ett drömspel* vermitteln würden: Das menschliche Leben wird als eine große Wanderung »über Dornen, Disteln, Steine«[29] entworfen, auf der jede Freude »allen anderen Kummer«[30] bringt. Eine Sonderstellung erlangt die Szene allerdings durch ihren Stil. Denn die Schrift des Dichters ist in gebundener Sprache, in Versen, geschrieben. Strindberg etabliert in *Ett drömspel* damit ein Verständnis von Dichtung, man könnte auch weitergefasst sagen von Literatur, das sich von den zu seiner Zeit weitverbreiteten, auf die möglichst authentische Nachahmung der Wirklichkeit setzenden realistischen Literaturen absetzt: Nicht der Inhalt der Klage ist hier das Entscheidende, sondern wie (und von wem) sie vorgetragen wird, nicht die Nachahmung der Wirklichkeit zählt, sondern ihre **sprachliche Darstellung**. Erst die kunstvolle sprachliche Ausgestaltung bekannter Inhalte scheint in der Traumwelt Informationen transportieren zu können, die über den semantischen Gehalt der einzelnen Wörter und Sätze hinausgehen und auch bisher Unaussprechliches vermitteln können.

Mit diesem mystischen Poesieverständnis, das davon ausgeht, dass sich poetische Sprache qualitativ von Alltagssprache unterscheidet, weist Strindberg bereits auf eine literaturwissenschaftliche Debatte zu Beginn des 20. Jahrhunderts voraus. Diese ist geprägt von der Frage, ob es so etwas wie spezifische Eigenschaften von literarischen Texten überhaupt gibt, und ob man Literatur anhand verbindlicher Kriterien von anderen Sprach- und Textformen und literarische Sprache von Alltagssprache abgrenzen kann. Die Überlegungen kreisen dabei um den Begriff **Poetizität**.

3.1 Was ist Poetizität?

Erstmals ein wissenschaftliches Fundament erhält der Begriff Poetizität bzw. der häufig und auch hier synonym verwendete Ausdruck **Literarizität** im **Russischen Formalismus** zu Beginn des 20. Jahrhunderts. Einer seiner wichtigsten Vertreter, der Literatur- und Sprachtheoretiker Roman Jakobson, schreibt in einer Schrift von 1921, die trotz ihres wenig aussagekräftigen Titels *Die neueste russische Poesie* zu den grundlegendsten Texten der modernen Literaturwissenschaft gehört, Folgendes:

---

29 Strindberg: Ein Traumspiel, S. 81. – »Över törne, tistel, stenar« (93).
30 Ebd. – »Bringar alla andra sorg« (94).

III. Poetologische Zugänge

Poesie ist Sprache in ihrer ästhetischen Funktion. Somit ist Gegenstand der Literaturwissenschaft nicht die Literatur, sondern die Literarizität, d.h. dasjenige, was das vorliegende Werk zum literarischen Werk macht.[31]

In einer Zeit, in der literarische Texte relativ beliebig mit hermeneutischen, psychologischen, sozialen, philosophischen oder biographischen Deutungsmustern analysiert werden, fordert Jakobson damit einen neuen Ansatz in der Literaturwissenschaft. Der Fokus soll nun auf der Poetizität/Literarizität von literarischen Texten liegen, d.h. auf ihrer Machart, darauf »was ›Literatur zu Literatur‹ macht«: auf der »Qualität, die allen literarischen Texten manifest ist und wodurch wir sie als Literatur erkennen und benennen können«.[32] Die neue, selbstständige Literaturwissenschaft soll alle **verfremdenden** und **innovativen Verfahren** herausarbeiten – von formalen Kriterien (Klang, Rhythmus, Reim, Satzbau etc.) bis hin zu Stilmitteln, der Bildsprache oder bestimmten Erzähltechniken –, die **den spezifischen Sprachgebrauch** von Literatur auszeichnen. Während die traditionellen Poetiken vom Begriff der **Nachahmung** (z.B. menschlicher Handlungen) ausgehen, also ein Außerhalb des Textes als ersten Referenzpunkt haben, geht es der Theorie der Poetizität damit explizit um textimmanente Bezugssysteme, also um die (sprachliche) **Darstellung**. Anders als viele Poetiken und Gattungstheorien ist der Ansatz des vor allem an modernistischen Texten geschulten russischen Formalismus also nicht normativ, sondern rein deskriptiv. Dass ein Verständnis von Literatur aber durchaus problematisch sein kann, das sich auf eine Abgrenzung zur Alltagssprache stützt, kann an dieser Stelle ein kurzer Blick auf den ersten Roman des schwedischen Autors Jonas Hassen Khemiri veranschaulichen.

Beispiel: Jonas Hassen Khemiri *Ett öga rött* (2003; *Das Kamel ohne Höcker*, 2006)

Wer Khemiris Debütroman *Ett öga rött* aus dem Jahr 2003 mit der Erwartung aufschlägt, einen Roman in stilistisch einwandfreiem Schwedisch zu lesen, wird enttäuscht. Ein Kapitelanfang des Tagebuchromans liest sich im schwedischen Original z. B. so:

> Först på morgonen jag gick upp tidigt och repade biologin. Mest jag gjorde för att visa Alex såklart att prov är enklaste matchen bara tankesultaner lägger till manken. Som alltid efter prov det blev lättad stämning i klassen och på frukostrasten alla hängde i rastrummet. Marit satt i soffan med Jessica och Anna och ganska ofta hon tittade på mig. Varje gång det kändes som elstöt och jag fick koncentrera för att spela cool och hålla kön stadig. Fast hon går parallellklass jag kan inte fatta det har tagit så lång tid innan jag upptäckte hennes totala vackerhet.

---

31 Jakobson, Roman: Die neueste russische Poesie, übers. v. Rolf Fieguth u. Inge Paulmann, in: Ders.: Poesie der Grammatik und Grammatik der Poesie: Sämtliche Gedichtanalysen. Kommentierte deutsche Ausgabe, hrsg. v. Hendrik Birus u. Sebastian Donat, Bd. 1, Berlin/New York 2007 [russ. Original 1921], S. 1–124, hier S. 16.
32 Peer, Willie van: Poetizität, in: Weimar, Klaus et al. (Hrsg.): Reallexikon der deutschen Literaturwissenschaft, Bd. 3 (P–Z), Berlin/New York 2003, S. 111–113, hier S. 111.

> Idag hon hade vita jeans isärklippta med fransar nere och på ljusblå linnet det stod ›Silkscreen‹ med vita paljetter. Ovanpå hon hade som lång brun rock fast i koftyg. Aldrig Marit skulle klä sig som luffartjej med Thåstrand-t-shirt eller klistermärken på jackan. Aldrig hon skulle feminista sig och ta på lebbkläder som tjejslipsar eller kängor. Marit är som färggladaste regnbågsfisken i förorenat hav eller som finaste blomman som växer på äckligaste sophög. Alla andra brudar tittar avundsjuka för dom fattar hon är stans finaste katt. När jag tänker på henne jag kallar henne min gussilago och det ska bli mitt smeknamn för henne.[33]

Viele Unterschiede zum Standardschwedisch fallen in diesem Abschnitt sofort ins Auge:[34] Syntaktische Abweichungen, wie die durchgehend fehlende Inversion nach Adverb (z.B.: »Idag hon hade« statt »Idag hade hon«), morphologische Abweichungen wie falsche Superlative (z.B. »enklaste matchen« statt »en enkel match«), lexikalische Abweichungen wie falsche Kollokationen (z.B. »stämningen blev lättad« anstatt »stämningen lättade«) oder eigene Wortbildungen (z.B. »feminista sig«).

Als verfremdende literarische Verfahren, als innovativer Umgang mit Sprache, wurden diese Abweichungen vom Standardschwedisch vom Großteil der medialen Öffentlichkeit zunächst allerdings nicht gesehen, sondern lediglich als authentische Darstellung des *Rinkebysvenska* (Rinkebyschwedisch), einer multiethnischen Jugendsprache, die im Stockholmer Vorort Rinkeby gesprochen wird. Folgt man dieser Sichtweise, zeichnet sich die Sprache in Khemiris Roman zumindest auf einer äußeren Ebene gerade dadurch aus, dass sie versucht, nicht poetisch bzw. literarisch zu sein (und erlangt gerade dadurch

---

33 Khemiri, Jonas Hassen: Ett öga rött, Stockholm 2003, S. 107.
Die entsprechende Stelle in der deutschen Übersetzung, die nicht alle Verfremdungen übernimmt, lautet: »Am Morgen stand ich erst mal früh auf und lernte Biologie. Hauptsächlich um Alex zu zeigen, hör mal, alle Tests sind easy going, wenn der Gedankensultan sich nur mal ein bißchen ins Zeug legt. Wie immer nach dem Test gab es hinterher in der Klasse eine erleichterte Stimmung, und in der Frühstückspause hingen alle im Pausenraum herum. Marit saß mit Jessica und Anna auf dem Sofa und schaute ganz oft zu mir rüber. Jedesmal fühlte es sich an wie ein elektrischer Schlag, und ich mußte mich konzentrieren, cool zu bleiben und den Schwanz ruhig zu halten. Obwohl sie in die Parallelklasse geht, begreife ich nicht, warum es so lange gedauert hat, bis ich ihre totale Schönheit entdeckt habe. / Heute hatte sie weiße, zerschnittene Jeans an mit Fransen unten und ein hellblaues Hemd, auf dem mit weißen Perlen ›Silkscreen‹ stand. Darüber hatte sie eine Art langen braunen Rock, fast wie aus Strickstoff. Niemals würde Marit sich wie eine Pennerin anziehen mit Billig-T-Shirt oder Klebeabzeichen auf der Jacke. Niemals würde sie so´ne Feministin werden und so Lesbenklamotten anziehen wie Mädchenschlipse oder Stiefel. Marit ist der farbenfroheste Regenbogenfisch im verdreckten Meer oder wie die schönste Blume, die auf dem ekligsten Müllhaufen wächst. Alle anderen Bräute sehen sie neidisch an, denn sie begreifen, dass das hier die schönste Schnitte der ganzen Stadt ist. Wenn ich an sie denke, nenne ich sie meine Schwertlilie, und das wird mein Kosename für sie werden.« Khemiri, Jonas Hassen: Das Kamel ohne Höcker, übers. v. Susanne Dahmann, München 2006, S. 109.
34 Zu den Besonderheiten des ›Khemirischen‹, an der sich auch die folgenden Ausführungen orientieren, vgl. Åhmark, Beatrice: Multiethnische Jugendsprache und ihre Übersetzung. Zur deutschen Übersetzung von Jonas Hassen Khemiris ›Ett öga rött‹, Magisteraufsatz, Stockholm 2008.

wiederum in den Augen der Kritik paradoxerweise einen besonderen literarischen Wert). Eine solche Rezeption übersieht jedoch, dass sich viele der oben genannten sprachlichen Veränderungen zwar im *Rinkebysvenska* finden, bei Khemiri jedoch erweitert, zugespitzt und selbst wiederum verfremdet werden. Sein Sprachgebrauch ist bereits auf grammatikalischer und lexikalischer Ebene weit entfernt von der ihm unterstellten Alltagssprache, sondern höchst spezifisch.

Auffallend sind neben den Eigenheiten der Grammatik, die das ›Khemirische‹ mit dem *Rinkebysvenska* teilt, nämlich auch verspielte Neologismen, Bilder und Vergleiche. Im oben zitierten Abschnitt findet sich z.B. das Wort »lebbkläder« (lebb + kläder = Lesbe + Kleider), das auch in Slanglexika nicht auftaucht und in einer Reihe mit anderen Wortschöpfungen im Roman steht, z.B. »gråsmink« (grå + smink = grau + Schminke) oder »tjockiskropp« (tjockis + kropp = Dicki + Körper).[35] Auch der sich in seiner Bildsprache fast überschlagende Vergleich von Marit wirkt nicht wie Slang, sondern tatsächlich hochästhetisiert: Im Zitat wird sie bezeichnet als »färggladaste regnbågsfisken i förorenat hav« (farbenfrohster Regenbogenfisch im verunreinigten Meer), als »finaste blomman som växer på äckligaste sophög« (die schönste Blume, die auf dem ekligsten Müllhaufen wächst), als »stans finaste katt« (hübscheste Mieze der Stadt) und schließlich als »gussilago«, ein Kosename, der schwer zu übersetzen ist und sich aus dem Slangwort »guzz« für Mädchen und »tussilago«, dem schwedischen Wort für »Huflattich« zusammensetzt.

Khemiri schreibt also, auch wenn es vielleicht auf den ersten Blick so wirkt, nicht auf *Rinkebysvenska*, sondern entwickelt eine zwar davon inspirierte, aber hochstilisierte, eigenwillige und (über)ästhetisierte Kunstsprache. Wenn in den Kritiken die Künstlichkeit dieser Sprache nicht erkannt, sondern alle grammatikalischen und lexikalischen Eigenheiten für authentisches *Rinkebysvenska* gehalten wurden, entblößt Khemiri die Kritik in ihrer bürgerlichen Borniertheit, da sie den Unterschied zwischen ›echter‹ und ›künstlicher‹ Jugendsprache nicht erkennt, und zeigt zugleich, dass Abweichungen und Verfremdungen von einer Alltagssprache oder ein spezifischer Sprachgebrauch eben relativ und nur dann erkennbar sind, wenn man mit bestimmten Codes vertraut ist.

3.2 Die poetische Funktion der Sprache

Das Ziel, die besonderen Merkmale literarischer Texte herauszuarbeiten, führt bei Jakobson auch zu einer Differenzierung von sechs unterschiedlichen Funktionen, die Sprache generell aufweisen kann. Literarische Texte werden in diesem Modell von der **poetischen Funktion dominiert.** Sie

---

35 Vgl. ebd., S. 17.

offenbart sich, so Jakobson, vor allem in neu entstehenden Äquivalenzbeziehungen, die in der Alltagssprache nicht auftreten. Eine **Äquivalenz** kann sich in einem Text sowohl in **Similaritäten** als auch in **Oppositionen** von formalen oder inhaltlichen Merkmalen in Bezug auf einen bestimmten Wert manifestieren. In poetischen Texten können sowohl phonetische, morphologische oder syntaktische als auch semantische Einheiten in solchen Äquivalenzbeziehungen stehen, oder, wie Jakobson es in seinem vielzitierten Diktum ausdrückt: »Die poetische Funktion projiziert das Prinzip der Äquivalenz von der Achse der Selektion auf die Achse der Kombination.«[36] Stilmittel wie der Parallelismus bzw. Chiasmus, Wiederholungen, Alliterationen, Assonanzen, Reime etc. prägen den Text nicht nur auf formaler Ebene, sondern führen auch zu ungewöhnlichen Äquivalenzbeziehungen auf semantischer Ebene. Durch sie erhält Literatur laut Jakobson »ihre durchgehende symbolische, vielfältige polysemantische Essenz«.[37] Als ein notwendiges Merkmal von Texten, in denen die poetische Funktion dominiert, erscheint damit ein Merkmal, ohne das jede Form von Literaturwissenschaft nur schwer vorstellbar wäre: die **Mehr- oder Doppeldeutigkeit**.[38]

Dieser durch die Äquivalenzbeziehungen befeuerte Semantisierungsprozess verleiht literarischen Texten zudem einen mal auffällig, mal nur subtil sichtbaren **selbstreferenziellen Charakter**. Denn die Äquivalenzbeziehungen, die alltägliche Bedeutungszusammenhänge erweitern und verdecken, führen zu einer **Entautomatisierung** von Wahrnehmung, durch welche die Beziehung zwischen **Zeichen und Bezeichnetem**, die wir im Alltag nie hinterfragen, in ihrer Beliebigkeit ins Bewusstsein rückt. Ein literarischer Text erscheint damit zuerst immer als »Äußerung mit Ausrichtung auf den Ausdruck«.[39] Das Augenmerk liegt auf den Zeichen als solchen und ihrer Erfahrbarkeit und nicht (nur) auf standarisierten Bedeutungen.

Viele der vom Russischen Formalismus zur Diskussion gestellten Literarizitätskriterien sind in nachfolgenden literaturwissenschaftlichen Strömungen heftig kritisiert, verworfen und/oder modifiziert worden. Bis heute konnten keine definitiven Merkmale gefunden werden, die literarische Texte von nicht-literarischen Texten unterscheiden. Als relativ unumstritten können jedoch die hier genannten Eigenschaften der Mehr- bzw. Doppeldeutigkeit und Selbstreferenzialität gelten,[40] auch wenn diese beiden Kennzeichen letztlich nicht weniger angreifbar sind als andere Literarizitätskriterien. Denn auch

---

36 Jakobson, Roman: Linguistik und Poetik, in: Ders.: Poetik. Ausgewählte Aufsätze 1921–1971, hrsg. v. Elmar Holenstein u. Tarcisius Schelbert, Baden-Baden 1976 [engl. Original 1960], S. 83–121, hier S. 94.
37 Ebd. S. 126.
38 Vgl. ebd. S. 110–11.
39 Jakobson, Roman: Russische Poesie, S. 15 (Kursivierungen wurden geglättet).
40 Vgl. Winko, Simone: Auf der Suche nach der Weltformel. Literarizität und Poetizität in der neueren literaturtheoretischen Diskussion, in: Winko, Simone/Jannidis, Fotis/Lauer,

hier lässt sich diskutieren, ob nicht auch nicht-literarische Texte mehrdeutig sein können und ob sprachliche Äußerungen auch in anderen Kontexten immer ein gewisses Maß an Selbstreferenzialität aufweisen. Auch die schon von Jakobson selbst vorgebrachte Entgegnung auf Einwände dieser Art, in literarischen Texten müsse die poetische Funktion der Sprache lediglich **dominant** sein, verschiebt die Problematik nur. Denn festzustellen, ab wann etwas dominant ist, ist heikel, wenn ein objektiver Vergleichsmaßstab fehlt. Trotzdem ist der Russische Formalismus und die sich daraus entwickelnde Debatte um Poetizität von Texten aus der Literaturwissenschaft nicht wegzudenken. Denn mit seiner Suche nach dem Spezifischen der Literatur und dem Herausarbeiten bestimmter poetischer Verfahren hat er den Grundstein der modernen Literaturwissenschaft und besonders für später folgende narratologische und (post-)strukturalistische Strömungen gelegt. Gerade als ein erster Schritt bei der Analyse von lyrischen Texten, in denen Beziehungen auf formaler Ebene genauso wichtig oder sogar wichtiger als semantische Kohärenz sind, bietet sich das Forschen nach Äquivalenzbeziehungen an, wie sich an einem Sonettenkranz der dänischen Modernistin Inger Christensen zeigen lässt.

> Beispiel: Inger Christensen *Sommerfugledalen* (1991; *Das Schmetterlingstal*, 1998)

Christensen gehört zu den einflussreichsten skandinavischen Lyrikerinnen des 20. Jahrhunderts. Ihre ebenso formbewusste wie innovationsfreudige Lyrik gilt als Hauptwerk der **Systemdichtung**. In ihren wichtigsten Gedichtbänden orientiert sie sich stets an verschiedenen Systemen (mathematischen, biologischen, sprachlichen etc.). Das rigide Einhalten der gewählten Form zwingt dabei zu einer innovativen und ungewöhnlichen Verwendung von Sprache und macht Christensens Texte selbst wiederum zu abgekapselten Systemen, in denen Buchstaben, Wörter und Sätze ungewöhnliche semantische Beziehungen eingehen und sich nach bestimmten Regeln (re-)kombinieren. Beispielhaft sichtbar wird dies in ihrem Gedichtband *Sommerfugledalen*. Christensen bedient sich hier einer strengen Form der Barockdichtung: des klassischen **Sonettenkranzes**. In dieser Art Gedichtzyklus stimmen die letzte Zeile des vorausgehenden und die erste Zeile des nachfolgenden Sonetts immer überein. Das letzte Sonett, das sogenannte Meistersonett, setzt sich aus allen Anfangszeilen der 14 anderen Sonette zusammen. So starr das von Christensen gewählte System des Sonettenkranzes auch ist, so frei und ungebunden ist ihre Sprache. Wörter, Sätze, Wendungen werden im Laufe des Textes auf immer neue Arten miteinander verwoben, Bedeutungen ergänzt, in ihr Gegenteil verkehrt oder auf überraschende Weise unterlaufen, Sprachbilder werden entworfen, nur um im nächsten Moment wieder

---

Gerhard (Hrsg.): Grenzen der Literatur. Zu Begriff und Phänomen des Literarischen, Berlin/New York 2009, S. 374–398, hier S. 379.

eingerissen zu werden. Ein Sprachnetz entsteht, in dem im Alltag gängige Sprachregeln nicht länger gelten und z.B. naturwissenschaftliche Begriffe semantisch überhöht und andere wiederum ihrer Transzendenz beraubt werden. Die Sprache erhält so nicht nur eine ganz eigene ästhetische Qualität, funktioniert nur noch bedingt nach den Regeln eines alltäglichen Gebrauchs, sondern der Text erlangt insgesamt einen starken selbstreferenziellen Charakter, wird zu **Metapoesie.**

Besonders augenfällig erscheint dieser verfremdende Umgang mit Sprache an den titelgebenden Schmetterlingen und ihren innerhalb des Zyklus plötzlich merkwürdig fantastisch klingenden Namen. Der »Sommervogel«, so die wörtliche Übersetzung des dänischen »sommerfugl«, ist in all seinen Erscheinungsformen das Zentrum jenes poetischen Systems, das gerade durch Äquivalenzbeziehungen getragen wird. Erkennbar wird dies bereits im Auftaktsonett:

De stiger op, planetens sommerfugle
som farvestøv fra jordens varme krop,
zinnober, okker, guld og fosforgule,
en sværm af kemisk grundstof løftet op.

Er dette vingeflimmer kun en stime
af lyspartikler i et indbildt syn?
Er dette min barndoms drømte sommertime
splintret som i tidsforskudte lyn?

Nej, det er lysets engel, som kan male
sig selv som sort Apollo mnemosyne,
som ildfugl, poppelfugl og svalehale.

Jeg ser dem med min slørede fornuft
som lette fjer i varmedisens dyne
i Brajčinodalens middagshede luft.

Sie steigen auf, die Schmetterlinge des Planeten,
wie Farbenstaub vom warmen Körper der Erde,
Zinnober, Ocker, Gold und Phosphorgelb,
ein Schwarm von chemischem Grundstoff hochgehoben.

Dieses Flügelflimmern – ist es nur eine Schar
von Lichtteilchen in einem Gesicht der Einbildung?
Ist es die geträumte Sommerstunde meiner Kindheit,
zersplittert wie in zeitverschobenen Blitzen?

Nein, es ist der Engel des Lichts, der sich selbst
Als schwarzen Apollo mnemosyne malen kann,
als Feuervogel, Pappelvogel und Schwalbenschwanz.

III. Poetologische Zugänge

> Mit meiner umschleierten Vernunft sehe ich sie
> Wie leichte Federn im Pfühl des Hitzedunstes
> In der mittagsheißen Luft des Brajčinotals.[41]

Eine Äquivalenzanalyse des Sonetts böte sich auf verschiedenen Ebenen an. Man könnte z.B. nach syntaktischen, phonetischen oder morphologischen Similaritäten bzw. Oppositionen suchen, oder nach Beziehungen, die nur über den Reim bestehen, und diese dann in Relation zur Semantik der einzelnen Strophen setzen. In einem ersten Schritt oft produktiver ist jedoch eine semantische Äquivalenzanalyse, um schnell Themenschwerpunkte und Schlüsselmotive des Textes zu erkennen. Bei einer solchen Analyse sucht man in der Regel nach sogenannten **Isotopien**. Dieser von Algirdas Julien Greimas in die Textlinguistik eingeführte Begriff[42] bezeichnet semantische Teiläquivalenzen und entstand im Bemühen darum, eine strukturelle Semantik zu entwickeln, d.h. eine systematische Untersuchungsmethode für die Analyse von Elementarstrukturen der Bedeutung und Bedeutungsbeziehungen in Texten. Eine Isotopie bilden dabei einfach gesagt alle Wörter oder Ausdrücke innerhalb eines Textes, die auf ein oder mehrere gemeinsame Bedeutungsmerkmale rekurrieren. Bei der Analyse nach Isotopien können so **Isotopieketten** entstehen, die sich wiederum zu Netzen verknüpfen können. Das heißt, bestimmte Elemente, z.B. bestimmte Wörter, können gleichzeitig Teil mehrerer Isotopieketten sein und so bereits zentrale und strukturelle thematische Schwerpunkte und Beziehungen erkennen lassen. Gerade für Texte, die Sprache auf ungewöhnliche Art benutzen, stark assoziativ arbeiten oder grammatikalische Strukturen aufbrechen, kann eine Suche nach Isotopien ein erster Schritt sein, um sich dem Text analytisch zu nähern.

Im zitierten Sonett lassen sich u.a. folgende Isotopien finden: Die Wortmenge »Schmetterling«, »Planet«, »Farbenstaub«, »Körper«, »Erde«, »Zinnober, »Ocker«, »Gold«, »chemischer Grundstoff«, »Phosphorgelb«, »Lichtteilchen«, »Blitz« »Licht« »Apollo mnemosyne«, »Hitzedunst« und »Luft« weist die Isotopie »natürlich« auf, die Wortmenge »Einbildung«, »geträumt«, »Engel des Lichts« »Apollo mnemosyne«, »umschleierte Vernunft« die Isotopie »metaphysisch«. Natürlich lassen sich noch weitere Isotopieketten innerhalb des Sonetts, aber auch innerhalb der hier genannten Wortmengen aufstellen. Den hier gefundenen Ketten mit den rekurrierenden Merkmalen »natürlich« bzw. »metaphysisch« kann man jedoch eine gewisse Relevanz zuschreiben, da sie selbst wiederum in einem Äquivalenzverhältnis, nämlich

---

41 Christensen, Inger: Das Schmetterlingstal. Ein Requiem. Sommerfugledalen. Et requiem. Dänisch und deutsch, übers. v. Hanns Grössel, Suhrkamp, Frankfurt a.M. 1998, S. 6–7.
42 Greimas, Algirdas Julien: Strukturale Semantik: Methodologische Untersuchungen, übers. v. Jens Ihwe, Braunschweig 1971 [franz. Original 1966]. Zu einer ausführlichen Zusammenfassung des Isotopiekonzepts vgl.: Heinemann, Wolfgang: Das Isotopiekonzept, in: Brinker, Klaus et. al. (Hrsg): Text- und Gesprächslinguistik. 1. Halbband: Ein Internationales Handbuch zeitgenössischer Forschung, Berlin/New York 2000, S. 54–60.

einer **Opposition** stehen. Mit Hilfe von Isotopieketten können so bereits auf unterster semantischer Ebene Strukturen gefunden werden, die für das Verständnis des gesamten Textes von Belang sein können. In dem gewählten Beispiel fällt zudem auf, dass mit »Apollo mnemosyne«, dem wissenschaftlichen Namen des Schwarzen Apollofalters, sich ein Begriff in beiden Isotopieketten findet. Der Schmetterling, das lässt dieses doppelte Erscheinen vermuten, ist in dem Sonett eben nicht nur Naturphänomen, sondern innerhalb des Sonettenkranzes metaphysisch aufgeladen. Als Gottheit der Erinnerung (Mnemosyne) und »Engel des Lichts« (Apollo) verbindet er das Oppositionspaar von Natur und Geist.

Würde man hiervon ausgehend in Christensens gesamtem Sonettenkranz nach weiteren Isotopien suchen, würde man feststellen, dass sich der Schmetterling als Knotenpunkt mit immer neuen, oft gegensätzlichen Bedeutungen auflädt. In ihm bündeln sich z.B. auch Ewigkeit und Vergänglichkeit, er steht für die Fragilität der Natur und ihre Schönheit, für Fantasie und Rationalität und für die Wandelbarkeit von Natur und Sprache. In ihm erblicken wir den Tod und zugleich seinen Bezwinger. Diese semantische Mehrdeutigkeit, die »sommerfugl« durch die Verknüpfung von Isotopieketten erlangt, lenkt die Aufmerksamkeit von der Alltagsfunktion des Zeichens ab: Das Wort »sommerfugl« und die fantasievollen Namen der einzelnen Schmetterlinge lassen die Insekten plötzlich nicht mehr wie konkrete Naturphänomene erscheinen, sondern lediglich als vieldeutige Sprach- und Wortspielereien. Die Zeichen werden als Zeichen sichtbar. Der so in den Vordergrund tretende selbstreflexive Zug der Sprache wird in dem Gedichtzyklus zudem noch dadurch betont, dass das **Lyrische Ich** diesen Umgang mit Sprache und Natur wiederum selbst reflektiert. Besonders auffällig im 13. Sonett:

> Jeg leger derfor gerne skovhvidvinge
> og sammensmelter ord og fænomen,
> jeg leger perlemåler for at bringe
> alverdens leveformer ind i én.
>
> Ich spiele deshalb gerne Waldweißling
> Und verschmelze Wort mit Phänomen,
> ich spiele Perlspanner, um die Lebensformen
> der ganzen Welt in eine einzige zu bringen.[43]

Gerade weil sprachliche Zeichen eben nie nur ein Phänomen beschreiben, sondern auch einfach nur Wörter sind, bieten sie, so könnte man das Lyrische Ich hier verstehen, die spielerische Möglichkeit, »die ganze Welt« in ihrer Vielförmigkeit, mit ihren Rätseln und Widersprüchlichkeiten in ein kaum mehr zu entwirrendes Netz aus Sprache zu transformieren. Das aus sprachlichen Isotopien gesponnene Netz in Christensens Sonettenzyklus mit

---

43 Christensen: Schmetterlingstal, S. 29–/30.

dem »sommerfugl« als Superknotenpunkt erlaubt es, unendliche Beziehungen zwischen einzelnen Versen und Sonetten zu ziehen, sendet je nach Blickwinkel unterschiedliche und zum Teil auch widersprüchliche Botschaften und zwingt uns, gewonnene Erkenntnisse und Sinnzusammenhänge ständig wieder zu revidieren. Plakativ zeigt sich das schon in der durch die Form erzwungene Dreifachverwendung einzelner Verse, die in unterschiedlichen Kontexten zum Teil diametral entgegengesetzte Bedeutungen erlangen und ständig einen Perspektivwechsel erfordern. In letzter Konsequenz wirft uns Inger Christensens *Sommerfugledalen* so immer wieder auf uns selbst und unsere Wahrnehmung zurück und zeigt eben auch, wie solipsistisch und beliebig unser Blick auf Natur und Sprache ist, die sich beide weder vereindeutigen noch simplifizieren lassen.

4. Narrativität

In Karen Blixens Erzählung *Syndfloden over Norderney* (1935, *Die Sintflut von Norderney*, 1937) zwingt eine gewaltige Flut vier Menschen, die Nacht über auf einem Heuboden auszuharren. Erst am nächsten Morgen soll ein Rettungsboot zurückkehren. An Schlaf ist angesichts der Wassermassen, die jederzeit das Haus davonspülen könnten, nicht zu denken. Stattdessen muss in der apokalyptischen Situation Ablenkung gefunden werden. Die vier Personen kommen ins Gespräch und Kardinal Hamilcar, die natürliche Autorität der Gruppe, fordert schließlich seine drei Leidensgenossen dazu auf, ihre jeweilige Lebensgeschichte zu erzählen:

> Vielleicht werden wir dem Tod bald ohne Maske gegenübertreten. Bis dahin müssen wir nichts anderes tun, als uns darüber klar werden, was denn das Leben eigentlich ist. Meine Gnädige und Sie, mein junger Bruder und meine Schwester, weil wir heute Nacht ja doch nicht schlafen können, aber hier recht bequem sitzen, sagen Sie doch, wer Sie sind, und erzählen Sie mir Ihre Geschichte, freimütig und ohne Hintergedanken, als säßen wir zusammen im Paradies und würden unser Erdenleben noch einmal Revue passieren lassen.[44]

Wie in Boccaccios *Decamerone* oder in *Tausendundeine Nacht* ist in Blixens Text die Motivation für das Erzählen damit in der existenziellen Dimension der Situation begründet. Gerade weil die Lage so misslich erscheint, man auf Gedeih und Verderb dem Schicksal ausgeliefert ist, sollen Geschichten erzählt werden. Hamilcar und seine Gefährten suchen mit ihren Erzählun-

---

44 »Snart skal vi maaske uden Maske møde Døden. Indtil da har vi intet videre at foretage os ude at gøre os klart, hvad Livet ret beset nu er. Deres Naade og De, min unge Broder og Søster, da vi dog ikke kan sove i Nat, og da vi her sidder ret bekvemt for det, fortæl mig da, hvem De er, og beret mig Deres Historie, frimodigt og uden Bagtanker, som om vi i Paradiset sad sammen og genopfriskede vort Jordeliv.« – Blixen, Karen: Syndfloden over Norderney, in: Dies.: Syv fantastiske Fortællinger. Værker, 1. tekstkritiske og kommenterede udgave, Bd. 3, hrsg. v. Nicolas Reinecke-Wilkendorff, København 2012, S. 139–209, hier S. 162.

gen, frei nach einem berühmten Satz des deutschen Philosophen Hans Blumenberg, nicht nur die Zeit, sondern auch die Furcht zu vertreiben.[45] Ein einfaches Gespräch oder eine knappe Darlegung der Fakten nach dem Muster »Ich heiße ... und komme aus ...« würde in der lebensbedrohlichen Situation solch eine Wirkung wohl nicht entfalten. Was Hamilcar von seinen drei Schicksalsgefährten also implizit verlangt (und auch bekommt), ist eine narrative Organisation der eigenen Lebensgeschichte, die so gekonnt ist, dass alle, die Lesenden eingeschlossen, darüber die lebensbedrohliche Flut vergessen können. Wie das allerdings gelingen soll, wird nicht diskutiert; keine der Figuren macht sich darüber Gedanken. Das Geschichtenerzählen scheint eine angeborene Fähigkeit, eine **anthropologische Universalie** zu sein,[46] der alle mächtig sind und die keiner weiteren Erklärung bedarf. Anders als die Figuren der Erzählung kann und darf sich die Literaturwissenschaft mit dieser theoretischen Lücke allerdings nicht zufriedengeben.

4.1 Was ist eine Erzählung?

Nicht zuletzt Blixens Erzählung zeigt: Geschichten werden überall und zu jeder Zeit erzählt. In der Politik und im privaten Gespräch, in den Nachrichten genauso wie in fiktionalen Texten.[47] Überall dort, wo sozial Bedeutsames (und auch nicht so Bedeutsames) verhandelt wird, hat das Erzählen seinen festen Platz. Gerade weil Erzählen so allgegenwärtig ist, muss man es, so Albrecht Koschorke, als **kulturelle Praxis der Sinnstiftung** begreifen.[48] Nicht zuletzt deshalb hat die ursprünglich literaturwissenschaftliche **Narratologie**, auch **Erzähltheorie** genannt, ihre ehemaligen Fachgrenzen längst überwunden und sich als interdisziplinäres Forschungsfeld etabliert. Sucht man jedoch nach einer dezidiert literaturwissenschaftlichen Fragestellung, dann findet man sie zunächst in der ganz grundsätzlichen Frage: Was ist eine Erzählung, und worin unterscheiden sich Texte, die erzählen, von Texten, die nicht erzählen? Eine erste Antwort auf diese Frage gibt die (in mancher Hinsicht problematische) Unterscheidung zwischen narrativen, durch eine Erzählinstanz vermittelten, und szenischen, (scheinbar) unvermittelten Texten.

Narrativ vs. Szene

Erste Versuche, erzählende von nicht erzählenden Texten zu unterscheiden, reichen bis Anfang des 20. Jahrhunderts zurück und koppeln Narrativität,

---

45 Vgl. Blumenberg, Hans: Arbeit am Mythos, 5. Aufl., Frankfurt a.M., 2017 [1984], S. 40.
46 Vgl. Barthes, Roland: Einführung in die strukturale Analyse von Erzählungen, in: Ders.: Das semiologische Abenteuer, übers. v. Dieter Hornig, Frankfurt a.M. 1988 [franz. Original 1985], S. 102–143, hier S 102.
47 Vgl. zum Begriff »Fiktion« Abschnitt 4.3.
48 Vgl. Koschorke, Albrecht: Wahrheit und Erfindung. Grundzüge einer Allgemeinen Erzähltheorie, Frankfurt a.M., 2012, S. 9–25.

wie Wolf Schmid ausführt, an »bestimmte Merkmale der Kommunikation«.[49] Entscheidendes Merkmal für Erzähltexte ist in dieser Entstehungsphase der Narratologie, dass sie einen zwischen Autor und Welt **vermittelnden Erzähler**, auch **Erzählinstanz** oder **Erzählstimme** genannt, besitzen. In Opposition zum Erzählen steht in diesem binären Modell dann die unmittelbare Präsentation des dramatischen Modus. Oder mit anderen Worten: Dem vermittelten **Narrativ** wird die **unvermittelte Szene** gegenübergestellt.[50]

Einerseits hat sich diese klare Gegenüberstellung für die Literaturwissenschaft als fruchtbar erwiesen, da sie zu äußerst ausdifferenzierten Kriterienkatalogen und -modellen geführt hat, mit denen sich die Eigenschaften von Erzählstimmen analytisch erfassen lassen. Die geläufigste ist dabei sicherlich die häufig aufgegriffene Unterscheidung von **auktorialem** (auch allwissendem), **personalem** und **Ich-Erzähler**, die auch dem immer noch wirkmächtigen typologischen Modell der Erzählsituationen des Anglisten Franz Stanzel zugrunde liegt.[51] Andererseits ist jedoch eine an eine Mittlerinstanz gebundene Definition des Erzählens in mancher Hinsicht problematisch, da sie implizit behauptet, dass Texte entweder *nur* erzählend oder *nur* szenisch sind. Doch gibt es nicht nur hybride Genres, wie z.B. epische Dramen, die sowohl epische als auch szenische Passagen enthalten, sondern auch innerhalb von traditionell erzählten Romanen können die Zustände Narrativ und Szene problemlos ineinander übergehen. So kann die Erzählinstanz hinter die Figuren zurücktreten und deren eigene Stimmen hörbar machen,[52] z.B. zum Zwecke des Spannungsaufbaus oder, wie in dem folgenden Beispiel aus einem Roman von Alexander Kielland, um einerseits eine gewisse Über- bzw. Unparteilichkeit zu suggerieren und andererseits die Figuren und ihre Ansichten bloßzustellen.

Beispiel: Alexander Kielland *Jacob* (1891; *Jakob,* 1899)

Jacob erzählt die Geschichte des Bauernjungen Tørres Snørtevold, dem es mit Hartnäckigkeit und Skrupellosigkeit gelingt, zum unangreifbaren Krösus einer norwegischen Kleinstadt aufzusteigen und schließlich zum beliebten und mächtigen, ordenbehängten Politiker gewählt zu werden. Der Roman konzentriert sich vorwiegend auf Episoden, in denen Tørres eine neue Stufe auf der Karriereleiter erklimmt, wechselt aber auch hin und wieder die Perspektive, rückt andere Figuren in den Fokus oder streut fast essayistische

---

49 Schmid, Wolf: Elemente der Narratologie, 3. erw. u. überarb. Aufl., Berlin/Boston 2014, S. 1.
50 Vgl. Koschorke: Wahrheit und Erfindung, S. 71.
51 Vgl. die beiden Klassiker von Franz Stanzel: Stanzel, Franz: Die typischen Erzählsituationen im Roman. Dargestellt an Tom Jones, Moby Dick, The Ambassadors, Ulysses u.a., Wien 1955. Und: Ders.: Theorie des Erzählens, Göttingen 1979.
52 Auch der umgekehrte Weg ist denkbar. So lebt z.B. gerade das epische Theater davon, die Szenen immer wieder durch erzählende Passagen zu unterbrechen.

Abschnitte ein. Auf diese Weise entwirft der Text wie nebenbei das pessimistische Gesellschaftspanorama einer saturierten, naiven, aber auch verwundbaren Elite (Klerus, Bankbeamte, Kaufleute). Erzähltechnisch interessant hinsichtlich der Unterscheidung von Narrativ und Szene ist unter diesen Episoden ein mehrere Seiten umfassendes Tischgespräch, in dem über die Gleichartigkeit von Männern und Frauen gestritten wird. Der Erzählfluss kommt an dieser Stelle des Textes nämlich fast zum Erliegen, der Bericht weicht einer **szenischen Illusion**. Auf die ›Regieanweisung‹ »Derweil ging man zu Tisch und das Gespräch löste sich auf und ging über in Unterhaltungen zwischen zwei und zwei, während gespeist wurde«,[53] folgt ohne Umschweife folgender Dialoganfang, bei dem die allwissende Erzählinstanz ohne eine weitere Introspektion lediglich darüber informiert, wer spricht:

> »Es sind also die Ehefrauen!«, rief plötzlich Frau Steiner aus und fing wieder an zu lachen, »wenn Sie doch einmal ernst bleiben könnten, Kröger!«
> »Das ist mein Ernst, gnädige Frau.«
> »Sie wollen doch nicht behaupten, dass die Seitensprünge der Ehefrauen …«
> »Die Rede war davon, dass die Liebe beschmutzt würde, und das tut so manche Ehefrau, die sich nicht einmal zu einem Seitensprung aufraffen kann.«
> »Ach – jaaaaa?«, fragte der Oberlehrer.
> »Bei den Frauen ist es so«, erklärte Kröger, »wie bei den Kindern vor der Konditorei; sie sind davon überzeugt, wenn sie nur dürften, könnten sie problemlos alle Kuchen vertilgen, aber …«
> »So kommen Sie hier nicht weiter«, rief Frau Steiner und hob abwehrend ihre weißen Handflächen. »Es ist bewiesen – darin stimmen alle Ärzte überein, Herr Oberlehrer! –, dass diese Dinge für Männer nicht anders sind als für Frauen, für die Männchen wie für die Weibchen.«[54]

In diesem Abschnitt sticht das Bemühen der Erzählinstanz, sich so weit wie möglich zurückzunehmen, deutlich ins Auge. Sie tritt hier nicht selbst, z.B. als Figur oder als starker Kommentator, explizit in der **Diegese**, d.h. der erzählten Welt, auf, sondern stellt das Gespräch ohne weitere Kommentare, nur um die Beschreibung von einigen Gesten ergänzt, scheinbar ungefiltert aus. Rezipiert man diese Szene jedoch im Kontext des gesamten Romans, drängt sich eine andere Einschätzung auf. Die Erzählstimme erscheint dann

---

53 Kielland, Alexander: Jakob, übers. v. Gabriele Haefs mit Anmerkungen, Stuttgart 2019, S. 31. – »Men imidlertid gik man tilbords, og Samtalen gik istykker og blev til Samsnak mellem to og to, mens der blev spist.« Kielland, Alexander: Jacob, Kjøbenhavn 1891, S. 31.
54 Ebd. S. 31–32. – »›Saa det er Konerne?‹ raabte pludselig Fru Steiner og begyndte igjen at le, ›naar De engang vilde tale alvorligt — Krøger!‹ / ›Det er Alvor Frue!‹ / ›De vil da vel ikke paastaa, at Konernes Utroskab —‹ ›Vi talte om at nedværdige Kjærligheden; og det gjør mangfoldige Hustruer, som ikke engang gider være utro.‹ / ›Saa — aa?‹ spurgte Overlæreren / ›Det gaar med Kvinderne,‹ sagde Krøger, ›som med Børnene foran Konditorens Vinduer; de er overbevist om, at fik de bare Lov, skulde de magelig spise alle Kagerne, men —‹ / ›Der kommer De ingen Vei,‹ raabte Fru Steiner og rystede sine hvide Haandflader mod ham; ›det er bevist — alle Læger ere enige om det — Hr. Overlærer! at disse Ting er aldeles lige for Mænd som for Kvinder, for Hannerne som for Hunnerne.‹« (Kielland: Jacob, S. 31–32).

als wichtige Instanz in diesem Gespräch, gerade *weil* sie durch Abwesenheit glänzt. Im Roman ist die allwissende Erzählinstanz oft deutlich vernehmbar, blickt mit einer ironischen Distanz auf die Ereignisse, mischt sich immer wieder ein, kommentiert, wertet oder unterbricht die Erzählung und stellt z.B. allgemeine Reflexionen über die Verkommenheit der Stadtgesellschaft an. Im vorliegenden Ausschnitt fällt deshalb der Verzicht aufs Kommentieren als bewusst gewähltes erzählerisches Mittel sofort auf. Das gerade im Kontrast zum übrigen Roman so unvermittelt wirkende Tischgespräch macht damit offensichtlich, was z.B. in rein dialogischen Texten oft verborgen bleibt: Es gibt in strengem Sinne **kein erzählerloses Werk**, die Erzählinstanz bleibt immer präsent, und sei es nur implizit z.B. durch die gewählte Komposition einer Szene oder die Anordnung der Figurenrede.

Obwohl die Erzählinstanz in der zitierten Szene nur implizit vorhanden ist, ließe sie sich noch genauer bestimmen. Für solche Präzisierungen, die z.B. auf die Nähe zum Erzählten eingehen, die Zuverlässigkeit, den Wissensstand (**Fokalisierung**)[55] oder die Verortung im Raum umfassen, existieren verschiedene und zum Teil auch recht unterschiedliche Systematiken und Nomenklaturen. Manche Systeme sind dabei (nicht nur in Bezug auf die Erzählinstanz) so ausdifferenziert, dass sie kaum noch praktikabel sind, nur in der Theorie denkbare Optionen miteinbeziehen und/oder nur ungenau zwischen dem Typ der Perspektive und dem Typ des Erzählers unterscheiden.[56] Um einen Eindruck davon zu vermitteln, wie vielfältig eine solche Liste an Kriterien sein kann, ist im Folgenden eine Tabelle von Wolf Schmid abgebildet, in der er eine Reihe von Kriterien verschiedenen Erzählertypen zuordnet.[57] Fett markiert sind hier nun jene Typen, mit denen wir den Erzähler in dem oben zitierten Ausschnitt aus *Jacob* (nicht im gesamten Roman!) beschreiben können:

---

[55] Der Begriff Fokalisierung stammt von dem französischen Narratologen Gérard Genette und zielt auf die Bestimmung des Wissensverhältnisses zwischen Figur und Erzähler ab. Genette unterscheidet zwischen Nullfokalisierung (der Erzähler weiß mehr als die Figur), interner Fokalisierung (Wissensstand zwischen Figur und Erzähler sind gleich) und externer Fokalisierung (die Figur weiß mehr als der Erzähler) (Vgl. Genette, Gerard: Die Erzählung, 3. durchg. u. korr. Aufl., übers. v. Andreas Knopp, Paderborn 2010 [franz. Original 1972–76], S. 121–124).
[56] Vgl. Schmid: Narratologie, S. 79.
[57] Vgl. für eine ausführliche Diskussion der einzelnen Kriterien und Typen: Schmid: Narratologie, S. 80–95.

Kriterien	Typen des Erzählers
Darstellungsmodus	explizit – **implizit**
diegetischer Status	diegetisch – **nichtdiegetisch**
Hierarchie	**primär** – sekundär – tertiär[58]
Grad der Markiertheit	stark markiert – **schwach markiert**
Personalität	persönlich – **unpersönlich**
Homogenität der Symptome	**kompakt** – diffus
Wertungshaltung	**objektiv** – subjektiv
Kompetenz	**allwissend** – im Wissen begrenzt
Räumliche Bindung	**allgegenwärtig** – an einen bestimmten Ort gebunden
Introspektion	mit Introspektion – **ohne Introspektion**
Zuverlässigkeit	unzuverlässig – **zuverlässig**

Narrativ vs. deskriptiv

Wie ausgeführt, stand zu Beginn der Erzählforschung die vermittelnde Instanz von Texten im Mittelpunkt des Interesses. Mit einer zunehmenden Ausdifferenzierung der Analysekriterien rückte die Frage nach dem Kommunikationsmodus der Texte allerdings automatisch in den Hintergrund. Es wurden immer komplexere Modelle entwickelt, mit deren Hilfe eine Erzählinstanz näher bestimmt werden kann, zugleich aber wuchs auch die Einsicht, dass sich die binäre Opposition von Narrativ vs. Szene nicht mehr aufrechterhalten lässt. Denn eine implizite Erzählinstanz ist eben in jedem Text obligatorisch und manifestiert sich selbst in szenischen Texten (oder auch Filmen) mindestens in ihrer Struktur und ihrem Aufbau.

Jüngere narratologische Ansätze, z.B. im Strukturalismus, setzen deshalb andere Schwerpunkte und rücken das Erzählte selbst, also den »Aufbau des Dargestellten«,[59] ins Zentrum der Aufmerksamkeit. Man unterscheidet nun **narrative (erzählende)** und **deskriptive (beschreibende)** Texte. Narrativ

---

58 Unter dem primären Erzähler versteht man den Erzähler der Rahmengeschichte. Unter sekundärem Erzähler den Erzähler einer Binnengeschichte, der in der Rahmenerzählung als Figur auftritt. Als tertiären eine Figur, die in einer Binnengeschichte als Erzähler auftritt. In narratologischen Analysen liest man auch statt der Begriffe primär, sekundär und tertiär die Terminologie von Genette: Extradiegetisch (= primär); intradiegetisch (= sekundär), metadiegetisch (= tertiär) (vgl. Genette: Erzählung, S. 147–154). Auch Begriffe wie Erzählung 1. Ordnung, Erzählung 2. Ordnung und Erzählung 3. Ordnung sind üblich.
59 Schmid: Narratologie, S. 2.

sind Texte in einem strukturalistischen Sinne dann, wenn sie eine temporale Struktur haben und die »Veränderungen eines Zustands«[60] darstellen, deskriptiv dagegen, wenn sie das nicht tun.[61] Allerdings ist auch hier die Grenze fließend.

Der Vorteil dieser Herangehensweise liegt dennoch auf der Hand: Während der erste zwischen Narrativ und Szene unterscheidende Ansatz oft dazu tendiert, u.a. dramatischen und lyrischen Texten von vornherein eine narrative Qualität abzusprechen, dagegen aber rein beschreibenden Texten diese u.U. bescheinigt, können nun alle Texte unabhängig davon, ob sie eine explizite vermittelnde Instanz haben, als narrativ bezeichnet werden, wenn sie mindestens eine Zustandsveränderung in der Zeit beinhalten. Wie explizit eine solche **Zustandsveränderung** ausformuliert sein muss, liegt auch dabei wieder bis zu einem gewissen Grad im Auge der Betrachtenden. So kann man zum Beispiel selbst in dem folgenden Kurzgedicht des Norwegers Jan Erik Vold mit einiger Mühe eine Zustandsveränderung und damit eine **Narration** erkennen:

dråpen	der Tropfen
henger der	hängt dort
ikke[62]	nicht

Der nicht mehr hängende Tropfen ist der Protagonist der Geschichte, die Situation, in der er sich befunden hat, ist sein »Dort-Hängen«, die Zustandsveränderung der Übergang von hängend zu nicht hängend. Diese Veränderung wird hier allerdings nicht ausformuliert, sondern nur implizit durch den bestimmten Artikel »-en« (der), die unvermittelten Zeilenumbrüche und vor allem durch das nachgeschobene und in einen eigenen Vers abgesetzte »ikke« (nicht) angedeutet, die Kausalität des Ereignisses sogar ganz verschwiegen (Wurde er abgewischt? Ist der Tropfen von selbst gefallen? In der Sonne verdunstet?). Dieses zugespitzte Beispiel zeigt, dass die Veränderung des Zustandes nicht einmal explizit ausgesprochen sein muss, sondern implizit enthalten sein kann. Die Geschichte entsteht bis zu einem gewissen Grad immer und im Fall von Volds Gedicht tatsächlich erst durch eine Interpretationsleistung der Lesenden – die hier auch, das nur am Rande, durch die ganz grundsätzliche Frage erschwert wird, ob ein Tropfen, den es offensichtlich nicht (mehr) gibt, der Protagonist einer Geschichte sein kann. Oder anders gefragt: Gibt es überhaupt einen anderen Tropfenzustand als hängend?

---

60 Ebd.
61 Unter deskriptive Texte fallen damit also keineswegs nur klassische Beschreibungen (des Milieus, von Zuständen, Personen etc.), sondern auch solche Texte, die verschiedene Zustände darstellen, die aber keine engeren Bezüge zueinander (z.B. Oppositionen und Similaritäten) aufweisen.
62 Vold, Jan Erik: dråpen, in: Spor, snö, Oslo 1970, o.S.

Natürlich sind die meisten Erzählungen wesentlich länger als Volds Dreizeiler über den Tropfen, beinhalten also oft mehrere Zustandsveränderungen. Aber auch dann gibt es in der Regel zeitliche oder kausale Lücken, die beim Lesen gefüllt werden müssen. Je länger eine Erzählung, desto wahrscheinlicher ist es, dass nicht alle Zustandsveränderungen, z.B. triviale oder wiederholt stattfindende Handlungen, einen hohen Erzählwert (»**tellability**«) besitzen.[63] Ein fallender Tropfen z.B. kann zwar innerhalb einer Erzählung eine Zustandsveränderung markieren, aber für den Verlauf der Geschichte trotzdem eine nur untergeordnete Rolle spielen. In der Narratologie hat sich für die erzählwürdigen Zustandsveränderungen, also diejenigen, welche die Geschichte voranbringen, der Begriff des **Ereignisses** etabliert. Dieser wurde im Laufe der Zeit auf unterschiedliche Weise konzeptualisiert und definiert.

Eine der einflussreichsten Definitionen stammt von Jurij Lotman, der den Begriff des Ereignisses raumtheoretisch denkt. In seiner Theorie literarischer Räume definiert er das Ereignis als »Versetzung einer Figur über die Grenze eines semantischen Feldes.«[64] Diese Grenze kann eine konkret topographische sein, aber auch im übertragenen Sinne verstanden werden. Die Figur kann z.B. einen Kampf gewinnen oder verlieren, kann heiraten, den Ort wechseln, Gesetze missachten, Ängste überwinden, sterben etc. Ein Ereignis im Sinne einer Grenzüberschreitung durch den Helden kann deshalb auch eine »bedeutsame Abweichung von der Norm«[65] bzw. das »Überschreiten einer Verbotsgrenze«[66] sein. Wichtig ist, dass die Entscheidung, ob wir es mit einem Ereignis zu tun haben oder nicht, auch von dem geltenden Weltbild abhängt, »das die Maßstäbe dafür abgibt, was ein Ereignis ist und was eine Variante davon, die uns nichts Neues mitteilt.«[67] Der Streit eines Ehepaars über die Bewertung eines abstrakten Kunstwerkes, sei, so Lotman, zum Beispiel für die Polizei nicht relevant, da im strafrechtlichen Sinne kein Ereignis (Verletzungen, Beleidigungen etc.) stattgefunden hat, während er aber unter historischen oder psychologischen Gesichtspunkten als wesentliches Ereignis aufgefasst werden kann.[68] Zudem werden in einem Ereignis oft auch Grenzen auf mehreren Ebenen überschritten, wie in Henrik Ibsens Drama *John Gabriel Borkman* (1896, *John Gabriel Borkman*, 1896), in dem der titelgebende Protagonist am Ende des dritten Aktes nicht nur zum ersten

---

[63] Vgl. hierzu u. zum Folgenden Schmid: Narratologie, S. 12–14.
[64] Lotman, Jurij M.: Die Struktur des künstlerischen Textes, hrsg. mit einem Nachwort und einem Register von Rainer Grübel, übers. v. Rainer Grübel, Walter Kroll u. Hans-Eberhard Seidel, Frankfurt a.M. 1973 [russ. Original 1970], S. 350.
[65] Ebd.
[66] Lotman, Jurij M.: Das Sujet im Film, in: Ders.: Kunst als Sprache. Untersuchungen zum Zeichencharakter von Literatur und Kunst, hrsg. v. Klaus Städtke, übers. v. Michael Dewey, Christa Ebert, Ewald Lang und Klaus Müller. Leipzig 1981 [russ. Original 1973], S. 205–218, hier S. 206.
[67] Lotman: Struktur, S. 351.
[68] Vgl. ebd.

Mal seit Jahren das Haus verlässt, sondern sich damit auch über eingefahrene Familienstrukturen und das Image des gesellschaftlich Geächteten hinwegsetzt und beschließt, seine großen Lebensträume doch noch zu verwirklichen (ein Entschluss, der letztlich das letzte Ereignis seiner Geschichte, seinen Tod bedingt). Es ist offensichtlich, dass gerade solche mit Widerständen verbundenen Überschreitungen den Kern jeder Narration ausmachen und Erzählungen ihre Dynamik und auch Spannungsbögen verleihen.

4.2 Fabel und Sujet

Jede Geschichte kann auf unzählige Weisen und mit ganz unterschiedlichen Mitteln und Verfahren erzählt werden. Um die Verfahren sichtbar zu machen, derer sich narrative Texte bedienen, haben sich in der Narratologie verschiedene Konstitutionsmodelle etabliert. Das erste und einfachste dieser Modelle stammt auch hier wieder aus dem russischen Formalismus, der zwischen **Fabel und Sujet** unterscheidet. Während unter Fabel die Verknüpfung der Motive in ihrer temporalen bzw. kausalen Verbindung gefasst wird, bezeichnet das Sujet die Folge derselben Motive, wie sie im Text präsentiert wird. Diese Dichotomie hat mit leichten Akzentverschiebungen Nachfolger gefunden. So findet man heute in narratologischen Analysen die Begriffspaare *histoire* vs. *discours* sowie *story* vs. *plot* (oder *discourse*). Alle diese Begriffspaare beziehen sich auf die Unterscheidung zwischen Inhalt und Form. Mit anderen Worten: Fabel, *histoire* und *story* antworten auf die Frage ›Was wird erzählt?‹ und Sujet, *discours* und *plot* auf die Frage ›Wie wird erzählt?‹ Für die Fabel/*histoire*/*story* ist das ›Wie‹ der Vermittlung unwichtig, es ist zum Beispiel nebensächlich, ob eine Erzählinstanz oder eine Figur über die Ereignisse informiert. Ein gutes Beispiel dafür, wie stark sich *story* und *plot* unterscheiden können, sind Ibsens zwischen 1877 und 1899 verfasste analytische Gesellschaftsdramen, die immer aus einer gegenwärtigen und einer vergangenen Handlung bestehen. Die dadurch entstehenden Spannungen zwischen *story* und *plot* lassen sich gut mit den vom Erzähltheoretiker Gérard Genette entwickelten zeitlichen Kategorien, der **Ordnung**, der **Dauer** und der **Frequenz** an dem bereits erwähnten Drama *John Gabriel Borkman* näher herausarbeiten.[69]

> Beispiel: Henrik Ibsen *John Gabriel Borkman* (1896, *John Gabriel Borkman*, 1896)

Während wir die gegenwärtige Handlung in Ibsens Gesellschaftsdramen auf der Bühne in chronologischer Ordnung sehen, werden uns die Ereignisse der Vergangenheit immer nur über den Dialog als **Analepese** (Rückwendung) und zudem auch zeitlich ›durcheinander‹ (**anachron**) vermittelt. Die vollständige Geschichte (Vergangenheit und Gegenwart) in ihrer chronolo-

---

[69] Vgl. zu den folgenden Begriffen: Genette: Erzählung, S. 17–102.

gischen und kausalen Folge lässt sich deshalb oft erst am Ende eines Dramas rekonstruieren. Auch in *John Gabriel Borkman* wird die Vorgeschichte des Titelhelden erst nach und nach enthüllt. Erst mit der Zeit verstehen wir, warum Borkman in untätiger Selbstisolation sein Dasein im zweiten Stockwerk des Familienhauses fristet, bis er versucht, es in einer letzten Kraftanstrengung zu verlassen. Die Vorgeschichte mit all ihren Motiven und Nuancen darzustellen, würde hier zu weit führen. Aber bereits ein Vergleich der wichtigsten Ereignisse zeigt die großen Unterschiede in der temporalen Reihenfolge, in der die Ereignisse geschehen sind, und der Reihenfolge, in der sie uns erzählt werden. Als wichtigste Elemente der Vorgeschichte können dabei folgende Ereignisse gelten: John Gabriel Borkman ist Bankdirektor – Veruntreuung von Geldmitteln der Bank – Verrat durch seinen besten Freund – Zusammenbruch seines Imperiums – 3 Jahre Untersuchungshaft – 5 Jahre im Gefängnis – Entlassung aus dem Gefängnis – Selbstisolation für 8 Jahre im zweiten Stockwerk des Hauses. Präsentiert werden uns diese Ereignisse aber nie direkt, sondern wir erfahren von ihnen nur aus den Dialogen, und das auch nur häppchenweise und in verdrehter Reihenfolge. Hier die eben genannten Motive, in der Reihe, wie sie zum ersten Mal im Text auftauchen: Borkmans Entlassung aus dem Gefängnis – Zusammenbruch seines Imperiums – 5 Jahre im Gefängnis – Veruntreuung von Geldmitteln der Bank – 8 Jahre Selbstisolation – Verrat durch seinen besten Freund – 3 Jahre Untersuchungshaft.[70]

Die Ereignisse der Vergangenheit werden über den Dialog wie Puzzleteile ausgelegt. Das Puzzle wiederum zu einem vollständigen Bild zusammenzusetzen, ist die Aufgabe der Rezipierenden. Ibsens Drama funktioniert damit im Grunde wie ein Kriminalroman, der seine Spannung durch die schrittweise Aufdeckung der Vergangenheit gewinnt. Das gegenwärtige Geschehen auf der Bühne wird damit in *John Gabriel Borkman* zu einer Rahmenerzählung degradiert, während uns die Figuren als sekundäre Erzähler die dramatische Geschichte von Borkmans Aufstieg und Fall vermitteln. Da die **erzählte Zeit** mit gut 20 Jahren sehr viel länger ist als die lediglich einen Winterabend umfassende **Erzählzeit** (im Drama auch **Spielzeit**), muss sie notwendigerweise **gerafft** werden. Diese Raffung erfolgt durch die **Selektion des Geschehens**, das im Großen und Ganzen auf die oben genannten Ereignisse reduziert wird. Der Kontrast zu der Gegenwart der Bühnenhandlung, in der diese Selektion des Geschehens eben nicht vorgenommen wird, in der die Erzählzeit exakt der erzählten Zeit entspricht, könnte größer nicht sein. In der szenischen Gegenwart gibt es weder Zeitsprünge noch Lücken, alles wird hier unabhängig von seinem Erzählwert gezeigt, auch und gerade das Warten, das Nichtstun, der Stillstand. Der realistischen Ästhetik entsprechend hat diese szenische Gegenwart damit einen **singulativen** Charakter, d.h. alles wird nur

---

[70] Vgl. Ibsen, Henrik: John Gabriel Borkman, in: Ders.: Skrifter, Bd. 10, hrsg. v. Christian Janns, Stine Brenna Taugbøl u. Ellen Nessheim Wiger, Oslo 2010, S. 9–165.

so oft gezeigt, wie es auch stattgefunden hat. Die wenigen Ereignisse aus der Vergangenheit dagegen werden uns mit einer anderen Frequenz erzählt. Obwohl sie nur einmal stattgefunden haben, werden sie wieder und wieder (**repetitiv**) von den Figuren vorgetragen.

4.3 Fiktion und Fiktionalität

In den bisherigen Überlegungen ging es um eine ganz generelle Unterscheidung von erzählenden und nicht erzählenden Texten. Gerade für die Literaturwissenschaft ist aber noch eine andere Frage von großer Bedeutung, nämlich: Gibt es eigentlich Unterschiede zwischen jenen Erzählungen, wie sie uns z.B. in Nachrichten, Sportberichten oder Gerichtsprotokollen begegnen, und jenen, mit denen uns Kunstwerke konfrontieren? Die Antworten auf jene Frage kreisen in der Regel um den Begriff der **Fiktion**. Während lebensweltliche Erzählungen wie Nachrichten **faktual** sind und von **realen Dingen** berichten, sind künstlerische **fiktional**: Die ganze in ihnen dargestellte Welt (Situationen, Handlungen, Figuren) sind **fiktiv**. In der Diskussion um den Begriff der Fiktion und ihre Abgrenzung zum Faktualen spiegelt sich nicht zuletzt (und wieder einmal) das Ringen darum, literarischen Texten bestimmte Eigenarten zuzuweisen. Während einige Theorien Fiktionalität ausschließlich anhand textinhärenter Merkmale bestimmen, wie den unmittelbaren Zugang zu einer fremden Innenwelt,[71] ist für andere die Absicht der Autor:innen, die paratextuellen Angaben oder die Rezeptionshaltung der Lesenden entscheidend.[72]

Die binäre Unterscheidung zwischen fiktional und faktual ist in der Fiktionalitätsforschung nicht unumstritten. Gerade in der Auseinandersetzung mit Texten, die widersprüchliche Signale senden, was ihren Status als fiktiv oder faktual angeht, oder zu unterschiedlichen Zeiten unterschiedlich rezipiert wurden, sind verschiedene Erweiterungen des binären Modells entstanden. Im skandinavischen Raum hat sich unter anderem der dänische Narratologe Henrik Skov-Nielsen in einer Reihe von Artikeln mit der Differenz zwischen fiktionalen und faktualen Erzählungen beschäftigt. In einem Aufsatz aus dem Jahr 2010 erweitert er die binäre Taxonomie um zwei Textsorten, die zwischen fiktionalen und faktualen Texten liegen. Zum einen spricht er von »**underdetermined texts**«, die sich weder als fiktional noch als faktual verstehen, zum anderen von »**overdetermined texts**«, die sich sowohl als fiktional als auch als faktual begreifen.[73] Während er zu der ersten Gruppe z.B. Jean-Paul Sartres *Les Mots* (1964, *Die Wörter*, 1965), *A Million Little*

---

71 Vgl. Hamburger, Käthe: Die Logik der Dichtung, 2., wesentlich veränderte Auflage, Stuttgart 1968.
72 Für einen Überblick vgl. Schmid: Erzähltheorie, S. 33–35.
73 Skov Nielsen, Henrik: Natural Authors, Unnatural Narration, in: Alber, Jan/Fludernik, Monika (Hrsg.): Postclassical Narratology, Ohio 2010, S. 275–301, hier S. 284.

Pieces (2003, *Tausend kleine Scherben*, 2005) von James Frey oder *Sult* (1890, *Hunger*, 1891)[74] von Knut Hamsun rechnet, fällt unter die überdeterminierten Texte unter anderem ein Genre, das gerade in Skandinavien spätestens seit den Nullerjahren einen regelrechten Boom erlebt hat: die sogenannte Autofiktion.

Vielleicht noch mehr als andere Gattungsbezeichnungen besitzt auch der Begriff **Autofiktion** eine gewisse Unschärfe und ist teils sehr unterschiedlich konzipiert worden. In einer weiten Definition spricht man von Autofiktionen bereits dann, wenn in einem fiktionalen Text eine Figur auftritt, die den Namen und vielleicht auch einige Eigenschaften mit der Autor:in teilt. Weit geläufiger ist jedoch eine enger gefasste Definition, die nur solche Texte als Autofiktionen auffasst, die dadurch überdeterminiert sind, dass sie sowohl als **Autobiografie**, d.h. faktual, als auch als Roman, d.h. fiktional, gelesen werden können. Autofiktionen senden in der Regel also *mixed signals*, z.B. wenn sie als Roman veröffentlicht werden und mit auffälligen erzählerischen Mitteln arbeiten, aber zugleich Klarnamen einsetzen und nur strikt reale Ereignisse (vorgeben zu) fiktionalisieren. Mit anderen Worten: Sie bieten den Lesenden sowohl den Fiktionspakt als auch den autobiografischen Pakt an.[75]

Beispiel: Karl Ove Knausgård *Min kamp* (2009–2011; *Sterben*, 2011; *Lieben*, 2012; *Spielen*, 2013; *Leben*, 2014; *Träumen*, 2015; *Kämpfen*, 2017)

Wesentlich zur neuen Popularität des in den 70er Jahren von Serge Dubrovsky geprägten Begriffs der Autofiktion [76] beigetragen hat die norwegische Romanreihe *Min kamp* von Knausgård. Der unglaubliche Erfolg der sechsbändigen, im Original rund 3500 Seiten langen, inzwischen in über 30 Sprachen übersetzten Romanreihe, ihr Bestsellerstatus und der Starkult um den Autor belegen eindrücklich das Faszinationspotenzial der Selbstbeschreibung. Dabei muss dahingestellt bleiben, ob diese Faszination tatsächlich auf der Überdeterminiertheit des Textes beruht, oder nicht viel mehr oder zumindest zum Teil darin zu finden ist, dass es Knausgård ähnlich wie großen Fantasyreihen gelingt, mit dem seriell veröffentlichten »Knausgård-Leben« eine autofiktionale *Storyworld* zu erschaffen, welche die Fans über die Lektüre (ganz ähnlich bestimmten Reality-Formaten in TV und sozialen Medien) immer

---

[74] Hamsun verzichtete bei der Veröffentlichung seines ersten Romans bewusst auf den Untertitel »Roman«, verweigerte also eine eindeutige Genrezuweisung. In einem Brief erwähnt er, dass ein deutscher Psychiater ihm vorgeschlagen habe, Sult als wissenschaftlichen Text zu veröffentlichen (vgl. Hamsun, Knut: Brev, hrsg. v. Harald S. Næss, Oslo 1994, S. 179).

[75] Vgl. Zipfel, Frank: Autofiktion, in: Lampig, Dieter et al. (Hrsg.): Handbuch der literarischen Gattungen, Stuttgart 2009, S. 33–34.

[76] Der Franzose Serge Dubrovsky benutzte den Begriff für Romane, in denen die Hauptfigur, der Autor und der Erzähler denselben Namen tragen (vgl. Doubrovsky, Serge: Fils, Paris 1977).

wieder besuchen können.⁷⁷ Bemerkenswert ist in jedem Fall die Radikalität, mit der Knausgård das eigene Leben fiktionalisiert. Die faktuale Dimension des Textes wird nicht nur dadurch aufgebaut, dass Knausgård in vielen Fällen Klarnamen verwendet oder präzise Zeit- und Ortsangaben setzt und auf Ereignisse eingeht, deren Wahrheitsgehalt verbürgt ist, sondern auch durch eine exzessive Ausführlichkeit und Detailverliebtheit, mit der selbst banale Alltagstätigkeiten beschrieben werden.

Knausgårds Text entwickelt durch diese auf Authentizität setzenden Passagen, in denen die Erzählzeit und erzählte Zeit (mindestens) in eins fallen, mitunter nicht nur einen außergewöhnlichen Sog, sondern weist damit eine Qualität auf, die oft als Kennzeichen autofiktionaler Texte genannt wird, nämlich eine **Demokratisierung des Erzählens**: Nicht nur das Leben außergewöhnlicher Personen oder außergewöhnliche Ereignisse sind erzählenswert, sondern jedes Leben mit all seinen trivialen Herausforderungen. Dass es sich trotz dieses faktualen Anspruchs bei *Min kamp* nicht um eine gewöhnliche Autobiografie handelt, zeigt die jedem der sechs Bände vorangestellte Gattungsbezeichnung Roman. Dieser paratextuell behauptete Romancharakter bestätigt sich in einer avancierten Textstruktur, die besonders deutlich in der zeitlichen Komposition des Textes hervortritt. Knausgårds Leben wird nämlich nicht linear, sondern anachron erzählt. Bereits der erste, aus zwei Teilen bestehende Band (dt. *Sterben*, 2011) deckt dabei einen Zeitraum von der Kindheit des Protagonisten bis zur Beerdigung von Knausgårds Vater ab und reicht damit bis in die Gegenwart. In den übrigen fünf Bänden werden Episoden und Ereignisse, die im ersten Band nur gestreift (oder ganz ausgelassen) wurden, vertieft und reflektiert. In Schleifenbewegungen wird von einer gegenwärtigen Schreibsituation in Schweden immer wieder in Knausgårds Vergangenheit in Norwegen hinein- und wieder herausgezoomt. Unterstrichen wird diese Episodenhaftigkeit auch durch Brüche in der Erzählung, in denen essayistische Passagen oder Schilderungen von Ereignissen eingeschoben werden, die keinen unmittelbaren Bezug zur Handlung haben oder an die sich das erzählende Ich eigentlich unmöglich erinnern kann. In solchen Momenten wird nicht nur der Spalt zwischen dem Autor Knausgård und dem Erzähler Knausgård, sondern auch die Gemachtheit des Textes sichtbar und damit auch die Tatsache, dass Knausgård sein Ich und sein Leben nicht nur schriftlich abbildet, sondern auch auf eine bestimmte Art und Weise inszeniert und es eben trotz aller realen Bezüge fiktionalisiert.

Die Blüte, die der Autofiktionsbegriff speziell seit Knausgårds Romanreihe *Min kamp* gerade in Skandinavien, aber nicht nur dort, erlebt, verstellt den Blick darauf, dass autobiografische Texte, die sich sowohl als faktual als auch als fiktiv lesen lassen, mitnichten ein neues Phänomen sind. Zu denken

---

77 Vgl. zu dieser Argumentation: Baßler, Moritz: Populärer Realismus. Vom International Style gegenwärtigen Erzählens, München 2022, S. 267–272.

wäre in einem skandinavischen Kontext zum Beispiel an Texte wie *Jammers minde* (1869; *Denkwürdigkeiten*, 1871) von Leonora Christina Ulfeldt (1621–1698), in dem die dänische Prinzessin Auskunft über ihre gut zwanzigjährige Gefangenschaft im Blauen Turm in Kopenhagen gibt, an Hans Christian Andersens Reiseschilderungen in *En Digters Bazar* (1842; *Eines Dichters Basar* 1843), in die immer wieder offensichtlich fiktive Elemente wie zum Beispiel sprechende Stiefel eingeflochten werden, oder auch August Strindbergs autobiografische Schriften wie z.B. *Tjänstekvinnans son* (1886–87; *Sohn einer Magd*, 1909), in dem er alle Ereignisse seines Lebens in den Kontext einer pessimistischen Selbstinterpretation einfügt. Der große Unterschied zwischen *Min kamp* und diesen autobiografischen Texten liegt vielleicht darin, dass Knausgård eben keinen großen Spannungsbogen aufbaut, keine (oder nur in begrenzter Weise) in biographischen Texten oft benutze narrative Muster bedient (z.B. Bildungs-, Erweckungs- oder auch Künstlergeschichten), sondern ein ziemlich gewöhnliches und vielleicht gerade deswegen interessantes, mit einem hohen Identifikationspotenzial ausgestattetes Leben erzählt, das so authentisch daherkommt, dass die Gleichung des autobiografischen Pakts (Autor = Erzähler = Figur) trotz seines Romancharakters akzeptiert wird.

4.4 Intertextualität

Anders als strukturalistische und formalistische Ansätze setzt sich der Poststrukturalismus einen offeneren Bezugs- und Analyserahmen. Das Augenmerk liegt dort auf der potenziellen Unendlichkeit der von einem Zeichen hervorgebrachten Verweise, die weit über das jeweilige textinhärente Zeichensystem hinaus und auf andere Texte und Kontexte verweisen. In der Literaturwissenschaft hat sich diese Akzentverschiebung nicht zuletzt in der **Intertextualitätsforschung** niedergeschlagen. Versteht man Intertextualität in einem poststrukturalistisch weiten Sinne, geht man davon aus, das jeder Text in all seinen Elementen intertextuell ist, da jeder Text immer in einem Bezugssystem mit anderen Texten liegt und in jedem Text andere Texte nachhallen. Der amerikanische Literaturwissenschaftler und -kritiker Harold Bloom drückt dies in einem berühmten Zitat so aus:

> [P]oems are not things but only words that refer to other words, and those words refer to still other words, and so on, into the densely overpopulated world of literary language. Any poem is an interpoem, and any reading of a poem is an inter-reading.[78]

Nimmt man diese Aussage ernst, führt sie zu einer radikalen Dezentralisierung von Subjekt und Text. Es gibt nicht länger von einzelnen Subjekten geschaffene Texte, sondern, weil alle sprachlichen Texte sich derselben Codes

---

78 Bloom, Harold: Poetry and Repression. Revisionism from Blake to Stevens, New Haven 1976, S. 3.

bedienen, nur einen allumfassenden Intertext. Dieser kann so umfassend gedacht werden, dass er als *texte général* jede kulturelle Struktur miteinschließt. In der konkreten Textanalyse ist dieses weite Verständnis von Intertextualität gerade wegen seiner Universalität jedoch kaum praktikabel.[79]

Wesentlich fruchtbarer für die literaturwissenschaftliche Arbeit am Text hat sich ein **engeres Verständnis von Intertextualität** erwiesen. Hier stehen bei der Analyse konkrete, im Text nachweisbare Beziehungen zwischen Texten im Mittelpunkt des Interesses. Diese Beziehungen können unterschiedliche Formen annehmen, wie z.b. folgende, ohne Anspruch auf Vollständigkeit aufgestellte Liste von Frauke Berndt und Lily Tonger-Erk aus ihrer Einführung in verschiedene Intertextualitätskonzepte zeigt:

> Zitat, Anspielung (Allusion), Reminiszenz [eine Stelle in einem Werk, die an ein anderes Werk erinnert], Anagramm, Syllepse [Zusammenfassung], Repetitio [Wiederholung einer Wortgruppe], Replik, Hyperbel [Übertreibung], Hypolepse [Anknüpfung], Paralepse [überschüssige Information], Perilepse, Paraphrase, Periphrase [umschreibende Anspielung], Cento [Zusammensetzung vorhandener Elemente], Motto, Kontrafaktur, Adaption, Imitation, Bearbeitung, Übersetzung, Parodie, Persiflage, Travestie, Pastiche, Collage, Montage, Fälschung oder Plagiat.[80]

Solche intertextuellen Beziehungen sind häufig in dem bezugnehmenden Text sichtbar markiert, z.B. durch eine Nennung des Referenztextes. Diese Beziehungen erschöpfen sich keineswegs in inhaltlichen Bezügen, sondern können, wie die zitierte Liste zeigt, auch z.B. erzähltechnische Verfahren einschließen. In der Intertextualitätsforschung sind für den Text, auf den Bezug genommen wird, und für den Text, der sich auf einen anderen bezieht, unterschiedliche Bezeichnungen gefunden worden. Genette, der die ausdifferenzierteste Taxonomie von Text-Text-Beziehungen in seiner kanonischen Studie *Palimpseste* vorgelegt hat, bezeichnet Text A, aus dem im Idealfall Text B »als ganzes Werk«[81] abgeleitet ist, als **Hypotext**, und Text B, also den nachfolgenden Text, als **Hypertext**.[82] Praktikabler, weil weniger verwechslungsanfällig, ist allerdings die inzwischen häufig verwendete Bezeichnung **Prätext** für Text A und **Posttext** (oder nur Text) für Text B.[83]

Die Beziehung von Prä- zu Posttext kann sich dabei quantitativ, also in der Häufigkeit der Zitate, und in der Qualität, also der Intensität der Beziehung,

---

79 Vgl. hierzu Pfister, Manfred/Broich, Ulrich (Hrsg.): Intertextualität. Formen, Funktionen, anglistische Fallstudien, Tübingen 1985, S. 7.
80 Berndt, Frauke/Tonger-Erk, Lily: Intertextualität. Eine Einführung, Berlin 2013, S. 7. (Eckige Klammern im Original.).
81 Genette, Gérard: Palimpseste. Die Literatur auf zweiter Stufe, übers. v. Wolfram Bayer u. Dieter Hornig, Frankfurt a.M. 1993 [franz. Original 1982], S. 20.
82 Genette verwendet für solch konkrete Text-Text-Beziehungen auch folgerichtig den Begriff Hypertextualität. Unter den Begriff Intertextualität fallen bei ihm nur sehr deutliche, oft wörtliche Zitate, die direkt für den Leser erkennbar sind. (Vgl. ebd., S. 9–16).
83 Eingeführt wurde diese Terminologie von den Anglisten Manfred Pfister und Ulrich Broich in: Pfister/Broich (Hrsg.): Intertextualität.

unterscheiden. Entscheidend ist, dass jeder intertextuelle Verweis in zwei Richtungen wirkt und das Potenzial hat, sowohl die Zeichengefüge des Präals auch des Posttextes wieder in Bewegung zu versetzen. Einerseits lässt sich, selbst wenn die intertextuellen Verweise bewusst im Posttext gesetzt sind, nicht kontrollieren, inwiefern bestimmte Debatten oder Interpretationen des Prätexts auch Deutungsmöglichkeiten des Posttexts beeinflussen. Andererseits aber zwingt der Posttext allein durch die Auswahl der intertextuellen Verweise dem Prätext eine spezifische Lesart auf. Diese Wechselbeziehung lässt sich gut anhand einer Kurzgeschichte des bekannten dänischen Autors Peter Høeg demonstrieren.

> Beispiel: Peter Høeg *Rejse ind i et mørkt hjerte* (1990; *Reise in ein dunkles Herz*, 1996)

Charakteristisch für Høegs Texte sind zahlreiche stilistische und inhaltliche Anspielungen auf andere Texte, häufig auf moderne Klassiker. Als exemplarisch und programmatisch kann dabei die Auftakterzählung *Rejse ind i et mørkt hjerte* aus seinem frühen Erzählband *Fortællinger om natten* (1990; *Von der Liebe und ihren Bedingungen in der Nacht des 19. März 1929*, 1996) gelten. Nicht nur im Titel, sondern auch in Inhalt und Aufbau ist der wichtigste Prätext für Høegs Erzählung leicht auszumachen: Joseph Conrads Kurzroman *Heart of Darkness* (1899; *Das Herz der Finsternis*, 1933). Die Qualität der intertextuellen Beziehung ist dabei von **hoher Intensität**. Høegs Text stellt u.a. über den Titel, den Ort der Handlung (Kongo), und durch eine Figur, die mit Joseph Korzeniowski den polnischen Namen von Conrad trägt, eine enge Verbindung zwischen beiden Texten her. Dieser Joseph K zitiert nicht nur regelmäßig und fast wörtlich aus *Heart auf Darkness*, sondern liefert eine Interpretation der Zitate auch gleich mit. Eindrücklich ist in dieser Hinsicht z.B. folgender Monolog:

> »Als Junge habe ich mir Landkarten angeschaut, ich war ... von Landkarten besessen, am meisten jedoch von den weißen Gebieten. Das sind die Orte, die man nicht kennt, das sind die dunklen Stellen im Universum, von denen eine ... animalische Anziehung ausstrahlt. Deshalb ging ich zur See. Ich musste dorthin. Man reist und reist, in Asien, in Südamerika, den Kongo hinauf, und es ist ... es ist ... eine Reise in das eigene Innere, es ist eine gigantische Kartierung, man ist ein ... psychischer Landvermesser. Es taucht eine Landschaft auf, erschreckend und dunkel, es braucht, es braucht ... schon Mumm, sie zu betreten, und man versteht etwas, irgend etwas. Und es kommt ein Tag, an dem man alles gesehen hat, an dem man im Universum an ... eine Mauer stößt, weiter kommt man nicht, es gibt nichts Neues, die Karte hat keine weißen Flecken mehr. Aber noch immer ist da etwas, was man nicht versteht, im Inneren des Menschen gibt es immer noch weiße Flecken, und man ...« Hier blieb er stecken und starrte mit tränenden Augen, die nichts sahen, durch den Kneifer vor sich hin.[84]

---

84 Høeg, Peter: Reise in ein dunkles Herz, in: Ders.: Von der Liebe und ihren Bedingungen in der Nacht des 19. März 1929, übers. v. Monika Wesemann, München/Wien, 1996, S. 7–49, hier S. 40/41. – »Som dreng så jeg på landkort, jeg var ... besat af landkort, men mest af

Während der Beginn des Monologs fast wörtlich aus *Heart of Darkness* zitiert,[85] folgen K's anschließende Ausführungen dann gängigen Interpretationen des Romans, die in der Reise von Conrads Protagonist Marlow in das »Herz der Finsternis« eine Reise in die dunklen Tiefen des eigenen Selbst und die Abgründe der europäischen Zivilisation sehen. Dass Høeg die Verweise auf *Heart of Darkness* und seine Rezeptionsgeschichte bewusst setzt und auch davon ausgeht, dass diese von den Lesenden gefunden werden, ist offensichtlich. Das Bemerkenswerte ist aber nicht die Prägnanz, mit der Høegs Text auf seinen Prätext verweist, sondern dass er mit ihm in einen kritischen Dialog tritt und dieses Verfahren selbst wiederum reflektiert.

Sowohl Conrads Kolonialismus-Roman als auch die Verwendung von Afrika als Bild für das Unbewusste stehen in ideologischer Spannung zum Inhalt der dänischen Erzählung, die sich um die Dekonstruktion von eurozentrischen Sichtweisen bemüht. Diese Dekonstruktion eines wirkmächtigen, aber fragwürdigen Afrikabildes, das von klaren Binaritäten (eigen/fremd; wild/zivilisiert; dunkel/hell etc.) geprägt ist, wird im Text selbst wiederum als poetisches Verfahren offengelegt. Eine Schlüsselrolle spielt dabei eine als selbstreflexives **Spiel im Spiel** gestaltete Episode: Dort führen vier Figuren unter Anleitung von K im Salonwagen eines auf einen Abgrund zurasenden Zuges einen philosophischen, mit Theatermetaphern gespickten Dialog über eigene und fremde Identitätskonstruktionen und Machtstrukturen. Nach einigen Wendungen endet das Gespräch mit der Entmachtung der Europäer und der Demaskierung der vier Figuren, die alle vorgegeben haben, jemand anders zu sein, als sie tatsächlich sind. Diese Machtverschiebung zwischen Europa und Afrika in der Diegese verweist nicht nur direkt auf die diskursive Ebene des Textes, auf der durch die intertextuelle Auseinandersetzung mit *Heart of Darkness* genau eine solche Veränderung der Machtverhältnisse

---

de hvide områder. Det er de steder man ikke kender, det er de mørke steder i universet, hvorfra der udgår en ... dyrisk tiltrækning. Derfor tog jeg ud at sejle. Jeg måtte derhen. Og man rejser, og man rejser, i Asien, Sydamerika, op ad Congofloden, og det er ... det er ... en rejse ind i én selv, det er en gigantisk kortlægning, man er en ... psykisk geodæt. Og der dukker et landskab frem, forfærdende og mørkt, det kræver, det kræver ... sin mand at gå derind, og man forstår noget, et eller andet. Og der kommer en dag, hvor man har set alt, hvor man er nået til ... en væg i universet, man kan ikke komme længere, der findes intet nyt, der er ikke flere blanke steder på kortet. Men stadig er der noget tilbage, man ikke forstår, i menneskets indre er der stadig blanke steder, og man ... ‹ Her gik han i stå, og stirrede frem for sig gennem lorgnetterne med rindende øjne, der intet så.« – Høeg, Peter: Rejse ind i et mørkt hjerte, in: Ders.: Fortællinger om natten, København 1990, S. 9–43, hier S. 36–37.

85 »Now when I was a little chap I had a passion for maps. I would look for hours at South America, or Africa, or Australia, and lose myself in all the glories of exploration. At that time there were many blank spaces on the earth, and when I saw one that looked particularly inviting on a map (but they all look that) I would put my finger on it and say, ›When I grow up I will go there.‹« – Conrad, Joseph: Heart of Darkness, hrsg. v. Robert Kimbrough, in: Paul B. Armstrong (Hrsg.): Joseph Conrad. Heart of Darkness. Authoritative Text. Backgrounds and Contexts. New York/London 2006, S. 7–8.

angestrebt wird, sondern das Gespräch etabliert durch seinen selbstreflexiven und entlarvenden Charakter die Dekonstruktion von scheinbaren Gewissheiten als textimmanente Poetologie.[86]

Folgt man den Verweisen in Høegs Erzählung auf *Heart of Darkness*, gelangt man schnell zu der Einsicht, dass der Text den hehren Anspruch verfolgt, auf die Gefährlichkeit einer eurozentrischen Weltsicht und die Übel der Kolonialzeit hinzuweisen sowie deren subkutanes Weiterwirken offenzulegen. Allerdings, und das ist vielleicht ein Clou an *Rejse ind i et mørkt hjerte*, verirrt man sich mit einer solchen Deutung ab einem gewissen Punkt selbst in der Dunkelheit und verpasst es, hinter die Maske des komplexen Textes zu blicken. Denn hinter den ebenso offensichtlichen wie kritischen Verweisen auf Conrads Roman schlummert bei genauerem Hinsehen ein nicht minder auffälliger Prätext: Karen Blixens *Syndfloden over Norderney*, also jene Erzählung, mit der dieses Kapitel begonnen wurde.

Ohne hier ins Detail zu gehen,[87] lässt sich Blixens Erzählung als strukturelle Blaupause für Høegs Text bezeichnen: Von der Figurenkonstellation bis zu der lebensbedrohlichen Situation, der merkwürdigerweise hier wie dort mit beeindruckender Abgeklärtheit und verschiedenen Erzählungen begegnet wird, bis hin zur auffälligsten Gemeinsamkeit, dem theatralen Motiv der Maske bzw. der Demaskierung (auch in Blixens Text ist niemand, wer er zu sein scheint), gleichen sich die beiden Texte. In beiden Texten gibt es weder feste Identitäten noch Konstellationen oder Weltanschauungen, sondern nur die Sprache und das Erzählen. Hinter der intertextuellen Maske *Heart of Darkness* verbirgt sich damit, so könnte man es nennen, eine Hommage an die große dänische Erzählerin Karen Blixen, die sich in ihren Texten selbst als Meisterin der Doppelbödigkeit und Vieldeutigkeit erweist. Neben dem dekonstruktivistischen und politischen Anspruch wird mit dem versteckteren Bezug auf Blixens Erzählung über das Erzählen aber auch die zweite Säule und Qualität von Høegs schriftstellerischem Werk sichtbar, die wahrscheinlich vor allem für seinen Erfolg verantwortlich ist: das Erzählen guter Geschichten.

5. Theatralität

In Knut Hamsuns Roman *Mysterier* (1892; *Mysterien*, 1894) besucht der Protagonist Johan Nilsen Nagel eine Abendgesellschaft. Höhepunkt der Festlichkeiten bildet dabei eine Aufführung von **Lebenden Bildern** (*Tableaux vivants*). Besonders ein Bild, in dem Nagels Schwarm Dagny auftritt, erregt dabei die Aufmerksamkeit des Protagonisten:

---

86 Vgl. zum Begriff »textimmanente Poetologie« Abschnitt 2.4.
87 Vgl. zu einer ausführlichen Analyse der intertextuellen Beziehungen: Ledderose, Patrick: Parasitäres Text-Theater – Peter Høegs ›Rejse ind i et mørkt hjerte‹ als poetologische Reflexion, in: Nordeuropaforum 2021, S. 52–75.

III. Poetologische Zugänge

> Sowie er [Nagel] Dagny auf der Bühne oben erblickte, bekam seine Ausgelassenheit einen Dämpfer, sein Blick wurde starr, und er sah niemand außer ihr. Er folgte der Richtung ihrer Augen, maß sie vom Scheitel bis zu Sohle, beobachtete ihre Miene, entdeckte, daß eine Rose auf ihrer Brust auf und nieder ging, auf und nieder. Sie stand zuhinterst in der dichten Menschengruppe und war trotz der sorgfältigen Verkleidung leicht zu erkennen. Fräulein Andresen saß in der Mitte und war Königin. Das Ganze war eine Szene in roter Beleuchtung, eine rebusartige Zusammenstellung von Menschen und Rüstungen, die Doktor Stenersen mit viel Mühe und Aufopferung zustande gebracht hatte.[88]

Die Aufführung scheint auf Nagel nachhaltigen Eindruck zu machen. Was ihn an dem Tableau affiziert, ist jedoch weder das Thema noch das kunstvoll inszenierte Arrangement der Aufführung, sondern nur Dagny in ihrer Lebendigkeit. Anders als Nagel können wir Lesende diese sinnliche Ebene des Tableaus zwar im Geiste nachvollziehen, aber nicht am eigenen Leib erfahren. Denn Hamsuns Roman besteht nur aus sprachlichen Zeichen, die Wirkung von nicht-sprachlichen Zeichen (Licht, Körper, Bühnenbild etc.) kann er nur beschreiben. Diese Feststellung wirkt banal, ist aber für Texte, die anders als Hamsuns Roman für die Bühne geschrieben sind, von großer Relevanz. Denn dort geht es nicht um die Wirkung einer Szene auf eine bestimmte textinhärente Person, sondern explizit um jene Wirkung, die der in die multimediale Welt der Aufführung übersetzte Text auf das Publikum haben wird. Theatertexte müssen also jene nicht-sprachlichen Zeichenebenen wie Körper, Bühnenbild, Musik und Licht mitdenken, die erst in der jeweiligen Aufführung explizit und mit ihrer ganz eigenen Wirkung in Erscheinung treten. Die Schwierigkeit, das zeigen Hamsuns Szene und Nagels eindimensionale Fokussierung auf Dagny sehr gut, liegt dabei darin, dass die vom Text vorgestellte Inszenierung zwar auf eine bestimmte Wirkung abzielen kann, dass diese Wirkung aber in der Aufführung nicht unbedingt eintreten muss. Dies liegt daran, dass es sich bei jeder Aufführung um eine einzigartige **theatrale Situation** handelt.

5.1 Was ist Theatralität?

Theatralität leitet sich vom griechischen Wort *théatron* (Schauplatz) ab und wird im alltäglichen Sprachgebrauch synonym zu etwas sperrigen Begriffen wie Theaterhaftigkeit oder Theaterähnlichkeit verwendet. In wissenschaftli-

---

[88] Hamsun, Knut: Mysterien, übers. v. Siegfried Weibel, Berlin 2009, S. 241. – »Såsnart han [Nagel] fikk øye på Dagny oppe på scenen dempedes hans lystighet med ett, hans blikk ble stivt og han så ingen annen enn henne. Han fulgte retningen av hennes øyne, målte henne fra topp til tå, iakttok hennes mine, la merke til at en rose på hennes bryst gynget opp og ned, opp og ned. Hun stod lengst tilbake i den tykke klynge av mennesker og var lett kjennelig tross den omhyggelige forkledning. Frøken Andresen satt i midten og var dronning. Det hele var en scene i rødt lys, en rebusaktig oppstilling av folk og rustninger som doktor Stenersen med megen møye og oppofrelse hadde fått istand.« Hamsun, Knut: Mysterier, in: Ders.: Samlede verker, Bd. 2, hrsg. v. Lars Frode Larsen, Oslo 2007, S. 232.

chen Kontexten tritt der Begriff vereinfacht gesagt gerne dort auf, wo jemand oder etwas vorsätzlich (wie auf einer Bühne) ausgestellt und/oder angesehen wird. Das Geschehen hat dann eine theatrale Dimension.

Theatralität kann als anthropologische und als ästhetische Kategorie gedacht werden. Während anthropologische Ansätze z.B. mit Schlagwörtern wie Inszenierungsgesellschaft oder Spektakelkultur auf die Künstlichkeit unserer Lebenswelt hinweisen und unsere eigene Identität darin als Rolle beschreiben, strebt eine ästhetische Theatralitätsforschung die Beschreibung eigenständiger Qualitäten und Kennzeichen von Kunstwerken oder künstlerischen Prozessen an.[89] Vor allem das Theater als Aufführungskunst und mit ihm das Drama als für die Bühne geschriebener Text sind dabei wichtige Bezugspunkte. Folgt man der Minimaldefinition des französischen Philosophen Roland Barthes »Theater minus Text = Theatralität«[90] lassen sich verschiedene Phänomene benennen, die die spezifische theatrale Ästhetik des Theaters ausmachen. Dazu gehören die gesprochene Sprache (allerdings weniger der Sinn, als ihr Klang und Rhythmus), die auftretenden Körper (Mimik, Gestik, Bewegung), Kostüme und Requisiten, die Beleuchtung, Musik und Geräusche, der Einsatz von anderen Medien und nicht zuletzt die Kommunikationssituation zwischen Akteur:innen und Publikum.

Die neuere Theatralitätsforschung zielt darauf ab, anthropologische und ästhetische Ansätze zu verbinden und nach Gemeinsamkeiten von künstlerischen und gesellschaftlichen theatralen Prozessen zu fragen. Dieses Vorgehen zieht seine Berechtigung aus der Annahme, dass sich im Theater (und Drama) Handlungsweisen und -muster in verdichteter und zugleich reflexiver und selbstbezüglicher Form wiederfinden, die für eine Kultur und Gesellschaft kennzeichnend sind. Laut der deutschen Theaterwissenschaftlerin Erika Fischer-Lichte verbinden theatrale Prozesse in Kunst und Alltag vier Gemeinsamkeiten. Alle theatralen Akte sind **inszeniert** (1), d.h. sie verwenden spezifische Zeichen, um etwas zur Erscheinung zu bringen. Diese inszenierten Erscheinungen weisen eine bestimmte **Korporalität** (2) auf, sie sind also an bestimmte Materialien und Körper gebunden, allerdings ohne ihre materiellen Eigenheiten vollständig zu überdecken. Erfahr-, deutbar und eigentlich erst erzeugt wird eine Inszenierung durch jemanden, der sie aus einer bestimmten Perspektive und in einem bestimmten Modus **wahrnimmt** (3). Alle diese drei Kennzeichen von Theatralität (Inszenierung, Korporalität, Wahrnehmung) fließen in dem Begriff der **Performance** oder **Aufführung** (4) zusammen, den Fischer-Lichte als »Vorgang der Darstellung

---

89 Vgl. Warstad, Matthias: Theatralität, in: Fischer-Lichte, Erika/Kolesch, Doris/Warstat, Matthias (Hrsg.): Metzler Lexikon Theatertheorie, 2., aktualisierte und erweiterte Auflage, Stuttgart 2015, S. 382–388, hier S. 382.
90 Barthes, Roland: Essais critiques, Paris 1964, S. 41, zitiert nach: Kotte, Andreas: Theaterbegriffe, in: Fischer-Lichte, Erika et al. (Hrsg.): Theatertheorie, S. 337–344, hier S. 342.

durch Körper und Stimme vor körperlich anwesenden Zuschauern« definiert.[91]

5.2 Implizite Theatralität des Dramas

Gerade weil der Begriff Theatralität auf eine Aufführungssituation abzielt, liegt es auf der Hand, dass er besondere Relevanz für Texte besitzt, die für die Bühne geschrieben sind. Anders als die klassische literaturwissenschaftliche Dramenanalyse, die sich vor allem dem gedruckten Text widmet, rückt der Begriff der Theatralität die Aufführung (des Textes) in den Mittelpunkt. Doch ist die Trennlinie zwischen fixiertem Text und theatraler Aufführung, die sich auch in den Disziplinen Literatur- vs. Theaterwissenschaft spiegelt, nicht so scharf, wie es zunächst scheint. Denn in für die Bühne geschriebenen Texten finden sich Hinweise auf innertheatrale Zeichen, die der jeweilige literarische Text implizit verlangt, aber selbst nicht explizit besitzt. Diese Angaben, die man unter dem Begriff des **theatralen Spieltextes** fassen kann, können sich in Dramen sowohl im Haupttext, also dem zu sprechenden Text, als auch im schon typographisch anders gestalteten Nebentext befinden, der z.B. die Regieanweisungen umfasst und u.a. auf das Aussehen, Alter und Geschlecht der Figuren/Akteure, auf ihre Sprechweise und ihre Aktionen, auf Umbauten, Zeit- und Ortsangaben oder auf den Einsatz anderer Medien eingehen kann.[92]

Haupt- wie Nebentext verweisen, wenn auch unterschiedlich deutlich, direkt auf eine multimediale Aufführung und verleihen dem Drama eine **implizite szenische Theatralität**. Der blinde Fleck jeder nur auf die dargestellte *story* und im besten Fall noch auf ihre szenische Vermittlung als *plot* fixierten klassischen Dramenanalyse, nämlich die **Aufführung als theatrales Ereignis**, wird durch Berücksichtigung des theatralen Spieltextes beseitigt. Denn bei der Frage nach der impliziten szenischen Theatralität verliert, wie Gerda Poschmann betont, die *story* an Relevanz, die »Qualität des kognitiven Erlebnisses in der Aufführungssituation« rückt in den Mittelpunkt und mit ihr jener »**Wahrnehmungsmodus**«, den bestimmte verschriftlichte Zeichen implizieren.[93]

Das Drama als für die Bühne geschriebener Text und die jeweils geltenden Aufführungskonventionen stehen bereits seit der Antike in einem produktiven Wechselverhältnis. Je nach herrschenden ästhetischen Normen und Konventionen sowie sozialen und kulturellen Voraussetzungen wird mal der Aufführung und mal dem geschriebenen Text ein größerer Stellenwert zugewiesen. Dies spiegelt sich auch in den Dramenformen und -ästhetiken verschiedener

---

91 Fischer-Lichte, Erika: Ästhetische Erfahrung. Das Semiotische und das Performative, Tübingen 2001, S. 297.
92 Vgl. Schößler, Franziska: Dramenanalyse, 2. Aufl., Stuttgart 2017, S. 7.
93 Poschmann, Gerda: Der nicht mehr dramatische Theatertext, Berlin 2011, S. 46.

literarischer Epochen und Gattungen. Tendenziell lässt sich sagen, dass immer zu Zeiten, in denen sich Dramen durch ausführliche Nebentexte auszeichnen, dem verschriftlichten Text bei der Bühnendarstellung insofern ein besonderer Stellenwert zugeschrieben wird, als er durch explizite, schriftliche Anweisungen direkt auf eine bestimmte Aufführungsweise oder -ästhetik und ihre Wirkung auf das Publikum verweist bzw. sie bereits vor-schreibt. Daher scheint es zunächst naheliegend, besonders jene Dramenformen literaturwissenschaftlich zu analysieren, die explizite und detaillierte Anweisungen für die nicht-sprachlichen Elemente einer konkreten Bühnenumsetzung über die Nebentexte vorgeben und so bestimmte Wahrnehmungsmodi intendieren.

Implizite Theatralität im Dramennebentext

Die Dramen mit den ausführlichsten Nebentexten stammen in Skandinavien aus der zweiten Hälfte des 19. Jahrhunderts. Dort hat die illusionistische Ästhetik des Realismus und Naturalismus zu einer Reihe von Salon- und Kammerspielen mit kleinem Ensemble und nur wenigen oder keinen Ortswechseln und Zeitsprüngen geführt. Das berühmte naturalistische Credo von Arno Holz, dass **Kunst = Natur – x** sei, wobei das X möglichst klein gehalten werden soll, damit Kunst gegenüber der Natur nicht zu defizitär wirkt, spiegelt sich auch in den detaillierten Nebentexten. Diese können Bühnenraum und Figuren, ihre Sprech- oder Spielweise und ihr Aussehen – manchmal bis hin zu einzelnen Gesichtszügen oder Körperteilen – exakt beschreiben. Die Vorgaben dieser **fiktionsbildenden** Nebentexte sind zuweilen so penibel, dass sie kaum etwas der Fantasie überlassen. Die Theaterbühne scheint in solchen Fällen nicht mehr als ein Abspielgerät für ein bestimmtes Medium, nämlich für den literarischen Text zu sein. Etwas abgewandelt ließe sich deshalb die Leitformel des Naturalismus auch auf das Verhältnis von Text und Theater beziehen. Sie würde dann lauten: Theater = Text + x, wobei das x möglichst klein gehalten werden soll. Das hinter dieser Formel stehende Verständnis des Texttheaters pointiert nicht nur den Anteil aller an der Aufführung Beteiligten, sondern auch die spezifische, vom Text unabhängige Theatralität jeder Aufführung auf ein etwas rätselhaftes und zu vernachlässigendes X, um die Vormachtstellung des literarischen Textes innerhalb eines ephemeren Theaterereignisses nicht zu gefährden.

Beispiel: August Strindberg *Fröken Julie* (1888; *Fräulein Julie*, 1888)

August Strindbergs *Fröken Julie* gilt als eines der bekanntesten Stücke des schwedischen Autors und gehört bis heute zu seinen meistgespielten. Der Einakter, der mit nur drei Hauptrollen und ohne Ortswechsel oder Zeitsprünge auskommt, wird von einem Vorwort ergänzt, das als wichtige programmatische Schrift des Naturalismus gilt. Das Ziel, dem der Dramatiker Strindberg dort alles unterordnet, ist das der Bühnenillusion. Unter keinen Umständen soll das Publikum dieser Illusion entrissen und »dem suggestiven Einfluss des Autors/

Magnetiseurs«[94] entzogen werden. Um dies zu gewährleisten, fordert Strindberg eine psychologische Figurenkonzeption, eine natürliche Beleuchtung, eine ungekünstelte Rede- und Spielweise der Darstellenden, den Verzicht auf Schminke und ein naturalistisches Bühnenbild, das wie ein Raum wirken soll, in den das Publikum durch die fehlende vierte Wand hineinsieht. Im Stück selbst liest sich die Umsetzung für die Gestaltung dieser **Guckkastenbühne** dann so:

> Eine große Küche, deren Decke und Seitenwände von Gardinen und Tüchern verdeckt sind. Die Rückwand zieht sich von links schräg nach innen und oben die Bühne entlang; genauso links zwei Regale mit Kupfer-, Messing-, Gusseisen- und Zinngeräten; die Regale sind mit plissiertem Papier dekoriert; [...] Der Herd ist mit Birkenzweigen dekoriert, der Boden mit Wachholderzweigen bedeckt. Am Tischende steht ein großer japanischer Gewürztopf mit blühendem Flieder. Ein Eisschrank, eine Spüle, ein Abtropfgestell. Eine große, altmodische Glocke über der Tür, und ein Sprechrohr, das an der linken Seite der Tür herauskommt.[95]

Der Nebentext zielt hier auf eine authentische und natürliche Verdoppelung der Lebenswirklichkeit (um 1880) auf der Bühne ab. Er ist **fiktionsbildend**. Es wird eben eigentlich keine Theaterbühne, sondern eine Küche beschrieben. Einer den damaligen Konventionen entsprechenden texttreuen Inszenierung lassen die detaillierten Beschreibungen dabei kaum Freiraum für eigene Ergänzungen oder Ausgestaltungsideen. Ein wenig anders verhält es sich mit den Regieanweisungen für die Darstellenden. Sie erhalten in *Fröken Julie* nämlich immer wieder gewisse Freiheiten. In Monologen, pantomimischen Szenen oder einem Ballett wird in *Fröken Julie* nur ein grober Rahmen gesetzt, wie z.B. in folgender Passage:

> Pantomime: Wird so gespielt, als ob die Schauspielerin wirklich allein im Raum wäre; sie dreht dem Publikum den Rücken zu, wenn es nötig ist, schaut nicht in den Zuschauerraum, beeilt sich nicht, als hätte sie Angst, dass das Publikum ungeduldig werden könnte.[96]

---

94 Strindberg, August: Fräulein Julie. Ein naturalistisches Trauerspiel. Mit Strindbergs Vorwort zur Erstausgabe, übers. v. Christel Hildebrandt, Stuttgart 2003, S. 16. – »författaren-magnetisörens suggestiva inflytande«. Strindberg, August: Fröken Julie. Ett naturalistiskt sorgespel, in: Ders.: August Strindbergs Samlade Verk, Bd. 27, hrsg. u. komm. v. Gunnar Ollén, Stockholm 1984, S. 99–190, hier S. 109. Die Seitenangaben hinter den folgenden Originalzitaten beziehen sich stets auf die genannte Ausgabe.
95 Ebd. S. 27. – »Ett stort kök, vars tak och sidoväggar döljas av draperier och suffiter. Fondväggen drar sig snett inåt och uppåt scenen från vänster; på densamma till vänster tvenne hyllor med koppar-, malm-, järn- och tennkärl; hyllorna garnerade med goffrerat papper; [...] Spisen är klädd med björklövsruskor; golvet strött med enris. På bordsändan en stor japansk kryddburk med blommande syrener. Ett isskåp, ett diskbord, ett tvättställ. En stor gammaldags ringklocka ovanför dörren, och ett talrör mynnande på vänstra sidan om densamma.« (117).
96 Ebd. S. 32. – »Pantomim: Spelas så som om skådespelerskan verkligen vore ensam i lokalen; vänder vid behov ryggen åt publiken; ser icke ut i salongen; bråskar icke som om hon vore rädd publiken skulle bli otålig« (126).

Strindberg befreit die Darstellenden hier und in anderen Szenen bewusst vom »Gängelband des Autors«,[97] denn, so heißt es im Vorwort, die »Schauspieler [sind] mitten in der Stimmung und Situation«[98] und können besser beurteilen »wie viel geredet werden darf und wie lange, ohne dass das Publikum aus seiner Illusion geholt wird.«[99] Der Zweck der Improvisation an solchen Stellen ist damit derselbe wie bei den peniblen Bühnenbildvorgaben: Es geht immer nur darum, die intendierte natürliche Wirkung der theatralen Situation nicht zu gefährden.

Strindberg denkt, das machen gerade seine Reflexionen im Vorwort deutlich, den theatralen Charakter der Aufführungssituation mit, weiß um die durch ihre **Liveness** bedingten Unwägbarkeiten, steht dem aber ambivalent gegenüber: Einerseits gibt ihm die implizite Theatralität des Dramas, die sich in der multimedialen, alle Sinne ansprechenden Aufführung verwirklicht, Möglichkeiten, die »hypnotische« Beeinflussung des Publikums vor-zuschreiben. Andererseits birgt die Ereignishaftigkeit der Aufführung die Gefahr, dass in der theatralen Situation etwas geschieht, was vom Text nicht intendiert ist, z.B. dass die Darstellenden beginnen, sich am Verhalten des Publikums zu orientieren und damit die Illusion und **die vierte Wand** zwischen Bühne und Zuschauerraum durchbrechen. Gerade weil Strindberg weiß, dass jede theatrale Situation ihrem Wesen nach eine kommunikative Situation ist und gleichermaßen vom Verhalten im Zuschauersaal und auf der Bühne abhängt, betont er so vehement, dass diese Kommunikation unterbunden bleiben soll. Die Situation, die Verhaltens- und Spielweise auf der Bühne bestimmen soll, ist gerade nicht die durch die Anwesenheit eines Publikums gekennzeichnete theatrale Situation, sondern die nicht-theatrale Situation in der fiktiven Wirklichkeit der Herrenhofküche ohne Publikum. Die Freiheit, die den Darstellenden gewährt wird, ist nur eine Freiheit innerhalb der Grenzen der durch den Dramentext etablierten fiktiven Welt. Wie wichtig das (von Strindberg in *Fröken Julie* stellenweise geforderte) Abweichen von den schriftlich fixierten, nonverbalen Zeichen sein kann, um die vom Text intendierte Wirkung und damit eine ›texttreue‹ Umsetzung zu erzielen, lässt sich an einem zweiten Beispiel verdeutlichen.

Beispiel: August Strindberg *Ett drömspel* (1902; *Ein Traumspiel*, 1903)

In Strindbergs bereits auf die Theateravantgarde zu Beginn des 20. Jahrhunderts vorausweisenden Text *Ett drömspel* geht es nicht um die Nachahmung der Außenwelt, sondern um die eines Traums. Die Bühne wird hier als **autonomer Kunstraum** konstruiert. Der Bühnenhintergrund und die Seiten-

---

97 Ebd. S. 17. – »författarens pekpinne« (110).
98 Ebd. – »skådespelare som sitter mitt inne i stämning« (110).
99 Ebd., S. 18. – »hur mycket som får pratas, och huru länge, innan publiken väckes ur illusionen« (110).

kulissen bestehen aus »stilisierten Wandmalereien, die gleichzeitig Zimmer, Architektur und Landschaft darstellen sollen«.[100] Sie bilden den Rahmen für symbolistische Kulissen, wie z.B. ein »Schloss mit einer Krone, die einer Blumenknospe ähnelt«,[101] »einen hellen grünen Platz [...], auf dem ein riesiger blauer Eisenhut«[102] steht, oder die Fingalsgrotte in Form eines Ohrs. Die Kulissen und Requisiten sind in *Ett drömspel* zudem multifunktional und ändern je nach Kontext ihre Bedeutung. So wandelt sich z.B. eine kleine Linde zu einem Garderobenständer in einem Anwaltsbüro und zu einem Kandelaber in einer Kirche, ein Bett mit Vorhängen in ein Zelt, und eine Orgel wird durch eine Veränderung der Beleuchtung zur Fingalsgrotte. In dieser Traumwirklichkeit, in der keine festen Formen existieren, Zeiten und Orte ineinandergleiten, ist, wie es im Vorwort heißt, »alles [...] möglich und wahrscheinlich«.[103] Ziel ist es auch hier, die Illusion des Bühnenraums nicht zu unterlaufen.

Die fluide Struktur des Traums, die der schriftlich fixierte Text für eine Aufführung antizipiert, stellte das damalige Theater trotz Strindbergs multifunktionalem Anlass für die Requisiten vor enorme technische Herausforderungen. Ist die »Verwandlung« eines Baums in einen Garderobenständer und einen Kandelaber ohne große Unterbrechungen vielleicht noch vorstellbar, so erscheinen umfassendere Szenenwechsel wie der folgende, wo sich in einem kurzen Blackout nicht nur die Platzierungen der Figuren ändern, sondern auch der Hintergrund plötzlich zum Vordergrund wird, selbst heute technisch nur schwer umsetzbar.

> Für einen Moment wird die Bühne stockfinster, während alle Personen sich entfernen oder den Platz wechseln. Als es wieder hell wird, ist der Strand von Skamsund, der »Strand der Schande«, im Hintergrund und im Schatten zu sehen. Der Sund liegt in der Mitte, Fagervik, die »Schöne Bucht«, im Vordergrund, in voller Beleuchtung. Rechts die Ecke des Kurhauses mit geöffneten Fenstern, drinnen erkennt man tanzende Paare. [...] Im Vordergrund ein Anleger mit weißen Booten, Fahnenmasten mit Fahnen. Mitten im Sund liegt ein Kriegsschiff, wie eine Brigg getakelt, mit Kanonenluken. Die ganze Landschaft winterlich mit Schnee auf den kahlen Bäumen und auf der Erde.[104]

---

100 Strindberg, August: Ein Traumspiel, S. 11. – »Sidokulisserna, stående för hela pjäsen äro stiliserade väggmålningar, på en gång rum, arkitektur och landskap«. Strindberg, August: Ett drömspel, S. 9. Die Seitenangaben hinter den folgenden Originalzitaten beziehen sich stets auf die genannte Ausgabe.
101 Ebd. – »ett slott med en blomknopp liknande en krona« (9).
102 Ebd., S. 18. – »en gång, vilken mynnar ut i en grön ljus plats där en kolossal blå Stormhatt [...] synes« (18).
103 Ebd., S. 7. – »Allt kan ske, allt är möjligt och sannolikt.« (7)
104 Ebd. S. 57–58 » – »Det blir kolmörkt på Scenen ett ögonblick varunder alla innevarande avlägsna sig eller byta plats. När det blir ljust igen, synes Skamsunds Strand i fonden men i skugga. Sundet ligger i mellanplanet, och Fagervik i förgrunden, båda i full belysning. Till höger ett hörn av Societetshuset med fönster öppna; inne ses dansande par. [...] I förgrundens fond en brygga med vita båtar, flaggstänger med flaggor – Ute i

Dass eine eins-zu-eins Umsetzung solcher Nebentexte ohne Umbaupause kaum möglich ist und deswegen auch die von Autor und Text intendierte traumartige Wirkung gefährdet, beweist die missglückte Uraufführung des Traumspiels, die gerade wegen der langwierigen Umbauten keinerlei Dynamik oder Illusionskraft entwickeln konnte.[105] Nur wenn man, wie Strindberg selbst in einer zweiten Inszenierung, nicht vom Text, sondern von der theatralen Situation her denkt, also z.B., auch wenn der Text etwas anderes verlangt, auf Umbauten verzichtet, lässt sich die erhoffte Traumerfahrung in der Aufführung erreichen:

> Anstelle der dekorativen Malerei [...] wollen wir nun mit Farbwirkungen arbeiten. Denn wir haben entdeckt, dass der rote Plüschvorhang alle Farbschattierungen [...] nur durch die Anwendung verschiedener Lichteinstellungen annehmen kann. Und wir haben beschlossen, statt den farblosen Gewohnheiten der Gegenwart bunte Kostüme einzusetzen, die aus allen Zeiten stammen können, wenn sie nur schön sind. Denn hier im Traumleben geht es nicht um die Wirklichkeit, und deshalb haben wir jedes Recht, die Schönheit der Wahrheit vorzuziehen. Auf der Barriere [...] wollten wir allegorisierende Attribute aufstellen, die in einem Bild auf den Ort verweisen, an dem sich die Szene abspielen soll. Zum Beispiel: Ein Paar große Muscheln zeigt die Nähe zum Meer; ein paar Zypressen führen uns nach Italien; zwei Signalflaggen in Rot und Blau bedeuten Skamsund; ein paar Statuetten Fagervik; eine Zahlentafel (Psalmtafel) steht für die Kirche und die Lorbeerkränze bedeuten die Doktorgradverleihung; eine schwarze Tafel mit einem Herz-Ass ist die Schule usw.[106]

Dieses Beispiel zeigt, dass eine Inszenierung, gerade wenn sie texttreu arbeiten will, unter Umständen von den schriftlichen Vorgaben abweichen und eigene Zeichen und Strategien entwickeln muss, um die vom Drama intendierten Wahrnehmungsmodi explizit in der Bühnensituation hervorzurufen. Und es zeigt auch, dass eine literaturwissenschaftliche Analyse des Dramentextes sich stark von der Analyse einer einzelnen Aufführung unterscheiden kann, selbst wenn der Text eins zu eins auf der Bühne umgesetzt wurde.

---

sundet ligger en vit örlogsman, briggtacklad med kanongluggar. Men hela landskapet är i vinterdräkt med snö på avlövade träd och på marken.« (65–66).
105 Vgl. die zeitgenössischen Kritiken in: Strindberg: Ett drömspel, S. 158.
106 »[I] stället för dekorationsmåleri [...] ämna vi endast söka färgverkan. Vi ha nämligen upptäckt att det röda plyschdraperiet kan antaga alla färgnyanser [...] blott genom påsläppande av olika ljus. Och vi ha beslutat att i stället för nutidens färglösa habiter införa färgrika kostymer, från alla tidevarv endast de äro vackra, ty här i drömlivet är icke frågan om verkligheten, och därvid ha vi full rätt föredraga Schönheit för Wahrheit. På barriären [...] hade vi ämnat uppställa allegoriserande attribut, angivande i en bild lokalen där scenen tänkes försiggå. Till exempel: ett par stora snäckor anger Havets närhet; ett par cypresser för oss till Italien; Två signalflaggor i rött och blått betyder Skamsund; ett par statyetter är Fagervik; En nummertavla (Psalmtavla) är kyrkan och lagerkransarne betyda promotionen; En svart tavla med hartass är Skolan o.s.v.« Ebd., S. 234.

III. Poetologische Zugänge

Implizite Theatralität im Dramenhaupttext

Nicht alle Informationen zu nonverbalen Zeichen, die erst in der Aufführungssituation sicht- und erfahrbar werden, müssen in Nebentexten formuliert sein, sie können auch direkt über die Figurenrede vermittelt werden. Figuren können zum Beispiel Auf- und Abtritte, Gestik, Mimik, Körperhaltungen, Handlungen oder Geräusche beschreiben und damit **indirekte Regieanweisungen** liefern. Selbst in den naturalistischen/realistischen Dramen des späten 19. Jahrhunderts, die Nebentexte exzessiv nutzen, finden sich solche über den Dialog vermittelten Informationen zu nonverbalen Zeichen. In Ibsens *John Gabriel Borkman* ist z.B. den gesamten ersten Akt über zu hören, wie jemand im zweiten Stockwerk des Hauses auf und ab geht. Diese Schritte werden in den Nebentexten nie erwähnt, von ihrer Existenz und ihrem Verursacher (Borkman) erfahren wir aber über den Dialog. Das vielleicht ohne diese Information nur schwer zu deutende Geräusch wird so nicht nur eingeführt, sondern auch semantisch konkretisiert.

Von den indirekten Regieanweisungen abzugrenzen sind sogenannte **Wortkulissen**, also z.B. detaillierte, oft besonders atmosphärisch gehaltene Beschreibungen von Orten, Räumen, Wetterverhältnissen oder Tageszeiten in den Dialogen oder Monologen der Figuren, die die Angaben in den Nebentexten ergänzen oder präzisieren. Sie sind häufig in Theatertexten zu finden, in denen besonders sprachmächtige Figuren auftreten, wie z.B. in den Dramen Shakespeares oder denen der deutschen Klassik. Im skandinavischen Raum findet man solche Wortkulissen gerne in den Dramen der Romantik wie z.B. in Adam Oehlenschlägers *Aladdin* (1805, *Aladdin*, 1808), aber auch in Ibsens *Peer Gynt* (1867; *Peer Gynt*, 1881).

Im Gegensatz zu den weiter oben erwähnten Dramen im ausgehenden 19. Jahrhundert, die durch penible Vorgaben in den Nebentexten den Unterschied zwischen verschriftlichtem Text und Aufführung möglichst gering halten wollen, also den vorgegebenen Dramentext als wichtigstes Element einer Theateraufführung begreifen, lässt sich in Theatertexten, die auf Nebentexte (weitestgehend) verzichten und/oder Regieanweisungen auch über die Dialoge geben, häufig eine Aufwertung anderer für die Aufführung spezifischer Zeichenebenen, z.B. des menschlichen Körpers, beobachten. Zwei Beispiele aus unterschiedlichen Epochen mögen das verdeutlichen.

5. Theatralität

Beispiel: Ludvig Holberg *Jeppe på Bjerget* (1722; *Jeppe vom Berge*, 1744)

Holberg gilt als der bedeutendste skandinavische Komödienautor des 18. Jahrhunderts. Als Theaterpraktiker besitzt er ähnlich wie Strindberg eine Sensibilität für den Unterschied zwischen Text und Aufführung, denkt die implizite Theatralität seiner Texte immer mit und kommt in seinen theoretischen Überlegungen unter anderem zu dem Schluss, dass »die Komödie, die am lustigsten zu lesen ist, auf der Bühne am wenigsten gefällt.«[107] Deutlich wird dieses Bewusstsein für den Doppelcharakter von Theatertexten auch in Holbergs Umgang mit Nebentexten. In seinem berühmtesten Stück *Jeppe på Bjerget* fällt ihr dezenter Einsatz bereits in der ersten Szene ins Auge, die ohne weitere Orts- oder Figurenbeschreibungen auskommt. In die dramatische Handlung eingeführt wird das Publikum über einen langen Monolog von Nille, der Frau des Protagonisten Jeppe, die sich u.a. über die Faulheit ihres Mannes auslässt und berichtet, wie sie ihn mit der Peitsche »Meister Erich« verprügelt hat. Einziger Adressat ist hier das Publikum, bereits in dieser ersten Szene wird also die Rampe überspielt. Statt einer Regieanweisung im Nebentext in der Form »Jeppe tritt auf« oder »Auftritt Jeppe« wird Jeppes Erscheinen nur durch Nilles Monolog durch das Stichwort »He, Jeppe! Hierher!«[108] vermittelt. Es kommt daraufhin zu folgendem Dialog:

JEPPE. Hast Du Meister Erich weggelegt, Nille?
NILLE. Ja, hab ich. Aber ich weiß, wo er zu finden ist, wenn du dich nicht'n bisschen ranhältst! Hierher! Sieh einer an, wie der gekrochen kommt! Hierher! Sollst zur Stadt mir zwei Pfund grüne Seife kaufen! Hier hast du Geld dafür. Aber hör zu, bist du in vier Stunden nicht wieder zurück, dann soll Meister Erich auf deinem Buckel Polka tanzen!«
[...]
JEPPE (allein). Nun geht die Zicke rein und frühstückt[.][109]

Viele Informationen, die in diesem kurzen Dialog übermittelt werden, hätten auch über direkte Regieanweisungen vermittelt werden können: Jeppes Gang zu Nille, seine gebückte, kriecherische Haltung, die Übergabe des Geldes, Nilles Abgang von der Bühne. Aber so merkwürdig diese Tendenz zum Epi-

---

107 »[D]en Comoedie som er lystigst at læse, allerminst behage paa Skue-Pladsen;« (Holberg, Ludvig: Just Justesen, a5r. Abrufbar unter: http://holbergsskrifter.dk (zuletzt aufgerufen 01.08.2024).
108 »[H]ej Jeppe! her ind!« – Holberg, Ludvig: Jeppe paa Bierget Eller Den forvandlede Bonde. Forestilled Paa Den Danske Skueplads 1722, M4v. Abrufbar unter: http://holbergsskrifter.dk (zuletzt aufgerufen 01.08.2024).
109 Holberg, Ludvig: Jeppe vom Berge oder der verwandelte Bauer. Komödie in fünf Akten, in: Hube, Hans-Jürgen (Hrsg. u. Übers.): Ausgewählte Komödien, Rostock 1986, S. 69–116, hier, S. 71. – »Jeppe. Har du lagt Meister Erich fra dig Nille? / Nille. Ja jeg har, men jeg veed strax hvor hand er at finde igien, dersom du icke er hørtig. Her hid! see hvor hand kryber. Her hid! du skal til Byen at kiøbe mig to Pund grøn Sæbe; see der har du Penge dertil. Men hør! hvis du inden fire Timer icke er her paa Stædet igien, da skal Meister Erich dantze Polsk Dantz paa din Ryg. [...] / Jeppe (alleene.) Nu gaaer den Soe ind, og æder Froekost[.]« Holberg: Jeppe, M4v–M5r.

schen und die Strategie der indirekten Regieanweisung vielleicht auch wirkt, lässt sie sich doch erklären. Neben einem Verweis auf Holbergs großes Vorbild Molière, in dessen Komödien sich ganz ähnliche Verfahren finden, bietet die Entwicklungsgeschichte der Komödie einen plausiblen Erklärungsansatz für die exzessive Übermittlung nonverbaler Zeichen über den Dialog.

Anders als die hochästhetisierte, zumeist in Versen abgefasste Tragödie thematisieren Komödien nämlich bereits seit der Antike das Körperliche, Kreatürliche und Triebhafte des Menschen in besonderem Maße und scheinen damit sehr viel stärker als Tragödien auf den Moment der Aufführung ausgerichtet zu sein. Dieser Fokus auf die Körperlichkeit hatte auch direkten Einfluss auf die textliche Ausgestaltung von Komödien. Die italienische *Commedia dell'arte* z.B., sowohl für Molière wie für Holberg wichtiger Bezugspunkt, zeichnete sich zumindest in ihrer frühen Phase durch eine klare Konzentration auf die Livesituation der Aufführung und eine **Enthierarchisierung** des geschriebenen Textes aus. Vorgegeben waren in den Stücken lediglich bestimmte Situationen, deren exakte Ausgestaltung dem Improvisationstalent der Darsteller (es spielten damals nur Männer), besonders den Narrenfiguren, überlassen wurde. Wenn Holberg also seine Figuren die Handlungen von anderen Figuren beschreiben lässt, bewegt er sich in der Tradition der frühen Komödie und verschriftlicht eine Technik improvisierter Theaterformen, in denen sich die Darsteller wegen eines fehlenden schriftlich fixierten Dialogs gezwungenermaßen Regieanweisungen geben mussten, um den Fortgang der Handlung zu gewährleisten.[110]

Beispiel: Cecilie Løveid *Østerrike* (1998; *Österreich*)

Die Theatergeschichte des 20. Jahrhunderts zeichnet sich durch eine zunehmende Spannung im Verhältnis zwischen Drama und Theater aus. Über die Zeit erfolgt, sehr grob gesprochen, eine Aufwertung der Aufführung. Ende der 1990er Jahre erreicht diese Verschiebung mit dem sogenannten **postdramatischen Theater** ihren Höhepunkt. Wichtigstes Kennzeichen die-

---

110 Wenn es in dem Stück Nebentexte gibt, so verweisen sie meist direkt auf konkrete Handlungen, beschreiben also theatrale Szenen, in denen die Sprache unwichtig und die konkrete Körperlichkeit dagegen von besonderer Bedeutung ist. Ein Beispiel für solch eine Szene findet sich z.B. kurz vor dem vierten Akt, wo es heißt: »Jeppe singt [...] ein altmodisches Liebeslied [...]. Dann befiehlt er einen polnischen Tanz, tanzt mit ihr, fällt aber in seiner Trunkenheit dreimal hin. Beim viertenmal bleibt er liegen und schläft ein.« Holberg, Jeppe, S. 98. (»Hand synger en forliebt gammeldags Viise [...]. Jeppe befaler at spille en Polsk Dantz, og dantzer med hende, men falder 3 gange af Druckenskab, endelig den fierde gang blir hand liggende og falder i Søvn.« Holberg, Jeppe, N12v). In vielen Fällen kann man diese und auch andere oft nur unzureichend motivierten Show-Einlagen wie Lieder oder Kämpfe in erster Linie als Freiräume für Improvisationen begreifen, die der Text den Darstellenden anbietet, um das Publikum mit besonderen Nummern zu unterhalten. Sie sind, wie auch die indirekten Regieanweisungen, damit auch einer alten Komödientradition entlehnt und als Tribut an den bestehenden Publikumsgeschmack aufzufassen.

ser Theaterästhetik ist, so schreibt es der Theaterwissenschaftler Hans-Thies Lehmann, die Enthierarchisierung des schriftlichen Textes, »der [...] nurmehr als gleichberechtigter Bestandteil eines gestischen, musikalischen, visuellen usw. Gesamtzusammenhangs begriffen [wird.]«[111]

Für das Drama als Gattung sind diese Gewichtsverschiebungen vom Text zur Aufführung insofern wichtig, als sie endgültig zu einem Aufbrechen der klassischen Dramenformen und -regeln und einer weiteren Hybridisierung führen. Die Theatertexte zeichnen sich nun u.a. durch eine zunehmende Nivellierung von Haupt- und Nebentext aus. Dahinter steht die Einsicht: Wenn der verschriftlichte Text nicht mehr jene Stellung des Sinngebers innehat, dem die anderen Theatermittel zu dienen haben, dann erscheinen schriftliche Vorgaben, wie bestimmte Texte auf der Bühne präsentiert werden sollen, zunehmend fragwürdig. Texte wie Finn Iunkers *Answering Machine* (1994), das aus einem einzigen abschnittslosen Text ohne Rollenzuweisungen, Dialoge oder Szenenangaben besteht, unterscheiden gar nicht mehr zwischen Haupt- und Nebentext, sondern überlassen jede Hierarchisierung und Ausgestaltung der einzelnen Textelemente der jeweiligen Regie. Bei einer literaturwissenschaftlichen Analyse solcher Texte ist also weniger die Frage wichtig, wie denn die Texte auf der Bühne umgesetzt werden sollen, als die Einsicht, *dass* sie auf der Bühne umgesetzt und Teil einer multimedialen Theateraufführung werden. Mindestens genauso entscheidend wie ihr Inhalt sind deshalb der Rhythmus und der Klang der Sprache. Denn postdramatische Theatertexte sind dezidiert für eine theatrale Situation geschrieben, in der es oft nicht mehr darum geht, eine Geschichte zu erzählen, sondern um die Aufführung als Ereignis, um die gemeinsame Anwesenheit von Publikum und Akteur:innen, die sich für eine bestimmte Zeit einen bestimmten Ort teilen.

Gerade dadurch, dass postdramatische Theatertexte dementsprechend häufig auf eine geschlossene Handlung verzichten und den nicht-semantischen Qualitäten der Sprache eine Vormachtstellung einräumen, machen sie auch auf den Zeichencharakter der Sprache aufmerksam und demonstrieren, dass das, was wir auf der Bühne sehen, nur Theater ist. Wie das im Konkreten aussehen kann und wie komplex solche Texte manchmal sind, zeigt ein kurzer Blick auf die Eingangsszene des Stücks *Østerrike* der Norwegerin Cecilie Løveid.

---

111 Lehmann, Hans-Thies: Postdramatisches Theater, 6. Aufl. Frankfurt a.M., 2015 [1999], S. 73.

III. Poetologische Zugänge

PROLOG

AGNESMONOLOG: INDEPENDENT TOURS IN WESTERN NORWAY 1931

Eine Frau reist in Ludwig Wittgensteins norwegische philosophische Fjordlandschaft. Ihre Kleidung stammt aus unserer Zeit, aber als Reisebegleiter und Alter Ego hat sie ein viktorianisches Frauenkostüm dabei; ein Agneskleid, und außerdem ein Exemplar von Henrik Ibsens Brand sowie eine Reiseschreibmaschine der Marke Underwood. Musik einer gesprungenen Zither.

AGNES. Ich habe ein Reisekleid in einem sehr eleganten wienerischen Schnitt aus den 30ern an. Ich liege in einem Liegestuhl auf dem Deck eines Hurtigruten-Schiffes im Sognefjord, Norwegen. Ich habe mich in viele Decken gewickelt, so lässt sich das aushalten. Ab und zu stehe ich auf, um über den Fjord zu blicken.

Independent TOURS in Western NORWAY heißt meine Reisebroschüre.

Hier soll es sehr tief sein.

So tief wie sonst nirgends auf der Welt.[112]

Sowohl Haupt- wie auch Nebentext geben hier implizit Anweisungen für die Ausgestaltung der theatralen Aufführungssituation. Der Nebentext legt mit der Überschrift zunächst die historische Zeit der Handlung (1931), den Ort (Westnorwegen) und Art der Szene (Monolog) fest. Die folgende kursivgesetzte Regieanweisung stellt dann die Person vor, die in der Szene auf der Bühne steht, auch die musikalische Untermalung wird erwähnt. Präzisiert und ergänzt werden diese Angaben dann durch die ersten Worte der Figur Agnes, die ihre Kleidung, ihre Situation und Handlungen beschreibt und zudem mit der Reisebroschüre noch ein neues Requisit einführt. Die Art der Informationen, die über Neben- und Haupttext hier zur Verfügung gestellt werden, unterscheiden sich damit zunächst nicht allzu sehr, alle drei verweisen direkt auf nonverbale Zeichen, die der Text nur implizit besitzt, die aber auf der Bühne sicht- und erfahrbar gemacht werden könnten. Der egalisierende Effekt, den die Aufteilung dieser Beschreibungen von Person und Bühne auf das Verhältnis von Haupt- und Nebentext hat, zeigt bereits deutlich, dass wir es hier weder mit der Konzeption eines autonomen Kunstraums wie in *Fröken Julie* noch einem konkreten Bühnenraum wie in *Ett drömspel* zu

---

112 »PROLOG AGNESMONOLOG: INDEPENDENT TOURS IN WESTERN NORWAY 1931 / *En kvinne reiser inn i Ludwig Wittgensteins norske filosofiske fjordlandskap. Hun er kledd i vår tids mote, men har med seg som følgesvenn og alter ego en victoriansk kvinnedrakt; en Agneskjole, samt et eksemplar av Henrik Ibsens Brand, og en reiseskrivemaskin av merket Underwood. Musikk fra en sprukken langeleik.* / AGNES. Jeg er kledd i reisedrakt skreddet i et meget elegant wienersk snitt fra tredvetallet. Jeg befinner meg i en dekkstol på et Hurtigrutens skip på vei inn Sognefjorden, Norge. Jeg har tullet masse pledd rundt meg, så det blir utholdelig. Av og til reiser jeg meg for å se innover fjorden. / Independent TOURS in Western NORWAY heter min reisebrosjyre. / Det skal være svært dypt her. / Dypest i verden.« – Løveid, Cecilie: Østerrike. En Overmaling. Skuespill, Trondheim 1998, S. 11 (Kursivierung im Original).

tun haben. Løveids Text versteht den je spezifischen Theaterraum viel mehr als eine »**neue**« **Wirklichkeit**, die gleichberechtigt neben anderen existiert.

Der theatrale Charakter, der in illusionistischen Texten verborgen gehalten wird, wird hier bereits zu Beginn ausgestellt. Dass ausgerechnet das Kostüm im ersten Satz des Haupttextes thematisiert wird, gibt die Richtung für den weiteren Verlauf des Textes vor, in dessen Mittelpunkt der weibliche Körper und die Konstruktion von bestimmten Geschlechterbildern stehen. Indem Agnes ihren Körper selbst zum Teil einer Kulisse macht, ihn als unbeschriebene Fläche zeigt, die durch eine bestimmte Kleidung und sprachliche Zuschreibungen semantisch unterschiedlich aufgeladen werden kann, etabliert sie ihn als wichtiges Informationsmedium und sich selbst als Akteurin, die nur bestimmte Rollen spielt. Wie verschieden diese Frauenrollen sein können, die der Körper im Laufe der Aufführung ausfüllt, zeigt sich darin, dass sich in den im Prolog genannten Kostümen drei Zeitebenen und damit auch drei verschiedene Frauenbilder ineinanderschieben: Agnes als Frau aus dem Wien des Jahres 1931 (sichtbar durch die 30er-Jahre-Mode), Agnes als Frau von Ibsens Priester Brand (sichtbar durch das Agneskleid), und Agnes aus der Gegenwart der Aufführung, also als Darstellerin der beiden zuerst genannten Figuren (sichtbar dadurch, dass sie Kleider aus »unserer Zeit« trägt). Für das Publikum sind diese Rollen (genauso wie für Agnes selbst) nicht immer klar zu unterscheiden. Es befindet sich fortwährend in einem Wahrnehmungszustand des Dazwischen, in dem es sich entscheiden muss, welche der drei Frauen es auf der Bühne sieht, und gleichzeitig erkennen muss, dass sich das nicht immer klar entscheiden lässt. Løveid nutzt also die Theatralität des Theaters dezidiert aus, indem sie es als konkreten Ort der Freiheit und semantischen Vieldeutigkeit begreift, in dem weibliche (und auch männliche) Rollenbilder ausprobiert und auch wieder verworfen werden können. Der Bruch mit der illusionistischen Theaterästhetik durch den epischen Beginn und die Thematisierung der theatralen Situation durch den Verweis auf die eigene Kleidung/das Kostüm hat also einen doppelten Effekt: Es zeigt uns einerseits, dass das, was wir sehen, nur Theater ist, und führt uns zugleich die Konstruiertheit der weiblichen Rollenbilder und damit insgesamt den theatralen Charakter unserer sozialen Wirklichkeit vor Augen.

5.3 Theatralität in nicht-dramatischen Texten

Der Begriff Theatralität wird in der Literaturwissenschaft nicht nur im Zusammenhang mit Theatertexten verwendet. Spätestens mit dem in den 1990er Jahren vollzogenen *cultural turn* sucht und untersucht man innerhalb der Literaturwissenschaft auch in anderen Texten nach inszenatorischen Antriebs- und Bewegungsmustern. Solche Ansätze fassen Literatur selbst als

»inszenatorische Praxis«[113] auf. Sie spannen theoretisch dabei oft einen weiten Bogen und schreiben der Sprache theatrale Qualitäten mitunter sogar auf der Ebene der Syntax und des Wortes zu. Man kann diese Ansätze auch als Reaktion auf eine Theatralitätsforschung begreifen, die durch ihre Zentrierung auf die Aufführungssituation, auf das präsentische und sinnlich wahrnehmbare Zusammenspiel von verschiedenen Körpern, Stimmen, Bewegungen etc. zu einer Abwertung der Sprache und des (literarischen) Textes geführt hat. Theoretisch entwickelt wird diese auf den verschriftlichten Text konzentrierte Theatralitätsforschung in der Auseinandersetzung mit dem Begriff der **Mimesis**. Das Konzept Mimesis reicht bis in die griechische Antike zurück, wo es zunächst von Platon und dann von Aristoteles in Reflexionen über Kunst und Literatur theoretisiert wird. Ohne im Einzelnen auf die antiken Texte und ihre (in Teilen durchaus fragwürdige) Rezeptionsgeschichte einzugehen, soll hier nur auf ein gerade für die neuere Mimesis-Forschung entscheidendes und auch schon bei Aristoteles angelegtes Verständnis des Begriffs hingewiesen werden.

Mimesis nach Aristoteles geht weit über die Nachahmung im Sinne einer unoriginellen Verdoppelung des Gegebenen hinaus. Vielmehr ist sie eine anthropologische Kategorie, ein Lern- und Bildungsinstrument, das den Menschen von anderen Lebewesen unterscheidet. Nachahmen im Sinne der aristotelischen Mimesis schließt dezidiert eine Differenz mit ein. Das Nachzuahmende wird einerseits nachgeahmt, andererseits aber mit eigenen Mitteln des Nachahmenden (Köper, Stimme, Gestik etc.) dargestellt. Im mimetischen Akt wird deshalb ein Selbst-Bewusstsein des Menschen sichtbar. Es zeigt ihn als ein Wesen, das sich der Nachahmung bewusst ist und dessen Grundeigenschaft ein Abstand zu sich selbst ist; als ein Wesen, das zugleich repräsentiert und präsent ist. Mimesis erlaubt also einerseits ein Anderssein, verhindert gleichzeitig aber auch ein einfaches Ganz-bei-sich-, ein Selbstsein. Indem bereits im aristotelischen Mimesis-Konzept eine klare Dichotomie von Repräsentation und Präsenz, von Abbildung und Performanz, von **Wirklichkeit (*creatio*) und Nachahmung (*imitatio*)**, und davon abgeleitet von schriftlichem Text und lebendiger Aufführung, vermieden wird, macht es »einen strukturalen Begriff von ›Theatralität‹ denkbar, der Wirklichkeit und Darstellung nicht auf eine einfache Abbildungsrelation reduziert, sondern beide im Moment des ›Szenischen‹ dialektisch aufeinander bezieht.«[114]

Ein solch strukturelles Verständnis von Theatralität zielt darauf ab, Darstellungsformen und Wirkungsweisen des Theatralen vom Theater und einer klassischen Aufführungssituation zu lösen und Theatralität allgemein als

---

113 Matala de Mazza, Ethel/Pornschlegel, Clemens: Einleitung, in: Dies. (Hrsg.): Inszenierte Welt. Theatralität als Argument literarischer Texte, Freiburg 2003, S. 9–26, hier S. 15.
114 Ebd., S. 12.

»Praxis der Bedeutungsproduktion«[115] zu verstehen. Theatralität wird damit zum unverzichtbaren Bestandteil jeder Zeichentheorie. Die theatral verfahrende Mimesis führt dabei zweierlei vor Augen. Erstens zeigt sie durch das Zusammendenken von Nachahmung und Darstellung, dass Zeichen (z.B. Wörter) die Welt nicht nur abbilden, sondern sie auch transformieren. Sie bringen also die durch sie bezeichneten Phänomene erst mit hervor. Sie konstituieren Wirklichkeit, d.h. sie haben einen **performativen Charakter**. Und zweitens ist in die theatral verfahrende Mimesis ein selbstreflexives Moment eingeschrieben. Sie zeigt, dass die Zeichen von den von ihnen bezeichneten Phänomenen stets abständig und eben nichts anderes als Zeichen sind. Theatralität kann man demnach auch »als eine Mimesis verstehen, die sich selbst als Mimesis öffentlich zu erkennen gibt«.[116]

Dies führt dazu, dass in der literaturwissenschaftlichen Praxis eine Analyse von Texten mit Hilfe des Theatralitätsbegriffs sich überall dort als besonders fruchtbar erweist, wo Texte selbst ihren theatralen Status erkennen und/oder Theatralität reflektieren und sie als Grundmerkmal unserer (post-)modernen Gesellschaft herausarbeiten. Das kann z.B. durch Szenen des Verkleidens, Spielens, Täuschens und Repräsentierens, des Angeschautwerdens und Anschauens, der feierlichen Zeremonien und Riten geschehen. Solche explizit theatralen Szenen werden oft als Binnenerzählungen, als Erzähltes im Erzählten bzw. als Spiel im Spiel in die Texte eingeflochten, so wie in einem bekannten Roman des Dänen Herman Bang.

Beispiel: Herman Bang *Stuk* (1887; *Zusammenbruch*, 1908)

Bang beschreibt in *Stuk* das Kopenhagener Bürgertum von Darstellungsdrang, Oberflächlichkeit, Geld- und Anerkennungssucht zerrüttet. Weder Gefühle, Freundschaften noch gesellschaftliche Rücksichtnahme stehen hier auf einem soliden Fundament, sondern verhüllen als soziale Masken nur eine dahinterliegende Leere. Eine glänzende Oberfläche aus Vergnügungen und Zerstreuungsangeboten kaschiert den tiefenstrukturellen Sittlichkeitsverfall der Gesellschaft kaum. Erzählt wird diese Geschichte des schönen Scheins anhand des Aufstiegs und Falls des Victoria-Theaters. Der prächtige Theaterbau mit seiner maroden Baustruktur sowie seinen umjubelten, aber inhaltlich flachen Aufführungen steht als Metonymie für eine Kopenhagener Gesellschaft, in der zwar viel geplappert und repräsentiert, aber wenig Substanzielles gesagt und getan wird. Eingeführt wird die Engführung von Theater und Stadt bereits im ersten Kapitel des Romans.

---

115 Neumann, Gerhard: Einleitung, in: Ders./Pross, Caroline/Wildgruber, Gerald (Hrsg.): Szenographien. Theatralität als Kategorie der Literaturwissenschaft, Freiburg i. Br. 2000, S. 11–34, hier S. 13.
116 Matala de Mazza/Pornschlegel: Einleitung, S. 14.

III. Poetologische Zugänge

Stuk beginnt mit einem Abendspaziergang. Herluf Berg und sein Freud Lange sind wie ein großer Teil des bürgerlichen Kopenhagens auf dem Weg ins Theater. Gegeben wird dort das »Glücksmädel«, eine französische Operette, allerdings in einer Version, »in der so viel gestrichen worden [war], daß man nichts begriff.«[117]

> Der Vorhang ging auf. Man war bei Hofe. Die Leute beklatschten spontan den über und über in Gold getauchten Saal [...] Es kam die berühmteste Nummer der Operette: ›Der Chor der Küsse‹. Man haschte einander, man walzte, warb und küßte. Das Publikum jubelte; man wollte es wieder und wieder sehen. [...] Sich am Beifall freuend, plusterten sich die Chordamen auf wie Hühner auf der Leiter. Die gute Stimmung hielt an, während sich der Konflikt zuspitzte, alles wurde zu einem Wirbel aus Lärm und Tanzrhythmen [...] Dann das Finale. [...] Keiner verstand ein Wort; im Orchester kämpfte die Trommel mit dem Triangel ... Der Lärm war ohrenbetäubend: Das war der Glanzpunkt der Operette. Der Vorhang war gefallen. Er mußte wieder hoch. Das Publikum tobte, er mußte wieder hoch.[118]

Diese Theateraufführung gleich zu Romanbeginn – weitere werden folgen – demonstriert bespielhaft die auf bangloses Spektakel ausgerichtete Ästhetik des Theaters und den Vulgärgeschmack des Publikums. Sie verdichtet und überhöht dabei jene sozialen Mechanismen und Strukturen, die Kopenhagen insgesamt auszeichnen, und zeigt eine Gesellschaft, in der alles oberflächlich und nichts tief ist und Kommunikation zum sprachlichen Nonsens verkommen ist. Deutlich wird die Verknüpfung von Theater und Stadt durch motivische und sprachliche Äquivalenzen.[119] Das Publikum, erst im Theatersaal, dann im Foyer und schließlich in der Stadt, und die Darstellenden auf der Bühne verhalten sich auffällig gleich. Beide Kollektive zeichnen sich durch fröhliche Unübersichtlichkeit, den Glanz ihrer ›Kostüme‹, den jede sprachliche Kommunikation verunmöglichenden Lärm und eine gewisse Ziellosigkeit aus. Konkretisiert wird dieses irrationale, nur auf Bedürfnisbefriedigung ausgerichtete Verhalten beider Gruppen u.a. über zahlreiche Tier-

---

117 Bang, Hermann: Stuk, übers. v. Ingeborg und Aldo Keel, Zürich 2005, S. 15. – »Der var strøget, saa man forstod ingenting«. Bang, Herman: Stuk, in: Ders. Romaner og noveller, Bd. 2, hrsg. v. Jesper Gehlert Nielsen u. Jørgen Hunosøe, Dänemark 2008, S. 201–474, hier S. 214. Die Seitenangaben hinter den folgenden Originalzitaten beziehen sich stets auf die genannte Ausgabe.
118 Ebd. S. 14–17. – »Tæppet gik op. Man var ved Hoffet. Folk klappede strax ad den straalende Sal i Guld og Guld [...] Det var Operettens berømteste Numer, »Kyssenes Kor«. Man fangede, man valsede, man kurede og kyssede. Publikum jublede; man vilde have det om og atter om. [...] Glade i Bifaldet kroede Kordamerne sig som Killinger for Rampen. Man kom ikke mér ud af Stemning, mens Konflikten tilspidsedes, og alt blev en Tummel af Støj og Danserytmer [...] Finalen kom [...] Ingen forstod et Ord; i Orkestret kæmpede Tromme med Triangel... Der var ikke den, der hørte Ørenlyd: Det var Glanspunktet af Operetten. Tæppet var nede. Det maatte op igen. Publikum raste, det maatte op igen. Bifaldet lød som store Drøn fra Galleriet. Det maatte op igen« (213–215).
119 Vgl. zum Begriff »Äquivalenz« Abschnitt 3.2.

metaphern.[120] Das Gänsemädchen auf der Bühne gackert, der Chor wird zu einer Schar von Hühnern, das Publikum wiederum tuschelt erregt, »als sei eine Aalhaut in einen Hühnerhof gefallen«,[121] verhält sich später »wie eine Reihe sich sonnender Spatzen«[122] und zieht dann als »Schwarm wie eine wandernde Mauer«[123] vorbei.

Konsequenz der theatralen Gesellschaft und der Degradierung der Menschen zu Tieren ist zugleich ein Sprachverlust. Sprache, eigentlich Sinnträger und Kommunikationsmedium, scheint diese wichtigen Eigenschaften verloren zu haben. Wie auf der Bühne wird auch in ganz Kopenhagen oft in unübersichtlich geschnittenen Szenen aneinander vorbeigeredet, niemandem gelingt es, die eigenen Gefühle zu versprachlichen. Mit diesem Sprachverlust geht gezwungenermaßen auch eine Aufwertung anderer Zeichenebenen (z.B. Gestik, Mimik) einher. Ob auf dem Theater oder im Salon, immer wieder konzentriert sich die Erzählinstanz weniger auf den Dialog als auf sich »ruckartig drehende Köpfe«,[124] »auf dem Bauch gefaltete Hände«,[125] »gekrümmte Körper«,[126] eine »energisch auf und ab schnuppernde Nase«,[127] auf ein »Gesicht, das hauptsächlich aus einem Paar großer, allgegenwärtiger klarer Augen bestand«[128] etc. Diese Beschreibungen verraten dabei oft mehr als die entweder unzusammenhängenden und dahinplätschernden oder wegen des Trubels unverständlichen Unterhaltungen.

Theater und Stadt erscheinen in *Stuk* insgesamt also nicht als zwei strikt abgetrennte Bereiche, sondern werden als zwei Räume ohne feste Grenze etabliert, die bereits im ersten Kapitel mehr und mehr ineinandergleiten und sich im weiteren Verlauf des Romans auf verschiedene Weisen durchdringen. Nach der eingangs zitierten Theateraufführung schwappt das substanzlose, nur auf Effekt ausgelegte Spektakel wortwörtlich von der Bühne in die Stadt: Den Gassenhauer »Chor der Küsse« trägt das Theaterpublikum weiter zum Tivoli, wo sich das Gros der Gesellschaft auf ähnliche Weise amüsiert wie vorher im Theater, nur steht dieses Mal die inhaltlose Rede eines Beamten im Mittelpunkt. Die Reaktionen sind jedoch nahezu identisch: Ständiger Applaus, Bravo- und Hurrarufe bestimmen die Atmosphäre während des Essens, der Musik und der Rede, Kollektivmetaphern, Tiervergleiche und sprunghafte Szenenbeschreibungen die sprachliche Gestaltung. Höhepunkt

---

120 Vgl. Raith, Markus: Erzähltes Theater. Szenische Illusionen im europäischen Roman des 19. und frühen 20. Jahrhunderts, Tübingen 2004, S. 79.
121 Bang: Stuck, S. 13. – »som var et Aaleskind pludselig faldet ned i en Hønsegaard« (213).
122 Ebd. S. 17. – »som en Række Spurve, der soler sig« (215–216).
123 Ebd., S. 19. – »Sværmen sivede forbi som en vandrende Mur« (216).
124 Ebd., S. 13. – »rokkende Hoved« (213).
125 Ebd., S. 13/14. – »Hænderne, der var foldet paa Mave« (225).
126 Ebd., S. 14. – »krumryggede« (214).
127 Ebd., S. 18. – »førte energisk Næsen op og ned« (216).
128 Ebd., S. 20. – »et Ansigt, der hovedsagelig bestod af et Par store, allestedsnærværende og blanke Øjne« (217).

des theatralen Abends ist gegen Ende des Kapitels schließlich ein Feuerwerk, in dem die Sphären Stadt und Theater endgültig ineinander aufgehen und sich die zuvor angelegten Motivkomplexe verdichten.

> Als Lange und Berg auf die Veranda hinaustraten [...] hörten sie das Zischen und Böllern des Feuerwerks [...] Ein Regen von ›Schwärmen‹ war die letzte Nummer. Es knallte einige Male, und im gleichen Augenblick schlossen sich hunderte Feuerschlangen zu einem Kreis, indem sie die langen Hälse in schönen Rundungen zuneigten; und, als würden sie diese ausspeien, flogen unzählige Perlen, große und helle Planeten durch die Luft und zerplatzten mit einem Knall – einem kleinen, verpuffenden Knall: Mit einem Mal war der ganze Himmel, wo man auch hinschaute, ein *einziger* wilder Reigen jählings geborener Sterne, die über tausenden Gesichtern leuchteten ... Die Bankherren waren an den äußersten Rand der Veranda getreten; dort standen sie und gafften mit frohem Staunen in ihren Zügen zu den künstlichen Sternen empor, die verlöschten, während ein langer Beifallsjubel aus den Niederungen aufstieg und sich über den ganzen Platz ausbreitete.[129]

Ein doppeltes Schauspiel wird hier gezeigt: Am Himmel das Feuerwerk als Bühnenstück, Funken, Feuerschlangen, Perlen und künstliche Sterne als Darsteller, Zischen und Böllern als einzige ›sprachliche‹ Äußerungen. Darunter tausend Gesichter und die Bankherren auf der Veranda, ihr Staunen gut sichtbar im ›Scheinwerferlicht‹ des Feuerwerks. Bühne und Welt fallen hier in eins, alles wird zu einer großen Aufführung. Als Protagonist fungiert das Licht und damit jenes Medium, dass nur noch aus blitzender und vergänglicher Oberfläche besteht.

Auch diese Feuerwerksszene lässt sich als ein Spiel im Spiel begreifen. Es ist der letzte Höhepunkt einer Aneinanderreihung theatraler Szenen, an dem sich das, was sich in der ersten Theateraufführung bereits angedeutet hat und dann in der Tivoliszene noch einmal verdichtet wurde, nun in Reinform zeigt. Erstens, dass das Kopenhagener Bürgertum längst seine Authentizität und seelische Tiefe eingebüßt hat. Alles ist hier inszeniert und nur noch auf Glanzlichter in der Außenwirkung ausgelegt. Das gilt sowohl für die ebenso spektakulären wie kurzlebigen Feuerwerkseffekte, als auch für die Zuschauenden, die nur als Kollektiv beschrieben und (kurz und selektiv) beleuchtet werden. Sprache als Sinnträger, das ist der zweite Punkt, ist unbedeutend geworden, ersetzt wurde sie durch das Knallen und Zischen des

---

129 Ebd., S. 45/46 – »Da Lange og Berg kom ud paa Verandaen forbi Bankherrerne [...] hørte de allerede den susende Knitren af Fyrværkeriet [...] En Regn af »Sværmere« var det sidste Numer. Der lød nogle Knald, og i samme Nu skød hundrede Ildslanger sig op i Kreds, bøjende i skønne Rundinger mod hinanden de lange Halse; og som om de udspyede dem, faldt utallige Perler, store, som lyse Kloder ned gennem Rummet og brødes med Knald – smaa plaffende Knald: med ét var hele Himlen, hvor man saa', kun et vildsomt Løb af ilende hurtigfødte Stjerner, der lyste over Tusinders Ansigter... Bankherrerne var gaaet helt frem for Enden af Verandaen, hvor de stod og gloede med glad Undren over Trækkene, mens et langt Bifaldsraab steg op fra Lavningen og spændte over det hele Rum – op mod de kunstige Stjerner, der slukkedes.« (230–231).

Feuerwerks und tumbe Ausrufe des Staunens. Zum Dritten kann man die Feuerwerksszene gerade wegen ihres theatralen Charakters als selbstreflexives Moment lesen, als Teil einer textimmanenten Poetik.[130] Denn ebenso sprunghaft wie das Feuerwerk beleuchtet Bang in seinem Roman schlaglichtartig Kopenhagen und seine Bewohner. Für kurze Momente zerrt er sie ins grelle (künstliche) Licht der Stadt/der Bühne, stellt sie aus, beobachtet sie und lässt sie sich selbst beobachten, und zeigt sie so als Gefangene ihres eigenen Spiels. Dieses Spiel mit Licht und Dunkelheit, die vielleicht größte motivische Triebfeder des gesamten Romans, korrespondiert sprachlich mit einem artistisch-skizzenhaften Stil: Oft ins Karikierende kippende Figuren und Szenenbeschreibungen setzen auf ebensolche Glanzeffekte und Pointen wie die Theaterstücke auf der Bühne oder das Feuerwerk am Himmel. Die Sprache von *Stuk* passt perfekt zu der durch und durch theatralisierten Kopenhagener Gesellschaft. Sie bildet eine glänzende Oberfläche, die die Verderbtheit und den Zerfall des Kopenhagener Bürgertums maskenhaft sowohl im Dunkeln lässt wie erhellt.

---

130 Vgl. zum Begriff »textimmanente Poetik« Abschnitt 2.4.

IV. Medienwissenschaftliche Zugänge

Hanna Eglinger

1. Distanz überwinden

»Lieber Johannes! [...] Wenn Sie diesen Brief lesen, bin ich tot. [...]«[1] Ein Brief der todkranken Geliebten bildet den traurigen Schlusspunkt des komplizierten Liebesverhältnisses in Knut Hamsuns Roman *Victoria* (1898; *Victoria*, 1899). In gewissem Sinn spricht hier eine Stimme aus dem Jenseits, wodurch das Schriftstück ›Brief‹ auch aus medienwissenschaftlicher Perspektive interessant wird: Der Brief verdeutlicht und überbrückt zugleich den räumlichen und zeitlichen Abstand zwischen der Schreiberin und dem Adressaten. Er ist also ein Mittel zur Übertragung und Distanzüberbrückung angesichts einer Situation, die man auch als »**zerdehnte Kommunikation**« bezeichnet, »bei der Sender und Empfänger einer Mitteilung nicht gleichzeitig und gleichräumig anwesend sind. Eine Kommunikation kann dennoch stattfinden, wenn die Mitteilung in einer Zwischenspeicherung fixiert wird und ihren Ursprungsort bzw. ihre Ursprungszeit dadurch überschreiten kann«.[2] Da wir durch unsere Körperlichkeit zeitlich und räumlich gebunden sind, bietet der Brief – Inbegriff eines Schriftmediums, das eine Sender- an eine Empfängerinstanz verfasst – Mittel und Wege, diese Gebundenheit zu überwinden und uns auch über Distanzen hinweg mitzuteilen. Er dient als Mittler, also *Medium* in seiner wörtlichen Bedeutung. Doch nicht nur Briefe – auch alle andere Literatur ist, wie die Definition in Kapitel II lautete, Kommunikation im Medium der Schrift. Dies lässt folgende basale (und banale) Schlussfolgerungen zu: a) Kommunikation erfolgt durch Medien. b) Schrift ist ein Medium. c) Literarische Imaginationen werden im Medium der Schrift vermittelt – oder, wenn wir zur Literatur auch mündliche Überlieferungen, Theateraufführungen, Poetry Slams etc. rechnen, zumindest im Medium der Sprache. Literaturwissenschaft ist in dieser Hinsicht immer auch schon Medienwissenschaft.

---

1 Hamsun, Knut: Victoria. Eine Liebesgeschichte, übers v. Alken Bruns, München 1995, S. 122. – »Kjære Johannes! [...] Når De leser dette brev da er jeg død. [...]«. Hamsun, Knut: Victoria, in: Ders.: Samlede verker, Bd. 4, hg. v. Lars Frode Larsen, Oslo 2007, S. 234.

2 Assmann, Aleida: Medien, in: Dies.: Einführung in die Kulturwissenschaft. Grundbegriffe, Themen, Fragestellungen, 4. Aufl., Berlin 2017, S. 59–90, hier S. 66. Sie bezieht sich auf Konrad Ehlichs Begriff der »zerdehnten Sprechsituation«, vgl. Ehlich, Konrad: Text und sprachliches Handeln. Die Entstehung von Texten aus dem Bedürfnis nach Überlieferung, in: Assmann, Aleida/Assmann, Jan/Hardmeier, Christof (Hrsg.): Schrift und Gedächtnis. Beiträge zur Archäologie der literarischen Kommunikation, München 1983, S. 24–43, hier S. 42.

Man kann darüber nachdenken, ob es möglich wäre, ohne Medien zu kommunizieren: Gibt es eine ›unmittelbare Sprache‹ ohne mediale Vermittlung? Könnte man sich eine Sprache ganz ohne diese Distanz vorstellen, die unsere körperliche Raum-Zeit-Gebundenheit vorgibt – also eine Kommunikation, die »ohne Worte einen lebendigen Kontakt«[3] herstellt? Eine solche Frage verfolgt der dänische Stummfilm *Himmelskibet*[4] (1918, *Das Himmelsschiff*) aus der Blütezeit des Stummfilms, in der die Grenzen, Möglichkeiten und Stärken dieses neuen Mediums – gerade in Abgrenzung zur Literatur – erkundet wurden.

Als einer der ersten Science-Fiction- bzw. Raumfahrt-Filme handelt *Himmelskibet* von einer Expedition zum Mars, wo die Mannschaft in den Bewohnern dieses Planeten eine ›höhere‹ Kultur vorfindet, die nicht nur in moralischer Hinsicht den Erdbewohnern überlegen ist, da sie Gewalt und niedere Triebkräfte überwunden hat, sondern, wie der Expeditionsleiter erkennt, auch in sprachlicher Hinsicht: »Sieh, wir verstehen alles, was sie sagen, ohne Worte. Sie haben die Sprache gefunden, nach der wir vergeblich gesucht haben: die Gemeinschaftssprache, die für alle verständliche Seelensprache!«[5] Als eine *un*vermittelte und damit unmittelbare Sprache soll diese »Seelensprache« funktionieren, ohne Worte und d.h. ohne mediale Übermittlung.

Wie ist das möglich? Kann die Distanz von Sender und Empfänger aufgehoben werden? Kann man das Medium weglassen? Kann es Zeichen ohne Zeichenträger bzw. Bedeutung ohne Bedeutungsträger (**Signifikate** ohne **Signifikanten**) geben? Nein, die filmische Darstellung muss zu anderen medialen Mitteln greifen, um diese ideale »Seelensprache« begreiflich zu machen: zur Geste und zum mimischen Ausdruck. Vor dem Hintergrund filmtheoretischer Überlegungen zum Stummfilm im frühen 20. Jahrhundert lässt sich diese Suche nach der »für alle verständlichen Seelensprache« leicht als medienreflexive Aussage begreifen (also als eine Vermittlung, die ihre eigene Vermittlungsweise thematisiert). Sah man doch in den »mimischen Ausdrucksbewegungen«[6] und im Mienenspiel,[7] wie es der Stummfilm paradigmatisch darstellt, das Potenzial für eine Universalsprache jenseits der

---

3 Balázs, Béla: Der sichtbare Mensch oder die Kultur des Films, Frankfurt a.M. 2001 [1924], S. 108–109.
4 Himmelskibet (A Trip to Mars), Dänemark 1918, Regie: Holger-Madsen, Drehbuch Sophus Michaëlis und Ole Olsen. Siehe https://www.stumfilm.dk/stumfilm/streaming/film/himmelskibet (letzter Abruf 22.3.2024).
5 »Se, vi forstaar alt, hvad de siger, uden Ord. De har fundet det Sprog, hvorefter vi har famlet: Fælles-Sproget, Sjælenes for alle forstaaelige Sprog!« – Ebd.
6 Balázs, Béla: Kinokritik!, in: Ders.: Schriften zum Film, Bd. 1: Der sichtbare Mensch. Kritiken und Aufsätze 1922–1926, Berlin 1982, S. 149–151, hier S. 150.
7 Vgl. Balázs: Der sichtbare Mensch, S. 108–109. Der Filmtheoretiker Béla Balázs beschreibt (übrigens ausgerechnet an der dänischen Stummfilmikone Asta Nielsen) mimetische Perfektion als kindliche Nachahmung der Mimik anderer und als Mienenspiel, das über Spiegelmechanismen seine Wirkung des »lebendigen Kontakts« entfalte: »In Asta Nielsens Kindlichkeit liegt ihr Filmgeheimnis, das Geheimnis ihres mimischen Dialogs, *der ohne*

Schrift(sprachen) und jenseits nationaler Grenzen. Dass damit keineswegs eine medienlose Sprache gefunden, sondern nur ein **Medienwechsel** thematisiert ist, leuchtet ein: Die Begrenzung des Stummfilms auf eine stumme, allenfalls musikalisch untermalte, aber nicht sprachlautliche Dimension bot und gebot ihm andere und neue Darstellungsweisen in Medienformen des Visuellen. Wir können hier bereits festhalten, dass die Thematisierung von Medien in Texten, Bildern und Filmen sehr häufig mit einer solchen medienreflexiven Ebene zusammenhängt, und dass das Nachdenken über Wahrnehmungsbedingungen und Vermittlungsweisen der ›Wirklichkeit‹ vorzugsweise in **Medienverbünden** bzw. intermedialen Konstellationen erfolgt. Doch bevor wir solche Verhältnisse genauer unter die Lupe nehmen, muss geklärt werden, was allgemein unter einem Medium verstanden wird und welche Implikationen damit verbunden sind.

2. Was ist ein Medium?

Wenn wir untersuchen wollen, welche Rolle Medien im Zusammenhang mit Literatur(wissenschaft) spielen, müssen wir zunächst wissen, was mit dem Begriff ›Medium‹ eigentlich gemeint ist. Der Durchgang durch die folgenden Grundüberlegungen zum Medienbegriff ist angesichts seiner Komplexität nur auf einige wesentliche Aspekte beschränkt: Zum einen reiht sich Literatur als Kommunikationsmedium ein in die Reihe anderer Kommunikationsmedien wie Film, Fernsehen, Rund- und Hörfunk sowie die sogenannten Neuen Medien. Zum anderen gilt als eine der medienbezogenen Konstanten von Literatur als ›Text‹ die Abgrenzung von und Interaktion mit dem Konkurrenzmedium ›Bild‹. Ein grobes und den folgenden Ausführungen eher indirekt unterlegtes Ordnungsprinzip folgt den Hauptfunktionen von Medien, die im Fokus einer medienwissenschaftlich interessierten Literaturwissenschaft stehen: Kommunikation, Speicherung, Übertragung/Verbreitung und Wahrnehmung.

2.1 Medien als Körperextensionen

Einer der berühmtesten Impulsgeber der Medienwissenschaft, Marshall McLuhan, definiert in seinem Buch *Understanding Media. The Extension of Man* (1964, *Die magischen Kanäle*, 1968) Medien als **Körperextensionen**. Demnach versteht er unter ›Medium‹ jedes Gerät bzw. »jede neue Technik«,

---

Worte einen lebendigen Kontakt mit dem Partner schafft. [...] Asta Nielsens Mienenspiel ahmt, wie das der kleinen Kinder, während des Gesprächs die Mienen des anderen nach. Ihr Gesicht trägt nicht nur den eigenen Ausdruck, sondern kaum merklich (aber immer fühlbar) reflektiert sich darin wie in einem Spiegel der Ausdruck des anderen. [...] Sie trägt den ganzen Dialog auf ihrem Gesicht und verschmelzt ihn zur Synthese des Erfassens und Erlebens.« (Hervorhebung im Original).

die eine »Ausweitung unserer eigenen Person« ermöglicht.[8] Nach dieser Auffassung ist also nahezu alles Medium: Vom Feuerstein über die Lesebrille bis zum Flugzeug und der Informationstechnologie geht es darum, den Abstand zwischen Subjekt und Welt zu verringern oder zu überbrücken. Der Begriff ›Medium‹ ist dabei ein »Beziehungsbegriff«, d.h. er definiert sich, durch seine lateinische Wortbedeutung der ›Mitte‹, aus dem Verhältnis zweier »sich aufeinander beziehende[r] Gegenstände.«[9] Brille und Fernglas dienen als die Verlängerung meines Auges bzw. Blickes, ein Gefährt als die Erweiterung meines Bewegungsradius, Sprache als die kommunikative Manifestation meiner Gedanken, Schrift als mediale Übertragung von Sprache. Ein Medium ist also zwischen Subjekt und Welt angesiedelt und damit ein Verlängerungs- oder Ausdehnungsgerät, ein Mittel zur Optimierung meines Weltzugangs. »Mithilfe der Medien«, fasst Aleida Assmann zusammen, »schärft der Mensch seine Sinne, elaboriert er seine Ausdrucks-Fähigkeiten und dehnt den Radius seiner Kommunikations- und Speichermöglichkeiten radikal aus«.[10]

In *Himmelskibet* stehen mehrere solcher Medien nach diesem Verständnis im Zentrum: Wiederholt sieht man den Vater des Helden und Expeditionsleiters Avanti, den Astronomen Professor Planetaros in sein Fernrohr blicken, um den Mars ›heranzuholen‹, und es wird ein Himmelsschiff gebaut, um durch das Weltall zu fahren, den entfernten Himmelskörper zu erreichen und damit Kontakt herzustellen zu fernen Welten und Kulturen. Fernrohr wie Himmelsschiff sind Körperextensionen, die den menschlichen Wirkungsraum ausdehnen, indem sie menschliche Handlungsmacht räumlich erweitern und Distanzen überwinden. Schon rein inhaltlich ist *Himmelskibet* also eine Medienerzählung: Es geht um die Eroberung eines unbekannten (und damit die Erweiterung des bekannten) Raums durch neue Technik, um Fragen des Kontakts und der Kommunikation mit dem Fremden, und auf dieser Fahrt werden neue ideale (mediale?) Formen des sozialen Umgangs entdeckt und erlernt: eine Sprache ohne Worte, ein Tanz ohne erotisches Beiwerk und eine Liebe ohne triebhafte Erniedrigung. Diese drei Szenarien verstehen sich als Annäherungen an die »ideale Seelensprache«, die zwar gedacht sind als Eliminierung von körperlichem Kontakt (als rein geistige oder gedankliche Verständigung), deren Idee aber paradoxerweise erst über eine mediale Vermittlung greifbar ist: So wird die Seelensprache zum einen über nachdrückliche Pantomime sichtbar und zum anderen durch eingeblendete Zwischentitel lesbar gemacht. Der Keuschheitstanz der Marsianer gewinnt seine ideale Reinheit im Kontrast zu einem filmischen Rückblick auf (erinnerte) promiskuitive Tanzbar- und Kneipenszenen der Erdbewohner, und

---

8 McLuhan, Marshall: Die magischen Kanäle. Understanding Media, übers. v. Meinrad Amann, 2. erw. Aufl., Basel 1995, S. 21.
9 Kerlen, Dietrich: Einführung in die Medienkunde, Stuttgart 2003, S. 9.
10 Assmann: Medien, S. 59.

die Erfüllung von Avantis Begehren nach der Königstochter der Marsianer muss sich *in seinem Traum* unter dem ›Baum der Sehnsucht‹ – also rein imaginativ – vollziehen, sodass Körperkontakt der Liebenden nahezu ausgeschlossen und durch theatralische Gesten (und Zwischentext-Erläuterungen) ersetzt wird. Die Erfahrung der Expeditionsteilnehmer mit einer ›höheren‹ Zivilisation ohne Lautsprache und Medien muss über diesen medialen Behelf kommuniziert werden, wodurch deutlich wird, dass es keine Zeichen ohne Zeichenträger geben kann.

2.2 Medien als Träger von Zeichen(systemen)

Wenn man allgemein unter einem Zeichensystem die Verknüpfung von Bezeichnendem und Bezeichnetem **(Signifikant** und **Signifikat)** versteht, so bildet das Medium die materielle Außenseite dieses Systems.[11] Als Materialträger eines symbolischen Inhalts hat das Medium die Besonderheit, dass es selbst normalerweise nicht sichtbar wird in seiner Funktionsweise: »Medien müssen zur Erfüllung ihrer Funktion unthematisch bleiben.«[12] Wenn wir die Übertragungs*inhalte* wahrnehmen, wird die *Form* der Übertragung nicht wahrgenommen – und umgekehrt. »Medium und Darstellung können nicht zugleich wahrgenommen werden«,[13] es handelt sich, wie Assmann betont hat, um eine Kippfigur. Diese jeweilige Wahrnehmungsausblendung kann aber auch selbst zum Reflexionsgegenstand werden. Literatur, Filme (oder andere Formen der Fiktion) bilden nun den Ort (oder das Medium), an dem die **Materialität** der Medien und damit ihre Funktionsweise sichtbar werden können, eben dadurch, dass sie thematisiert oder instrumentalisiert werden, dass mit ihrer Form und Funktion experimentiert und ihre ›Außenseite‹ dadurch wahrnehmbar wird.

In *Himmelskibet* äußert sich dies unter anderem in der Diskrepanz zwischen der Idee von einer Welt, die ohne Medien auskommt, und ihrer dezidert medial vermittelten Darstellung im Stummfilm. Bezeichnenderweise sind die Marsianer in *Himmelskibet* trotz ihrer idealen Seelensprache ohne Worte durchaus versiert im Vermitteln von Zeichen, also im Mediengebrauch. Dies wird an zwei einschlägigen Szenen besonders deutlich: Zum einen haben sie ihre eigene Vergangenheit in bewegten Bildern gespeichert, die den Expeditionsteilnehmern filmisch vorgeführt werden – durch eine ›Kino im Kino‹-Szene, durch die wir die Männer auf eine Leinwand blicken und die Geschichte der Marskultur von ihren barbarischen Anfängen bis zu ihrer edlen Blüte nachvollziehen sehen. Zum anderen helfen die Marsianer mit Rat und Tat, als der zweite Kommandant, der Verlobte von Avantis Schwester Corona,

---

11 Siehe Assmann: Medien, S. 60.
12 Wiesing, Lambert: Was sind Medien?, in: Ders.: Artifizielle Präsenz. Studien zur Philosophie des Bildes, Frankfurt a.M. 2005, S. 149–162, hier S. 150.
13 Assmann: Medien, S. 60.

sich aus Sehnsucht verzehrt und seiner daheimgebliebenen Geliebten eine Nachricht vom Mars schicken möchte: »Von sieben verschiedenen Orten auf dem Mars«, so lesen wir auf den Zwischentiteln, »sendet man zur gleichen Stunde stark leuchtende Signale zur Erde«,[14] sodass Coronas Vater Planetaros angesichts dieses Lebenszeichens erfreut seiner Tochter entgegenrufen kann: »Sieh! Die sieben leuchtenden Punkte bilden das Sternbild Corona…deinen Namen… – Sie leben!«[15] Diese beiden Schlüsselszenen zur Visualität bewegter Bilder und Signale vermitteln nicht nur den geschilderten symbolischen Gehalt (Geschichte der Marskultur und kodiertes Lebenszeichen), sondern sie sind von gleicher visueller Machart wie der Stummfilm selbst. Indem diese Medienübertragungen im Film gezeigt werden, offenbaren sie ihre eigene Materialität und ihren Gebrauchskontext, durch den zum einen die im Film festgehaltene Historie als Speicherung der eigenen Kulturgeschichte (bzw. als kathartische Erziehung der Fremden zur Gewaltlosigkeit) und zum anderen das Lichtsignal als eine Art Morsecode und Liebesbotschaft ausgestellt wird. Werden Medien solchermaßen in *Himmelskibet* als Film-im-Film oder Bild-im-Bild thematisiert, dienen sie gerade in ihrer medialen Eigenheit als Mittel der Selbstreflexion, der Selbstthematisierung des Stummfilms: Wenn der Film seine eigenen medienspezifischen Möglichkeiten und Grenzen thematisiert – und das umfasst auch kulturelle Praktiken und Veränderungen des Zeichengebrauchs – dann lässt er uns darüber nachdenken, wozu man Medien braucht und einsetzen kann.

In einem grundlegenderen Zusammenhang machen die hier skizzierten Szenen auf die verschiedenen Stufen des Zeichengebrauchs aufmerksam, die nach Assmann unterteilt werden können in fünf Kategorien: **Kodierung** und **Kommunikation** (wie beim Lichtsignal), **Speicherung, Übertragung** und Vervielfältigung/**Verbreitung** (wie bei der Filmvorführung). Da diese Medienfunktionen häufig mehrdimensional zum Einsatz kommen, wird der Medienbegriff auch als ein »**Kompaktbegriff**« verstanden, der all diese unterschiedlichen Dimensionen enthalten kann.[16]

2.3 Speicher- und Verbreitungsmedien

Betrachten wir nochmals die Kino-im-Kino-Szene in *Himmelskibet*: Die Expeditionsteilnehmer haben auf dem Mars einen schlechten Eindruck gemacht, weil sie mit Gewalt und Schusswaffen auf ihre Fremdheitserfahrung reagiert, ein Tier getötet und einen Marsianer verwundet haben. Doch anstelle von Vergeltung oder einer Gefängnisstrafe reagieren die Marsianer mit

---

14 »Fra syv forskellige Steder paa Mars afgiver man i den samme Time stærkt lysende Signaler til Jorden.« Himmelskibet (https://www.stumfilm.dk/stumfilm/streaming/film/himmelskibet, letzter Abruf 22.3.2024)
15 »Se! De syv lysende Prikker danner Stjernebilledet Corona… dit Navn… – De lever!« Ebd.
16 Vgl. Assmann: Medien, S. 61, mit Bezug auf Kenneth Burke und Siegfried J. Schmidt.

einer pädagogischen Kinovorführung, die die lehrreiche Geschichte ihrer eigenen Emanzipation von der Barbarei zum Inhalt hat. Indem die Erdbewohner im Kino die Gewalttaten der marsianischen Geschichte zu sehen bekommen, werden sie sanft zur Sühnung durch Selbsterkenntnis veranlasst. Dieser eingebettete filmische Rückblick hat seine Parallelen in erinnerten Rückblicken der Erdbewohner, die wir, das Publikum, filmisch vorgeführt bekommen. Der Film wird also als Speicher von (kultureller) Erinnerung eingesetzt und kann damit eben die Funktion übernehmen, die auch unser literarisches Eingangsbeispiel, der Brief an den Geliebten, hatte: Beide Medien dienen der **Speicherung** von Information, die Distanzen in Raum und Zeit überwindet und einen Gehalt weitertransportiert. Diesen Gehalt bezeichnet der deutsche Philosoph und Bildtheoretiker Lambert Wiesing als »Geltung« oder auch »Selbigkeit«, denn »Medien erlauben, daß an verschiedenen Orten zu verschiedenen Zeiten nicht nur das gleiche, sondern auch dasselbe produziert wird«.[17] Ganz unabhängig davon, ob wir uns nun Hamsuns *Victoria* (und den darin enthaltenen Brief) in der Erstausgabe von 1898, als neu aufgelegtes Taschenbuch oder in einer Hörbuchversion zu Gemüte führen – unabhängig also von physikalischen Eigenschaften der jeweiligen Medienform oder auch von ihren Herstellungs- und Entstehungsvorgängen, die Wiesing mit dem Begriff »Genesis« bezeichnet[18] – besagt diese Geltung oder Selbigkeit, dass »jeder zu verschiedenen Zeiten und an verschiedenen Orten denselben Roman lesen [...] kann«.[19] Mit Wiesings Definition können wir also den sehr weiten Medienbegriff von McLuhan (Medien als Weltbezugswerkzeuge) auf ihre Speicher- und Verbreitungsfunktion zuspitzen: »Wenn Medien insgesamt die Mittel sind, mit denen Menschen etwas wahrnehmen und denken können, was keine physikalischen Eigenschaften hat, dann wird diese Geltung in Speichermedien gespeichert und in Verbreitungsmedien verbreitet.«[20]

Beispiel: Skandinavische mittelalterliche Volksballaden

Schon bevor sie aufgeschrieben wurde, war Literatur ein Speicher- und Gedächtnismedium, denn identitätsstiftende Erzählungen gehören zum Überlieferungsschatz jeder Kultur. Die mittelalterliche Volksballade beispielsweise transportierte solche Erzählungen: Als Genre des Rittermilieus diente sie der Erinnerung von Stoffen und Motiven (z.B. Liebe, Ehre, Treue, Mut), die Teil des kulturellen Selbstverständnisses waren. Da die Ballade ein mündliches (orales) Genre ist, weist sie eine Reihe von Stilmerkmalen auf, die diese Erinnerung erleichtern konnten.

---

17 Wiesing: Was sind Medien?, S. 158.
18 Ebd., S. 154: »Medien sind Werkzeuge, welche die Trennung von Genesis und Geltung ermöglichen.«
19 Ebd., S. 158.
20 Ebd.

Dass man sich etwas leichter einprägen kann, wenn es körperlich verinnerlicht wurde, ist seit der antiken Kunst der Rhetorik und ihrer Technik der *memoria* bekannt. Schon die Gattungsbezeichnung (*ballare* = tanzen) belegt, dass die Ballade ursprünglich als Tanzlied praktiziert wurde, und ihre eingängigen Rhythmen und Wiederholungsstrukturen zeugen von der an körperliche Bewegung geknüpften Aufführungspraxis. Weitere Stilmerkmale der Ballade, ihre Formelhaftigkeit, die einfachen, stark formalisierten, kurzen Verse und Reime sowie der Refrain, sind typische Merkhilfen einer oralen Kulturtechnik.

Allgemein ist zu differenzieren zwischen zwei unterschiedlichen Arten der Erinnerungsspeicherung. Ausgehend von Sigmund Freuds Unterscheidung des Gedächtnisspeichers in Formen der wiederholten Bahnung (Pfad) einerseits und der »Intensität eines Eindrucks«[21] als einer einmaligen, aber dauerhaften Einprägung (Spur) andererseits, differenziert Aleida Assmann zwischen medialen Speicherungsformen der Wiederholung und der Dauer. Die Wiederholung (also das stetig ›gebahnte‹ Gedächtnis) findet primär in mündlichen Kulturtechniken ihren Ausdruck, die in solchen performativen Ritualen wie der Ballade, also ihrer gemeinsamen Aufführungspraxis, realisiert werden. Die Volksballade ist ein dynamisches orales und »medienkombinierendes« Genre, deren »Rhythmik [...] sich der Sing- und Tanzbarkeit, ihre Formelhaftigkeit und Dramatik dem mündlichen Vortrag«[22] verdankt. Noch heute wird die färöische Kettenballade, ein Erbe der Volksballade, multimedial (Tanz, Gesang), interaktiv und partizipativ aufgeführt. Sie hat gemeinschafts- und identitätsstiftende Funktion und transportiert kollektives Wissen, womit sie auf den Färöern zu einem wichtigen Teil des »**kulturellen Gedächtnisses**« geworden ist.[23]

Wenn nun solche mündlichen, anonymen mittelalterlichen Balladen bzw. *Folkeviser* (Volkslieder), die man auch als unfeste, variable Texte bezeichnet, aufgeschrieben und damit in bestimmten Wortlauten fixiert und stabilisiert werden, wird die Speicherungsform der Wiederholung ersetzt durch diejenige der Dauer. Schriftliche Texte sind gekennzeichnet durch (zumeist) identifizierbare Urheberschaft (zumindest der aufschreibenden Personen) und eine orts- und zeitunabhängige Iterabilität (Wiederholbarkeit). Die gegenseitige Abwesenheit von Autorinstanz und Lesenden führt zu einer stärkeren Abs-

---

21 Assmann: Medien, S. 62.
22 Heitmann, Annegret/Yngborn, Katarina: Die Welt der Balladen. Eine Einführung, in: Dies. (Hrsg.): »Rider ud saa vide«. Balladenspuren in der skandinavischen Literatur, Freiburg/Berlin/Wien 2016, S. 9–16, hier S. 11.
23 Assmann, Jan: Das kulturelle Gedächtnis. Schrift, Erinnerung und politische Identität in den frühen Hochkulturen, München 1999. Zum färöischen Kettentanz vgl. Heitmann, Annegret: ›Stígum fast á várt gólv‹: Die Funktionalisierung der Tanzballade in William Heinesens Erzählung ›Her skal danses‹ (1980) und Águst Guðmundssons Verfilmung ›Dansinn‹ (1998), in: Dies./Martin, Philipp (Hrsg.): Balladenechos. Die skandinavische Folkevise im kulturellen Gedächtnis, Freiburg u.a. 2018, S. 155–174.

traktionsebene: Das ehemals einmalige Aufführungsereignis der getanzten Ballade wird nun ersetzt durch ein Schriftstück, das beliebig oft und beliebig fern lesbar ist und wiederum abgeschrieben und vervielfältigt werden kann. Die vielen Varianten, die dabei entstehen, erschweren später die Ursprungsbestimmung des anonymen oralen Stoffes. Das Gedächtnis hat sich nach außen verlagert: Nicht mehr der Körper, sondern das Pergament oder Papier ist das Speichermedium.

Über die orale Tradition und ihre Praktiken können wir also weitgehend nur spekulieren mithilfe der frühesten erhaltenen Handschriften und angesichts eines »semiliterarischen« Zustandes während eines langwierigen Kulturwechsels (»Kulturomskiftning«):[24] Über einen längeren Zeitraum existierten mündliche und schriftliche Praktiken gleichzeitig. Orale Stoffe wurden von verschiedenen Schreibern (und im Fall der Volksballaden sogar: Schreiberinnen)[25] an unterschiedlichen Orten aufgeschrieben und deshalb wurden voneinander abweichende Versionen produziert. So kann man etwa an diversen schriftlichen Balladenvarianten von *Valdemar og Tove*[26] (vermutlich seit dem 12. Jh.) nicht nur geographische, sondern auch zeit- und milieubedingte Unterschiede nachvollziehen (sowohl was Entstehung und mündliche Überlieferung als auch die Zeit der Niederschrift betrifft) und an ihrer vielfältigen Verbreitung im skandinavischen Raum unterschiedliche Gewichtungen feststellen: Mal konzentriert sich die Dreieckskonstellation von König Valdemar, seiner Geliebten Tove und der Königin auf das Lob der Liebe zwischen Valdemar und Tove, mal auf die Eifersucht der Königin, die Tove in der Sauna umbringt, mal auf die wertvollen Geschenke, die Valdemar Tove macht. Mal tritt das höfische Umfeld stärker hervor, mal das bäuerliche und damit verbunden unterschiedliche ideologische Schwerpunkte.

Das Verhältnis von Mündlichkeit und Schriftlichkeit (**Oralität** und **Literalität**) mit ihren jeweils unterschiedlichen Praktiken und Speichermechanismen erweist sich als ebenso produktiv wie auch problematisch, insbesondere bei Übergängen und in Auseinandersetzungen der skandinavischen Schriftkulturen mit der mündlichen Kultur – entweder der eigenen Vorfahren (wie in der Verschriftlichung von Balladen, Volksmärchen und altnordischer Stoffe, die auch abhängig von der jeweiligen Sprache mit dem ihr eigenen Lautsystem ist) oder auch ihrer indigenen Nachbarn. So entstanden im 19. und

---

24 Vgl. Kværndrup, Sigurd: Den østnordiske ballade – oral teori og tekstanalyse, København 2006, S. 28f.
25 Vgl. Heitmann, Annegret: Balladen im Gedächtnis. Eine Einführung, in: Dies./Martin, Philipp (Hrsg.): Balladenechos. Die skandinavische Folkevise im kulturellen Gedächtnis, Freiburg u.a. 2018, S. 9–18, hier S. 14.
26 Die Ballade findet sich unter Nr. 121 in Grundtvig, Svend (Hrsg.): Danmarks gamle Folkeviser, Bd. III, København 1862, S. 20–53 (DgF 121).

frühen 20. Jahrhundert skandinavische Sammlungen samischer Joikpraxis[27] oder Aufzeichnungen und (Re-)Konstruktionen von Gesangs- und Sagentraditionen aus der grönländischen Kultur, die jedoch häufig geprägt waren von stereotypen Vorstellungen über ›primitive‹ Kulturen.

Während die Volksballaden v.a. die orale Medienpraxis veranschaulicht haben, können wir uns exemplarisch einem neueren Schrift- und sogar Druckmedium zuwenden. Von mittelalterlichen Handschriften bis zu gedruckten Massenmedien wie der Tageszeitung ist es ein weiter Sprung. Doch beide Aufschreibearten verbindet, dass sie als Verbreitungsmedien funktionieren und als eine spezifische kulturelle Praxis ihrer Zeit Einfluss auf die Wahrnehmung sowie auf alltägliche und gesellschaftliche Gepflogenheiten haben. Das folgende Beispiel aus dem 19. Jahrhundert zeigt, wie das Verbreitungsmedium Zeitung zugleich literarisch verhandelt und performativ genutzt wurde.

> Beispiel: Thomasine Gyllembourg *Familien Polonius* (1827; *Familie Polonius*, 1853)

Gyllembourg inszeniert mit ihrer Novelle ein Spiel mit unterschiedlichen schriftlichen Kommunikationsmedien, die in ihrer Gegensätzlichkeit auch den Spannungsraum zwischen Privatheit und **Öffentlichkeit** ausloten: Eine verwickelte Liebes- und Verwechslungsgeschichte wird – über mehrere Monate hinweg – in Form von verschiedenen mehr oder minder intimen Briefen und Leserreaktionen in der Zeitung veröffentlicht, die auf diese Weise eine Fortsetzungsgeschichte mit einer »raffinierten Herausgeberfiktion« bilden.[28] Dabei ist die Zeitung *Flyvende Post* (Fliegende Post) als Verbreitungsmedium gleich doppelt im Einsatz, nämlich zum einen als fiktives Vermittlungsforum, welches die beteiligten fiktiven Figuren in Form von Leserbriefen an den Redakteur nutzen, und zum anderen als tatsächliches Publikationsorgan, in welchem die Teile der Erzählung nach und nach einem realen Lesepublikum präsentiert wurden.[29] Durch den kombinierten Einsatz von Briefkultur (mit ihrer charakteristischen Ausdrucksform von Intimität, Privatheit und Innerlichkeit) und Zeitungskultur (mit ihren Grundprinzipien der Öffentlichkeit, Sensationslust, Aktualität und Schnelllebigkeit) inszeniert Gyllembourgs Text ein Spiel mit der »Pluralität der Kommunikationsräume«.[30]

Die Autorin war Vertreterin des frühen poetischen Realismus und – nicht zuletzt im Austausch mit ihrem Sohn, dem Theaterkritiker Johan Ludvig

---

27 Siehe z.B. https://musikverket.se/svensktvisarkiv/i-samlingarna/inspelningar/karl-tiren (letzter Abruf 13.3.2024).
28 Siehe Müller-Wille, Klaus: Presse-Theater – Thomasine Gyllembourgs Familien Polonius (1827) und Johan Ludvig Heibergs Recensenten og Dyret (1826), in: Schiedermair, Joachim/Müller-Wille, Klaus (Hrsg.): Diskursmimesis. Thomasine Gyllembourgs Realismus im Kontext aktueller Kulturwissenschaften, München 2015, S. 113–141.
29 Es handelt sich um die Zeitung Kjøbenhavns flyvende post, die Thomasine Gyllembourgs Sohn Johan Ludvig Heiberg in den Jahren 1827, 1828, 1830 und 1834–1837 herausgab.
30 Hickethier, Knut: Einführung in die Medienwissenschaft, 2. Aufl., Stuttgart 2010, S. 209.

Heiberg – eine aufmerksame Beobachterin (und Akteurin) zeitgenössischer Gesellschaftsdiskurse, die kulturelle Öffentlichkeit mitgestalteten. Im Verbreitungsmedium Zeitung thematisiert sie diese aktuelle **Mediensozialisation**, die sich sowohl im Verhandlungsraum von Presse, Theater und Briefliteratur und der damit verbundenen Spannungsfelder (Privatheit und Öffentlichkeit, Realität und Fiktion, Serialität und Originalität, Theatralik und Authentizität) äußerte, als auch in Diskussionen über Veränderungen vom Theater- zum Pressepublikum. Gyllembourgs Novelle zeigt, dass ein literarisch gestaltetes Medieninteresse meist nicht nur auf Einzelmedien abzielt, sondern vielmehr damit verbundene **kulturelle Praktiken** in den Blick nimmt, also größere Zusammenhänge, für die eine Ausweitung der Begrifflichkeit erforderlich sein kann – vom Medium auf Medialität und Mediendispositive.

2.4 Medialität und Mediendispositive

Das wohl berühmteste Schlagwort McLuhans ist seine Formulierung: »The medium is the message« – **das Medium ist die Botschaft**.[31] Gemeint ist damit die These, dass »die mediale Organisationsform einer Kommunikation ihre Inhalte, Bedeutungen und Appellstrukturen dominiert«,[32] dass also weniger der Medieninhalt, als vielmehr das Medium selbst, seine Organisationsstruktur, ausschlaggebend ist für den wahrnehmungsbedingten Wirklichkeitsbezug des Menschen. Oder, wie McLuhan erläutert: »[D]ie ›Botschaft‹ jedes Mediums oder jeder Technik ist die Veränderung des Maßstabs, Tempos oder Schemas, die es der Situation des Menschen bringt.«[33] Damit verbunden ist allerdings auch McLuhans Feststellung, dass »der ›Inhalt‹ jedes Mediums immer ein anderes Medium ist«,[34] d.h. z.B. »Filme zeigen Zeitungsgeschichten oder Theaterstücke, das Fernsehen zeigt Filme, das Radio überträgt Reden und Konzerte, die CD gibt wieder, was auch auf der LP zu hören oder im Buch zu lesen war. Und noch der Computer [...] läßt sich, wenn er zum PC schrumpfte, als Schreibmaschine mißbrauchen«.[35]

Angesichts zunehmender Komplexität von Medien, die ältere Medien mitbeinhalten, versucht man häufig auch, ihre Medialität stufenweise zu ordnen: Von Sprache und Schrift über Stimme, Performanz und Sprechkunst bis zu Druckmedien, audiovisuellen Medien, elektronischen und digitalen Medien, Hypertextualität und Intermedialität.[36] Gemäß einer solchen hierarchisieren-

---

31 Mc Luhan: Die magischen Kanäle, S. 21ff.
32 Spangenberg, Peter M.: Mediengeschichte – Medientheorie, in: Fohrmann, Jürgen/Müller, Harro (Hrsg.): Literaturwissenschaft, München 1995, S. 31–76, hier S. 34f.
33 Mc Luhan: Die magischen Kanäle, S. 22f.
34 Ebd., S. 22.
35 Hörisch, Jochen: Einleitung, in: Ludes, Peter: Einführung in die Medienwissenschaft. Entwicklungen und Theorien, Berlin 2003, S. 11–32, hier S. 16.
36 Vgl. die Einteilung in Anz, Thomas (Hrsg.): Handbuch Literaturwissenschaft, Bd. 1: Gegenstände und Grundbegriffe, Stuttgart/Weimar: Metzler 2007, Kap. 7.

den Ordnung gehört zum »Standardrepertoire der Medienwissenschaft«[37] die Einteilung in **Primärmedien** (Sprache, Stimme, Gestik, Mimik), **Sekundärmedien** (technisch hergestellte Träger mit direkter Rezeption, wie z.b. Tafelbild, Schrift- und Druckmedien, Fotografie) und **Tertiärmedien** (technisch hergestellte Träger mit technisch vermittelter Rezeption, wie z.B. Telegraf/Telefon, Hör- und Rundfunk, Film/TV, Multimedia).[38]

Um McLuhans Aussage vom Medium als Botschaft besser nachzuvollziehen, können wir zum einen nochmals zurückkommen auf Gyllembourgs literarische Erkundung der Pressekultur und ihrer Möglichkeiten, die private Sphäre der Briefkommunikation innerhalb der öffentlichen Sphäre der Zeitungskultur fortzuschreiben. Es lässt sich feststellen, dass das Medium Zeitung das Medium Brief vereinnahmt hat, zugleich ist Gyllembourgs Text aber auch eine »völlig neue Form von Presseprosa«,[39] die sich am zeitgenössischen Theater- und Publikumsdiskurs und d.h. auch am Öffentlichkeitsverständnis abarbeitet. Damit zeigt die Lektüre der Novelle auch, dass kein Medium das andere völlig ersetzt, sondern dass sich vielmehr in der Mobilisierung des Briefmediums durch die Kulturpraktiken des Zeitungswesens neue performative und medienreflexive Qualitäten und Effekte ausdifferenzieren.

Zum anderen können wir uns nochmals unser Filmbeispiel vor Augen führen: Wir finden den Stummfilm *Himmelskibet* heute entweder lustig, skurril, abwegig oder schwer nachvollziehbar, nicht zuletzt, weil uns aus heutiger Sicht die Machart des Films durchschaubar, möglicherweise dilettantisch oder maßlos übertrieben vorkommt. Unser selbstverständlicher Umgang mit virtuellen Umwelten, Weltraumraketen und anderen technischen Medien (u.a. filmtechnischer Perfektion) lässt uns vielleicht das Himmelschiff als niedliches, etwas ungestaltes Modell und den Tanz der Marsianer als alberne romantische Utopie belächeln. Indem uns der Rückblick auf die Anfänge des Films mit seinen teils unbeholfenen, technisch unausgereiften, teils kühnen Erkundungen der medialen Möglichkeiten konfrontiert, offenbart er mit der historischen auch eine soziokulturelle Dimension von Medien, d.h. unseren durch Mediensozialisation vorgeprägten – und damit eben auch historisch veränderbaren – Weltbezug. Solche Zusammenhänge lassen sich häufig besser mit einer Perspektiverweiterung vom Einzelmedium auf ein größeres Umfeld beschreiben, etwa indem man auf spezifische Formen der **Medialität** fokussiert. Oralität und Literalität bezeichnet der Medienwissenschaftler Knut Hickethier ebenso wie Theatralität und Audiovisualität als medienübergreifende Formen von Medialität. Medialität meint dabei sowohl »etwas Grundsätzliches, das die mediale Kommunikation insgesamt bestimmt«, als auch ein medienspezifisches Set von Eigenschaften bzw. eine Qualität des

---

37 Kerlen: Einführung in die Medienkunde, S. 13.
38 Vgl. Pross, Harry: Medienforschung, Darmstadt 1972, S. 128–145.
39 Müller-Wille: Presse-Theater, S. 138.

Mediums, die jeweils »durch den kulturellen Gebrauch definiert« und deshalb »historisch an eine kulturelle Situation gebunden ist« (z.B. das speziell ›Filmische‹ des Films).[40]

Zur Erklärung des komplexen Wechselverhältnisses von Medien (als technischer Apparatur) und menschlicher Wahrnehmung eignet sich deshalb auch das Konzept des **Mediendispositivs**, weil dieser Begriff berücksichtigt, »dass die Medien die Menschen in ihrem Bewusstsein und ihren Verhaltensweisen in starker Weise modellieren«.[41] Der Begriff des **Dispositivs**, der auf Michel Foucault zurückzuführen ist, wurde von Jean-Louis Baudry auf das Kino appliziert.[42] Das Kinodispositiv beschreibt nicht nur den Film als Inhalt, sondern die gesamte spezifische Apparatur (verdunkelter Zuschauerraum, Stillstellung des Publikums, bewegte Bilder auf einer zentralen Leinwand, gemeinsames Filmerlebnis etc.). Es umfasst die Anordnung von Räumlichkeit, Technik, medialen Besonderheiten und ihren spezifischen Effekten, die die menschliche Wahrnehmung rahmen, dirigieren und prägen. In *Himmelskibet* wird das Kinodispositiv inhaltlich sichtbar, wenn die Erdbewohner den Film der Marsianer vorgeführt bekommen, zugleich ist diese Szene aber auch eine selbstreflexive Nachbildung dessen, was das Publikum in der Vorführung des Stummfilms selbst erlebte.

Freilich ist das Konzept des Mediendispositivs nicht nur dem Kino vorbehalten, ebenso lassen sich etwa Radio, Fernsehen, Internet und Social Media in ihrer dispositiven Struktur beschreiben. Das Mediendispositiv versteht sich als ein »medienkritisches Konzept, das versucht, die unbewussten und verborgenen Mechanismen der Medienkommunikation sichtbar zu machen und damit auf inhärente Beeinflussungsstrukturen hinzuweisen«.[43] Diese Überzeugung, »dass Medien […] eine Kulturtechnik […] nicht nur prägen, sondern regelrecht hervorbringen können«,[44] hat zur Herausbildung einer **Medienkulturwissenschaft** geführt, die sich u.a. beruft auf Friedrich Kittlers Verständnis von Medien als Informationsnetzwerk und seine Erkundungen, in welcher Weise unser Wissen von unseren Kulturtechniken abhängt.[45] Wie beispielsweise unser Umgang mit Gemälden, insbesondere die Kulturtechnik der musealen Ausstellung bildender Kunst, unsere Wahrnehmung geprägt hat, veranschaulicht das folgende schwedische Gedicht:[46]

---

40 Hickethier: Einführung in die Medienwissenschaft, S. 26f.
41 Ebd., S. 189.
42 Baudry, Jean-Louis: Das Dispositiv: Metapsychologische Betrachtungen des Realitätseindrucks, in: Psyche 48. Jg. (1994), H. 11, S. 1047–1074.
43 Hickethier: Einführung in die Medienwissenschaft, S. 200.
44 Ruf, Oliver/Rupert-Kruse, Patrick/Grabbe, Lars C.: Medienkulturwissenschaft. Eine Einführung, Wiesbaden 2022, S. 3.
45 Siehe ebd., S. 5 und passim.
46 Palm, Göran: Världen ser dig. Själens furir och andra dikter av Göran Palm, Stockholm 1964, S. 11.

Beispiel: Göran Palm *Havet* (1964; *Das Meer*)

Havet.	Das Meer.
Jag står framför havet.	Ich stehe vor dem Meer.
Där är det.	Da ist es.
Där är havet.	Da ist das Meer.
Jag tittar på det.	Ich sehe es an.
Havet. Jaha.	Das Meer. Aha.
Det är som på Louvren.	Es ist wie im Louvre.

Die ersten fünf Zeilen dieses lakonischen Gedichts markieren eine Distanz des Betrachters zum Gegenstand seiner Betrachtung: Er steht »vor dem Meer«, er »sieht es an«, »da ist es« – aha. Durch diesen Abstand wird das Meer auf seine Visualität reduziert, wie ein Gemälde im Louvre können wir es betrachten. Die Bildung und Prägung unseres ästhetischen Blicks durch die Tradition der Malerei (oder auch: durch das Museumsdispositiv) rettet uns über die Entfremdung (Überwältigung? Hilflosigkeit? Gleichgültigkeit?) gegenüber der Naturerscheinung hinweg; die Assoziation mit Bildern vom Meer, die wir gesehen haben, scheint näher zu liegen als eine originäre Erfahrung. – Ja, vielleicht lässt sich das Meer überhaupt nur fassen durch mediale Hilfsmittel wie eine ästhetische Linse, mit Pinsel und Farbe oder durch unbeholfene sprachliche Vergleiche? Indem das Bilderlebnis (»wie im Louvre«) als dem Naturerlebnis vorgängig gekennzeichnet wird, macht das Gedicht auf unsere kulturell – und d.h. durch Medienpraxis – vorgeprägte Wahrnehmung aufmerksam. Das Beispiel veranschaulicht ein enges Zusammenspiel von Textualität und Visualität bzw. von Text und Bild als Leitmedien, die im nächsten Abschnitt erläutert werden.

2.5 Text und Bild als Leitmedien: Von der Gutenberg-Galaxie zum *Iconic Turn*

Die Zeit vor den technischen Medienumbrüchen im 19. Jahrhundert (siehe 3.1) war im Wesentlichen durch die ›Alleinherrschaft‹ bzw. Leitfunktion zweier sekundärer Medien geprägt: Schrift und Bild.[47] Über den sogenannten **Paragone**, den Wettstreit über die Vorrangstellung der Künste, wurde schon in der Antike diskutiert. Seit der von Horaz geprägten Forderung »ut pictura poesis«,[48] dass die Dichtung genauso anschaulich sein müsse wie die Malerei, gelten Wort und Bild gleichermaßen als Konkurrenz- wie

---

[47] Vgl. Kerlen: Einführung in die Medienkunde, S. 24. Dass dabei die mündliche bzw. klangliche Dimension außer Acht gelassen wird, erklärt sich damit, dass diese vor dem 19. Jh. in Ermangelung von entsprechenden Speicher- und Verbreitungsmedien rein performativ (etwa durch einmalige Aufführung etc.) erfahrbar gemacht wurde (Notenschrift wäre in diesem Fall auch als Text zu verstehen).

[48] Horatius Flaccus, Quintus: De arte poetica, in: Horaz Sämtliche Werke, Lateinisch und Deutsch, hg. v. Färber, Hans/Faltner, Max, München 1964, Vers 361, S. 250.

Ergänzungsmedien. Die Geschichte dieser beiden **Leitmedien** und ihrer Wissenschaft ist eng verwoben, wobei man von unterschiedlichen jeweiligen Wellen bzw. Paradigmenwechseln und Wenden (*linguistic turn, iconic turn*) ausgeht. Schlagworte, mit denen bestimmte mediale Zeitabschnitte bezeichnet worden sind, zeugen sowohl von solchen Dominanzvorstellungen als auch vom Einfluss des jeweiligen Mediengebrauchs auf unseren Wahrnehmungswandel.

In diesem Zusammenhang können wir uns ein paar Aspekte zum Parade-Medium der Literaturwissenschaft, dem **Buch als Mediendispositiv**, genauer vor Augen führen. Dazu gehören, wie die Begriffsverwendung des Dispositivs nahelegt, sowohl die im Text niedergelegten gedanklichen Inhalte, die materiellen Bedingungen des Mediums (d.h. beispielsweise papierne Buchseiten und die Art der Typographie, Gewicht der Buchdeckel, Größe und Handlichkeit des Buchs), als auch die Praktiken und Institutionen des Lesens, der Lesungen, des Buchmarkts, der Bewerbung, Verbreitung und Rezeption.

In den Handschriften und Folianten vormoderner Kultur herrschte ein enges Zusammenspiel von Bild und Text: Die Schriften waren oft reich illustriert und mit verzierten Versalien und Abbildungen versehen. Erst mit der Einführung des Buchdrucks und den Anforderungen dieses neuen technischen Prozesses wurden Bild- und Schriftmedien getrennt – die Bilder verschwanden weitgehend aus den Texten. Natürlich können wir uns heute immer noch Bilderbücher, Comics oder Graphic Novels ansehen, doch die Tatsache, dass es sich dabei um eigene Gattungen handelt, verweist nicht zuletzt auf die historische Entwicklung des Druckwesens. Unter Literatur versteht man noch heute landläufig das gedruckte Textbuch, bei dem Bilder keine oder nur eine untergeordnete Rolle spielen.

Mit dem Schlagwort von der **Gutenberg-Galaxis** hat McLuhan die Bedeutung der Erfindung der Druckerpresse durch Johannes Gutenberg um 1450 als eine weltverändernde Innovation hervorgehoben.[49] Gutenbergs Erfindung legte bekanntlich die Grundlage für die Massenproduktion und -verbreitung von Texten und läutete das Zeitalter des Buchdrucks ein, das wesentliche kulturelle Veränderungen mit sich brachte wie etwa die allgemeine Alphabetisierung, Praktiken der zunächst gemeinschaftlichen Lektüre (z.B. in Lesezirkeln) und später des stillen Lesens sowie subjektzentrierte Konzeptionen von Autor- und Urheberschaft. Diese Epoche der Dominanz des schriftlichen Wortes hat der deutsche Medientheoretiker Friedrich Kittler mit einem berühmten Schlagwort benannt, indem er jeweils verschiedene **Auf-**

---

[49] McLuhan, Marshall: The Gutenberg Galaxy: The Making of Typographic Man, Toronto 1962.

schreibesysteme um 1800 und um 1900 als »kulturtechnische Regelkreise«[50] bzw. als »Diskursformation«[51] ausmacht. Den Begriff Aufschreibesystem beschreibt Kittler selbst als »Netzwerk von Techniken und Institutionen«[52] – also ein Zusammenspiel verschiedener Faktoren und Kulturpraktiken, wie sie auch im Begriff des Dispositivs angelegt sind.

Ein Urgrund der Regelschleifen des Aufschreibesystems 1800 (Alphabetisierung, Bildung, Dichtung als fortschreibende Lektüre, Autorschaft, Werkbegriff und damit verbundener Dichter- und Geniekult) war das Buch als »Medienverbund von Sprechen und Schreiben, Seele und Dichtung«.[53] Dagegen legte das Aufschreibesystem 1900 mit seinen Medieninnovationen Grammophon, Film und Schreibmaschine[54] die Grundlage für den Siegeszug der neuen technischen Medien und ihrer Speicherungs- und Verbreitungsmechanismen, aber auch für Konzeptionen des Schreibens als Zufallsereignis und mechanische Funktion, die sich in neuen Ästhetiken der Moderne und der Avantgarde niederschlagen.

Solchen medialen Dominanzepochen begegnet man auch in der Wissenschaft mit sogenannten *turns* oder Wenden, bei denen die jeweils infrage stehenden Vermittlungsformen im Zentrum der Untersuchungen stehen. Der *linguistic turn* zu Beginn des 20. Jahrhunderts beruhte auf der Auffassung, dass Sprache die menschliche Erkenntnis grundlegend strukturiert, und den daraus resultierenden sprachanalytischen und sprachkritischen Tendenzen in der Philosophie. Ein knappes Jahrhundert später – nicht zuletzt angesichts der Weiterentwicklung des Computers zum Alltagsgerät in den 1990er Jahren – bezeichnete die ikonische Wende (***iconic turn*** oder *pictorial turn*) die zunehmende Bedeutung der Bildwissenschaft im Zusammenhang mit Fragestellungen, welche Rolle Bildlichkeit für unsere Wahrnehmung hat und wie Bilder Sinn erzeugen.[55] Assmann hat allerdings betont, dass der »Wechsel vom Leitmedium Buch zum Leitmedium Bild« nicht als »radikale Epochenwende« zu verstehen sei, sondern vielmehr als eine Verschiebung der Proportionen.[56] In der Bild- und Medienwissenschaft legte die ikonische Wende die Grundlage für eine neue **Bildanthropologie**, d.h. für eine Reihe von Forschungsbeiträgen zur Bedeutung und Funktion von Visualität und

---

50 Kittler, Friedrich: Aufschreibesysteme 1800/1900, München 1987. Der Ausdruck »kulturtechnische Regelkreise« stammt von Gerhard Kaiser, siehe Ruf/Rupert-Kruse/Grabbe: Medienkulturwissenschaft, S. 3.
51 Heitmann, Annegret: Intermedialität im Durchbruch. Bildkunstreferenzen in der skandinavischen Literatur der frühen Moderne, Freiburg 2003, S. 155.
52 Kittler: Aufschreibesysteme 1800/1900, S. 429.
53 Ebd., S. 190.
54 Vgl. auch Kittler, Friedrich: Grammophon, Film, Typewriter, Berlin 1986.
55 W.J.T. Mitchell spricht vom »pictorial turn« (Mitchell, W.J.T.: Picture Theory. Essays on Verbal and Visual Representation, Chicago/London 1994, S. 41), Gottfried Böhm von der »ikonischen Wende« (Böhm, Gottfried: Was ist ein Bild? München 1994, S. 12).
56 Assmann: Medien, S. 83.

Bildern in Gesellschaft, Kultur und menschlicher Wahrnehmung, sowie für vertiefte Untersuchungen des Zusammenspiels zwischen Wortmedien (Text, Buch) und Bildmedien (Gemälde, Fotografie und Film, Bildschirm) in der **Intermedialitätsforschung.**

Wir werden uns in den nächsten Abschnitten mit der Bedeutung von Intermedialität in der Literaturwissenschaft unter verschiedenen Gesichtspunkten auseinandersetzen. Hier aber sei bereits an zwei Fallstudien veranschaulicht, wie das Zusammenspiel der Leitmedien Text und Bild (oder: der Verfahren Erzählen und bildnerisches Gestalten, d.h. Wortkunst und Bildkunst) in der Literatur aussehen kann – d.h. welche verschiedenen Aspekte so eine »wechselseitige Erhellung der Künste«[57] betreffen kann.

Beispiel: Bilderbücher als Reflexionsmedien (H.C. Andersen und Tove Jansson)

Von der Vielfalt möglicher Text-Bild-Kombinationen sehen wir uns zunächst die Form oder ›Außenseite‹, also das Material, des Buchmediums an. Das Beispiel Bilderbuch soll veranschaulichen, welche Wirkungen und Funktionen die direkte Kombination der Medien Text und Bild auf einer materiellen Ebene hat. So lesen sich etwa die zahlreichen privaten Bilderbücher des dänischen Dichters Hans Christian Andersen, die er um 1860 mit Hilfe verschiedener Text- und Bildcollagen für die Kinder seiner Bekannten anfertigte, als künstlerische Spiegel seiner Epoche: Sie zeigen, »dass Andersen die technischen und gesellschaftlichen Umwälzungen seiner Zeit in seinen Texten nicht nur thematisiert, sondern dass er auch nachdrücklich über die Notwendigkeit ästhetischer Innovationen reflektiert, mit denen die Kunst auf die Veränderungen zu reagieren habe«.[58] So resultiert die Verwendung verschiedener Materialien, das Stückwerk aus Zeitungsblättern, handschriftlichen und gedruckten Wort-, Bild- und Textfragmenten, in einer uneinheitlichen Vielfalt. Sie wird auch inhaltlich realisiert, indem Abbildungen von städtischen Szenen mit nostalgischen und ornamentalen Elementen, der intertextuelle Rückgriff auf prominente Autoren mit Eigenkommentaren, Kurioses mit Gewöhnlichem, sowie Altes mit Neuem bunt gemischt werden. Die Vielstimmigkeit der Collagenbücher ist eine ästhetische Antwort auf die »Heterogenität der Moderne«[59] als einem Resultat des gesellschaftlichen und technischen Umbruchs. Zahlreiche Abbildungen von schreibenden Händen oder Schreiberfiguren markieren überdies in selbstbezüglicher Weise den kreativen Prozess der Buchherstellung.

---

57 Walzel, Oskar: Wechselseitige Erhellung der Künste. Ein Beitrag zur Würdigung kunstgeschichtlicher Begriffe, Berlin 1917 (= Philosophische Vorträge 15).
58 Müller-Wille, Klaus: Sezierte Bücher. Hans Christian Andersens Materialästhetik, Paderborn 2017, S. 15.
59 Müller-Wille, Klaus: Hans Christian Andersen und die Heterogenität der Moderne, Tübingen, Basel 2009.

Ähnlich selbstreflexiv durch das Spiel mit der Materialität des Bilderbuchmediums geht die finnlandschwedische Autorin Tove Jansson vor, indem sie die Mechanismen von Narration und Rezeption offenlegt. Jansson hat bekanntlich nicht nur eine Reihe von Romanen über die Mumintrolle verfasst, sondern auch Comics und Bilderbücher. In ihrem Bilderbuch *Hur gick det sen?* (1952)[60] wird die Materialität der Buchseite dezidiert benutzt und ausgestellt, um über ausgeschnittene Löcher im Bild Ausblicke auf das Bildgeschehen der nächsten Seiten zu geben und mit der refrainartigen Frage: »Was glaubst du, was dann geschah?« zu Vermutungen über den Fortgang der Geschichte anzuregen. Nun handelt es sich aber – ähnlich wie bei Andersens Heterogenität – weniger um ein verstärkendes Zusammenspiel von Bild und Text, sondern vielmehr um eine fortwährende Spannung, die über die »disruptive Wirkung«[61] der Schnitte und Löcher erfolgt: Erwartungsbrüche und unverhoffte Wendungen widerlegen die durch die Lesenden prognostizierte Fortsetzung, sie überschreiten das Erzähluniversum und verweisen auf die Materialität des Buches. Auf diese Weise dient das eingesetzte Bildverfahren der **medialen Selbstreflexion**, die den Prozess der Wahrnehmung beim Betrachten und Verarbeiten der Bildgeschichte sichtbar macht.

Eine solche Lesart, die auf den selbstreflexiven Einsatz medialer Materialität abzielt, vermag auch die Schwächen vorheriger, vorwiegend psychologisch motivierter Lesarten aufzudecken bzw. die Einlinigkeit einer vermeintlichen kindlichen Entwicklungsgeschichte zu widerlegen: »Jansson setzt die Schnitte ein, um deutlich zu machen, wie eine Narration (egal ob durch sprachliche oder ikonische Zeichen) funktioniert, und zwar als ein Wechselspiel zwischen angebotenem Material, der Erwartung und der Bearbeitung dieser Erwartung.«[62] Zeigen lässt sich über diese intermediale Perspektive auf die Text-Bild-Kombination auch, inwiefern sich Tove Janssons Bilderbuch-Ästhetik der Schnitte und Löcher im literaturgeschichtlichen Kontext der avantgardistischen Moderne verorten lässt. Auf diese Weise wird deutlich, dass das Bilderbuch mehr als nur ein kindgerechtes Identifikationsangebot liefert, das über Komplexitätsreduktion operiert, sondern dass, im Gegenteil, ausdrücklich medial eingesetzte Komplexität »zu einem ästhetisch-bewussten Lesen und Sehen anregt«.[63]

---

60 Jansson, Tove : Hur gick det sen? Boken om Mymlan, Mumintrollet och lilla My, Helsingfors 1952 (Deutsch: Mumin, wie wird's weiter gehen?, Nachdichtung v. Samar Lennart, Michael Strehle und Claire Singer, 2003, bzw. in einer Prosa-Neuübersetzung: Mumin sucht die Kleine Mü, übers. v. Birgitta Kicherer, 2017).
61 Schiedermair, Joachim: Den Weg abschneiden. Medialität, Entwicklungspsychologie und das Kriterium des Kindgemäßen. Tove Janssons Bilderbuch ›Hur gick det sen?‹ (1952), in: Mairbäurl, Gunda et al. (Hrsg.): Kinderliterarische Mythen-Translation. Zur Konstruktion phantastischer Welten bei Tove Jansson, C.S. Lewis und J.R.R. Tolkien, Wien, S. 233–250, hier S. 245.
62 Ebd., S. 245.
63 Ebd., S. 248.

Beispiel: Torgny Lindgren *I Brokiga Blads vatten* (1999; *Im Wasser von Brokiga Blad*)

Torgny Lindgrens Erzählung *I Brokiga Blads vatten* spielt den Wettstreit von Wortkunst und Bildkunst im Medium des Textes selbst, also rein narrativ durch. Dabei steht die bildende Kunst im Zentrum des Plots. Schon die ersten und letzten Zeilen – d.h. die äußere Rahmenhandlung – der Erzählung machen dies deutlich: Es handelt sich um ein Antwortschreiben an das kunstwissenschaftliche Institut der Universität Uppsala, der Adressat ist ein (real existenter) Mitarbeiter des Instituts, der offensichtlich Information über einen Maler namens Brokiga Blad[64] benötigt, und der Brief ist unterzeichnet mit Torgny Lindgrens eigenem Namen und in seiner Handschrift. Das erbetene Wissen hat der Briefschreiber Lindgren in einem Gespräch mit seiner Tante Lydia kurz vor ihrem Tod erworben, das, als zweite Rahmenhandlung, die erinnerten Rückblicke auf das eigentliche Geschehen, nämlich den Aufenthalt des Malers und verschiedener anderer Gäste in Tante Lydias Pensionat, unterbricht. Den Realitätsmarkierungen zum Trotz erweist sich die Erzählung als sogenannte *skröna*,[65] also eine erfundene und ironisch übertriebene Geschichte, die sich im Zwischenraum zwischen Wahrheit und Lüge einnistet. So bekommen wir nicht nur Aufschlüsse über den fiktiven Maler Brokiga Blad, der sich mit anderen kuriosen Gestalten in Tante Lydias Pensionat im nordschwedischen Norsjö (Västerbotten) aufhält, sondern der amüsante Reiz der Erzählung liegt in erster Linie in der Vorstellung, dass sich der real existente Maler Prinz Eugen (1865–1947) im Alter von 79 Jahren ebenfalls dort aufgehalten habe, um eine persönliche künstlerische Krise zu bewältigen.

Schon in dieser Hinsicht kann die Erzählung als eine Art augenzwinkerndes Um-Schreiben der Kunstgeschichte gelesen werden. Analog zur spielerischen Vermischung von Realität und Fiktion wird der Kunstbegriff auf alle möglichen Künste (Kochkunst, Gesangskunst, Zirkuskünste, Kunsthandwerk etc., die von den Figuren der Erzählung beherrscht werden) erweitert und damit immer wieder die Frage nach dem Wesen und den Grenzen der Kunst gestellt. Insbesondere wird mit den Kategorien von ›hoher‹ (anspruchsvoller) und ›niederer‹ (populärer) Kunst gespielt, wenn der Dilettantenkünstler Brokiga Blad serienmäßig ›hötorgskonst‹[66] produziert, also Himmel, Wasser und schablonenhafte Bäume auf Pappe malt, um »DIE Landschaft« schlechthin

---

64 Eigtl. Bunte Blätter, der Ausdruck steht aber auch für: Allerlei.
65 Vgl. Yngborn, Katarina: Die Erzählung als erweiterte Ekphrasis: Kunst und Kunstdiskurs in Torgny Lindgrens Erzählung ›I Brokiga Blads Vatten‹, in: Eglinger, Hanna/Heitmann, Annegret (Hrsg.): BildDurchSchrift. Zum visuellen Diskurs in der skandinavischen Gegenwartsliteratur, Freiburg i Br. 2002, S. 231–249, hier S. 244.
66 Der schwedische Ausdruck »hötorgskonst« bezeichnet handgemalte kommerzielle Bilder bzw. schablonenhafte Kitschkunstwerke, die auf der Straße bzw. dem Markt verkauft werden.

darzustellen, wenn er dabei von seinem professionellen Expertentum überzeugt ist und sich des Prinzen als Assistenten und Lehrjungen annimmt, oder wenn das Kunstwissenschaftsinstitut in Uppsala sich nicht für den ›echten‹ Maler Prinz Eugen interessiert, sondern für Brokiga Blad. Die Erzählung suggeriert, dass Prinz Eugens Gemälde *Ångbåt och skyskrapor*[67] das Endprodukt eines von Brokiga Blads Bildern ist, in dessen gepinseltes Wasser Tante Lydia in einer schlaflosen Nacht heimlich Fische gemalt hat. Als »erweiterte **Ekphrasis**«,[68] also als eine Bildbeschreibung, die dem realen Bild Fiktives hinzufügt (und überdies die Frage nach der Autorschaft vereindeutigt), hat Lindgrens Text eine ähnlich kreative Funktion für die Kunstrezeption wie die gemalten Fische für das Bild: »Das beschriebene Gemälde wird fortan für den Leser des Textes nicht mehr ohne die fiktive Ekphrasis rezipiert werden können: bei der Betrachtung des Bildes wird er immer versuchen, Tante Lydias Fische in dem Wasser des Gemäldes zu erkennen.«[69]

Der explizite Rekurs auf das Bildmedium und die in der Erzählung entfalteten Themen um Materialität, Käuflichkeit und Marktwert der Kunst, um Urheberschaft und (indirektes) Mäzenatentum, Sichtbarkeit und Unsichtbarkeit, ›Echtheit‹ bzw. Schein und Sein lassen den Text zu einem Spiel mit dem Kunstdiskurs werden, das sich auch auf das Erzählmedium selbst zurückwendet. Indem sich die literarisch vermittelte Kunstdiskussion an den kanonisierten Konventionen und der ›hohen Kunst‹ reibt, positioniert sich auch die Erzählung selbstironisch in diesem Verhandlungsraum: »Die Kunst […] muss für alle offen sein.«[70]

Diese Beispiele materiell oder literarisch verhandelter Text-Bild-Bezüge deuten zum einen bereits einen »literarische[n] Sonderfall« der Intermedialität an, nämlich **Intertextualität** (d.h., als Bezug auf dasselbe Medium innerhalb eines Mediums, eine »Subkategorie« von **Intramedialität**).[71] Und sie zeigen zum anderen, wie das Bildmedium bzw. bildende Kunst auf unterschiedliche Weisen im literarischen Text thematisiert und funktionalisiert werden kann. Indem etwa Malerfiguren und ihr Werk Teil des literarischen Plots sind, handelt es sich auf einer ersten Stufe um **Mimesis**, also Abbildung oder Nachahmung von Realität: Es geht tatsächlich um Maler oder Malerei, um die sich eine Geschichte dreht. Auf einer zweiten Stufe wird das thematisierte Medium reflektiert, d.h. an das mimetische Setting schließen sich Fragen

---

67 Prins Eugen: Ångbåt och skyskrapor (Dampfer und Hochhäuser, 1944, Öl auf Leinwand, montiert auf Pappe, 35x48cm, zu sehen im Stockholmer Museum Prins Eugens Waldemarsudde). Siehe z.B. https://collection-pew.zetcom.net/sv/collection/item/81217/ (letzter Abruf 13.3.2024).
68 Yngborn: Die Erzählung als erweiterte Ekphrasis.
69 Ebd., S. 243.
70 »Konsten […] måste vara öppen för alla.« Lindgren, Torgny: Brokiga Blad, in: Ders.: Berättelserna, Stockholm 2003, S. 373.
71 Rajewsky, Irina O.: Intermedialität, Tübingen u. Basel 2002, S. 156.

nach Wesen und Wirken der Kunst oder der Bedeutung des Kunstdiskurses ebenso an wie die Erprobung von Möglichkeiten, Wirkmächtigkeit, Effekten und Grenzen des in Frage stehenden Mediums. Auf einer dritten Stufe schließlich reflektiert sich Literatur selbst mithilfe des anderen Mediums (hier: dem Konkurrenzmedium der bildenden Kunst), etwa indem auf die Materialität des Buchmediums bzw. auf die ästhetischen Produktions- und/ oder Rezeptionsprozesse aufmerksam gemacht oder indem das mediale Kontrastverhältnis zur Abgrenzung und Konturierung des spezifisch literarischen Potenzials eingesetzt wird.

3. Intermedialität

Auch wenn mit den exemplarisch veranschaulichten Transferprozessen zwischen bildnerischer Gestaltung und Literatur ein Sonderfall der Intermedialität, nämlich die Wechselwirkung spezifischer etablierter Kunstarten vorliegt, lässt sich das Verhältnis für eine allgemeinere Definition von Intermedialität heranziehen: Intermediale Beziehungen sind »Spielarten von intersemiotischen Beziehungen«,[72] und insofern die Literatur selbst schon semiotisches Zeichensystem und Kommunikationsmedium ist, setzt die Beschäftigung mit Medien im Rahmen der Literaturwissenschaft immer schon Intermedialität voraus.

Der Intermedialitätstheoretiker Werner Wolf, von dem die zitierte Definition stammt, unterscheidet dabei zwei grundlegende Arten der intersemiotischen Beziehung als Grenzüberschreitung: »Intermedialität bedeutet das Überschreiten von Grenzen zwischen konventionell als distinkt angesehenen Kommunikationsmedien, wobei solches Überschreiten sowohl innerhalb von einzelnen Werken oder Zeichenkomplexen als auch zwischen solchen vorkommen kann.«[73] Mit diesen beiden Beziehungsarten »innerhalb« und »zwischen« Zeichenkomplexen bzw. Kommunikationsmedien (Intra- und Intermedialität) sind gängige Unterscheidungskriterien vorgegeben, nach denen auch die folgenden Abschnitte über intermediale Konstellationen systematisiert werden können: in Medienwechsel und **Medienkombination** (»Zwischen«-Beziehungen) – wie schon im Beispiel der Bilderbücher –

---

72 Wolf, Werner: Intermedialität: Konzept, literaturwissenschaftliche Relevanz, Typologie, intermediale Formen, in: Dörr, Volker C./Kurwinkel, Tobias (Hrsg.): Intertextualität, Intermedialität, Transmedialität. Zur Beziehung zwischen Literatur und anderen Medien, Würzburg 2014, S. 11–45, hier S. 21. An anderer Stelle spricht er von »cross-medial intersemiotic relations«. Wolf, Werner: The Musicalization of Fiction. A Study in the Theory and History of Intermediality, Amsterdam 1999, S. 47.

73 Wolf, Werner: Intermedialität – ein weites Feld und eine Herausforderung für die Literaturwissenschaft, in: Foltinek, Herbert /Leitgeb, Christoph (Hrsg.): Literaturwissenschaft – intermedial, interdisziplinär, Wien 2002. S. 163–192, hier S. 167.

sowie intermediale Bezüge (»Innerhalb«-Beziehungen),⁷⁴ die von einfachen Medienthematisierungen und Intermedialitätssignalen über diverse Funktionalisierungen von Medien(kontexten) bis hin zu einer umfassenden Medienästhetik als poetologisches Strukturprinzip reichen.

Als sich im ›Aufschreibesystem 1900‹ die neuen technischen Medien etablierten und ausdifferenzierten, hatten diese Medienumbrüche grundlegende Konsequenzen für gesellschaftliche Veränderungen. Es ist deshalb kein Wunder, dass die Literatur als Erprobungs- und Verhandlungsraum dieser Veränderungen um 1900 »eine Intensität an intermedialen Relationen und sogar Genres [...] auf[weist], die zuvor kaum ihresgleichen findet«.⁷⁵ Der folgende Abschnitt legt einen Fokus auf diese mediengeschichtliche Umbruchszeit.

3.1 Medienumbrüche um 1900 (technische Medien)

> Drei Epochen waren über das Dorf hinweggezogen: Telefon, Eisenbahn, elektrisches Licht. [...] Das vierte große Wunder kam sehr diskret ins Dorf. Man merkte es kaum. [...] Eines Tages hält ein klappriges Auto vor dem Videhof. Ein Mann mit Brille und Ledergamaschen steigt aus. Unterm Arm trägt er einen Kasten. In diesem Kasten liegt die ganze Welt. So weit ist das Dorf inzwischen gekommen, so weit ist die Zeit vorangeschritten, auch hier ist inzwischen die ganze Welt in einem kleinen Kasten enthalten. Ein paar Stunden später erhebt sich ein dünner Mast vom Dach des Videhofes. Drinnen in der Küche ertönen Melodien, Walzer, Polkas, Jazz, Saxophon – [...] Auf den Dächern des Dorfes werden immer mehr dünne Masten errichtet. [...] Die jungen Leute wissen, wie man die Stimmen der ganzen Welt aus dem All ins Dorf holt. Das Dorf ist Teil der Weltgemeinschaft.⁷⁶

Komprimiert auf wenigen Seiten umreißt Moa Martinsons Roman *Kvinnor och äppelträd* (1933; *Frauen und Apfelbäume*, 2007) mit der Nennung verschiedener Innovationen eine kompakte Medienumbruchsgeschichte, deren

---

74 Die Begriffsverwendung lehnt sich sowohl an Irina Rajewskys als auch an Werner Wolfs Ansatz an. Vreni Hockenjos und Stephan Michael Schröder präsentieren in einem Diagramm wesentliche Gemeinsamkeiten und Unterschiede dieser beiden »im deutschen Sprachraum wahrscheinlich bekanntesten« medientheoretischen Ansätze. Siehe Hockenjos, Vreni/Schröder, Stephan Michael: Zur Intermedialität, auch in den skandinavischen Literaturen um 1900, in: Schröder, Stephan Michael/Hockenjos, Vreni (Hrsg.): Historisierung und Funktionalisierung. Intermedialität in den skandinavischen Literaturen um 1900. Berlin 2005, S. 7–35, hier S. 12–14.
75 Ebd., S. 32.
76 Martinson, Moa: Frauen und Apfelbäume, übers. v. Birgitta Kicherer, Zürich 2007, S. 267f. – »Tre epoker hade byn fått dras med: telefon, järnväg, elektriskt ljus. [...] Den fjärde stora underligheten kom mycket diskret till byn. Man märkte det knappast. [...] En dag stannar en skamfilad bil vid Videgården. En man i glasögon och läderdamasker stiger ur. Under armen bär han en låda. I den lådan ligger hela världen. Så långt hade byn kommit nu, så hade tiderna gått, hela världen rymdes i en liten låda i byn. Om ett par timmar är rest en liten mast på Videgårdens tak. Inne i det stora köket tonar melodier, valser, polkor, jazz, saxofon [...]. Allt fler små master reser sig på taken i byn. [...] De unga förstår att hämta in världens röster ur rymderna. Byn är med i världskollektivet«. Martinson, Moa: Kvinnor och äppelträd, Stockholm 1995, S. 217f.

einzelne Medien im buchstäblichen Sinn epochemachend waren. Telefon, Eisenbahn und elektrisches Licht sind zwar allesamt technische Errungenschaften des 19. Jahrhunderts, doch dauert es in der schwedischen Provinz um einiges länger, bis das Dorf gemäß der medientypischen »Zeit-Raum-Kompression«[77] und einschließlich der Vernetzung durch das Radio zum »Teil der Weltgemeinschaft« (zum *Global Village*)[78] geworden ist.

Ausgehend von einer solchen modellhaften Mediengeschichte wollen wir uns an wesentlichen technischen Medieninnovationen des 19. Jahrhunderts exemplarisch vor Augen führen, wie sie literarisch thematisiert und als maßgebliche Dispositive für fiktionale Realitäten und Mentalitäten reflektiert werden, d.h. wie sie als Teil jener kulturellen Selbstdeutung zum Einsatz kommen, von der bereits in der Einleitung dieses Buches die Rede war. Wenn Medien in literarischen Texten vorkommen, indem sie inhaltlich eine Rolle spielen bzw. explizit genannt werden, handelt es sich um Medienthematisierungen (auf einer ersten, mimetischen Stufe), d.h. mit den Worten der Medientheoretikerin Irina O. Rajewsky: um den »Grundtypus der intermedialen **Systemerwähnung**«.[79]

In der Literaturwissenschaft wird auf einen klaren Kausalzusammenhang zwischen der Entstehung moderner Literatur und der modernen Mediengesellschaft hingewiesen, wobei betont wird, dass »verschiedenartige Texttypen der ganzen Epoche in einem wechselseitigen Verhältnis zur Medienentwicklung standen«.[80] Um solche Wechselverhältnisse genauer zu untersuchen, hat sich in der Literaturwissenschaft die **Medienästhetik** als neuere Richtung etabliert: Sie fragt nach der »infrastrukturellen Wechselwirkung zwischen *Poiesis* (der Hervorbringung der Welt durch die Infrastruktur) und *Aisthesis* (der Weise, wie wir diese infrastrukturell hervorgebrachte Welt wahrnehmen und begreiflich machen)«[81] – und damit eben auch gerade danach, wie sich mediale Veränderungen in der ästhetischen Gestaltung von Literatur niederschlagen. Solche Fragen werden schwerpunktmäßig unter Abschnitt 3.3 verhandelt. Auch wenn es hier einstweilen in erster Linie darum gehen soll, die verschiedenen Medieninnovationen des ausgehenden 19. Jahrhunderts

---

77 Vgl. Boasson, Frode Lerum/Malvik, Anders Skare/Warberg, Silje Haugen (Hrsg.): Det mediale gjennombruddet. Medieestetiske lesninger av det sene 1800-tallets litteratur, Oslo 2023, S. 17.
78 McLuhan, Marshall /Powers, Bruce R.: The Global Village: Transformations in World Life and Media in the 21st Century, New York u.a. 1989.
79 Rajewsky: Intermedialität, S. 79.
80 »Det historiske sammenfallet mellom den moderne litteraturens og det moderne mediesamfunnets fødsel er ikke tilfeldig, og i denne boken viser vi hvordan forskjelligartede teksttyper fra hele perioden sto i et utveklingsforhold til medieutviklingen.« Boasson et al.: Det mediale gjennombrottet, S. 10.
81 »den infrastrukturelle vekselvirkningen mellom poiesis (infrastrukturens frembringelse av verden) og aisthesis (den måten vi sanser og begrepsliggjør den infrastrukturelt frembrakte verden på)«. Malvik, Anders Skare: Telegrafiske forestillinger 1850–1877, in: Boasson et al: Det mediale gjennombrottet, S. 29–72, hier S. 41.

in literarischen Texten aufzuspüren und als seismographische Spuren einer Mediengeschichte zu lesen, eröffnen Medienthematisierungen – gerade in modernen Texten – fast immer auch eine ästhetische Dimension: Sie verweisen auf die Medialität der Texte selbst.

Telekommunikationsmedien

»Unser raumzeitlicher Körper kann, wenn er medial aufgerüstet wird, auch dort sein, wo er nicht ist – weshalb die Mediensprache das alte griechische Wort ›tele‹ (weit, fern) so liebt: Telefon, Telefax, Teleprompter, Television sind Medien der räumlichen Distanzüberbrückung.«[82] Die Medien der Telekommunikation, die seit den 1830er Jahren (Telegrafie) bzw. den 1870er Jahren (Telefonie) ihren Einzug in der westlichen Welt hielten, fanden schnell auch Niederschlag in der skandinavischen Literatur, wie das folgende Beispiel des dänischen Autors Hans Christian Andersen zeigt.

Beispiel: H.C. Andersen *Den store søslange* (1871; *Die große Seeschlange*, 1871)

Das Märchen handelt von Schrecken und Verwirrung der Meerestiere angesichts der Verlegung des transatlantischen Telegrafenkabels, denn

> während sie so im Wasser schwammen und an gar nichts dachten, sank mit einem schrecklichen Geräusch von oben herab mitten unter sie ein langes, schweres Ding, das gar kein Ende nehmen wollte; länger und länger streckte es sich, und jeder kleine Fisch, den es traf, wurde zerdrückt oder bekam einen Knacks, den er nie wieder verwinden konnte. Alle kleinen Fische und auch die großen, von der Meeresfläche hinab bis auf den Grund, stoben erschreckt beiseite; das schwere, gewaltsame Ding senkte sich tiefer und tiefer, es ward länger und länger, meilenlang, durch das ganze Meer.[83]

Die für Andersen typische Ambivalenz des Märchens zeigt sich in der teils modernekritischen Schilderung, der zufolge so manch ein Fisch »einen Knacks [bekam], den er nie wieder verwinden konnte«, und in teils visionär-euphorischer Lobpreisung der »großen Seeschlange unserer Zeit«, die durch Anspielungen auf Volksüberlieferungen bzw. die altnordische Sagen- und die Bibeltradition ihre mythische Überhöhung erfährt:

---

82 Hörisch: Einleitung, S. 20.
83 Andersen, Hans Christian: Die große Seeschlange, in: Ders.: Andersens Märchen. Ergänzungsband, übers. v. Guido Höller, Halle 1904, S. 328–335, hier S. 328f. – »men som de allerbedst svømmede i vandet og tænkte på ingenting, sank, med forfærdelig lyd, ovenfra, midt ned imellem dem, en lang, tung ting, der slet ikke ville holde op; længere og længere strakte den sig, og hver af småfiskene, som den ramte, blev kvast eller fik et knæk, den de ikke kunne forvinde. Alle småfisk, de store med, lige oppe fra havets flade og ned til dets bund, fór i forfærdelse til side; den tunge, voldsomme ting sænkede sig dybere og dybere, den blev længere og længere, milelang, gennem hele havet.« Andersen, Hans Christian: Den store Søslange. Et Nutids-Eventyr af H. C. Andersen. Trykt i Illustreret Tidende, 13. Bind, Nr. 638, 17.12.1871, 108. Sp. 2–109, Sp. 3. bzw. in: Andersen, Hans Christian: Eventyr og Historier. Ny Samling, Kjøbenhavn 1872, S. 50–63, hier S. 50f.

Es ist die große Seeschlange, von der schon längst in Liedern und Sagen erzählt ist. Sie ist geboren und großgezogen, entsprungen aus der Klugheit der Menschen und auf dem Meeresboden niedergelegt, wo sie sich von den Ländern des Ostens bis zu den Ländern des Westens erstreckt und die Botschaft so schnell weiterträgt, wie der Strahl des Lichts von der Sonne zu unserer Erde hinabdringt. Sie wächst, wächst an Macht und Ausdehnung, wächst Jahr für Jahr, durch alle Meere, um die ganze Welt herum, unter den strömenden Wassern und den glasklaren Wassern [...]. Ganz tief unten erstreckt sich die Schlange, eine segensreiche Midgardschlange, die sich in den Schwanz beißt, indem sie die Erde umschließt. Fische und kriechendes Gewürm rennt [sic] mit der Stirn dagegen, sie verstehen die Dinge von oben doch nicht: der Menschheit gedankenerfüllte, in allen Sprachen redende und doch lautlose Erkenntnisschlange des Guten und Bösen, das ungeheuerlichste von allen Meerungeheuern, die große Seeschlange unserer Zeit.[84]

Als weltumfassende »segensreiche Midgardschlange« ebenso wie die biblische, Adam und Eva verführende »Erkenntnisschlange des Guten und Bösen« oder auch als Leviathan, »das ungeheuerlichste von allen Meerungeheuern«, birgt das Telegrafenkabel eine Allmacht auf Gedeih und Verderb, deren Potenzial die Autorität des als sein Urheber anerkannten Menschen weit überschreitet. Die Folgen der Medieninnovation scheinen für Andersen nicht vollends absehbar zu sein.

Weniger beängstigend, dafür als vielversprechendes Zeichen der Einkehr der Moderne mit neuen Arbeits- und ökonomischen Verbesserungsmöglichkeiten, fungiert die Telegrafie rund 30 Jahre später in den norwegischen Romanen von Knut Hamsun. Allerdings fällt auch hier die indirekte Bewertung dieser neuen Medialität – Telegrafenlinien als »Nervenstränge der Zeit«,[85] – durchaus ambivalent aus, wenn z.B. im Roman *Markens grøde* (1917, *Segen der Erde,* 1917) die Arbeit zur Verlegung von Telegrafenmasten vom Protagonisten Isak als neumodische Einrichtung zwar höhnisch belächelt und verweigert, doch der Dienst der Telegrafie dann durchaus gern von ihm in Anspruch genommen wird. In Hamsuns Roman *Sværmere* (1904, *Schwärmer,* 1905) arbeitet der durchtriebene, unstetige und nicht gerade sympathische Protagonist als Telegrafist, was kein soziales Prestige verspricht, doch lässt sich seine trotz allem unentbehrliche Stellung durchaus gewinnbringend

---

84 Andersen: Ergänzungsband, S. 335. – »Den store søslange er det, omtalt længst forud i sange og sagn. Den er født og båren, sprungen ud fra menneskets snilde og lagt på havets bund, strækkende sig fra Østens lande til Vestens lande, bærende budskab hurtig som lysets stråle fra Solen til vor Jord. Den vokser, vokser i magt og udstrækning, vokser år for år, gennem alle have, Jorden rundt, under de stormende vande og de glasklare vande [...]. Dybest nede strækker sig slangen, en velsignelsens Midgårdsorm, der bider i sin hale, idet den omslutter Jorden; fisk og krybdyr løber med panden imod, de forstår dog ikke den ting ovenfra: Menneskehedens tankefyldte, i alle sprog forkyndende og dog lydløse kundskabsslange på godt og ondt, den vidunderligste af havets vidundere, vor tids den store søslange.« Andersen: Den store Søslange, S. 62f.
85 »Telegraflinjene ble tidens nervetråder«. Bastiansen, Henrik G./Dahl, Hans Fredrik: Norsk mediehistorie, Oslo 2008, S. 167.

(und berechnend) einsetzen, um beim Großhändler Mack Eindruck zu machen und seine Tochter herumzukriegen.

Auch bei dem interdisziplinär und intermedial experimentierfreudigsten Autor Schwedens um 1900 – bei August Strindberg, den man selbst als eine Art seismographisches Medium beschreiben könnte[86] – wird man fündig, wenn es um die literarische Thematisierung technischer Kommunikationsmedien geht. Telegrafie wird bei Strindberg als Verbindung zur Außenwelt, bevorzugt aber als Machtapparat mit nahezu okkultistischen Zügen eingesetzt. So steht etwa in seinem Drama *Dödsdansen* (1901, *Totentanz,* 1904) ein Telegrafenapparat prominent auf dem Schreibtisch in der Mitte der Bühne, kann vom Festungskapitän souverän bedient werden, bekommt aber laut Regieanweisung geradezu gespenstische Züge, als dieser nach einem Herzanfall dem Tode nahe ist: »Jetzt klopft der Telegrafenapparat ein einziges Mal und bleibt dann still. Der Kapitän fährt in Todesangst zusammen.«[87]

Beispiel: August Strindberg *Röda rummet* (1879; *Das rote Zimmer*, 1889)

Dass auch das Telefon bei Strindberg in einer ähnlichen Kombination von Macht und Tele-Suggestion eingesetzt wird, lässt sich schon am Haustelefon des Grafen in *Fröken Julie* (1888, *Fräulein Julie,* 1888) beobachten, über das der Diener Jean mehrfach seine Angst äußert.[88] Noch deutlicher erscheint in Strindbergs Roman *Röda rummet* das Haustelefon einer Buchdruckerei als apokalyptisch anmutendes, göttliches Allmachtsinstrument, wenn es in

---

86 Vgl. Heitmann: Intermedialität im Durchbruch, S. 153: »Die Veränderung des Medienbegriffs von der Bedeutung der Vermittlung über physikalische und parapsychologische Kontexte bis hin zu den elektrischen [...] Telemedien betrifft verschiedene Interessenschwerpunkte in Strindbergs Werk.« Wenig später wird betont, dass »er zudem mit einer geradezu seismographischen Fähigkeit aktuelle Diskurse und Trends aufzuspüren oder sie gar zu antizipieren vermag und somit nicht zuletzt die mediale Diskursivierung des modernen Subjekts abbildet«, ebd. S. 154.

87 »Nu knackar det i telegrafen ett enda tag och blir tyst. Kapten far tillsammans i dödsångest [...]«. – Strindberg, August: Dödsdansen, in: August Strindbergs Samlade Verk Bd. 44, hg. u. komm. v. Hans Lindström, Nationalupplaga, Stockholm 1988, S. 114.

88 »– ich brauche nur die Glocke von oben zu hören, so fahre ich wie ein scheues Pferd zusammen –« (S. 48). »Dass man solche Angst vor einer Glocke haben kann! ... Nun ja, schließlich ist es nicht einfach nur eine Glocke, da sitzt jemand am anderen Ende – eine Hand setzt sie in Bewegung [– und etwas anderes setzt die Hand in Bewegung] – aber da braucht man sich ja nur die Ohren zuzuhalten – Ohren zuhalten! Ja, doch läutet sie dann nur noch umso heftiger – er läutet immer weiter, bis er eine Antwort kriegt – und dann ist es zu spät!« (S. 77). – Strindberg, August: Fräulein Julie. Ein naturalistisches Trauerspiel. Mit Strindbergs Vorwort zur Erstausgabe, übers. v. Christel Hildebrandt, Stuttgart 2003. – »jag behöver bara höra klockan däroppe, så far jag ihop som en skygg häst –« (S. 150). »Att vara så rädd för en ringklocka! – Ja men det är inte bara en klocka – det sitter någon bakom den – en hand sätter den i rörelse – och något annat sätter handen i rörelse – men håll för örona bara – häll för örona! Ja så ringer han ändå värre! – ringer bara ända tills man svarar – och då är det för sent!« (S. 190) – Strindberg, August: Fröken Julie. Ett naturalistiskt sorgespel, in: August Strindbergs Samlade Verk, Bd. 27, hg. u. komm. v. Gunnar Ollén, Nationalupplaga, Stockholm 1984.

metaphorischer Verknüpfung von technischer Apparatur, kirchlicher Orgelarchitektur und Jüngstem Gericht zum Einsatz kommt:

> In der Mitte steht ein Schreibtisch vom Umfang eines Altars, dem Aussehen nach aber eine Orgel mit vielen Registern, bestehend aus der kompletten Knopfklaviatur eines Lufttelegrafen und trompetenhaften Sprechrohren, die mit allen Räumen im Haus kommunizieren. [...]
> Er geht zur Orgel, zieht ein paar Register und Antwort gibt ein Pfiff. [...]
> Er legt den Mund an eine Trompete: »›Siebte Posaune, achtes Wehe!‹ Nyström! Mediäval, Punkt acht, vorrätig, Überschriften in Fraktur, Namen gesperrt!« Aus derselben Trompete ruft eine Stimme: »Manuskript fehlt!« [Der Redakteur] setzt sich an die Orgel, nimmt ein Blatt, greift zur Feder und lässt sie übers Papier gleiten, während [er] durch die Zigarre hindurch spricht. [...]
> Er springt auf, zieht ein anderes Register und ruft in eine andere Trompete: »Korrektur von ›Hast Du Deine Schulden bezahlt‹!« Woraufhin er fortfährt, das eine zu sagen und das andere zu schreiben. [...]
> Ein Laufbursche bringt die Korrektur. [Der Redakteur] gibt sie an Falk weiter und sagt durch die Nase – da der Mund beschäftigt ist: »Lesen Sie das!«, während er den Jungen mit den Augen anschreit: »Hiergeblieben!« [...]
> (mit einer Ohrenbewegung großtuerisch zu Falk: »Hören Sie, ich kriege alles mit!«) [...] Die Zigarre fährt zu sprechen fort. [...]
> Jetzt gibt er dem Laufburschen das Manuskript und schreit – mit dem Mund: »Vier Winkelhaken ›Siebte Posaune‹ an Nyström!«[89]

Dem imposanten kirchlich-technischen Arrangement aus Altar, Orgel sowie »der kompletten Knopfklaviatur eines Lufttelegrafen und trompetenhaften Sprechrohren« entspricht sowohl die Mischung aus biblisch-apokalyptischem Duktus (»Siebte Posaune«) und modernem technokryptischem Fachjargon (»Mediäval, Punkt acht, vorrätig, Überschriften in Fraktur, Namen gesperrt!«), als auch die Vielstimmigkeit des Akteurs, der durch die Zigarre

---

89 Strindberg, August: Das Rote Zimmer, aus dem Schwedischen v. Renate Bleibtreu, Nachwort von Peter Henning, Zürich 2012, S. 145–148. – »Mitt i rummet står ett skrivbord stort som ett altare, men liknande en orgel med många stämmor, vilka senare här utgöras av en hel klaviatur knappar till lufttelegrafer, och trumpetlika talrör som kommunicera med alla byggnadens lokaler. [...] Han går fram till orgeln och drar ut ett par stämmor, varpå höres till svar en vissling. [...] Han sätter munnen till en trumpet och ropar: – »Sjunde basunen och åttonde ve! Nyström! Mediæval, 8, i förråd, fraktur i rubrikerna, namn spärrade!« En röst svarar i samma trumpet: »Fattas manuskript!« Masken sätter sig vid orgeln, tar en penna och ett ark papper och låter pennan fara över papperet under det han talar genom cigarren. [...] Han springer upp och drar ut en annan stämma och ropar i en annan trumpet: Korrektur på Har Du betalt dina skulder! – Och så fortsätter han att tala ett och skriva ett annat. [...] En pojke kommer in med korrektur. Masken räcker det över åt Falk och säger med näsan – emedan munnen är upptagen – »läs ni det där!«, under det han skriker med ögonen åt pojken: »vänta!« [...] (med en rörelse på öronen säger han skrytsamt åt Falk: »hör ni att jag är med!«) [...] Cigarren fortfar att tala. [...] Därpå lämnar han manuskriptet åt pojken och skriker – med munnen.« »Fyra vinkelhakar Sjunde Basunen åt Nyström!« Strindberg, August: Röda rummet, in: Ders.: Samlade Verk, Bd. 6, hg. u. komm. v. Carl Reinhold Smedmark, Nationalupplaga, Stockholm 1981, S. 82–84.

hindurch oder durch die Nase spricht, mit den Augen schreit und sich selbst noch durch die Ohren mitteilen kann. »Durch den grotesken mimischen Einsatz metonymischer Körperteile sendet [der Redakteur] zusätzliche Signale aus, sein Körper wird zu einem sendenden Superzeichen«, der Text führt die »Adaption des Redakteurs an die Apparatur« vor.[90] Modernität drückt sich in der Motivverknüpfung, der sprachlichen Komposition und der Nachbildung des Mediendispositivs bis in die körperliche Instrumentalisierung aus: »Nicht nur die Botschaften werden vom Medium geformt, sondern auch die Kommunizierenden.«[91]

Die beunruhigende Dimension einer solchen Erfahrung, die sich in der literarischen Thematisierung technischer Medien Ausdruck gibt, hat Friedrich Kittler als »Ästhetik des Schreckens« bezeichnet: »[G]erade in der Gründerzeit technischer Medien wirkte ihr Schrecken so übermächtig, daß Literatur ihn exakter verzeichnete als im scheinbaren Medienpluralismus von heute.«[92]

Auch dänische Textbeispiele wie Holger Drachmanns Gedicht: *Nu kommer den hvide Vinter* (1894, *Nun kommt der weiße Winter*), oder Johannes V. Jensens Mythe *Vinternat* (1907, *Winternacht*) zeugen von der Bedrohlichkeit oder Unheimlichkeit der Telefonie als einer neuen medialen Erfahrung, die angesichts der paradoxen Gleichzeitigkeit von stimmlicher An- und körperlicher Abwesenheit, von räumlicher Distanz und intimer Nähe am Ohr »Unordnung in den Dimensionen« hervorbrachte und in literarischen Formen von Hektik und Nervosität oder in unheimlichen Geisterstimmen ihren Ausdruck fand.[93] Andere Telefonbeispiele zielen weniger auf den Schrecken der Technik ab, als auf neue Risiken und Möglichkeiten der sozialen Interaktion. So führt der Einakter *I Telefon* (1886; *Am Telefon*) von Strindbergs schwedischer Zeitgenossin Victoria Benedictsson die Raffinessen der intimen Distanz und ein akustisches Begehren vor, dessen Facetten vom erotischen Reiz der Stimme bis zum unerkannten Belauschen vertraulicher Gespräche erprobt werden.[94]

Während das Telefon als neues Kommunikationsmedium »die Ursprünglichkeit des Ortes ab[schaffte]«,[95] wurden technische Aufzeichnungs- und Speichermedien wie der Phonograph und die Fotografie als »Spur des Realen«

---

90 Wischmann, Antje: ›Hallå?‹ Telefonieren als soziale Praxis und Distinktion in Texten August Strindbergs und Victoria Benedictssons, in: Eglinger et al. (Hrsg.): Schriftfest | Festschrift. Für Annegret Heitmann, München 2018, S. 273–299, hier S. 278f.
91 Ebd., S. 282.
92 Kittler: Grammophon, Film, Typewriter, S. 5.
93 Siehe Zerlang, Martin: Die Kunst des Telefonierens. Die ersten Anrufe in der dänischen Literatur, in: Schröder/Hockenjos (Hrsg.): Historisierung und Funktionalisierung, S. 105–123, hier S. 118.
94 Siehe Wischmann: ›Hallå?‹.
95 Ronell, Avital: Das Telefonbuch. Technik, Schizophrenie, Elektrische Rede [1989]. übers. v. Rike Felka, Berlin 2001, S. 12.

und durch konservierte Vergangenheit zu »Monumente[n] über die Vergänglichkeit allen Seins«:[96] Sie erschütterten gängige Zeiterfahrungen und wurden deshalb oft mit der Sphäre des Geisterhaften verknüpft – auch hierfür sind August Strindbergs (nicht nur literarische) Erkundungen neuer technischer Medien beispielhaft.

Visuelle Medien

Wie bei Strindberg bündeln sich auch in den Dramen seines norwegischen Kollegen Henrik Ibsen alle möglichen zeittypischen Themen, Diskurse, Intertexte und Medienbezüge. Nicht nur die bildende Kunst liefert ästhetisches und diskursives Material für Ibsens Stücke,[97] sondern auch die Fotografie. Diese Weiterentwicklung der seit 1839 eingeführten Daguerreotypie etablierte sich rasch als innovatives Bildmedium, dessen technische Hervorbringung des Abbilds (neben der Apparatur und chemischen Prozessen) wesentlich von der Bedeutung des Lichts abhängig war. Auch die Prozedur zur Herstellung eines Negativs, von dem beliebig viele positive Abzüge gemacht werden konnten, gehört zum Dispositiv der Fotografie.

Beispiel: Henrik Ibsen *Vildanden* (1884; *Die Wildente*, 1887)

Dass solche medienspezifischen Prinzipien eine wichtige motivische wie konzeptuelle Rolle für Ibsens Drama *Vildanden* spielen, zeigt sich schon in der ersten Regieanweisung, in der durch die Beleuchtung ein Hell-Dunkel-Kontrast hergestellt wird zwischen der gedämpften Beleuchtung auf der Vorderbühne zu dem strahlend erleuchteten Raum der Hinterbühne. Eine Art Negativ dazu bildet in den folgenden Akten der Kontrast zwischen der Atelierwohnung des Fotografen Ekdal und dem auf der Hinterbühne befindlichen dunklen Speicherraum, in dem sich die Wildente befindet. Die Handlung spielt sich überwiegend in der Wohnung des Fotografen Hjalmar Ekdal ab, die zugleich als sein Atelier fungiert. Das Thema der Fotografie ist damit schon im Bühnenraum angelegt, und die Praxis der Fotografie ist präsent, wenn etwa Kunden zur Portraitfotografie erwartet oder Fotos ausgebessert und retuschiert werden. Als weitere Elemente aus dem Umfeld des Fotografischen lassen sich, neben den genannten Licht- und Schatten-Arrangements bzw. Hell-Dunkel-Kontrasten, die über Regieanweisungen präsent sind, auch die Interaktionen und Dialoge über schlechte Augen, Lichtempfindlichkeit und die Metaphorik des Sehens verstehen.

---

96 Hockenjos, Vreni: Das Grauen im Speicher. August Strindbergs Funktionalisierung des Phonographen, in: Schröder/Hockenjos (Hrsg.): Historisierung und Funktionalisierung, S. 125–157, hier S. 136.

97 Wie Heitmann detailliert aufzeigt, spielt die Bildkunst eine zentrale Rolle – neben dem Drama *Når vi døde vågner* (1899) um den Bildhauer Rubek – in Ibsens Stück *Fruen fra Havet* (1888), vgl. dazu Heitmann: Intermedialität im Durchbruch, Kap. 7.

Doch auch in anderer Hinsicht erweist sich die Dramenhandlung metaphorisch als vom Dispositiv der Fotografie infiltriert. Der Hauptkonflikt des Dramas betrifft die ›Lebenslüge‹ der Familie Ekdal, deren Schicksal von der Wohltätigkeit des Großhändlers Werle abhängig ist, welche sich allerdings als dessen eigennützige Selbstschutz- und Vertuschungsstrategie entpuppt. Denn der eigentliche Beweggrund seiner großzügigen Hilfe bei Hjalmar Ekdals beruflicher wie familiärer Etablierung war Werles zweifelhafte Vergangenheit, die ebenso illegale Geschäfte wie eine heimliche Liebschaft mit der Haushälterin und ein uneheliches Kind umfasst. Wenn Hjalmar unwissend Frau und Kind von Werle übernommen hat, wird das ›Bild‹ seiner Familienidylle benutzt, um Werles Vergangenheit zu ›retuschieren‹. Hjalmar selbst ist allerdings ebenso ein Retuschierkünstler, was seine eigenen Unzulänglichkeiten (mangelndes soziales Ansehen, Arbeitsunlust, seine nur in der Illusion existente ›Erfindung‹ als Lebensprojekt) betrifft. Das fotografische Dispositiv in *Vildanden* handelt somit von inszenierter Theatralität, von retuschierten Tableaus und arrangierten Posen, die die Figuren einnehmen, um von der unbeschönigten Realität ihres Lebens absehen zu können. In diesem Zusammenhang erhält die Fotografie in erster Linie den Charakter des Unechten, der Beschönigung und Lüge.

Diese Bildskepsis steht im Kontrast zum Realitätsversprechen und zu den Vorstellungen, die sich in der Entstehungsgeschichte des fotografischen Bildmediums zunächst mit der ›Echtheit‹ von Daguerreotypie und Fotografie im Sinne einer naturgetreuen Abbildung von Realität verbunden hatten.[98] Medien*historisch* ließe sich also argumentieren, dass Ibsens Instrumentalisierung des fotografischen Dispositivs bereits eine fortgeschrittene Phase der Medienetablierung betrifft, wo nach anfänglicher Medieneuphorie die Skepsis folgt. Medien*ästhetisch* zeigt sich aber auch, dass diese Bildskepsis im Kontrast zum Realitätsversprechen nicht nur der Fotografie, sondern auch des Dramas selbst steht: Das Thema der Fotografie und seiner theatralischen Facetten verweist auch auf ein Misstrauen in den Realismus des Dramas, für den Ibsen bis dahin gefeiert wurde, und zu dem er sich (vor allem in seinem Spätwerk) zunehmend kritisch verhält.

Generell zeichnet sich in der Literatur des späten 19. Jahrhunderts eine intensive intermediale Auseinandersetzung mit Phänomenen der Visualität ab, für die sowohl die technisch-visuellen Medien Stoff lieferten als auch die Tradition der bildenden Kunst.[99] Die Erschütterung gängiger Wahrnehmungsbedingungen durch die neuen Technologien, also die Modernitätserfahrung, dass virtuelles Medienerleben die Primärerfahrung ersetzt, gab Anlass zur literarischen Erprobung neuer erkenntnistheoretischer wie ästhetischer Ausdrucksformen.

---

98 Vgl. Grøtta, Marit: Den poetiske imaginasjonen etter Daguerre, in: Boasson et al. (Hrsg.): Det mediale gjennombruddet, S. 73–107.
99 Siehe insbesondere Heitmann: Intermedialität im Durchbruch.

Beispiel: Herman Bang

Ein Beispiel dafür ist der dänische Autor Herman Bang, der um 1900 in Anlehnung an die bildende Kunst eine impressionistische Poetik entwickelte. Es handelt sich um eine Schreibform, die sich u.a. durch die scheinbare Abstinenz einer Erzählstimme und die Auflösung von Kausalverbindungen auszeichnet, die also rein äußerliche Eindrücke wiedergibt und somit in der Forschung gern auch als eine Art filmischer Erzählmodus beschrieben wurde, nämlich mit Ausdrücken wie ›Schnitt-Technik‹, ›Kamerablick‹ oder ›Beweglichkeitstechnik‹ *avant la lettre*. Doch da der Film zur Zeit von Bangs Poetik noch nicht erfunden war, birgt eine solche Interpretation die Gefahr, dass wir mit unserem heutigen filmgeschulten Auge anachronistisch lesen, d.h. ein Bewusstsein oder ästhetisches Verfahren auf Texte projizieren, die dies schon aus historischen Gründen nicht so geleistet haben können. Stattdessen ist zu berücksichtigen, dass sowohl die Entwicklung des Film-Mediums als auch bestimmte ästhetische Verfahren in der Literatur das gemeinsame Resultat von spezifischen kognitiv-sozialen Entwicklungen bzw. »isomorphen Strukturen des Diskurses« waren, die durch diverse optische Erfindungen und Sensationen des 19. Jahrhunderts vorbereitet wurden.[100] Die Interferenzen zwischen Literatur und Film (wie auch anderer visueller Medien) sind als medienhistorisch bedingte Zeiterscheinungen der Moderne zu verstehen, die – auch ästhetisch – zur Beweglichkeit des (erzählerischen) Blicks und zur Auflösung von zeitlicher Linearität in räumliche Strukturen führten.

Die intermedialen Bezüge, die in den hier dargelegten Beispielen sichtbar geworden sind, werden zunächst als literarische Medienthematisierung sichtbar, also in Rajewskys Terminologie als Einzelmedien- oder **Systemreferenz**, die sich auf der inhaltlichen Ebene des Textmediums niederschlägt. Allerdings bleibt es selten bei einer bloßen Thematisierung, sondern die bisherigen Ausführungen zeigen auch, dass die intermedialen Bezüge auf verschiedenen Ebenen, nicht zuletzt für ästhetische und poetologische Fragen, instrumentalisiert werden. Als zeitspezifische Diskurse oder als Katalysatoren für Veränderungen in Wahrnehmung und kulturellen Praktiken geben die Medien Aufschlüsse über soziokulturelle Umbrüche und ihre ästhetische Verarbeitung. Im Gegensatz zu diesen Formen indirekter Intermedialität handelt der folgende Abschnitt von manifester bzw. direkter Intermedialität, d.h. von (mindestens) zwei verschiedenen Medien, die in ein konkretes materielles Verhältnis zueinander treten, sei es durch ihre Kombination – wie schon

---

100 Als solche optischen Attraktionen nennt Stephan Michael Schröder (auf dessen Aufsatz sich der vorliegende Abschnitt bezieht) mindestens 10 verschiedene Arten wie z.B. Panorama, Diorama, Kosmorama etc. Vgl. Schröder, Stephan Michael: Herman Bangs poetik i ›filmisk‹ belysning. In: Tidskrift för litteraturvetenskap 27 (1997: 3–4), S. 180–197.

bei den Bilderbüchern – oder durch einen Wechsel von einem zum anderen Medium.

3.2 Medienkombination, Medienwechsel, Medienkontexte

Beispiel: Filmadaption (2023) von Karen Blixen *Ehrengard* (1963; *Ehrengard*, 1965)

Wenn ein Roman in einen Film transformiert wird, so handelt es sich auf den ersten Blick um einen einfachen Wechsel von einem monomedialen Medium (Buch) in ein anderes (Film). Doch so einfach sieht es nur an der Oberfläche aus. Denn der Film ist an sich schon ein **polymediales** Artefakt, indem er unsere visuellen und akustischen Sinne zugleich anspricht und ältere Medien(dispositive) oder mediale Praktiken (z.B. Text, Oper, Theater) beinhaltet. Versteht man Medienwechsel als einen Wechsel des Zeichensystems, wird man der Komplexität eines solchen Zusammenwirkens gerechter. Wenn nun etwa eine Erzählung wie Karen Blixens *Ehrengard* (1963)[101] als Netflix-Film (*Ehrengard. Forførelsens kunst*, 2023, Regie: Bille August) adaptiert wird, so kann man die Literaturverfilmung im Speziellen als eine Medienkombination betrachten, die Wortmedium (Novelle) und Bildmedium (filmische Form) vereint.

Blixens Novelle ist eine virtuose und verschachtelte Erzählung, die die Verführung durch die Kunst ebenso wie die Kunst der Verführung behandelt. Letztere erfolgt allerdings mit umgekehrten Vorzeichen: In ironischer Umkehrung mündet die Verführungsintrige des Malers Cazotte, der als »unwiderstehlichster Don Juan seiner Zeit«[102] präsentiert wird, in den Misserfolg. Cazotte stellt sich angesichts einer weiblichen Gegen-Finte als der eigentlich Verführte heraus, und seine Niederlage kann auch im Rahmen eines ästhetischen Wettstreits zwischen Wort- und Bildkunst gedeutet werden: »Die Erzählung führt uns vor, dass das mimetische Kunstkonzept zwar weiter besteht, aber keine Verführungs- und Überzeugungskraft mehr hat.«[103]

Vor diesem Hintergrund ist es interessant, auf das Kunstkonzept des Films *Ehrengard* zu fokussieren. So wird etwa mit einer computergenerierten Filmkulisse gearbeitet, deren Vorbild die Bildcollagen der dänischen Königin Margrethe II bildeten – es handelt sich hier also um ein **Medienkonglome-**

---

101 Der Text erschien erstmals 1962 in englischer Sprache unter dem Titel »The secret of Rosenbad« und wurde auf Dänisch erst posthum herausgegeben. Man geht von 1952 als eigentlicher Entstehungszeit des Textes aus, auch wenn er danach noch durch Blixen bearbeitet wurde.
102 »Tidens mest uimodstaaelige Don Juan«. Blixen, Karen: Ehrengard, übers. v. Clara Svendsen, København 1963, S. 12. / »the irresistible Don Juan of his age«. Dinesen, Isak: Ehrengard, New York 1963, S. 10.
103 Heitmann, Annegret: »The Whole World«. Globalität und Weltbezug im Werk Karen Blixens/Isak Dinesens, Baden-Baden 2021, S. 107.

rat, dessen künstlerische Engführung von Text und Bild sich über den Film hinaus erstreckt: Begleitend zur Filmpremiere im Herbst 2023 gab es im Karen-Blixen-Museum Rungstedlund unter dem Titel »Forførelsens Portræt« (»Portraits of Seduction«) eine Sonderausstellung von Königin Margrethes Bildcollagen (81 Découpagen und 51 Kostümzeichnungen) sowie einen 40minütigen Dokumentarfilm über ihre Zusammenarbeit mit dem Filmregisseur Bille August. Überdies wurde Blixens Erzählung in einer Prachtauflage, illustriert mit Margrethes Découpagen, neu herausgegeben.[104]

Ein solches komplexes Zusammenspiel von gegenseitig adaptierten Medienformen, dessen Popularität laut der kanadischen Literatur- und Medientheoretikerin Linda Hutcheon schon in der romantischen Tradition der Opern, Tänze, Gedichte, Liedvertonungen und *Tableaux vivants* verwurzelt ist, lässt sich mit Hutcheons Konzept der **Adaption** (engl. *adaptation*) – als Produkt und Prozess – beschreiben.[105] Der Begriff der Adaption ist insofern brauchbar, als er sich auf alle möglichen Medienwechsel beziehen kann. Andere Forscher haben allerdings diesen Terminus und die damit implizierte Medienrelation als asymmetrisches Vereinnahmungsverhältnis kritisiert und stattdessen den Begriff der **Transformation** vorgezogen, um damit ein gleichwertigeres Medienverhältnis und die Ambivalenz »zwischen rezeptiver Bezugnahme und produktiver Eigenständigkeit«[106] zu betonen. Beide Termini, die Adaption oder die Transformation, eignen sich aber, um im Hinblick auf die Literaturverfilmung den Transfer von einem *telling*- in einen *showing*-Modus als eine komparatistische Frage nach medialen Korrespondenzen zu verhandeln – also im Hinblick auf unser *Ehrengard*-Beispiel: Auf welche Weise wird die Komplexität der Erzählung, ihre Überraschungstechnik sowie ihr mäanderndes Verschachtelungsverfahren zwischen verschiedenen Erzählungsteilen und zwischen mündlicher Erzählung und Schriftkommunikation, in korrespondierenden visuellen bzw. filmischen Verfahren sichtbar?

Ein solcher Ansatz entfernt sich von bloßen Beurteilungen inhaltlicher Werktreue und fragt vielmehr nach der **Wirkungsäquivalenz**.[107] Er kann absehen von gewissen Reduktionen der Figuren im Film oder von wenig werkgetreuen Episodenumstellungen und Auslassungen in der *story*. Stattdessen fokussiert er etwa auf die Hyperrealität der collagenartigen computergenerierten Filmkulissen, die mit dem von Königin Margrethes angestrebten Täuschungseffekt (»synsbedrag«) der Découpagen korrespondieren, die wie-

---

104 Blixen, Karen: Ehrengard, illustrierte Prachtausgabe mit Découpages v. Dronning Margrethe II, mit einem Nachwort v. Johnny Kondrup, Skive 2023.
105 Hutcheon, Linda: A Theory of Adaptation, New York 2006.
106 Volk, Stefan: Film lesen. Ein Modell zum Vergleich von Literaturverfilmungen mit ihren Vorlagen, Marburg 2010, S. 33.
107 Siehe Bohnenkamp, Anne: Literaturverfilmung als intermediale Herausforderung, in: Lang, Tilman/Bohnenkamp, Anne (Hrsg.): Literaturverfilmungen. Interpretationen, Stuttgart 2005, S. 9–40.

derum von der Fabulierlust, Heterogenität und Mimesiskritik in Blixens Novelle inspiriert sind. – Oder er kann erklären, dass die in Blixens Erzählung so zentrale Funktion des Errötens (als Zeichen und Ziel der erfolgreichen Verführung) in der filmischen Adaption/Transformation durch eine filmwirksamere Ohnmacht ersetzt worden ist. Die Frage nach der Wirkungsäquivalenz zielt auf die Gesamtheit der ästhetischen Korrespondenz der Adaption mit dem adaptierten Text – unter Berücksichtigung der produktiven Eigenständigkeit des jeweiligen Mediums.

Beispiel: *Valdemar og Tove*-Adaptionen (J.P. Jacobsen, Arnold Schönberg)

Dies lässt sich freilich auch auf andere Medienwechselverhältnisse und Kombinationen übertragen. So kann man etwa untersuchen, unter welchen jeweiligen kulturgeschichtlichen und ästhetischen Bedingungen der Balladenstoff um Valdemar und Tove in verschiedenen Dichtungen und Vertonungen adaptiert wurde – und welche (wirkungs)ästhetischen Konsequenzen ggf. die Kopräsenz von Schrift und Ton hat. Eine **Transformationsanalyse** solcher Balladenadaptionen kann auf verschiedene Aspekte fokussieren. Die Ballade *Valdemar og Tove*, die 1862 in einem Standardwerk zur dänischen Volksballade von Svend Grundtvig herausgegeben wurde[108] und dadurch neue Popularität erlangte, lieferte Material für viele dänische Dichter der Romantik wie z.B. Hans Christian Andersen, Adam Oehlenschläger, Christian Winther, Bernhard Severin Ingemann oder Johan Ludvig Heiberg. Dabei wurde häufig die balladentypische intermediale Kombination von Wort, Gesang und Tanz auf das Wortmedium beschränkt und der Balladeninhalt stark an das beliebte Kopenhagener Ausflugziel Schloss Gurre, den Jagdsitz des historischen Königs Valdemar Atterdag, geknüpft.

Eine der berühmtesten dänischen Adaptionen der *Valdemar og Tove*-Ballade ist Jens Peter Jacobsens Dichtung *Gurresange* (1868; *Gurrelieder*, 1899). Auffällig ist dabei, dass Jacobsen einerseits den Inhalt der Ballade auf wenige einschlägige Szenen reduziert und damit ihre narrative Sequenz zugunsten einer musikalisch inspirierten Affektstruktur fragmentarisiert. Der Text ist somit zwar nicht vertont, aber in seinen Stimmungsbildern von einem musikalischen Prinzip inspiriert. Dies setzt voraus, dass der Inhalt der Ballade bekannt ist, da wesentliche Handlungselemente wie z.B. Toves Tod ausgelassen und stattdessen nur über die expressiven Gefühlszustände, etwa in Gedichtformen des Lobgesangs und der elegischen Klage, mitteilbar werden.[109] Jacobsen stellt die Ballade also in einen neuen musikalischen Zusammenhang, der sich nicht materiell, sondern konzeptuell erschließt – über den Rückgriff auf ein romantisches Ideal des musikalisch-affektiven Gefühlsausdrucks.

---

108 Grundtvig (Hrsg.): Danmarks gamle Folkeviser, Bd. III, S. 20–53 (DgF 121).
109 Vgl. Andersen, Per Thomas : Affective Narratology in J.P. Jacobsen's ›Gurresange‹ (1867–1870) and Arnold Schönberg's ›Gurrelieder‹ (1901–1911), in: Ders.: Story and Emotion: A Study in Affective Narratology, Oslo 2016, S. 118–133 (https://doi.org/10.18261/97882150 28255-2016).

Diese konzeptuelle **Remusikalisierung**[110] der Ballade durch Affektanalogie bildete den Ausgangspunkt für Arnold Schönbergs konkrete Remusikalisierung, d.h. seine Vertonung der deutschen Übersetzung von Jacobsens *Gurresange*. Die *Gurrelieder* (1913) des österreichischen Komponisten Schönberg bieten einen interessanten Referenzbezug hinsichtlich der Frage nach ihrer Wirkungsäquivalenz. Die ästhetischen Verfahren von Jacobsen und Schönberg sind nämlich insofern grundlegend verschieden, als Jacobsen seine Dichtung in den Kontext der Verfremdung stellt, indem er das Material stark fragmentarisiert und dem Ende des Gedichtzyklus mit der Möglichkeit des Traumes ein relativierendes Moment verleiht, während Schönberg – von Richard Wagner beeinflusst – sehr viel stärker ganzheitlich vorgeht und den Fragmenten wieder einen musikalisch-narrativen Zusammenhang verleiht, der auf ein versöhnliches Ende ausgerichtet ist.[111]

Beispiel: Simon Stålenhag

Intermedial mehrgleisig arbeitet der schwedische Autor bzw. Digital-Bild- und Tonkünstler Simon Stålenhag (*1984), dessen Science-Fiction-Narrative und Text-Bild-Werke international und über verschiedene Kanäle vermarktet werden – die schwedische Kritik verwendet den Begriff »Konstbok« (Kunstbuch), die deutsche Übersetzung den des »illustrierten Romans«, die englische Rezeption spricht von »Narrative Art Books«. An diesen polymedialen Artefakten wird, über eine direkte Medienkombination von Text und Bild hinaus, das Zusammenspiel verschiedener **Medienkontexte** und materieller Ausdrucksformen auch im Hinblick auf Folge- und Koproduktionen sichtbar. Stålenhag produziert Computergraphiken, die wie fotorealistische Gemälde aussehen, und indem er sie zu autofiktionalen Narrativen aus den 1980er und 1990er Jahren arrangiert, entwirft er nostalgische Retro-Parallelwelten, deren mysteriöse Maschinenruinen, die wie Fremdkörper in der Landschaft stehen, den Eindruck einer bereits kaputtgegangenen Zukunftsdimension des Wohlfahrtsstaats vermitteln. Diese eigentümliche Überlagerung von Nostalgie und Dystopie, von Wunschbildern der Kindheitserinnerung und düsteren Szenarien aus dem Endstadium der Wohlfahrtsgesellschaft nach ihrer ›techneuphorischen‹ Kulmination hat in der internationalen Science-Fiction-Szene viel begeisterte Resonanz bekommen. So wurde Stålenhags erster Bildband *Ur varselklotet* (2014, *Tales from the Loop*, 2020), der die Jugenderinnerungen des Autors in einen mysteriösen Technikzusammenhang versetzt, von dem amerikanischen Drehbuchautor Nathaniel Halpern aufgegriffen, um eine

---

110 Zur Verwendung der Begriffe »Remusikalisierung« und »sekundäre Musikalisierung« sowie für einen Überblick über die vielen Balladen-Adaptionen von Valdemar og Tove vgl. Grage, Joachim: Sekundäre Musikalisierung. Vertextungen und Vertonungen von Valdemar og Tove, in: Heitmann, Annegret/Yngborn, Katarina (Hrsg.): »Rider ud saa vide«. Balladenspuren in der skandinavischen Literatur, Freiburg/Berlin/Wien 2016, S. 127–145.

111 Vgl. Andersen: Affective Narratology.

achtteilige melancholisch-poetische Streaming-Serie mit dem Titel *Tales from the Loop* (2020) zu kreieren. Ihre einzelnen Folgen sind relativ locker (über die Figuren) verbunden und stellen auch je für sich eine abgerundete Erzählung dar, für deren Regie jeweils unterschiedliche Personen verantwortlich sind. Mit minutiös nachgebauten Gebäuden und Maschinen – bzw. Objekten, die Stålenhag eigenhändig für den Film entworfen hat – werden seine Bilder zum Leben erweckt, wird die Mischwelt aus Alltag und Science-Fiction-Elementen (wenn auch losgelöst von ihrem spezifisch schwedischen Kontext) filmisch realisiert.

Über die Filmresonanz hinaus – sein drittes Buch *Passagen* (2017; *The Electric State,* 2018) wurde für die Streaming-Plattform Netflix verfilmt – stellen die Bildbände den analogen und materiellen Teil einer umfassenderen virtuellen Welt dar, die durch atmosphärische Soundtrack-Kompositionen des Künstlers, durch Rollenspielangebote und virtuelle Umgebungen vervollständigt wird. Stålenhags Instagram-Account liefert begleitende Medien- und Stimmungsangebote in Bild, Film und Ton, die die Grenze zwischen Realität und virtueller Kunst verschwimmen lassen. Die Erzählformen solcher Medienkonglomerate lassen sich nicht mehr klassisch-linear, sondern vielmehr als intermediale Bereitstellung neuer virtueller Räume begreifen, in die man auf verschiedene Weise eintauchen kann. Der Umstand, dass ausgerechnet solche Praktiken – das Sich-Verlieren in virtuellen Welten – zu den dystopischen Endzeitszenarien führen, die Stålenhag präsentiert, ist die selbstreflexive Pointe seiner Arbeiten.

3.3 Medienästhetik und Medienpoetik: Intermediale Bezüge im Zeitalter von Rundfunk und Neuen Medien

Intermedialität geht häufig einher mit einem medienanthropologischen oder epistemologischen Anliegen: Das Spiel mit den Medien dient dazu, die Bedingungen menschlichen Daseins, menschlicher Kultur und menschlicher Wahrnehmung sichtbar zu machen, zu erkunden oder zu problematisieren. Literarisch verhandelte Medien(kontexte) oder intermediale Bezüge können Aufschluss geben über die jeweiligen kultur- und medienhistorischen Hintergründe.

Die verschiedenen Abstufungen im Blick auf die *Darstellung* von Medien(systemen) *in* der Literatur und die *Auswirkungen* derselben *auf* die Literatur ermöglichen unterschiedliche wissenschaftliche Fragestellungen innerhalb der Intermedialitätsforschung. Eine spezifische **medienästhetische** oder **poetologische** Funktion haben intermediale Konstellationen und Bezüge in der Literatur, wenn sie dezidiert als wesentliche Gestaltungsgrundlage und für selbstreflexive Schreibverfahren mit strukturgenerierenden Funktionen herangezogen werden. Es handelt sich dann um eine explizite Systemerwähnung als »bedeutungskonstituierendes Verfahren«.[112] Die abschließenden Beispiele literarischer Korrespondenzen mit Medien(kontexten) aus den Bereichen Hörfunk und der sogenannten Neuen Medien sollen solche bedeutungs- und strukturbildenden Funktionen von intermedialen Bezügen beleuchten, die zum Experimentierfeld der ästhetischen Ausformung instrumentalisiert werden.

Hörfunkliteratur

Der Hörfunk und das Leitmedium Radio erlebten ihre Blütezeit in Skandinavien im Zeitraum zwischen 1920 und 1960.[113] Da die Radiokultur, wie schon der Ausschnitt aus Moa Martinsons Roman angedeutet hat, einschneidende Veränderungen mit sich brachte, ist es nicht verwunderlich, dass sich Vertreter der schwedischen modernistischen Literatur der 1940er Jahre in einer Weise mit diesem akustischen Mediendispositiv auseinandersetzten, die sich auf das eigene Schreiben zurückwenden lässt – auf eine medienreflexive Art also, die auch als »funkisches Schreiben« bezeichnet worden ist. An einer Kurzgeschichte des schwedischen Autors Lars Ahlin lässt sich die systemreflexive und poetologische Funktionalisierung des Hörfunks exemplarisch nachvollziehen.

Beispiel: Lars Ahlins *Efter år av tystnad* (1947; *Nach Jahren der Stille*)

Als explizites Intermedialitätssignal bildet ein Radiohörspiel über einen Ehestreit die Keimzelle des in der Erzählung selbst entfalteten Plots der Ehekrise, der sich sozusagen als performative Umsetzung des Radioprogramms verstehen lässt: Auf der **discours**-Ebene wird wiederholt, was auf der **histoire**-Ebene angelegt ist. In diesem durch das benannte Medium markierten Zusammenhang lässt sich der Titel zum einen als eine Anspielung auf das Radio selbst verstehen, dessen Einzug in die schwedischen Haushalte ›nach Jahren der Stille‹ nun Stimmen und Lärm in die Stuben bringt. Zum anderen bezieht er sich auf das im Zentrum stehende Bekenntnis sowie auf das asymmetrische Kommunikationsverhältnis der beiden Eheleute, um die sich die Erzählung dreht, in dem der Mann das Wort führt, während die Frau jahrelang geschwiegen und ihren Kummer für sich behalten hat. Die Kontraste von Reden und Schweigen, Licht und Dunkelheit, An- und Ausschalten, mit denen die Erzählung arbeitet, werden als strukturbildende Auswirkung medienspezifischer Praktiken auf die Narration sichtbar. Als »funkische Schreibweise« kann dieses Verfahren bezeichnet werden, rundfunkspezifische Verhältnisse als bedeutungsgenerierendes Prinzip für das Erzählen einzusetzen.

---

112 Rajewsky: Intermedialität, S. 200.
113 Vgl. Doll, Annette Elisabeth: Funkspuren. Der Rundfunk in der schwedischen Literatur. Ein Beitrag zur Intermedialitätsforschung, Freiburg 2009. Erkenntnisse aus dieser Studie liegen dem vorliegenden Abschnitt zugrunde, eine detaillierte Analyse von Lars Ahlins Erzählung findet sich dort auf S. 223–231.

Beispiel: Klaus Rifbjerg *Lytterroman* (1972; *Hörerroman*)

Als Radioliteratur lässt sich auch ein dänisches Medienexperiment aus den 1970er Jahren klassifizieren: Rifbjergs *Lytterroman* ist das Resultat einer sechsteiligen Ausstrahlung des staatlichen Rundfunksenders *Dansk Radio*, in der der populäre Autor gemeinsam mit dem Radiopublikum einen sogenannten Telefonroman verfasste. Per Post vorweg und durch Anrufe zur Sendezeit konnten die Hörenden Kritik üben und Vorschläge zur Konzeption und zum Verlauf der Romanhandlung machen, die während des Schreibprozesses berücksichtigt werden sollten. Die einzelnen Kapitel des Romans wurden jeweils im Radio verlesen und im Anschluss daran medienöffentlich diskutiert – es handelte sich um einen performativen Produktions- und Rezeptionsprozess, der das demokratische Prinzip der interaktiven, telefonischen Radiodiskussion und des Meinungsaustausches instrumentalisieren sollte. Der publizierte Roman selbst, bestehend aus einem Wechsel von Leserbriefen, dem jeweiligen Kapitel mit einleitenden Worten Rifbjergs und den im Schreibmaschinenstil abgedruckten Hörergesprächen mit dem Autor, entpuppte sich als ein eher sperriges heterogenes Textkonglomerat, dessen mäßiger Leseerfolg im Kontrast zu der sehr populären Radiosendung stand. Doch kann das Beispiel veranschaulichen, welche ästhetischen Auseinandersetzungen auch mit der ›Außenseite‹ des Mediensystems, seinen materiellen und kulturpraktischen Bedingungen, in der Literatur angewandt werden, um ihre eigene Aufführungspraxis zu reflektieren, auszustellen und zu modifizieren. Ähnliche Medieninspirationen werden heute weitergeführt im Dialog der Literatur mit den sozialen Medien und virtuellen Umgebungen.

Literatur im Spiegel von Computer/Internet/Multimedia

In Knut Hamsuns Roman *Sult* (1890; *Hunger*, 1891) begegnet der Protagonist einem blinden Mann, dem er alles Mögliche über einen gewissen erfinderischen Happolati vorlügt, um ihn zu provozieren. Die Arglosigkeit des Mannes, so die Begründung,

> ließ mich tollkühn werden, ich wollte ihn rücksichtslos belügen und ihn großartig aus dem Feld schlagen, es sollte ihm vor Verblüffung die Spucke wegbleiben.
> Ob er etwas von dem elektrischen Psalmbuch gehört habe, das Happolati erfunden hatte?
> Was, elek...
> Mit elektrischen Buchstaben, die in der Dunkelheit leuchteten! Ein wahrlich großartiges Unternehmen, Millionen von Kronen im Umlauf, Gießereien und Druckereien an der Arbeit, Scharen von fest angestellten Mechanikern in Lohn und Brot, ich hatte von siebenhundert Männern gehört.[114]

---

114 Hamsun, Knut: Hunger, nach der Erstausgabe von 1890, übers. v. Ulrich Sonnenberg, München 2023, S. 29f. – »Den lille dvergs godtroenhed gjorde mig dumdristig, jeg vilde lyve ham hensynsløst fuld, slå ham storslagent av marken og bringe ham til at tie av

Aus heutiger Sicht erscheint diese Passage sensationell visionär, als hätte Hamsun schon Ende des 19. Jahrhunderts ahnen können, wie selbstverständlich wir heute mit leuchtenden elektrischen Buchstaben und mobilen Bildschirmgeräten umgehen – auch wenn es nicht nur elektrische Psalmbücher sind, die unsere Aufmerksamkeit fesseln.

Die »**digitale Revolution**«,[115] d.h. die Allmacht des Computers, der sich seit den 1990er Jahren mehr und mehr zu einem alle anderen Medien umfassenden Supermedium entwickelte, und die Ausbildung des Internets lieferten neue Erklärungs- und Strukturmodelle für eine Realität, die sich über Netzstrukturen und virtuelle Welten definiert. Das Virtualitätspotenzial, das die Computertechnologie bereitzuhalten schien, war schon für postmoderne literarische Experimente der 1980er Jahre verlockend.

Beispiel: Jan Kjærstad *Homo falsus eller det perfekte mord* (1984, *Homo falsus oder der perfekte Mord,* 1996)

Mit kombinatorischen Prinzipien der Neuanordnung und Täuschung – heute würde man wohl von Algorithmen sprechen – als einer Konsequenz virtueller Welten setzte sich der norwegische Autor Jan Kjærstad schon 1984, also eher in einer Frühphase der elektronischen Datenverarbeitung, auseinander. Dass sein Roman *Homo falsus eller det perfekte mord* als Verwirrspiel um Autor und Urheberschaft gelesen werden kann, wurde bereits in Kapitel II deutlich. Zum medienreflexiven Text wird er v.a. durch sein kombinatorisches Prinzip der Vermischung und Variation verschiedener thematischer Versatzstücke, das die Funktionsweise eines Computerprogramms umsetzt: »Matrizendenken, Rekursivität und Kombinationen von Variablen (sogenannte Permutation)«[116] sind dem Erzähler zufolge ausschlaggebend für den quasi computertechnisch konstruierten Romanplot. Computergenerierte Permutation und Kombinatorik bilden das erzählerische Prinzip des Textes. Damit wird das Buch zu einem metareflexiven Experiment, das sich in Rajewskys Terminologie als »**Systemkontamination**« lesen lässt, also als Übernahme der Regeln und Mechanismen des medialen Bezugssystems, die das poetologische Strukturprinzip für den Roman bilden.[117]

---

forbauselse. Om han hadde hørt om den elektriske salmebog, som Happolati hadde oppfunnet? Hva, elek... Med elektriske bogstaver, som kunne lyse i mørke! Et aldeles storartet foretagende, millioner kroner i bevegelse, støperier og trykkerier i arbeide, skarer av fast lønnede mekanikere sysselsatt, jeg hadde hørt si syv hundre mann.« Hamsun, Knut: Sult, in: Ders.: Samlede verker, Bd. 1, hg. v. Lars Frode Larsen, Oslo 2007, S. 27.

115 Wilke, Franziska: Digital lesen. Wandel und Kontinuität einer literarischen Praktik, Bielefeld 2022, S. 7.
116 Kjærstad, Jan: Homo falsus oder der perfekte Mord, 1996, übers. v. Gabriele Haefs, S. 156. – »matrisetenkning, rekursivitet og kombinasjoner av variabler (såkalt permutasjon)«. Kjærstad, Jan: Homo falsus eller det perfekte mord, Oslo 1984, S. 114.
117 Vgl. Rajewsky: Intermedialität, Kap. 5.2.1.

Beispiel: Viggo Bjerring *Verdenshjertet* (2021, *Das Weltherz*)

Ein aktuelleres Beispiel für die Auflösung der Grenzen zwischen analoger und virtueller Realität im Rahmen der sogenannten Spekulativen Fiktion liefert der dänische Roman *Verdenshjertet*. In einem zukunftsnahen Science-Fiction-Szenario hält sich ein arbeitsloser Schreiber mit Gelegenheitsjobs über Wasser, indem er durch Künstliche Intelligenz (KI) produzierte Texte korrigiert. Als er einen Roman redigieren soll und ihn regelrecht umschreibt, geraten die Grenzen zwischen ›Realität‹ und Textuniversum immer mehr in Verwirrung. Zwischen selbst verfassten und durch Algorithmen produzierten Textteilen lässt sich nicht mehr unterscheiden, die KI-generierte Simulation wird zum bedeutungskonstituierenden Bezugssystem. Damit gibt Bjerrings Roman der verschärften Geltung Ausdruck, die der Fiktion im Zeitalter der Virtual-Reality-Medien zukommt: »Wenn in fiktiven Räumen sensorische Erfahrungen zu gewinnen sind, die gemeinhin der Begegnung mit dem Realen vorbehalten bleiben, dann ist das Fiktive nicht länger die ontologische oder epistemologische Kontrastfolie für das, was real ist, sondern tritt in Konkurrenz zum Realen: Es wird dem, was real ist – zumindest funktionell – gleichwertig. [...] Das Risiko wird zum einzigen Kriterium, durch das sich Fiktion und Realität unterscheiden.«[118] Gerade Letzteres kann auch mit einem performativen Medienprojekt zu einer Zeit belegt werden, als der Gebrauch der mobilen Kommunikation über SMS (Short Message Service) einen Höhepunkt erreichte, bevor er durch die neueren, auf Smartphones üblichen Instant-Messaging-Dienste abgelöst wurde:

Beispiel: Steen Langstrup *I morgen skal du dø* (2012, *Morgen sollst du sterben*)

Der dänische Krimi- und Horrorschriftsteller Langstrup verfasste in den 2010er Jahren mehrere SMS-Novellen, die in entsprechend kurzen, einer SMS-Länge entsprechenden Textteilen auf das mobile Endgerät der lesenden Person geschickt wurden. Seine SMS-Novelle *I morgen skal du dø* nutzt auf selbstreflexive Weise die Doppelung von *Darstellung* der SMS *in* der Literatur und ihrer direkten *Verwirklichung durch* die vorliegende Form der Kurznachricht. Der Realitäts- und Echtzeit-Effekt, der sich aus der Aufführungsform dieser nach und nach auf dem Handy eingehenden SMS-Erzählung ergibt, erlangt besondere Thriller- oder sogar Horrorwirkung, wenn sie inhaltlich mit Todesdrohungen wie im Titel gefüllt wird und das Risiko sich real anfühlt. Dieser »Mangel an Mediendifferenz zwischen fiktiver und nicht-fikti-

---

118 Krämer, Sybille: Philosophie und Neue Medien. Einleitende Überlegungen zum Kolloquium: ›Code, Medium, Computer: Künstliche Welten‹, in: Lenk, Hans/Poser, Hans (Hrsg.): Neue Realitäten. Herausforderung der Philosophie. XVI. Deutscher Kongreß für Philosophie Berlin 20.-24. September 1993, S. 185–189, hier S. 187 (https://doi.org/10.1515/9783050070353, letzter Abruf 24.3.2024).

ver Kommunikation«[119] bewirkte einen irritierenden Eingriff der Literatur in die Alltagswirklichkeit der Lesenden, der sich in mehreren Polizeimeldungen und schließlich der Notwendigkeit besonderer Warnung vor dem Konsum der SMS-Novelle Ausdruck gab.

Dass der Reiz dieser von medialen Präsentationsformen inspirierten Literatur primär in ihrem häppchenweise präsentierten und der Mediennutzung angepassten Aufführungscharakter liegt, zeigen ihre Begrenzungen: Zum einen war der Zugang zu den SMS-Novellen abhängig vom spezifischen Handyvertrag und damit auf ein nationales Umfeld begrenzt, zum anderen – und das gilt für Langstrup wie für Rifbjerg – wurde der medienspezifische Reiz dieser Literatur gewissermaßen unwirksam und uninteressant, sobald das Performativitätspotenzial in der konventionellen Medialität des Buches (*SMS,* 2022), in dem Langstrup seine SMS-Novellen später herausgab, aufgehoben und durch statische, schriftliche Vollständigkeit ersetzt wurde.

Eine direkte, auf die Medienpraxis bezogene Medienkorrespondenz muss also oft schon durch den schnellen Wandel unserer medialen Gegenwart zu Ungunsten der schnelllebigen Medien ausfallen. Innovationskraft und Wirkungsvermögen für literarische Verfahren, die auf solche Medienpraktiken bauen, sind dadurch eher begrenzt. Dagegen zeigen indirekte intermediale Bezüge, die medienspezifische Prinzipien auf einer grundlegenderen Ebene als bedeutungsgenerierende Verfahren nutzen, häufig eine größere und nachhaltigere Durchschlagskraft.

Wie dauerhaft und ergiebig sich intermediale Bezüge und Inspirationen aus den neuen Medien und sozialen Netzwerken für die Literatur erweisen, wird man also erst aus einem längeren Rückblick erschließen können, denn dass »frisch erfundene neue Medientechniken eine Zeitlang brauchen, um daraufhin durchschaut zu werden, wozu sie eigentlich taugen und welche Risiken und Nebenwirkungen sie freisetzen, ist eine elastische Konstante der Medientechnologiegeschichte«.[120]

---

119 Schröder, Stephan Michael: Dämonie und Leerstellen, Neues Lesen Skandinavien 6.2.2023, https://www.neues-lesen-skandinavien.de/daemonie-und-leerstellen/ (letzter Abruf 26.3.2024).
120 Hörisch: Einleitung, S. 13.

V. Kulturwissenschaftliche Zugänge

Joachim Schiedermair

Der Ausdruck ›Kultur‹ wird in ganz verschiedenen Zusammenhängen verwendet: Man liest von Freikörperkultur und Leitkultur, von der Kulturindustrie und der Vereinskultur; man verneigt sich vor einer Kultur des Erinnerns, kritisiert eine Kultur des Vergessens und Verdrängens und verachtet eine Kultur der Lüge. Man unterstellt gesellschaftlichen Gruppen und Institutionen, dass sie von einer einheitlichen inneren Ordnung oder leitenden Ideen bestimmt seien, wenn man die Firmenkultur von *IKEA* und *H&M* oder die Kultur der Sámi, die bürgerliche Kultur des 19. Jahrhunderts oder die skandinavische Designkultur beschreibt. Manchmal scheinen sich die Verwendungsweisen zu widersprechen: So züchtet man etwa in einem mikrobiologischen Labor Bakterienkulturen; wenn eine Kulturstaatsministerin Kulturschaffende und Kulturinstitutionen fördern will, hat sie aber gerade nicht die Naturwissenschaften im Blick. Und der Kulturtourismus steuert vielleicht dieselben Orte der Kultur an, für die die Ministerin zuständig ist, aber ganz sicher nicht den Ballermann mit seiner Partykultur.

Die Beispiele zeigen sehr deutlich, dass die Aussage, die Kulturwissenschaften behandeln die Kultur, noch gar nichts erklärt. Dazu ist die alltägliche Verwendung des Ausdrucks viel zu uneinheitlich. Die Anthropologen Alfred Louis Kroeber und Clyde Kluckhohn haben bereits in den 1950er Jahren mehr als 150 Kulturbegriffe zusammengestellt, und an Versuchen der Systematisierung fehlt es nicht.[1] Ein möglicher Ansatz, ›Kultur‹ als wissenschaftlichen Gegenstand zu bestimmen, wäre, sie von dem abzugrenzen, was sie nicht ist. Etwa von der Natur oder der Arbeitswelt oder von der Unkultur oder der Barbarei. Diese Versuche hat es gegeben, und einige davon werden weiter unten vorgestellt. Die Disziplinen jedoch, die sich als ›kulturwissenschaftlich‹ verstehen, bezeichnen mit dem Label des Kulturellen eben nicht *eine* Sphäre neben anderen, sondern »eine bestimmte Perspektive des Fragens und der Analyse«,[2] die auf *alle* Sphären des menschlichen Miteinanders angewendet werden kann und soll. Diese Perspektive kann man ganz grob

---

1 Kroeber, Alfred Louis/Kluckhohn, Clyde: Culture. A critical review of concepts and definitions, Cambridge, MA 1952. An Systematisierungsversuchen erscheint mir besonders gelungen: Busche, Hubertus: Was ist Kultur? Erster Teil: Die vier historischen Grundbedeutungen, in: Dialektik. Zeitschrift für Kulturphilosophie 1 (2000), S. 69–90.
2 Reckwitz, Andreas: Die Kontingenzperspektive der ›Kultur‹. Kulturbegriffe, Kulturtheorien und das kulturwissenschaftliche Forschungsprogramm, in: Jaeger, Friedrich/Rüsen, Jörn (Hrsg.): Handbuch der Kulturwissenschaften, Bd. 3, Themen und Tendenzen, Stuttgart/

dadurch charakterisieren, dass sie *jedes* Phänomen – ganz gleich welches – als ein *kulturelles* Phänomen wahrnimmt, und das heißt als ein in einem bestimmten Kontext gemachtes Phänomen, das eine bestimmte Haltbarkeit besitzt und mitsamt seinem Kontext auch wieder verschwinden wird. Die **Kontingenz**, wie man diesen vergänglichen Daseinsmodus nennt, wird entsprechend häufig an einem Vergleich eines Gegenstands mit anderen historischen oder räumlichen Kontexten herausgearbeitet. Sie leuchtet unmittelbar ein, wenn man etwa den Wandel der Kleidermoden oder Musikstile untersucht; neu an der kulturwissenschaftlichen Perspektive ist nun, dass auch solchen Phänomenen kulturelle Kontingenz unterstellt wird, die man zuvor als natürlich gegeben und damit als stabil im Wandel betrachtete. Solche stabilen Gegebenheiten sah man etwa in der biologischen Familie oder in Gefühlen wie Ekel oder in der unausweichlichen Veranlagung des Menschen zur Aggression. Meinte man traditionell, dass der Unterschied der Kulturen darin bestehe, dass sie unterschiedlich auf diesen unverhandelbaren, vorkulturellen Gegebenheiten aufbauen, setzen die Kulturwissenschaften stattdessen bei dem Gedankenexperiment an, dass auch die scheinbar stabile Basis kontingent sein könnte.

Im ersten Teil dieses Kapitels soll zunächst diese »Kontingenzperspektive des kulturwissenschaftlichen Forschungsprogramms«[3] etwas genauer beschrieben werden; im Dialog mit einem kurzen Text des dänischen Literaturnobelpreisträgers Johannes V. Jensen wird skizziert, durch welche Grundüberzeugungen sie geprägt ist und von welchen anderen, traditionellen Vorstellungen von Kultur sie sich dezidiert absetzt. Anschließend werden im zweiten Teil unter den Überschriften ›Kultur als Text‹, ›Kultur als Handlung‹ und ›Kultur als Verhandlung‹ die drei einflussreichsten Metaphern, die die Kontingenzperspektive hervorgebracht hat, ihre jeweilige Herkunft und ihre wichtigsten Implikationen erklärt. Gilt das, was in den ersten beiden Teilen gesagt wird, für alle Kulturwissenschaften, stammen die Beispiele doch alle aus dem Bereich der skandinavischen Literaturen. Im dritten Teil wechselt das Kapitel dann ganz in die Literaturwissenschaft. Dort sollen einige zentrale Themenbereiche der kulturwissenschaftlichen Literaturwissenschaft genannt und ihre zentralen Begriffe zumindest angerissen werden.

Weimar 2004, S. 1–20, hier S. 1. In Teil 1 dieses Kapitels – ›Was ist Kultur(wissenschaft)?‹ – habe ich in vielen Punkten auf diesen ausgezeichneten Aufsatz zurückgegriffen.
3 Reckwitz: Die Kontingenzperspektive der ›Kultur‹, S. 2.

1. Was ist Kultur(wissenschaft)? Und was hat Literatur damit zu tun?

1.1 Johannes V. Jensens *Forsvundne Skove* als Fabel der Enkulturation

Johannes V. Jensen war früh von Darwins Abstammungslehre begeistert, in der er das Potential einer modernen **Gründungserzählung** sah.[4] Unter Gründungserzählungen versteht man Geschichten, die als geteilte Überzeugungen in einer gesellschaftlichen Gruppe wie einer Familie, einer Firma, einer Nation oder Religion im Umlauf sind und die aus einer imaginären Initialzündung (etwa einem Gründungsakt oder einem einschneidenden Ereignis wie einer Revolution oder einer Katastrophe) die Triebkräfte und Normen der eigenen Gruppe erklären und häufig gegen andere Überzeugungen legitimieren sollen. Viele von Jensens Texten kann man als Gründungserzählungen lesen, die mit literarischen Mitteln eine darwinistisch inspirierte Kulturtheorie entwickeln. Sie wollen reflektieren, wie man aus den evolutionären Ursprüngen heraus das eigentümliche Begehren des Menschen nach Sinn und Zusammenhang erklären kann, das dafür verantwortlich ist, dass Menschen ihre individuelle Existenz und ihr kollektives Zusammenleben kulturell überformen.

Forsvundne skove (1899; *Entschwundene Wälder*, 1918) ist eine solche Fabel, die eine ganze Kulturtheorie in äußerst kondensierter Form auf nur (je nach Drucklegung) zwei bis vier Seiten präsentiert. Sie handelt von Korra, einem Bauern, und seinem Sklaven, der bis zum Ende der Geschichte namenlos bleibt. Die beiden sind Teil einer archaischen Gesellschaft, die sich durch eine vorindustrielle Subsistenzwirtschaft erhält: Das Überleben wird durch den Anbau auf eigenem Ackerland gesichert, Wohlstand kommt durch die Gewinnung von weiterem Ackerland zustande: Der Sklave und seine Söhne »schwangen die friedliche Axt und fällten Bäume«.[5] Dieser letzte Satz des Textes bietet *eine* Erklärung für dessen Titel *Forsvundne skove*. Die Wälder verschwinden durch die Ausweitung der Ackerbaukultur. Dies sagt außerdem Wesentliches über den Sklaven. Denn die Wälder, die der Sklave rodet, stehen auch für seine Herkunft; mit der Axt kappt er sozusagen die eigenen Wurzeln. Vor seiner Versklavung lebte er in einem Zusammenhang, in dem es keine Landwirtschaft, keine Rodung und keinen Ackerbau gibt, er kommt aus nicht näher spezifizierten ›westlichen Wäldern‹, die noch keine Urbarmachung kennen. Das grundlegende Gegensatzpaar, das den Rahmen des Textes bildet, ist also das Gegenüber von unberührtem Urwald und bearbeitetem Ackerland. Jensen will mit seiner Erzählung jedoch nicht – wie

---

[4] Koschorke, Albrecht: Zur Logik kultureller Gründungserzählungen, in: Zeitschrift für Ideengeschichte, 1, 2 (2007), S. 5–12.

[5] Jensen, Johannes V.: Entschwundene Wälder, in: Ders.: »Die Welt ist tief...« Novellen, übers. v. Julia Koppel, Berlin 1909, S. 11–18, hier S. 18. – »Slaverne svang de fredelige Buløkser og fældede Træer«. Jensen, Johannes V.: Forsvundne Skove [1899], in: Ders.: Skrifter, Bd. 7, Skovene og Eksotiske noveller, 2. Aufl., Kjøbenhavn og Kristiania 1916, S. 9–13, hier S. 13.

man zunächst meinen könnte – zwei Kulturen gegenüberstellen (etwa eine Jäger- und Sammlerkultur im Urwald gegenüber einer Kultur mit Rodungen und Ackerbau); es geht ihm nicht darum, eine problematische **interkulturelle Begegnung** darzustellen, sondern den Prozess der **Enkulturation** zu beschreiben: Die Geschichte des Sklaven ist die Geschichte des Schritts des Menschen aus dem Naturzustand in den Kulturzustand.

Die Wälder verschwinden noch auf eine zweite Weise; und dieses Verschwinden ist die eigentliche Pointe. Denn die Erzählung beschreibt den Prozess der Enkulturation als die Umwandlung der konkreten Wälder in imaginäre Ziele des Begehrens: Um seinen Sklaven zu motivieren, verspricht Korra, ihn nach einigen Jahren der Arbeit frei zu geben. Auf diese Weise nährt er die »Sehnsucht nach den heimatlichen Wäldern«,[6] die den Sklaven plagt. Doch was diese Sehnsucht tatsächlich umfasst, bleibt völlig vage und unbestimmt. Über diese Wälder erfahren die Lesenden kein einziges Detail, und offensichtlich besitzt auch der Sklave keine konkrete Erinnerung an sie. Als er nämlich nach den Jahren der Arbeit aufbricht, findet er »wirklich seine heimatlichen Wälder. Aber er erkannte sie nicht wieder. Er kam erschöpft zurück und erzählte, daß er wohl an manchen Orten Bäume gefunden habe, viele Bäume, aber nicht seine eigenen Wälder«.[7] Korra nimmt ihn wieder als Sklaven auf.

Offensichtlich sehnte sich der Sklave nicht nach einem tatsächlichen Ort, nicht nach den Bäumen und den faktischen Lebensbedingungen seiner **Herkunft**; seine Sehnsucht richtet sich vielmehr auf eine Heimat, einen **Ursprung**,[8] der mehr umfasst als die bloße Herkunft und eine innere Erfüllung oder Zufriedenheit verspricht. Da die Bäume gefunden sind, aber das unbestimmte Gefühl des Ungenügens und des Mangels im Jetzt bleibt, hat der Sklave seine Sehnsucht offensichtlich auf ein anderes, ein imaginäres Objekt übertragen. Korra führt diese Transposition noch weiter, wenn er dem Sklaven verrät: »Ich habe mich auch in meiner Jugend nach den westlichen Wäldern gesehnt. [...] Nun komme ich nicht mehr in das Land meiner Sehnsucht, bevor mein Geist dorthin zieht, bevor ich tot bin«.[9] Und diese Pflege der Sehnsucht übernimmt auch der Sklave: »An jedem Ruhetage führte er seine Söhne zur Höhe hinauf, vor das Antlitz des Sonnenuntergangs und

---

6 Jensen: Entschwundene Wälder, S. 14. – »Hjemve efter Skovene, hvor han var fra«. Jensen: Forsvundne Skove, S. 9.
7 Jensen: Entschwundene Wälder, S. 17. – »Og han fandt virkelig sine hjemlige Skove. *Men han kendte dem ikke.* Han kom udslidt tilbage og fortalte, at han vel havde fundet Træer baade det ene og det andet Sted, fuldt op af Træer, men ikke sine egne Skove«. Jensen: Forsvundne Skove, S. 12 (Hervorhebung im Original).
8 Zur begrifflichen Unterscheidung von Herkunft und Ursprung vgl. Foucault, Michel: Nietzsche, die Genealogie, die Historie, in: Ders.: Von der Subversion des Wissens, übers. v. Walter Seitter, München 1974, S. 83–109.
9 Jensen: Entschwundene Wälder, S. 16. – »Jeg har ogsaa i min Ungdom længtes vesterud efter Skovene. [...] Jeg kommer der ikke nu, før min Aand kommer der, før jeg dør«. Jensen: Forsvundne Skove, S. 11.

lehrte sie Sehnsucht«: »Und wenn die Zeit vergangen ist, gehen wir müde zu den ewigen Wäldern ein«.[10] In der Sehnsucht werden die westlichen Wälder der Herkunft, die zunächst rein geographisch bestimmt sind, zu den heimatlichen Wäldern des Ursprungs überhöht, die dann selbst zu den ewigen Wäldern eines metaphysischen Ziels transzendiert werden, dem man analytisch verschiedene Namen geben kann: das Paradies, die wahre Erkenntnis, die Einheit mit der Natur. Egal wie man die ewigen Wälder analytisch benennen will, die Heilung der im Moment der Enkulturation geschlagenen Wunde ist ihr definierendes Merkmal. In Jensens kulturtheoretischer Fabel ist die Sehnsucht, das unbestimmte Gefühl, dass das Hier und Jetzt nicht genügt, die Initialzündung der Kultur. Sie führt zur Umgestaltung des Gegebenen, also zu Rodung und Gewinnung von Ackerland, aber auch zur Transzendierung des Sehnsuchtsortes. Von dieser Geschichte ausgehend sollen im Folgenden drei wirkmächtig gewordene Modelle von Kultur veranschaulicht werden.[11]

1.2 Kulturmodell A: Kultur vs. Natur

Liest man *Forsvundne Skove* als Kulturtheorie mit literarischen Mitteln, kann man beim Gegensatz von Natur und Kultur ansetzen, wobei der Wildwuchs des Urwalds für den Urzustand der Natur steht und Kultur vor allem die Formung dieses Wildwuchses nach dem Willen des Menschen meint: die Kultivierung des Landes durch den Anbau sogenannter Kulturpflanzen. In diesem Gegensatz aktualisiert Jensen den ältesten Traditionsstrang des Kulturbegriffs, der sich aus der **Etymologie** ableitet. Der Internationalismus ›Kultur‹ kommt nämlich vom lateinischen Verb ›colere‹, was ›pflegen, bebauen, bestellen‹ bedeutet und aus dem Bereich der Landwirtschaft stammt. Das Substantiv ›cultura‹ meint denn auch ›Pflege‹ oder ›Landbau‹, ein Aspekt, der sich im englischen Ausdruck ›agriculture‹, aber auch in den deutschen Ausdrücken ›Kulturbeutel‹ oder ›Bakterienkultur‹ erhalten hat. Schon in der römischen Antike wird die im Ausdruck ›cultura‹ niedergelegte Semantik von der Pflege des Ackerlandes (*cultura agri*) auf die Pflege der natürlichen Anlagen eines Menschen (*cultura animi*) ausgeweitet. Diese metaphorische Übertragung wird möglich, weil auch der Charakter, d.h. die geistigen, intellektuellen und ästhetischen Kapazitäten eines Menschen, als gegebenes Material vorgestellt wird; dieses Material mag individuelle Möglichkeiten oder Beschränkungen aufweisen, ohne Pflege jedoch werden die inneren Anlagen verkümmern.

---

10 Jensen: Entschwundene Wälder, S. 18. – »Og hver Hviledag tog han sine Sønner med op paa Højen foran Solnedgangens Ansigt og lærte dem Længsel«. »Men naar Tiden er gaaet, bæres vi mødige ind i de evige Skove«. Jensen: Forsvundne Skove, S. 12f.
11 Ich folge hier der Einteilung von Bollenbeck/Kaiser, die die drei Traditionsbezüge in extrem kondensierter Weise hier vorstellen: Bollenbeck, Georg/Kaiser, Gerhard: Kulturwissenschaftliche Ansätze in den Literaturwissenschaften, in: Jaeger, Friedrich/Straub, Jürgen (Hrsg.): Handbuch der Kulturwissenschaften, Bd. 2, Paradigmen und Disziplinen, Stuttgart/Weimar 2004, S. 615–637, hier S. 618.

Diese aus der Antike stammende, unkomplizierte Semantik der Veredelung einer gegebenen Natur wird in der europäischen Aufklärung, also in der zweiten Hälfte des 18. Jahrhunderts, zu einem geschichtsphilosophischen Begriff; man stellt sich die Geschichte als Bewegung weg vom Naturzustand vor, als Prozess fortschreitender Kultivierung, die die Aneignung zivilisatorischer oder technischer Fertigkeiten, die das Leben erleichtern sollen, umfasst, aber auch die Sensibilisierung der Gefühlsklaviatur, der Umgangsformen und des moralischen Empfindens. Kultur verlangt in diesem Traditionsstrang einen Einsatz sowohl des Einzelnen wie auch des Gemeinwesens, das mit der Förderung der Wissenschaften und Künste, der Milderung der Sitten und der Entwicklung von Handel und Industrie aktiv zur Verbesserung des Natürlich-Gegebenen beitragen soll. Geschichte wird also als Prozess der **Zivilisierung** aufgefasst, weshalb innerhalb dieses ersten Traditionsmodells die Begriffe ›Kultur‹ und ›Zivilisation‹ synonym gebraucht werden.

Die Gegenüberstellung von Kultur und Natur ist in diesem Traditionsstrang normativ, also wertend, besetzt. Doch welches Ende des Kontinuums von der Natur zum aktuellen Stand des Zivilisationsprozesses positiv und welches negativ konnotiert wird, ist nicht von vornherein ausgemacht. Sieht die Aufklärung grundsätzlich den Zivilisationsprozess als Verbesserung der Sitten und Lebensbedingungen, formieren sich in regelmäßigen Abständen unter dem Jean-Jacques Rousseau zugeschriebenen Aufruf ›**Zurück zur Natur**‹ Gegenbewegungen, die die Zivilisation nicht als Veredelung einer ungeschliffenen oder irgendwie unfertigen Natur, sondern als Verbiegung und Vergewaltigung einer an sich guten und vollendeten Natur interpretieren. Stehen im einen Fall den Zivilisierten die ›rohen Wilden‹ gegenüber, ist im anderen Fall der und die ›edle Wilde‹[12] positiv besetzt und übertrifft die verkümmerten oder dekadenten Vertreter:innen der Kultur. So unterschiedlich sie aussehen mögen, beide Wertungen setzen voraus, dass Natur als Ausgangspunkt gesetzt ist, auf dem die Kultur aufbaut.

Einen einflussreichen skandinavischen Anwalt der ›edlen Wilden‹ findet man im schwedischen Naturforscher Carl von Linné. So fängt sein Fragment gebliebener Text *Lappland och lapparna* (nicht veröffentlicht; *Über Lappland und die Lappen*) mit einer Suada über den Sittenverfall der europäischen Zivilisation an, der er die bescheidene Lebensweise der Lappen, wie die Sami damals noch genannt wurden, als Vorbild gegenüberstellt. Linné kannte das ›Naturvolk‹ aus eigener Anschauung, unternahm er doch 1732 als 25-Jähriger im Auftrag der *Societas regia scientarum upsaliensis* (der *Königlichen Gesellschaft der Wissenschaften in Uppsala*) eine Fußreise durch Lappland und sammelte dort in seinem Reisetagebuch eine Menge ethnologischen Ma-

---

12 Vgl. Schülting, Sabine: Wilde Frauen, fremde Welten. Kolonisierungsgeschichten aus Amerika, Reinbek bei Hamburg 1997.

terials.[13] Wegen seiner vermeintlich intimen Kenntnis der einzigen europäischen ›Wilden‹ wurde er schon zu Lebzeiten derart bekannt, dass sich sogar Rousseau, der Philosoph der Natur, vor ihm verneigte. In einem Brief schreibt der Schweizer Philosoph 1771 an den schwedischen Botaniker: »Allein mit der Natur und mit Ihnen verbringe ich auf meinen ländlichen Spaziergängen köstliche Stunden, und ich ziehe aus Ihrer *Philosophia Botanica* [1751, gemeint ist Linnés Überblick über seine biologische Taxonomie] mehr Profit als aus allen anderen Moralbüchern«.[14] Was man unter Natur versteht, war eben nie die alleinige Angelegenheit der vermeintlich objektiven Naturwissenschaften, sondern setzte, wie das Zitat zeigt, Vorstellungen z.B. von Vergnügen und Moral voraus und war damit immer schon kulturell informiert.

1.3 Kulturmodell B: Kultur vs. Zivilisation/Gesellschaft

Selbst wenn man also Spuren des Gegensatzes von Kultur und Natur in Jensens Erzählung findet, geht das Kulturmodell, das *Forsvundne Skove* vermittelt, nicht in dem einfachen Gegensatz von ›ursprünglich‹ und ›bearbeitet‹ auf. Auch Spuren eines zweiten, ebenfalls normativen Modells sind in der Erzählung zu finden. Hier wird Kultur vorrangig als Mittel zur Produktion von Innerlichkeit interpretiert, die, wenn sie einmal etabliert ist, ihren Wert in Absetzung von einer (oberflächlichen oder inauthentischen) äußeren Zivilisation oder Gesellschaft definiert.

In *Forsvundne Skove* ist der Moment der Ausbildung von Innerlichkeit als Teil der Enkulturation gekommen, als den Sklaven »Sehnsucht nach seinen heimatlichen Wäldern«[15] befällt. Korra schürt diese Sehnsucht noch, als er dem Sklaven verspricht, ihn nach einigen Jahren der Arbeit freizulassen, damit er in seine Wälder zurückkehren kann:

> Fünf Jahre – der Sklave rechnete nach – eben so viel Sonnenwenden wie er Finger an der Hand hatte. Die Sonne mußte zehn Runden machen. Er sah die Sonne jeden Abend untergehen und er machte sich Zeichen an Steinen und Höhen, um den Fortschritt zu verfolgen. [...] – Dieses große Rechenstück wurde der Reichtum des Sklaven, sein innerstes Eigentum, das niemand ihm streitig machen konnte.
> Und indem die Zeit verstrich, nahmen seine Berechnungen an Umfang zu, an dunkler Fülle.[16]

---

13 Die Aufzeichnungen wurden erst 1889 unter dem Titel *Iter lapponicum* (*Lappländische Reise* 1964) veröffentlicht.
14 Zitiert nach: Mierau, Sieglinde: Nachwort, in: Linné, Carl von: Lappländische Reise und andere Schriften, übers. v. H.C. Artmann, Abraham Gotthelf Kästner u. Karl Lappe, Leipzig 1991, S. 294–311, hier S. 295.
15 Jensen: Entschwundene Wälder, S. 14. – »Hjemve efter Skovene, hvor han var fra«. Jensen: Forsvundne Skove, S. 9.
16 Jensen: Entschwundene Wälder, S. 14f. – »Fem Aar – Slaven regnede – lige saa mange Solhverv som han havde Fingre. Solen skulde vende ti Gange. Han saa Solen gaa ned

Die Passage erzählt, wie der Sklave als Reaktion auf die äußere Welt der Sklaverei eine innere Welt als Gegenwehr ausbildet. Er imaginiert diese innere Welt als »Reichtum« und »Eigentum« und macht sich so die tatsächlichen sozialen Besitzverhältnisse erträglich, in denen er eben keinen Reichtum hat und selbst Eigentum eines anderen ist.

Man könnte zunächst meinen, dass hier ein Kulturmodell aktualisiert wird, das Kultur als Steigerung der Individualität definiert und das besonders in der deutschsprachigen und dänischen Tradition prominent wurde. Sedimentiert hat sich dieses Modell etwa, wenn wir von einer kultivierten Person sprechen und damit eine Person meinen, erstens, deren äußere Erscheinung, Gesten und Körpersprache sowie Kleiderstil, Geschmack und Umgangsformen gleichzeitig ansprechend, aufeinander abgestimmt und der jeweiligen Situation angemessen sind; doch dies genügt nicht; man verlangt, zweitens, dass die äußere Geschliffenheit Ausdruck einer inneren Haltung, eines emotionalen und intellektuellen Reichtums und der weltläufigen Erfahrung ist. Diese beiden Arten der Kultiviertheit stehen, drittens, in einer wertenden Beziehung zueinander. Die innere Kultiviertheit soll Voraussetzung der äußeren sein; fehlt der innere Reichtum, dann hält man auch die äußere Geschliffenheit für wertlos.

Kulturmodell B operiert also mit dem Gegensatz von Sein und Schein. Wurden in Modell A Kultur und Zivilisation noch miteinander identifiziert und dem ›Wilden‹ gegenübergestellt, treten in Modell B innere Kultur und bloß äußere Zivilisation als Gegensätze auseinander. Authentizität, natürliche Gefühle, wahres Sein sind Topoi der Kultur und stehen gesellschaftlicher Konvention, künstlicher Affektiertheit und oberflächlichem Schein gegenüber. Gleichzeitig ändert sich der Begriff der Natur; anders als in Modell A meint Natur nicht mehr das Rohe und Unbearbeitete, sondern das Organische, Echte, Unverstellte und geht eine Allianz mit der Kultur gegen die Zivilisiertheit und das Gesellschaftliche ein. Kultur kann deshalb auch nur individuell verankert sein, sie dient der umfassenden **Bildung** des Einzelnen und widerspricht damit potentiell der **Erziehung**, die den Einzelnen in das Gesellschaftsgefüge einpassen soll, wenn nötig mit Gewalt. Analog zum Einzelnen verstand man im 19. Jahrhundert auch die verschiedenen Völker als natürlich vorgegebene Einheiten, die sich organisch aus einem Volksgeist entwickelt haben. In der von N.F.S. Grundtvig erdachten dänischen Volkshochschule (folkehøjskole) sollte beides zusammengebracht werden: Wo dem oder der Einzelnen die Möglichkeit gegeben wird, sich seinem Wesen entsprechend zu entwickeln, dort befördert man gleichzeitig die Identität des dänischen Volks.

---

hver Aften og tog Mærker af Sten og Høje for at holde Rede paa Fremgangen. [...] – Dette store Regnestykke blev Slavens Rigdom, hans indre Ejendom, den Ingen kunde gøre ham stridig. / Og medens Tiden gik, tog hans Udregninger til i Omfang, i dunkel Fylde«. Jensen: Forsvundne Skove, S. 10.

Seinen eigentlichen Höhepunkt erreicht Modell B um die Mitte des 19. Jahrhunderts, als Kunst als das Medium der Persönlichkeitskultivierung schlechthin galt. So gibt es etwa Rezeptionsdokumente, die belegen, wie zeitgenössische junge Leserinnen der Novelle *En Hverdagshistorie* (1828; *Eine Alltagsgeschichte*, 1852) der äußerst erfolgreichen dänischen Schriftstellerin Thomasine Gyllembourg ihre eigene Bildung mit der der beiden weiblichen Hauptfiguren abglichen: Die Töchter von Herrn H unterscheiden sich darin, dass Jettes Kultiviertheit ein Firnis ist, wohingegen alles, was ihre Halbschwester Maja unternimmt, Widerhall in ihrem Inneren findet und echt empfunden ist. Der Unterschied wird in der Novelle explizit am Klavierspiel ausformuliert. So berichtet der Erzähler, dass Jette zwar viel schwierigere Sachen spielte und weit größere Fähigkeiten besaß als Maja. Doch Majas Vortrag ist vorzuziehen, weil sie ein Verständnis für den inneren Zusammenhang von Text und Musik der Lieder besitzt, die sie singt. Herr H bringt das Problem auf den Punkt, als er auf die Talente seiner Tochter Jette angesprochen wird:

> [D]ie krasse Unwissenheit, in der unsere jungen talentvollen Mädchen heutzutage aufwachsen, ist ohnegleichen. Sie [...] lernen in der Schule Geographie, Geschichte, Sprachen und Gott weiß was, aber sie kennen weder den Himmel noch die Erde [...]. Sie plappern französisch und deutsch und verstehen nicht ein Buch in diesen Sprachen.[17]

So sehr Kulturmodell B den Anspruch hatte, ein allgemeinmenschliches normatives Koordinatensystem zu liefern, spiegelt es doch nur die Ideale des Bürgertums des 19. Jahrhunderts. Dies wird nicht gleich sichtbar, da es innerhalb der Logik des Modells auch Raum für Absetzbewegungen gab, die man scheinbar gegen das Bürgertum in Stellung bringen konnte. Dazu musste man nur das Bürgertum mit der äußeren Welt der sozialen Konvention und der finanziellen Zwänge identifizieren. Hier liegt die Tatsache begründet, warum das an sich bürgerliche Kulturmodell B in regelmäßigen Abständen den Sozialtypus des antibürgerlichen Künstlers hervorgebracht hat, der (und seltener: die) sich etwa als Genie, Bohemienne, Décadent, Aussteigerin oder Avantgarde gegen die eigenen Ermöglichungsbedingungen profilierte. Ein frühes Beispiel einer solchen Instrumentalisierung einer inneren Welt kulturellen Reichtums gegen die äußere Welt des Bürgertums liefert Adam Oehlenschlägers volkstümliche Komödie *Sanct Hansaften-Spil* (1803; *St. Johannis-Abend-Spiel*, 1853). Die Liebesgeschichte von Maria und Ludvig, einem bürgerlichen Mädchen und einem jungen Adligen, die sich gegen die sozialen Dünkel ihrer Eltern heimlich auf dem Volksfest im Ko-

---

17 Gyllembourg, Thomasine: Eine Alltagsgeschichte, übers. v. Heinrich von Lenk, Leipzig 1920, S. 35. – »[D]en tykke Uvidenhed, hvori vore unge talentfulde Piger nuomstunder opvoxe, er mageløs. [... D]e lære i Skolen Geographi, Historie, Sprog og Gud veed hvad, men de kjende hverken Himmel eller Jord [...]; de pjatte fransk og tydsk, og forstaae ikke en Bog i disse Sprog.« Forf. til »En Hverdags-Historie«, Frau Gyllembourg-Ehrensvärd: Samlede Skrifter. Første Bind. Tredie Udgave, Kjøbenhavn 1884, S. 181.

penhagener Tiergarten am Mittsommerabend treffen, bietet einen lockeren Handlungsrahmen für einen bunten Bilderreigen von Jahrmarktszenen; es gibt dort Gaukler, Marionettentheater, einen dichtenden Papagei und vieles mehr; Stück für Stück entfernt sich die Bühnendarstellung von der bürgerlichen Wirklichkeit Kopenhagens in eine Gegenwelt, bis sich der in der Nacht verlassene Festplatz für mythische Figuren öffnet. Der gemeinsame Freitod des Liebespaares am Ende des Stücks ist als solcher fast nicht zu erkennen, so sehr wird er überlagert von der Idee, dass die Liebenden im Tod in einer antibürgerlichen Welt aufgehen, in der Liebe, Kunst, Natur und Mythos verschmelzen. Die Kultur des Gefühls triumphiert über die äußere der Konvention und Klassenschranken.

Was Gyllembourgs probürgerliche Novelle und Oehlenschlägers intendiert antibürgerliche Komödie nicht thematisieren, ist die Tatsache, dass der Anspruch, innere Kultur zu besitzen, auch immer der sozialen Exklusion, der Abgrenzung von anderen sozialen Schichten dient. Oehlenschlägers Komödie will diesen Zusammenhang sogar verschleiern, meint er doch durch den Rekurs auf die innere Welt der Kultur Standesgrenzen der Zivilisation ignorieren zu können. Diente noch im 18. Jahrhundert der elitäre Kulturbegriff dem Bürgertum dazu, sich moralisch-ästhetisch vom tonangebenden Adel und seiner vermeintlichen Affektiertheit abzugrenzen, muss sich im Laufe des 19. Jahrhunderts und der zunehmenden Industrialisierung die erreichte kulturelle Hegemonie des Bürgertums gegen die Ansprüche der wachsenden Arbeiterschicht verteidigen. Der französische Soziologe Pierre Bourdieu hat den passenden Begriff des **kulturellen Kapitals**[18] geprägt, um deutlich zu machen, dass der Besitz von ›innerer‹ Bildung, aber auch von ganz materiellen Bildungsgütern wie etwa Büchern oder Musikinstrumenten, in gleichem Maße zur sozialen Distinktion eingesetzt wird wie finanzielles Kapital, ja, dass in manchen Fällen sogar das kulturelle Kapital finanzielles Kapital toppen kann. Besonders in Schweden wurde der Kampf um die Definition dessen, was als kulturelles Kapital zu gelten hat, literaturgeschichtlich in der sogenannten **Arbeiterliteratur** (schwed.: arbetarlitteratur oder proletärlitteratur) ab den 30er Jahren des 20. Jahrhunderts produktiv. Damals stritt eine stetig wachsende Gruppe von Autoren und Autorinnen um Anerkennung im literarischen Feld, die aus der Industrie- und Landarbeiterschicht stammte und die entsprechend keinen Zugang zu bürgerlicher Bildung hatte. Dass sie erfolgreich war, davon zeugt etwa die Verleihung eines gemeinsamen Nobelpreises im Jahr 1974 an zwei ihrer bedeutendsten Vertreter, an Harry Martinson und Eyvind Johnson. Die Erweiterung des Zugangs zur Literaturszene hatte aber auch Verbürgerlichungseffekte zur Folge, blieb doch der kulturelle Maßstab weiterhin die Persönlichkeitsausbildung.

---

18 Vgl. z.B. Bourdieu, Pierre: Ökonomisches Kapital – Kulturelles Kapital – Soziales Kapital, in: Ders.: Die verborgenen Mechanismen der Macht, übers. v. Margareta Steinrücke, Jürgen Bolder u. Ulrike Nordmann, Hamburg 1992, S. 49–80.

1.4 Kulturtechniken und Zeichengebrauch

Doch auch Modell B trifft nicht wirklich das Kulturverständnis, das *Forsvundne Skove* propagiert. Dazu sollte man die zuletzt zitierte Passage von Jensens Erzählung (S. 159) noch einmal lesen und dabei darauf achten, dass der Sklave seine eigene Innerlichkeit nicht entdeckt, sondern dass er sie mit Hilfe von bestimmten **Kulturtechniken** erst produziert. Das Äußere, die Technik der Zivilisation, steht bei Jensen also nicht dem Inneren, der wahren Kultur und Identität, entgegen, wie es Kulturmodell B sich vorstellt. Wie hängen sie aber dann zusammen?

Unter dem Begriff ›Kulturtechnik‹ verstand man im 19. Jahrhundert noch die Techniken der Bodenbearbeitung, also des Ackerns oder Düngens. Doch so, wie Jensen die Enkulturation des Sklaven beschreibt, kommt auch die moderne kulturwissenschaftliche Verwendung des Begriffs zur Anwendung. Hier meinen ›Kulturtechniken‹ standardisierte Verfahren, bei denen man mithilfe von **Zeichen** die Welt bearbeitet. Zu ihnen zählt man so elementare Praktiken wie Schreiben und Lesen, wie Rechnen oder Zeichnen, aber auch komplexere Verfahren, in denen Bild, Schrift und Zahl ineinandergreifen, wie das Handhaben von Landkarten und Kalendern zur räumlichen bzw. zeitlichen Orientierung. Wesentlich für Kulturtechniken ist zum zweiten, dass ihre erfolgreiche Anwendung nicht in erster Linie das Verstehen der Technik oder des durch sie bearbeiteten Objekts erfordert, sondern ihre routinierte Einübung. So setzt etwa die Bedienung eines Computers nicht voraus, dass man das Wissen eines Informatikers besitzt.[19] Kulturtechniken zeichnen sich außerdem durch ihre Rekursion aus, d.h. dadurch, dass die gemeinschaftliche Verwendung einer Kulturtechnik eine Wirklichkeit hervorbringt, die die Verwendung genau dieser Kulturtechnik verlangt. So hat etwa das Rechnen Gesellschaften hervorgebracht, in denen ein Leben ohne Zahlen nur schwer zu meistern wäre.[20] Kulturtechniken lösen also Probleme, sie erzeugen aber auch zuallererst die Probleme, die man durch sie lösen kann.

Die Kulturtechniken, die in der oben zitierten Passage von *Forsvundne Skove* erwähnt werden, sind nicht nur der Kalendergebrauch, sondern auch dessen Voraussetzungen: das Zählen und die Fixierung der Zahl in einem materiell beständigen **Speichermedium**. Der Sklave »sah die Sonne jeden Abend untergehen und er machte sich Zeichen an Steinen und Höhen, um den Fortschritt zu verfolgen«.[21] Mit den »Zeichen an Steinen und Höhen«

---

19 Krämer, Sibylle/Bredekamp, Horst: Kultur, Technik, Kulturtechnik: Wider die Diskursivierung der Kultur, in: Dies. (Hrsg.): Bild, Schrift, Zahl, München 2003, S. 11–21, hier S. 18.
20 Zur Rekursion von Kulturtechniken vgl. Maye, Harun: Was ist eine Kulturtechnik?, in: Zeitschrift für Medien- und Kulturforschung 1,1 (2010), S. 121–135.
21 Jensen: Entschwundene Wälder, S. 14f. – »Han saa Solen gaa ned hver Aften og tog Mærker af Sten og Høje for at holde Rede paa Fremgangen«. Jensen: Forsvundne Skove, S. 10.

können Markierungen gemeint sein, die den Sonnenverlauf nachvollziehbar machen, also eine Sonnen- oder Jahreszeitenuhr, oder aber auch nur Ritzungen, die die Zahl der Tage als Strichliste festhalten. In beiden Fällen handelt es sich um den Gebrauch von Zeichen. Der Text vertieft die Konsequenz dieser Kulturtechnik noch, wenn erzählt wird, dass der Sklave seine eigenen Finger als Zeichen benutzt. Jeder Finger bezeichnet eine Sonnenwende, und der Sklave »liebte« Daumen und Zeigefinger, die nach einem Jahr »frei« waren, »mehr als die anderen, die noch solch lange, lange Zeit vor sich hatten«.[22] Wie die Strichliste der vergangenen Tage veranschaulichen auch die freien Finger **die allgemeinste Definition des Zeichens**, die bereits aus der mittelalterlichen Scholastik stammt: *Aliquid stat pro aliquo* – Etwas steht für etwas anderes. Wie jeder Strich der Liste (etwas) für einen einzelnen Tag (etwas anderes) steht, werden auch der Daumen und der Zeigefinger imaginär mit etwas verbunden, das sie nicht sind, mit je einer Sonnenwende; die Sonnenwende ist aber selbst Zeichen, d.h. sie repräsentiert wieder etwas anderes, nämlich einen Schritt auf dem Weg in die Freiheit. Hinzu kommt noch, dass der Gebrauch von etwas als Zeichen sofort auf andere Objekte überspringt, die dann ebenfalls Zeichencharakter erhalten: Denn die übrigen Finger hatten »noch solch lange, lange Zeit vor sich«, womit gesagt ist, dass sie dem Sklaven die noch abzuarbeitende Zeit der Unfreiheit repräsentieren. Der Zeichengebrauch (**Semiose**) hat also Kaskaden von weiteren Zeichen (vom Finger zur Sonnenwende zur Freiheit) zur Folge, wodurch Zeichen sich zu Zeichensystemen (Finger mit der Bedeutung ›Freiheit‹ und andere Finger mit der Bedeutung ›Gefangenschaft‹) ausdifferenzieren. Die Logik dieser **Zeichensysteme** ist nicht per se einsichtig, sondern **arbiträr**, also willkürlich in ihrer Zuordnung von dem, was bezeichnet werden soll (**das Signifikat** = Un/Freiheit), und dem, womit es bezeichnet wird (**der Signifikant** = ein Finger). Solche arbiträren Zeichen und Zeichensysteme nennt man auch **Symbole** und **symbolische Ordnungen**. Nur wer die Bedeutung des Symbols erlernt hat, wird es verstehen. Deshalb kann man Zeichenordnungen auch nicht von **Wissensordnungen** trennen.

Die Einrichtung eines arbiträren Zeichensystems hat noch eine weitere, komplexe Konsequenz. Sie führt eine Distanz der Zeichenbenutzer zu den Dingen ein, die ihnen als Zeichen dienen. Denn diese Dinge *sind* etwas, sie *bedeuten* aber auch etwas; Sein und Bedeutung müssen aber nicht deckungsgleich sein. Da der Sklave nicht nur die Dinge der Welt als Zeichen benutzen kann, sondern auch Teile seines Körpers, kann er den eigenen Körper als etwas Fremdes ansehen. Die Finger etwa verselbständigen sich gleichsam von ihm und werden zu einem Ding unter den anderen Dingen der Welt,

---

22 Jensen: Entschwundene Wälder, S. 15. – »Da Solen vendte første Gang, regnede han Tommelfingeren paa højre Haand fra. Efter endnu et Solhværvs Forløb – men det varede bitterligt længe – var ogsaa Pegefingeren fri. Han elskede disse to Fingre fremfor de andre, der havde saa længe længe igen«. Jensen: Forsvundne Skove, S. 10.

das man bewerten, kritisieren oder eben – wie der Sklave in Jensens Text – lieben kann. Der Sklave erlebt also im Zeichengebrauch, dass sein Körper eine Eigenständigkeit vom Bewusstsein besitzt. Im Deutschen wie auch in den skandinavischen Sprachen ist diese Überzeugung sedimentiert: Man spricht davon, dass wir einen Körper ›haben‹, aber nicht davon, dass wir ein Körper ›sind‹. Dieses Erlebnis hat für den Sklaven eine ganz entscheidende Konsequenz. Da er sein Sein nicht mehr ausschließlich an seinem Körper festmacht, entdeckt er eine weitere Dimension in seinem Sein, das, was oben Innerlichkeit genannt wurde. So heißt es am Ende der zitierten Passage, dass dieses »große Rechenstück« – die Nutzung eines Kalenders, das Zählen, der Gebrauch von Steinen und vor allem von Körperteilen als arbiträre Zeichen – »der Reichtum des Sklaven [wurde], sein innerstes Eigentum, das niemand ihm streitig machen konnte«. Anders als im Kulturmodell B ist das Innere in Jensens Erzählung aber nicht unabhängig von der äußeren Welt der Technik; vielmehr zeigt *Forsvundne Skove*, dass die Innerlichkeit ein Effekt der Anwendung von Kulturtechniken ist. Es gilt also, dass weder der Gegensatz von Natur und Kultur noch der von innerer Kultur und äußerer Zivilisation das Kulturmodell beschreibt, das Jensens Text zugrunde liegt. Stattdessen wird hier Kultur ganz grundlegend mit einem Zeichengebrauch in Verbindung gebracht, der an eine soziale Praxis gebunden ist.

1.5 Kulturmodell C: Bedeutung vs. Nicht-Bedeutung

Der dritte Traditionsstrang reicht bis zur Jahrhundertwende um 1900 zurück und begründet die heutige kulturwissenschaftliche Perspektive. Deshalb spricht man von der Generation um 1900 auch gerne von der **Ersten Kulturwissenschaft**,[23] deren Anregungen allerdings – unterbrochen durch die verheerenden politischen Geschehnisse in der ersten Hälfte des 20. Jahrhunderts – erst in den 1960er und 70er Jahren wieder aufgenommen wurden, bis sie sich ab den 80er und 90er Jahren fächerübergreifend als Kulturtheorien durchgesetzt haben. Zu den Vertretern der ersten Kulturwissenschaft gehören u.a. die Soziologen Marcel Mauss oder Georg Simmel, der Kunsthistoriker Aby Warburg, die Linguisten Ferdinand de Saussure und Roman Jakobson, der Psychoanalytiker Sigmund Freud oder der Philosoph Ernst Cassirer. Und auch unser dänischer Autor Johannes V. Jensen gehört in dieses intellektuelle Umfeld.

Im Unterschied zu den beiden anderen Modellen verbindet das kulturwissenschaftliche Modell keine normative Festlegung mit dem Ausdruck ›Kultur‹. Standen im ersten Traditionsstrang die ›Kultivierten‹ auf einer höheren

---

23 Die Formulierung hat Sigrid Weigel geprägt: Kulturwissenschaft als Arbeit an Übergängen und als Detailforschung. Zu einigen Urszenen aus der Wissenschaftsgeschichte um 1900: Warburg, Freud, Benjamin, in: Opitz, Alfred (Hrsg.): Erfahrung und Form. Zur kulturwissenschaftlichen Perspektivierung eines transdisziplinären Problemkomplexes, Trier 2001, S. 125–145.

Zivilisationsstufe als die ›Primitiven‹ oder ›Wilden‹, grenzte sich im zweiten Traditionsstrang der oder die ›Gebildete‹ gegen die ungebildete Arbeiterschicht oder den bloß zivilisierten (Geld-)Adel ab. Im dritten Modell verliert ›Kultur‹ ihre positiv differenzierende Funktion, weil sie keinem negativ konnotierten Anderen gegenübergestellt wird. Stattdessen setzt man bei der Vorstellung an, der Mensch sei ein Wesen, das von Anfang an, und zwar ganz und gar, in einen kulturellen Zusammenhang eingelassen ist. Enkulturation ist gleichzeitig auch Menschwerdung, ist **Anthropogenese.** Die Existenz des einzelnen Menschen in der Welt und sein Zusammensein mit anderen Menschen ist immer über Regeln und Symbolisierungsakte vermittelt, weshalb es für ihn keinen Raum außerhalb der Kultur gibt. Die Welt ist ihm nur in Wahrnehmungsakten zugänglich, die bereits interpretierend sind. D.h. die Welt um den Menschen ist nicht *an sich* einfach da, sondern sie bedeutet immer schon mehr und anderes als nur sich selbst; der Mensch nimmt sie also als ein Ensemble von Zeichen wahr. Die Maßstäbe dieser Semiose, die Regeln der symbolischen Ordnung gibt sich der oder die Einzelne jedoch nicht selbst, vielmehr sind sie immer schon durch die soziale Platzierung der einzelnen Personen vermittelt. Demnach wird Kultur in diesem dritten Modell als das Gesamt von kollektiven Bedeutungszuschreibungen verstanden.

Aus dem Gesagten ergibt sich, dass nichts per se aus dem Gegenstandsbereich der Kultur herausfällt. Denn alles kann als Bedeutungsträger eingesetzt werden. Die Oper gehört genauso dazu wie Begrüßungsformeln, Fastfoodketten, Jahrestage, Henkelformen oder *soundscapes* – entscheidend ist, dass dem Objekt oder der Handlung oder dem Ereignis eine Bedeutung zugeschrieben wird. Relevant ist außerdem, welchen Stellenwert dieser Bedeutung im jeweiligen Zusammenhang zukommt, also wie wichtig sie im jeweiligen Kontext ist und welcher Funktion sie dort dienen soll. Mit anderen Worten: Schreibt man einem singulären Objekt eine Bedeutung zu, hat man es damit gleichzeitig in einem Netz von Bedeutungen positioniert. Dieses Netz wurde oben schon als symbolische Ordnung angesprochen. Ein einfaches Beispiel soll diesen abstrakten Zusammenhang veranschaulichen:

Ein Hut mag die Funktion haben, vor Regen oder Sonnenstrahlung zu schützen. Doch gleichzeitig überschreitet er als Zeichen seine rein praktische Funktion auf komplexe kulturelle Zusammenhänge hin. Große Teile des ersten Kapitels von Carl Jonas Love Almqvists Roman *Det går an* (1839; *Es geht an*, 1845) widmen sich der Aufgabe, diese Zusammenhänge auszubuchstabieren. Der adrette Sergeant Albert wird auf einer Dampfschifffahrt auf eine junge Frau, Sara Videbeck, aufmerksam, als sie ihrer am Kai stehenden Tante etwas zuruft. Als er ihr kurz darauf wieder auf dem Vorderdeck begegnet, weckt sie erneut seine Aufmerksamkeit, diesmal dadurch, dass sie statt des kleinen, niedlichen Frauenhutes aus weißem Kambrik, den sie bei der Abreise getragen und dann hatte verschwinden lassen, nun ein Seidenkopftuch über den Scheitel gebunden hatte, wie es die Dienstmädchen zu tragen pflegen. Man musste sich also fragen: War diese Reisende Demoiselle oder Dienstmagd? Und – was sie auch sein mochte – wie kam es, dass sie die Kopfbedeckung gewechselt hatte?[24]

Hut oder Kopftuch ist im 19. Jahrhundert also nicht einfach eine Frage des Geschmacks, vielmehr gehen die unterschiedlichen Kopfbedeckungen in ein Bezeichnungssystem ein, in dem sie eine je eigene gesellschaftliche Schicht signifizieren. Der Hut macht eine junge Frau als Demoiselle, also als Bürgerstochter, erkennbar, das Kopftuch als Dienstmagd. Albert wird nun gerade deshalb neugierig, weil Sara sich quer zur symbolischen Ordnung verhält. (Seine) Neugier entsteht also dadurch, dass das etablierte Bedeutungssystem nicht mehr problemlos greift. Doch das hat nicht etwa zur Folge, dass er die Bedeutungsfrage nicht mehr stellt. Den Verlust der Bedeutung versucht er vielmehr dadurch zu kompensieren, dass er die Frage nach der Bedeutung der Bedeutung stellt – »wie kam es, dass sie die Kopfbedeckung gewechselt hatte?« – und er beantwortet sie folgendermaßen: Für eine Bürgerstochter schickt es sich nicht, ohne Begleitung zu reisen. Da ihre Tante aber das Schiff verpasst hat, legt die junge Frau mit dem Hut das Aussehen der Demoiselle ab und macht sich mit »dem Umbinden des Kopftuchs [...] zur Jungfer [d.h. zum Dienstmädchen], [...] und als eine von ihnen kann sie nun [...] ohne üble Nachrede reisen, auch ohne Tante«.[25]

Hut und Kopftuch sind als Zeichen für die Standeszugehörigkeit komplex in den kulturellen Kontext des 19. Jahrhunderts in Schweden verstrickt, sodass die Wahl der Kopfbedeckung weitreichende lebenspraktische Folgen hat. Sie entscheidet, ob die Trägerin allein oder nur in Begleitung reisen kann, welcher Schicklichkeitscode auf sie anzuwenden ist, ob sie (wie die folgenden Seiten des Romans ausführen) mit ›Du‹ oder ›Sie‹ angesprochen wird, ob sie im Salon und Achterdeck des Dampfers geduldet wird oder sich ›dem Pöbel‹ auf dem Vorderdeck zuzurechnen hat. Hut oder Kopftuch sind Zeichen, die über je eigene Freiräume entscheiden und folglich auch über eigene Sanktionsregimes, die das Überschreiten der jeweiligen Freiheitsgrenzen ahnden.

Im 19. Jahrhundert ist der Hut also Teil eines Bedeutungssystems sozialer Zugehörigkeit. Alternative Bedeutungssysteme lassen sich leicht vorstellen.

---

24 Almqvist, Carl Jonas Love: Die Woche mit Sara, übers. v. Anne Storm, Reinbek bei Hamburg 2004, S. 10. – »att hon vid afresan stått i en liten nätt fruntimmershatt af hvit kambrik, men efter en stund låtit hatten försvinna af hufvudet, visande sig i stället nu med en silkesschalett öfver hjessan, såsom ›jungfrur‹ bruka. Frågades alltså: var denna passagererska mamsell eller jungfru? och, i hvilketdera fallet, huru kom det sig, att hon bytt om hufvudbonad?« Almqvist, Carl Jonas Love: Det går an. Texten redigerad och kommenterad av Johan Svedjedal, Samlade Verk, Bd. 22, Stockholm 2011, S. 13.

25 Almqvist: Die Woche mit Sara, S. 11. – »och med scharlettens påsättande gör hon sig i stället till jungfru, i likhet med de öfriga [...], hvarefter hon som sådan kan resa fram [...] utan förtal, fast utan moster«. Almqvist: Samlade Verk, Bd. 22, S. 13.

So kann der Hut ebenfalls Medium sein, Hochachtung auszudrücken. Man lüpft ihn, wenn man jemanden grüßt, man nimmt ihn ab, wenn man eine Kirche betritt. Doch in einem anderen kulturellen Zusammenhang kann die Verteilung von Bezeichnendem und Bezeichnetem anders ausfallen, etwa, wenn man beim Betreten einer Synagoge den Kopf bedeckt, um seinen Respekt vor den Gläubigen zu markieren. Unschwer kann man sich aber auch Kulturen vorstellen, in denen weder das Kopfbedecken noch das Kopfentblößen Relevanz besitzt und in der auch die Verteilung von Hut und Kopftuch irrelevant ist. Was auf einen Hut zutrifft, gilt auch für jedes andere Phänomen: Es kann, muss aber nicht Träger einer Bedeutung sein.

Da das dritte Modell Kultur als Bedeutungsverteilung versteht, könnte man es durch das Gegensatzpaar Bedeutung und Nicht-Bedeutung charakterisieren. Doch anders als im Gegensatz Kultur-Natur und Kultur-Zivilisation ist nicht die eine Seite des Gegensatzpaars der Kultur zuzuordnen (etwa die der Bedeutung) und die andere einer wie auch immer zu benennenden Gegenseite. Vielmehr wird die jeweilige Kultur gerade über ihre individuelle Verteilung von Bedeutung bestimmt, d.h. dadurch, dass sie dem einen Phänomen eine Bedeutung zumisst und dem anderen nicht. Man könnte diese Definition von Kultur folgendermaßen auf den Punkt bringen: Der Ausgangspunkt aller Kultur ist die symbolisch vermittelte Unterscheidung von Bedeutung und Nicht-Bedeutung schlechthin. Eine Kulturwissenschaft, die sich diesem dritten Kulturmodell verpflichtet fühlt, untersucht zum einen, aus welchen Elementen sich eine bestimmte symbolische Ordnung oder ein Ausschnitt von ihr zusammensetzt, welchen Elementen in der sozial geteilten Ordnung eine Bedeutung zugeschrieben wird. Zum zweiten untersucht sie, ob es eine Systematik hinter den vielen bedeutungstragenden Einzelphänomenen gibt. Und drittens thematisiert sie die Frage, wie und nach welchen Regeln diese Bedeutungszuschreibungen überhaupt erzeugt und weitergegeben werden. Aleida Assmann beschreibt diesen dritten Kulturbegriff mit folgenden Worten: Kultur erscheint »als Ensemble von Codes und Medien, Objekten und Institutionen, durch welche Bedeutungen erzeugt und eliminiert, bewahrt und verändert, durchgesetzt und aufgezwungen, erinnert und vergessen werden«.[26]

1.6 Die Unhintergehbarkeit von Kultur

Wenn man nun auf der Basis dieses umfassenden Kulturmodells auf die beiden anderen Modelle zurückblickt, dann wird man sie als befangen bewerten. Der neuralgische Kritikpunkt wird bei einer rein schematischen Reformulierung des ersten Modells besonders deutlich. Da es sich bei der Unterscheidung einer natürlichen und einer kulturellen Sphäre um eine

---

26 Assmann, Aleida: Kultur als Lebenswelt und Monument, in: Dies./Harth, Dietrich: Kultur als Lebenswelt und Monument, Frankfurt a.M. 1991, S. 11–25, hier S. 17.

grundlegende Opposition, einen sogenannten **Binarismus,** handelt, muss man innerhalb der Logik von Modell A jedes nur vorstellbare Phänomen entweder auf der einen Seite oder der anderen unterbringen können. »Kultur ist, was nicht Natur ist, und *vice versa*«.[27] Ein Drittes gibt es nicht. Der Anteil jeder Seite am Gesamt kann je nach Einschätzung variieren, zusammen werden die beiden Seiten aber immer 100 Prozent aller Phänomene umfassen (s. Illustration 1):[28]

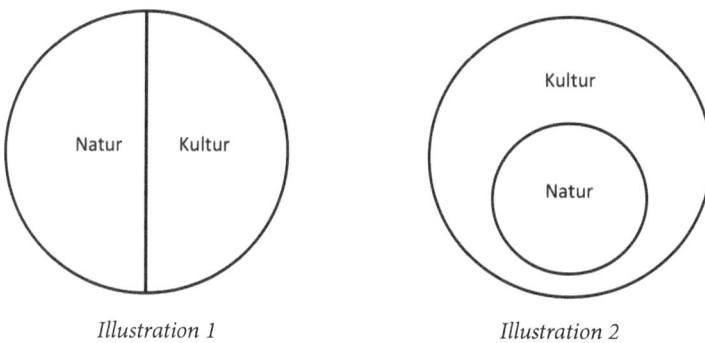

Illustration 1   *Illustration 2*

Aus der Perspektive von Modell C allerdings folgt der Akt der Unterscheidung von Kultur und Natur – wie jede Unterscheidung – bereits einer kulturellen Logik. Die Unterscheidung von Natur und Kultur setzt unausgesprochen voraus, dass man sich als unbeteiligter Beobachter außerhalb beider Sphären platziert. Doch diese Vorstellung unterliegt einem Perspektivfehler, weil der oder die Unterscheidende selbst nach der Logik des Modells entweder auf der Seite der Natur oder der der Kultur stehen müsste – also nicht neutral sein kann. Mit anderen Worten: Der Unterscheidende übt mit seiner Unterscheidung von Natur und Kultur bereits einen versteckten kulturellen Akt aus. In einer Zeichnung müsste man das Verhältnis von Natur und Kultur deshalb viel eher wie in Illustration 2 modellieren.

Aus kulturwissenschaftlicher Perspektive kann man also argumentieren, dass es eine kulturelle Entscheidung ist, wie man Natur imaginiert, was man ihr zurechnet und welche Alternativen man ihr zur Seite stellt, ja, dass man überhaupt einen Gegensatz von Natur und Kultur und nicht einen ganz anderen konstruiert. In der aktuellen kulturwissenschaftlichen Debatte erprobt

---

27 Das formale Herangehen übernehme ich von Albrecht Koschorke. Sehr viel ausführlicher zum Verhältnis von Kultur und Natur siehe die Kapitel »Natur und Kultur« und »Asymmetrische Unterscheidungen«. In: Koschorke, Albrecht: Wahrheit und Erfindung. Grundzüge einer allgemeinen Erzähltheorie, Frankfurt a.M. 2012, S. 352–368. Das Zitat steht auf Seite 353.
28 Für das Erstellen der Illustrationen 1, 2, 3a und 3b möchte ich mich sehr herzlich bei Herrn Felix Bidder bedanken.

man deshalb den Begriff der ›**natureculture**‹, der die Verwobenheit der Sphären auch begrifflich markieren soll. Bei der Kultur-Natur-Differenz handelt es sich um eine **asymmetrische Unterscheidung**, die ihre Asymmetrie verschleiert. Ganz analog kritisiert die Kulturwissenschaft die Differenz von Kultur und Zivilisation im Modell B. Es ist bereits ein kultureller Akt, das Individuelle und Authentische vom Konventionellen zu unterscheiden.

Die Erkenntnis von der Unhintergehbarkeit der Kultur ist auch die Pointe von Jensens *Forsvundne Skove*. Der Prozess der Enkulturation nimmt zwar an einem Ort außerhalb der Kultur seinen Ausgangspunkt, aber nachdem er vollzogen ist, ist dieser Ort nicht mehr einsehbar: Die Erzählung beginnt beim Sklavenhändler und die Lesenden erfahren an keiner Stelle etwas über die Vergangenheit des Sklaven in den Urwäldern, nichts darüber, wie das Leben und Denken im Naturzustand ausgesehen haben könnte. Mit der Versklavung wird eine Grenze eingezogen, deren Jenseits nicht vorstellbar ist. Genau diese semantische Leere der Wälder reflektiert die Erzählung mit der Formulierung, dass der Sklave die Wälder seiner Herkunft zwar findet, »[a]ber er erkannte sie nicht wieder«. Er habe »wohl an manchen Orten Bäume gefunden […], aber nicht seine eigenen Wälder«.[29] Die Wälder (d.h. der Naturzustand vor der Kultur) sind ein Abstraktum, auf das sich Vorstellungen von einem Sehnsuchtsort, von Erfüllung, von Heil projizieren lassen.

Jensens Vorstellung von der Enkulturation ist düster. Denn sie entwirft die Einbettung des Menschen in die Kultur per se als Versklavung, als Unterwerfung unter eine Sehnsucht, die nicht erfüllt werden kann, weil Kultur selbst als Verwaltung der Sehnsucht definiert wird. Die Erzählung hat außerdem einen hässlichen kolonialen Subtext, der spätestens dann sichtbar wird, wenn man sich den aus dem Urwald stammenden Sklaven als Afrikaner vorstellt und Korra als weißen Kolonisator, der den Sklaven auch in eine innere Unterwerfung hineintrickst. Jensens Begeisterung für den Imperialismus seiner Zeit legt eine solche Deutung nahe. Man könnte dagegen argumentieren, dass der Text offener ist, weil er mit der Versklavung des Sklaven die Situation jedes Menschen bezeichnen will; Enkulturation ist bei Jensen Anthropogenese. Doch präziser wäre es, den Text eine Fabel der Anthropogenese zu nennen, die gut in ein kolonialistisches *mindset* zu integrieren ist. Denn wenn ein Text Menschwerdung per se als Versklavung imaginiert, zu der es keine Alternative gibt, dann rechtfertigt er damit die imperialistische Unterwerfung einer Kultur unter die andere letztlich als Anerkennung dieser Imagination.

---

29 Jensen: Entschwundene Wälder, S. 17. – »Og han fandt virkelig sine hjemlige Skove. *Men han kendte dem ikke.* Han kom udslidt tilbage og fortalte, at han vel havde fundet Træer baade det ene og det andet Sted, fuldt op af Træer, men ikke sine egne Skove«. Jensen: Forsvundne Skove, S. 12.

1.7 Kulturwissenschaften und Literaturwissenschaften

Die Unhintergehbarkeit von Kultur meint, wie wir gesehen haben, dass wir nicht umhin können, Zeichensysteme zu verwenden: Aus kulturwissenschaftlicher Perspektive versteht man den Menschen als ein Wesen, für den die vielen Phänomene, die ihm begegnen (wie etwa Wälder, Hüte, biologische Taxonomien, Klavierspiel), nie nur gegeben sind, sondern für den sie auch immer etwas bedeuten, d.h. für den diese Phänomene in umfassende symbolische Ordnungen eingelassen sind: Wälder werden zu Sehnsuchtsorten, Hüte zu sozialen Markern, eine biologische Taxonomie zu einer Moralschrift, das Klavierspiel zum Ausweis eines Erziehungsideals. Doch da diese Zeichenordnungen kultureller Natur sind, können sie keine einfache Wahrheit beanspruchen. In ihnen begegnet der Einzelne zwar dem Phänomen selbst, aber auch gleichzeitig der Gemeinschaft, die ihm durch ihre kulturellen Ordnungen überhaupt erst physischen Zugang zu und kognitiven Zugriff auf diese Phänomene ermöglicht. Das meint die eingangs genannte Kontingenzperspektive des kulturwissenschaftlichen Forschungsprogramms: Selbst wenn die Phänomene dieselben zu sein scheinen (etwa der menschliche Körper), wechseln doch die Zugriffe auf ihn und damit das, was man über die Phänomene wissen kann und wie man mit ihnen umgeht – kurz: die Zugriffe sind **kontingent**, möglich, aber nicht notwendig.

Wie hängen nun Literaturwissenschaft und Kulturwissenschaft zusammen? Welche Konsequenz hat das kulturwissenschaftliche Paradigma für die Arbeit mit literarischen Texten? Die Beispiele dieses Kapitels haben bereits gezeigt, dass man künstlerische Produkte nicht nur unter ästhetischen Gesichtspunkten betrachten kann. Man würde dem Reiz von Gedichten, Filmen oder Comics nur zum Teil gerecht werden, wenn man sich nur auf Reimschemata, Kameraeinstellungen oder die Verteilung von Bild und Text beschränkt. Es geht bei der Untersuchung ästhetischer Produkte eben auch um Wälder und ihre Abholzung, um Hüte und ihre Alternativen, um biologische Taxonomien oder die Rolle des Klavierspiels in der Erziehung. Diese Phänomene und alle anderen, die den Figuren in literarischen Texten begegnen, sind in ein Netz von Bedeutungen eingelassen, und zwar schon bevor sie Teil eines literarischen Textes werden; Kopfbedeckungen etwa haben nicht nur in Almqvists Roman *Det går an* eine soziale Bedeutung, sondern generell im Schweden des 19. Jahrhunderts. Die Literaturwissenschaft ist demnach auf die Kompetenzen anderer Disziplinen angewiesen, die solche Phänomene auch außerhalb literarischer Texte untersuchen, kurz und gut: Kulturwissenschaftliches Arbeiten ist notwendig **transdisziplinär**.

Allerdings wird dadurch der traditionelle ästhetische Blick der Literaturwissenschaft nicht entwertet. Denn nimmt man Kultur als ein Geflecht von Bedeutungen wahr, dann wird man ununterbrochen Interpretationsleistungen vollziehen, wenn man sich in dieser Kultur bewegt. Und hier berühren sich die literaturwissenschaftliche und die kulturwissenschaftliche Perspektive: Fragen wie ›Was bedeutet dieses Element eigentlich jenseits seiner offensichtlichen Erscheinung?‹ oder ›Welche Interpretationen eines Elements machen innerhalb des gegebenen Kontextes Sinn?‹ haben sich die Literaturwissenschaften schon immer gestellt, wenn sie Gedichte oder Romane interpretiert haben. Sie waren schon immer auf der Jagd nach Bedeutungen, die nicht auf der Oberfläche der Wörter und Sätze gegeben waren, sondern durch ihre Funktion in einer Geschichte oder durch ihren metaphorischen oder metonymischen Wert in einem bestimmten Kontext etwa. Wenn sich also ein Ökonom für die Gründungs*erzählungen* von H&M interessiert, oder eine Historikerin für Ungeziefer*metaphern* in politischen Reden des Nationalsozialismus, dann untersuchen sie eben mit Erzählungen und Metaphern Gegenstände, die traditionell der Literaturwissenschaft zugerechnet werden. Der Blick der Kulturwissenschaften in allen ihren Facetten ist also von vornherein von Herangehensweisen der Literaturwissenschaft informiert, die sich schon in ihrer klassischen Ausbildung mit der sprachlichen Fabrikation von Bedeutung beschäftigt hat. Das Instrumentarium, das in den früheren Kapiteln dieser Einführung behandelt wird, bleibt damit der Werkzeugkasten auch jeder kulturwissenschaftlich arbeitenden Literaturwissenschaft.

Diese Überlegung hat eine Relevanz dafür, wie das Verhältnis von Belletristik und Gesellschaft gedacht wird, in der der literarische Text produziert und gelesen wird. Damit ein literarischer Text überhaupt verständlich sein kann, muss er Elemente der Welt mit ihren Institutionen, Einstellungen, Praktiken und materiellen Gegebenheiten übernehmen, die den Referenzrahmen der Lesenden bildet. Doch das Verhältnis von Kunst und Welt erschöpft sich nicht in der Nachahmung oder Abbildung, vielmehr wirkt das ästhetische Produkt auch auf die Welt zurück. Wie man sich diese viel zu allgemeinen Begriffe ›Kunst‹ und ›Welt‹ vorstellen muss, damit man sowohl dem mimetischen (abbildenden) als auch dem poietischen (gestaltenden) Aspekt von Literatur gerecht wird, wird im folgenden Kapitel ausgeführt.

2. Drei Metaphern zum Verhältnis von Literatur und Welt

In diesem Kapitel wird genauer ausgeführt, wie der kulturwissenschaftliche Problemhorizont bereits in seiner Formierungsphase in den 70er und 80er Jahren des 20. Jahrhunderts von literaturwissenschaftlichen Denkfiguren geprägt ist. Hier werden drei Theorien vorgestellt, die für eine kulturwissenschaftliche Ausprägung der Literaturwissenschaften besonders relevant wurden und nach wie vor sind. Sie haben je eine **epistemische Metapher**, also eine erkenntnisleitende Metapher geprägt, die das Verhältnis von kulturellem Produkt und der sie umgebenden Gesellschaft beschreibt. Diese Metaphern sind derart Teil der **alltäglichen Wissenschaftssprache**[30] geworden, dass sie häufig nicht mehr als Metaphern erkennbar sind und entsprechend auch nicht mehr als Zitate markiert werden.

2.1 Kultur als Text: Lesen und Interpretieren

Eine der wirkmächtigsten Metaphern der Kulturwissenschaften ist die von der Kultur als Text.[31] Im Kern dieser Metapher steckt die Überzeugung, dass Kultur ein komplexes Ensemble von Zeichen ist und dass deshalb diejenigen, die eine Kultur mit ihren Institutionen, Praktiken, Herrschaftsstrukturen, Hervorbringungen in Wirtschaft, Kunst und Wissenschaften etc. verstehen wollen, sich nicht damit begnügen können, diese vielen Einzelphänomene nur empirisch wahrzunehmen, sondern auch auf ihre Bedeutung hin befragen müssen, kurz: dass die Phänomene Ausdrucksformen sind, die interpretiert werden müssen. Ins Spiel gebracht hat die Metapher der Ethnologe Clifford Geertz Ende der 60er und Anfang der 70er Jahre des 20. Jahrhunderts, als er zunehmend unzufrieden mit den Methoden seiner Zunft wurde und nach Alternativen suchte.

Interpretive turn

Als Geertz in den 1960er Jahren seine Feldforschungen in Java, Bali und Sumatra durchführte, herrschte in der Ethnologie[32] ein Selbstverständnis vor, das sich an dem der Naturwissenschaften orientierte: Es galt Daten zu sammeln und auszuwerten und aus den Daten allgemeine Gesetze und Strukturen abzuleiten, die die untersuchten Gesellschaften regulieren. Da man meinte, dass diese Kräfte die sozialen Prozesse mehr oder weniger kausal determinieren – und d.h. am Bewusstsein der Betroffenen vorbei wirken –, sollte die Forschung sicherstellen, dass die Daten durch keinen *bias* verzerrt werden: Je unbeteiligter die Forschenden ihren Gegenstand beobachteten, desto besser seien die Voraussetzungen, die verborgenen Gesetze hinter den kulturellen Erscheinungen zu entdecken.

Geertz' Kritik an diesem szientistischen Ideal des keimfreien Labors beginnt in den späten 1970er Jahren und sie bezieht sich ganz grundlegend auf die Vorstellung, was es heißt, eine Kultur zu verstehen. Er ist davon überzeugt, dass die Ethnologie das Eigentliche ihres Gegenstandes verfehlt, wenn sie die

---

30 Zum Begriff s. Ehlich, Konrad: Alltägliche Wissenschaftssprache, in: Info DaF 26,1 (1999), S. 3–24.
31 In Deutschland wurde die Metapher populär durch: Bachmann-Medick, Doris (Hrsg.): Kultur als Text. Die anthropologische Wende der Literaturwissenschaft, Frankfurt a.M. 1996.
32 Das Fach Ethnologie heißt im angloamerikanischen Zusammenhang meist »cultural anthropology«. Die begrifflichen Differenzen und tatsächlichen Überschneidungen bleiben hier unberücksichtigt. Ethnologie und Kulturanthropologie werden im Folgenden synonym behandelt.

Einstellungen der Beteiligten als irrelevanten, weil rein mentalen Überbau ausschließt. Wer also wie er den balinesischen Hahnenkampf analysiert, darf nicht die Vorstellungen vom Hahnenkampf ignorieren, die sich die Beteiligten selbst machen. Es war sicher eine provozierende Geste, wenn Geertz nicht mehr die Empirie der Naturwissenschaften als Analogie für die Arbeit der Ethnologie heranzog, sondern das Interpretieren der Literaturwissenschaften. Denn im Konzept der **Interpretation** kommt die Bedeutungszuschreibung implizit gleich zweimal vor. Wer interpretiert, wird seinen Gegenstand zum einen danach befragen, welche Bedeutung er für die Kultur hat, in der der Gegenstand verortet ist (welche Bedeutung etwa der Hahnenkampf für einen Balinesen hat); zum anderen ist aber die Interpretation selbst eine kulturelle Praxis; auch sie hat eine Bedeutung, nämlich im Kontext der Kultur, aus der die Interpretierende stammt bzw. in die der Interpretierende hinein argumentiert. Mit anderen Worten: Interpretierende leisten, ob sie wollen oder nicht, eine **Übersetzungsarbeit**, in der sie einer Bedeutung (die der Ausgangskultur in Bali) eine Bedeutung (für die Zielkultur der Ethnolog:innen) zumessen. Interpretierende können also per se nicht unbeteiligt neben ihrem Untersuchungsobjekt stehen, sondern werden immer auf die eine oder andere Weise in ihre Interpretationen involviert sein.

Geertz' wohl am häufigsten zitierte Passage stammt aus dem programmatischen Artikel *Thick Description: Toward an Interpretive Theory of Culture* aus dem Jahr 1973:

> Ich meine mit Max Weber, dass der Mensch ein Wesen ist, das in selbstgesponnene Bedeutungsgewebe verstrickt ist, wobei ich Kultur als dieses Gewebe ansehe. Ihre Untersuchung ist daher keine experimentierende Wissenschaft, die nach Gesetzen sucht, sondern eine interpretierende, die nach Bedeutungen sucht.[33]

In der Formulierung, Kultur sei ein vom Menschen »selbstgesponnene[s] Bedeutungsgewebe«, ist die Metapher von der Kultur als Text bereits angelegt. Der Internationalismus *Text* leitet sich vom lateinischen Ausdruck *textum* ab, das eben *Gewebe* bedeutet. Welche Art von Text sich Geertz bei dieser Analogie vorstellt, zeigt das folgende Zitat:

> Ethnographie betreiben gleicht dem Versuch, ein Manuskript zu lesen (im Sinne von ›eine Lesart entwickeln‹), das fremdartig, verblaßt, unvollständig, voll von Widersprüchen, fragwürdigen Verbesserungen und tendenziösen Kommentaren ist, aber nicht in konventionellen Lautzeichen, sondern in vergänglichen Beispielen geformten Verhaltens geschrieben ist.[34]

---

33 Geertz, Clifford: Dichte Beschreibung. Bemerkungen zu einer deutenden Theorie von Kultur, in: Ders.: Dichte Beschreibung. Beiträge zum Verstehen kultureller Systeme, übers. v. Brigitte Luches u. Rolf Bindermann, 5. Aufl., Frankfurt a.M. 1997, S. 7–43, hier S. 9.
34 Ebd., S. 15.

Wenn Geertz hier den Ausdruck **Lesart** wählt, dann bezieht er sich auf die **Editionsphilologie**, die vor der Herausforderung steht, dass sie es häufig mit nur teilweise überlieferten, fragmentarischen Manuskripten zu tun hat, die nicht mehr ohne weiteres gedeutet werden können. Die Editionsphilologie bemüht sich deshalb, alle Lesarten zu erschließen, die aufgrund des Materials sinnvoll erscheinen, und führt sie in der Edition gleichberechtigt nebeneinander auf. Die **Rezeptionsästhetik** übernahm diesen Gedanken für das Lesen überhaupt: Sie argumentiert, dass jeder Text erst im Vollzug des Lesens Bedeutung bekommt; jeder **Leseakt** produziert eine individuelle Lesart, die aus der Zusammenarbeit von Text und Lesenden entsteht. Wenn Geertz also meint, man müsse kulturelle Produkte, Riten und Institutionen wie einen literarischen Text lesen, dann hat er dabei keinen modernen Roman vor Augen, sondern eher ein unvollständiges mittelalterliches Manuskript aus einem Kontext, der den Lesenden nicht unmittelbar zugänglich ist. Die Lesart dieses lückenhaften Textes muss also auch die jeweiligen Vorstellungswelten rekonstruieren, in denen die jeweilige Bedeutung überhaupt einen Sinn ergibt.

Ein ethnologisches Beispiel: Der balinesische Hahnenkampf

Einer der bekanntesten Texte, an denen Geertz seine Methode anschaulich macht, heißt ›Deep play‹: *Notes on the Balinese Cockfight*, der erstmals 1972 erschien. Geertz beschreibt dort, wie seinerzeit auf Bali ein Hahnenkampf ablief. Das Beispiel ist u.a. deshalb instruktiv, weil es deutlich macht, dass Geertz, wenn er die Bedeutung des Kampfes für die Balines:innen rekonstruieren will, nicht einfach die Beteiligten nach ihrer Motivation befragt. Die stark ritualisiert ablaufenden Hahnenkämpfe werden von eifrigen Wetten der Anwesenden begleitet. Hätte Geertz die Anwesenden einfach befragt, warum sie wetten, hätte man wohl nur Antworten wie ›Weil es mir Spaß macht.‹ oder ›Weil ich gewinnen will.‹ bekommen. Will man in der Analogie zum literarischen Text bleiben, würde man nach der **Intention** des Autors oder der Autorin fragen. Doch offensichtlich geht es Geertz nicht um diese Art der Bedeutungszuschreibung, denn er nimmt den Hahnenkampf als Teil eines Gewebes wahr, in dem sich viele verschiedene Fäden kreuzen. Deshalb kontextualisiert er ihn in alle möglichen Richtungen:

Zunächst stellt er fest, dass im Balinesischen der Ausdruck für Hahn in vielen Zusammenhängen metaphorisch einen Mann mit besonders ausgeprägten Zügen bezeichnen kann, etwa einen Dandy, einen Recken oder Frauenhelden; der Besitz eines Hahns gehört denn auch zu den wichtigen Attributen eines Mannes; er wird zum Symbol der Männlichkeit seines Besitzers. Geertz bemerkt aber auch, dass Hähne für Animalität stehen, d.h. sie können im balinesischen Kontext die Chaosmächte bezeichnen, die mit ihrer ästhetischen, moralischen und metaphysischen Destruktivität die Gesellschaft bedrohen. Im Hahnenkampf werden sie symbolisch in den aufgereizten Hähnen freigelassen; sie werden aber auch einem festen Reglement unterworfen, wenn sie in den stark ritualisierten Wettkämpfen ausagiert werden, wodurch das bedrohliche Element in einer kulturellen Form gebändigt und – soweit es geht – unschädlich gemacht wird.

Nun sieht sich Geertz das direkte Umfeld der Hahnenkämpfe an und stellt fest, dass die Wetten gesellschaftliche Allianzen dokumentieren. Im Medium des Hahnenkampfes kann jede balinesische Person ablesen, wie die Gesellschaft strukturiert ist: wer oben und wer unten steht, wer mit wem zusammenarbeitet, denselben Tempel besucht usw. Deshalb kann man den Hahnenkampf als »einen metasozialen Kommentar« verstehen: Seine Funktion »ist eine interpretierende: es handelt sich um eine balinesische Lesart balinesischer Erfahrung, eine Geschichte, die man einander über sich selbst erzählt«[35].

Dichte Beschreibung

Was Geertz über den Hahnenkampf sagt, gilt für alle ›Texte‹ einer Kultur, seien es Volksfeste, Romane, Firmenfeiern, Grundrisse von Wohnungen, Familiengesetzgebung oder Landschaftsmalerei. ›Text‹ meint in diesem Zusammenhang kein schriftlich verfasstes Artefakt, sondern die Tatsache, dass man die genannten Ausdrucksformen ›wie einen Text‹ lesen und interpretieren kann. Man spricht deshalb auch von einem **weiten Textbegriff**. Alle diese kulturellen Phänomene leisten eine **Selbstauslegung der Kultur**. In ihnen vollziehen die Mitglieder einer Kultur nicht nur ihr Leben, durch sie deuten sie sich selbst und ihre Gemeinschaft. Da die Kultur aber selbst ein ›Bedeutungsgewebe‹ ist, stapeln sich Bedeutungen auf Bedeutungen, weshalb eine wissenschaftliche Analyse auch nur eines einzelnen Phänomens zwangsläufig komplex ausfallen muss – oder in einem Begriff, den Geertz von Gilbert Ryle übernimmt: Kulturphänomene kann man nur in **dichten Beschreibungen** (*thick descriptions*) erfassen. So transportierte etwa der Hahnenkampf in Geertz' Beispiel nicht nur *eine* Bedeutung, sondern er war Schnittpunkt einer Vielzahl von Bedeutungen. Da war die individual-psychologische Identifikation eines Mannes mit seinem Hahn, der sozial-psychologische Aspekt der Zähmung animalischer Energien im Spiel und die Darstellung der gesellschaftlichen Hierarchien und Allianzen.

Jede empirisch wahrnehmbare Form, sei es ein Artefakt, sei es eine Handlung, ist unweigerlich in ein Netz von Bedeutungen eingebunden, die sich nicht zu einer großen Einheit ergänzen müssen, sondern die multidirektional in verschiedene Kontexte verweisen und sich auch widersprechen können. Deshalb gibt es für Geertz auch keine übergeordnete Theorie oder Struktur, die die Kultur als ganze erklärt; vielmehr muss sich die Kulturanalyse

---

35 Geertz, Clifford: ›Deep play‹: Bemerkungen zum balinesischen Hahnenkampf, in: Ders.: Dichte Beschreibung, S. 202–260, hier S. 252.

in Geertz' Sinn auf **mikroskopische Einzelanalysen** von generalisierbaren Phänomenen konzentrieren. Dieses Generalisieren hat man auch ›ein synekdochisches Vorgehen‹ genannt. Nur in der Lektüre kultureller Einzelphänomene wie dem Hahnenkampf kann einer Balinesin oder einem Balinesen das Sozialgefüge, in dem er oder sie lebt, anschaulich werden. Die Selbstbeschreibung einer Kultur ist nur in kulturellen Akten und Phänomenen zu bekommen.

Literatur als kulturelle Selbstbeschreibung: Ibsens *Ett dukkehjem*

Auch die Literatur ist bei Geertz ein gesellschaftlich etablierter Ort der kulturellen Selbstwahrnehmung und Selbstthematisierung.[36] Einen Roman, ein Gedicht oder ein Drama zu konsumieren, heißt immer, das, was dort zu sehen ist, mit der eigenen Vorstellungswelt abzugleichen. Dies hat offensichtlich auch der enttäuschte Theaterbesucher verstanden, der – wie erzählt wird – nach der Aufführung eines düsteren naturalistischen Familiendramas – vielleicht war es Henrik Ibsens *Et dukkehjem* (1879; *Nora oder ein Puppenheim*, 1880) – geschimpft hat: ›Wenn ich mir 'ne miese Familie ansehen will, bleib' ich zu Hause‹.

Ibsens Drama kann dabei helfen, die Analogie zwischen der ethnologischen Beschreibung eines Hahnenkampfs und der Literatur(wissenschaft) etwas anschaulicher zu fassen. *Et dukkehjem* erzählt die Geschichte von Nora Helmers Einsicht, dass die Wirklichkeit ihrer Ehe den Vorstellungen, die ihr kulturelles Umfeld von der Ehe hochhält, nicht entspricht. Am Ende verlässt sie Mann und Kinder, weil sie »selbst über die Dinge nachdenken«[37] will. Die Handlung entfaltet sich in den Weihnachtstagen und damit zum Zeitpunkt einer jährlich sich wiederholenden, rituell ablaufenden Festtagsabfolge, die man mit der Funktion des balinesischen Hahnenkampfs vergleichen kann: An den Festaktivitäten lässt sich ablesen, wer zu welcher Gruppe gehört, aber auch wie sich die verschiedenen sozialen Gruppen (Arbeit, Familie, Freunde) zueinander verhalten; an der boomenden Wohltätigkeit erkennt man die Relation von zentralen und marginalisierten Gruppen; am Wert der Geschenke und am Verhältnis von Schenkenden und Beschenkten lassen sich soziale Hierarchien ablesen. Weihnachten leistet also ganz in der Linie des Hahnenkampfs eine kulturelle Selbstbeschreibung.

All dies lässt sich auch über das Weihnachtsfest im Hause Helmer sagen. Das soziale *in and out* wird etwa in der Diskussion zwischen den Eheleuten deutlich, ob es angemessen ist, den alleinstehenden Freund der Familie, Dr.

---

36 Vgl. z.B. Geertz: ›Deep play‹, S. 246.
37 Ibsen, Henrik: Nora (Ein Puppenheim), übers. v. Richard Linder, Stuttgart 2016, S. 97. – »Jeg må selv tænke over de ting og se at få rede på dem«. Ibsen, Henrik: Et dukkehjem [1879], in: Ders.: Henrik Ibsens Skrifter. Fullstendig, historisk-kritisk og kommenteret udgave, hrsg. v. Vigdis Ystad, Bd. 7,1, Oslo 2008, S. 211–379, hier S. 370.

Rank, am Heiligen Abend zum familiären Festessen einzuladen. Doch *Et dukkehjem* leistet noch mehr: Ibsen verknüpft das Weihnachtsfest mit vielen anderen Themen. Um nur ein Beispiel zu nennen: Nora betritt die Bühne mit Geschenken unter dem Arm und mit einem Geldbeutel in der Hand, aus dem sie den Stadtboten bezahlt, der ihr den Weihnachtsbaum ins Wohnzimmer trägt. Im ersten Dialog zwischen den Eheleuten fragt dann Torvald, mit welchem Geschenk er Nora eine Freude machen könne. Sie möchte ihn überreden, ihr in Goldpapier gewickelte Banknoten an den Christbaum zu hängen. Wie Geertz die verschiedenen Bedeutungsstränge verfolgt, die sich im Hahnenkampf verflechten, so breitet auch Ibsen allein schon in diesen wenigen Strichen die verschiedenen Bedeutungsstränge aus, die Weihnachten durchziehen: Ökonomie, Liebe, Religion, soziale, familiäre und gegenderte Abhängigkeitskaskaden sowie die Differenz zwischen Heim (drinnen) und Gesellschaft (draußen). *Et dukkehjem* liefert eine dichte Beschreibung einer kulturellen Praxis.

2.2 Kultur als Handlung: Aufführen und Inszenieren

Auch die zweite Metapher ›Kultur als Handlung‹ zieht einen literaturwissenschaftlichen Gegenstandsbereich als Vergleich heran. Der Ethnologe Victor Turner, die Kardinalfigur dieses zweiten Kapitels in der Gründungserzählung der aktuellen Kulturwissenschaften, bemüht nämlich das Drama, um gegen Geertz' Textmetapher zu argumentieren, etwa wenn er bemerkt: Eine »Gesellschaft liest nicht bloß die eigenen Erfahrungen, sondern inszeniert sie deutend neu.«[38] Turner geht es darum, dass der Dramentext nicht einfach gelesen wird, sondern in jeder Inszenierung und erst recht in jeder Aufführung variiert und angepasst wird (s.a. ›Theatralität‹ in Kap. III). Analog dazu versteht er kulturelle Artefakte: Die Beteiligten etwa an einer Weihnachtsfeier oder an einem Hahnenkampf lesen und deuten nicht nur ihre Kultur; vielmehr führen sie die Feier oder den Kampf im Moment auf, tradieren oder adaptieren die Praktiken und ihre Identität in ihnen und bauen so an der Kultur mit. Mit dem Wechsel der Leitmetaphern findet in der Kulturtheorie also eine Verlagerung vom Begriff der (Selbst)Interpretation zum Begriff der Inszenierung statt.

In kulturellen Akten inszenieren sich die sozialen Gruppen, sie führen sich selbst auf in dem Sinn, wie man ein Theaterstück aufführt: Erst in ihrer Aufführung wird die Identität wirklich, bekommt einen Körper, einen Raum und eine Zeit. Kulturelle Identität (eines Individuums, einer Familie, eines Staates oder einer NGO) wird in kulturellen Akten gemacht, tradiert und adaptiert; für ihre Kontinuität ist sie auf Wiederholung angewiesen. Diese

---

38 Turner, Victor: Theaterspielen im Alltagsleben und Alltagsleben im Theater, in: Ders.: Vom Ritual zum Theater. Der Ernst des menschlichen Spiels, übers. v. Sylvia M. Schomburg-Scherff, Frankfurt a.M./New York 1989, S. 161–195, hier S. 164.

Handlungsqualität von Literatur bezeichnet man auch als **Performativität** und knüpft damit an das englische Verb *perform* an, das sowohl *(eine Handlung) ausführen* als auch *(ein Theaterstück) aufführen* heißen kann. Es wird deshalb nicht überraschen, dass die Grundpfeiler dieses Kulturverständnisses in der ethnologischen **Ritualanalyse** ausgearbeitet wurden:

Struktur und Anti-Struktur

Turner interessiert die Frage, wie Gesellschaften mit Veränderungen umgehen. Wie wird individueller oder sozialer Wandel prozessiert? Geregelte Verfahren der Umgestaltung sind essentiell für jeden sozialen Verband, denn Veränderungen haben zunächst einmal einen potenziell bedrohlichen Charakter: Etwas Neues oder auch nur Nicht-Vorgesehenes bricht in eine etablierte soziale Routine ein und zwingt die gängigen Muster, Verhaltensweisen und Bewertungen zur Anpassung. Solche Veränderungen sind unumgänglich, da sich menschliches Leben a) in einem zeitlichen Verlauf und b) grundsätzlich in sozialen Zusammenhängen ereignet. Das Leben hat deshalb per se einen **prozesshaften** und einen **agonalen Charakter**, trägt also Züge eines Wettstreits und des Konkurrenzhaften; alle konkurrieren um dieselben Ressourcen, seien diese materieller Art oder Ressourcen der Aufmerksamkeit und Anerkennung. Eine Kultur muss demnach zwangsläufig Techniken und Verfahren bereithalten, mit denen die agonalen Kräfte ausagiert werden können, ohne dass sie das Zusammenleben und d.h. auch die symbolische Ordnung der Gesellschaft gefährden. Überlebensfähig sind Gesellschaften also nicht dann schon, wenn sie sich durch eine möglichst stabile Ordnung gegen die dissoziierenden Kräfte des Chaos schützen (Illustration 3a), also durch rigide aufrecht erhaltene Regeln und Normen; überlebensfähig sind sie erst dann, wenn sie Veränderungen in einem gewissen Rahmen zulassen, wenn sie ihre Struktur durch eine Anti-Struktur ergänzen (Illustration 3b), womit sich der Untertitel von Turners wichtigster Publikation erklärt: *The Ritual Process. Structure and Anti-Structure* (1969).

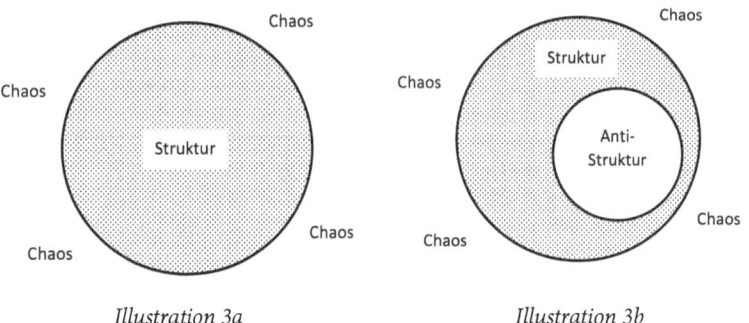

Illustration 3a   *Illustration 3b*

Kulturen sind Turner zufolge dann besonders effektiv, wenn sie in ihre Struktur einen Ort integrieren, der dem strukturlosen Chaos ähnelt, der aber dadurch, dass er durch rituelle Verfahren integriert ist, selbst eine Struktur besitzt – eben eine Anti-Struktur. Von den Mitgliedern der Kultur wird diese Anti-Struktur zwar häufig als gefährlicher Ort des Chaos gedeutet, doch da er von Riten umstellt ist, bleibt er eingehegt und damit grundsätzlich kontrollierbar.

Turner geht nun einen Schritt weiter und identifiziert die Anti-Struktur genau als den Ort, an dem sich eine Gesellschaft verändern kann, weil dort die etablierten Regeln und Normen außer Funktion gesetzt sind und die dort vorhandenen Elemente sich neu mischen und zu alternativen Anordnungen verbinden können. Mit diesem Konzept einer Kombination von Struktur und Anti-Struktur kann man sich Kultur als gleichzeitig dauerhaft und dynamisch, kontinuierlich und prozesshaft vorstellen, womit ihr nicht nur Beharrungsvermögen, sondern vor allem Innovationskraft zugetraut wird.

Liminalität

Dieses Kulturmodell wird nachvollziehbarer, wenn man es an das ethnologische Setting zurückbindet, in dem Turner es entwickelt hat. In *The Ritual Process* systematisiert er die Beobachtungen, die er an der Ndembugesellschaft gemacht hat, indem er ihre Stammesrituale als Verfahren beschreibt, die soziale Veränderungen prozessieren. Dafür greift er auf eine Studie der Ritualforschung zurück, die Arnold van Gennep Anfang des 20. Jahrhunderts unter dem Titel *Les Rites des Passages* (1909; *Übergangsriten*, 1986) veröffentlichte. **Übergangsriten** werden zu den Momenten durchgeführt, da eine Person oder Situation ihren Status wechselt. Typische soziale Übergänge sind z.B. der vom Nicht-Geborenen zum Geborenen, vom Kind zur Erwachsenen, von der Lebenden zur Toten, vom Untertan zum Herrscher; aber auch der Wechsel von Jahreszeiten mit ihren spezifischen Herausforderungen, vom Frieden zum Krieg (und umgekehrt) verlangt eine rituelle Bearbeitung durch die Gemeinschaft. Van Gennep beschreibt die Übergangsriten als dreigeteilt. In der **Trennungsphase** werden die Initiand:innen aus ihren sozialen Rollen entlassen. Sie erleben also eine Suspendierung ihrer Identität. Doch bevor sie in der **Wiedereingliederungsphase** ihre neue Rolle mit ihren Verhaltensweisen und Insignien übernehmen, durchleben sie eine **liminale Phase**. Der letzte Begriff speist sich aus dem lateinischen Ausdruck *limen*, zu Deutsch *Schwelle*. In der liminalen Phase befinden sich die Initiand:innen in einem Schwellen- oder Grenzraum, in dem sie weder ihre vergangene noch ihre zukünftige Identität besitzen. In gewissem Sinn existieren sie sozial nicht, was sich darin ausdrückt, dass die Initiand:innen in verschiedenen Gesellschaften jenseits von Tod und Leben, jenseits von Geschlechterdifferenzen und Rangordnungen vorgestellt werden, sie gelten als besitz- und namenlos. In der liminalen Phase wird das Individuum zerstört; denn die Initiand:innen

2. Drei Metaphern zum Verhältnis von Literatur und Welt

stehen ja nicht nur außerhalb der sozialen Überwachung und ihrer Normen, sondern auch außerhalb des lebenserhaltenden Schutzes der Gesellschaft. Deshalb sind Demütigungen, Begegnungen mit Gewalt und Schmerz typischerweise Teil der liminalen Riten.

Turner erkennt nun in der Schwellenphase den Ort der Anti-Struktur, weil sie außerhalb des Alltäglichen steht. Gerade weil ihre Individualität suspendiert wird, erleben die Initiand:innen die liminale Phase auch als Zustand gesteigerter Empfänglichkeit und Kreativität. Sie können sich untereinander als Gleiche wahrnehmen und Allianzen formen, die außerhalb des Schwellenzustands aufgrund der hierarchisch getrennten sozialen Lebenswirklichkeiten nicht zustande gekommen wären. Turner belegt diese Gemeinschaft Gleicher mit dem lateinischen Ausdruck **Communitas**.[39]

Neu bei Turner ist nicht nur, dass er die Anti-Struktur des Liminalen als Ort der kulturellen Reflexion und Kreativität, des Erfindungsreichtums und der Etablierung neuer sozialer Bindungen aufwertet. Hinzu kommt noch, dass er den Mechanismus nicht nur in den Riten vormoderner Gesellschaften am Werk sieht, die traditionell von der Ethnologie untersucht werden, sondern auch in (post)industriellen Gesellschaften, die sich von Riten emanzipiert zu haben glauben. Auch in ihnen gibt es Orte des Liminalen, in denen das Alltägliche und seine Normen zeitweilig suspendiert sind, etwa wenn das Publikum in einem Kino Sympathien für einen *Troll* (2022, Regie: Roar Uthaug, Netflix) empfindet, der in der Tradition der Märchen als menschenfressendes Unwesen für die gefährlichen Chaosmächte stand. Es sind die »verschiedenen Gattungen industrieller Muße, wie Theater, Dichtung, Literatur, Ballett, Film, Sport, Rockmusik, klassische Musik, Kunst, Pop Art«[40] und man könnte die Liste um zeitgenössische Gattungen der Mußesphäre wie Videospiele, Rave Partys, Lasertags etc. erweitern. Um diese Schwellenorte komplexer (post)industrieller Gesellschaften von den liminalen Riten, die er an den Ndembu rekonstruiert hat, zu unterscheiden, nennt Turner sie **liminoid**. Ihr wichtigster Unterschied besteht darin, dass liminoide Phänomene »durch Freiwilligkeit, liminale durch Pflicht gekennzeichnet [sind]. Das eine ist Spiel, Unterhaltung, das andere eine tief ernste, selbst furchterregende Sache«.[41] Außerdem zielt der Ritus auf Wiedereingliederung, dagegen kann etwa die Handlung eines Romans im Schwellenbereich der Anti-Struktur bleiben.

---

39 Turner, Victor: Das Ritual. Struktur und Anti-Struktur, übers. v. Sylvia M. Schomburg-Scherff, Neuaufl., Frankfurt a.M./New York 2005, S. 126.
40 Turner, Victor: Das Liminale und das Liminoide in Spiel, ›Fluß‹ und Ritual. Ein Essay zur vergleichenden Symbologie, in: Ders.: Vom Ritual zum Theater, S. 28–94, hier S. 61.
41 Ebd., S. 66.

Inszeniertes Leben

Turner interpretiert also das Alltagsleben als ein performatives Handeln, als das Aufführen von **sozialen Rollen**. Ihre Konsistenz und ihre Stabilität erhält die symbolische Ordnung durch die bestätigende Wiederholung dieser Rollen. In den liminalen Riten wie in den liminoiden Gattungen wird diese Ordnung zeitweilig außer Kraft gesetzt, wodurch der performative Charakter der Ordnung zur Anschauung gebracht wird. Deshalb können in den Schwellenräumen des Ritus, des Fests, der Kunst und der Entspannung neue Möglichkeiten erprobt werden, die auf mehr oder weniger komplexen Wegen aus dem Schwellenraum zurück in die soziale Welt des Alltags fließen und die symbolische Ordnung mal langsamer, mal schneller, mal offensichtlich, mal camoufliert den aktuellen Herausforderungen anpassen.

Dass ein solcher Austausch zwischen den Sphären möglich ist, liegt nach Turner darin begründet, dass zwischen ihnen eine Strukturanalogie besteht. Da er den gesellschaftlichen Prozess als agonal erlebt, also als das Aufeinanderprallen von verschiedenen Ansprüchen, die zu einem Arrangement kommen oder zu einem endgültigen Bruch der Parteien miteinander führen, liegt für ihn die Analogie zum klassischen Drama am nächsten. Er nennt deshalb die tatsächlichen sozialen Konflikte auch **soziale Dramen.** Um den Austausch von sozialem und ästhetischem Drama zu veranschaulichen, zeichnet Turner eine liegende Acht, ein Modell, das er von dem Theaterwissenschaftler und -praktiker Richard Schechner übernommen hat:

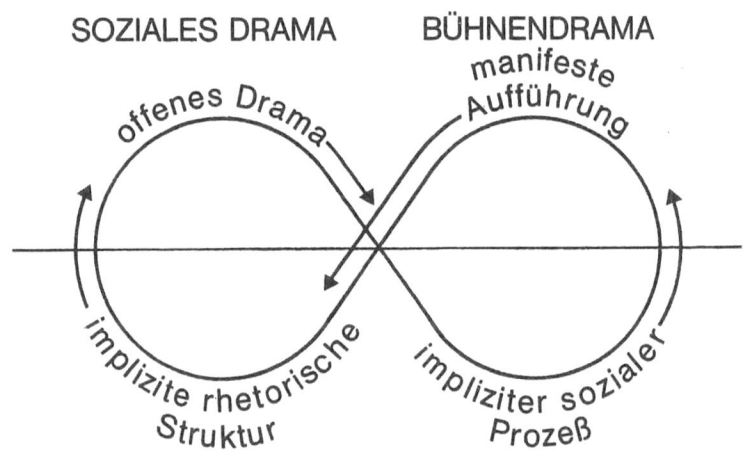

Illustration 4 aus Turner: Vom Ritual zum Theater, S. 116.

Der Bereich oberhalb des Trennstrichs liegt den Mitgliedern der Kultur offen zutage, dagegen ist der Bereich darunter nur latent wahrnehmbar. Das Bühnendrama (auch: ästhetisches Drama) bezieht seine Themen und seine Form aus den manifesten sozialen Dramen seiner Zeit und kommentiert sie (ganz im Sinn von Clifford Geertz) in den aktuellen Aufführungen; die Agierenden des sozialen Dramas wiederum ›schulen‹ ihr Konfliktverhalten an den ästhetischen Dramen. Was Turner am Drama ausbuchstabiert hat, gilt für alle kulturellen Formen.[42] Weder die Spiegelung des Lebens durch die Kunst, noch die der Kunst durch das Leben ist exakt; »bei jeder Reflektion wird etwas Neues hinzugefügt, geht etwas Altes verloren oder wird etwas Altes aufgegeben«.[43]

Inszenierte Inszenierungen: Ibsens *Ett dukkehjem*

Es liegt auf der Hand, dass Turners performativer Kulturbegriff besonders intensiv von der Theaterwissenschaft aufgenommen wurde.[44] Das Begriffspaar soziales Drama/ästhetisches Drama lässt sich eben besonders einleuchtend auf Theaterstücke anwenden, wie ein weiterer Blick auf Ibsens *Et dukkehjem* zeigt. Das Drama will nach dem naturalistischen Prinzip der fehlenden vierten Wand einen direkten Einblick in ein »gemütlich und geschmackvoll, aber nicht luxuriös eingerichtetes Wohnzimmer«[45] geben, in dem sich Figuren bewegen, die das zeitgenössische Publikum auch bei sich zu Hause empfangen hätte. Doch es bildet dieses bürgerliche Ambiente nicht als Wirklichkeit ab, sondern zeigt, wie es erst durch das soziale Rollenspiel zustande kommt. Nora wird in ihrem ersten Dialog mit ihrem Mann Torvald als leichtsinnige Verschwenderin eingeführt, die das großzügig berechnete Haushaltsgeld für Nichtigkeiten ausgibt und sich deshalb sogar Geldscheine zu Weihnachten wünscht. Doch bald schon erfährt das Publikum, dass es sich dabei nur um eine Rolle handelt, die Nora spielt. In Wirklichkeit ist sie weder leichtsinnig noch verschwenderisch, vielmehr nutzt sie alles Geld, um einen Kredit abzuzahlen, den sie vor Jahren heimlich aufgenommen hat. Mit diesem Kredit finanzierte sie eine längere Kurreise in den Süden, die das Leben ihres Mannes rettete, ohne dass ihr Mann etwas von dem Kredit oder seiner Krankheit ahnte, geschweige denn davon, dass Nora die Unterschrift ihres Vaters fälschen musste, um als Frau am Ende des 19. Jahrhunderts überhaupt

---

42 Man muss nicht mit Turner einig sein, dass das Drama mehr als andere Gattungen den Austausch von Alltagsleben und liminoider Sphäre bewerkstelligt, schon allein deshalb, weil seine Bestimmung der dramatischen Handlung eigentlich eine Bestimmung von Handlung an sich ist.
43 Turner, Victor: Theaterspielen im Alltagsleben und Alltagsleben im Theater, S. 170f.
44 Einen guten Überblick bietet: Fischer-Lichte, Erika: Performative/Performance Studies, in: Moebius, Stephan (Hrsg.): Kultur. Von den Cultural Studies bis zu den Visual Studies. Eine Einführung, Bielefeld 2012, S. 216–241.
45 Ibsen: Nora, S. 7. – »En hyggeligt og smagfuldt men ikke kostbart indrettet stue«. Ibsen: Et dukkehjem, S. 213.

einen Kredit zu erhalten. Sie gibt sich Torvald gegenüber also deshalb den Anschein, verschwenderisch zu sein, um immer wieder einige Scheine vom Haushaltsgeld abzweigen zu können, die in die Tilgung des Kredits fließen. Außerdem nimmt sie heimlich bezahlte Schreibarbeiten an. Doch dieses Rollenspiel dient nur dazu, um ein ganz anderes Stück aufzuführen, an dessen Inszenierung auch Torvald aktiv beteiligt ist. Es handelt sich um die Inszenierung eines bürgerlichen Ehealltags:

Der Inszenierungscharakter kündigt sich schon im Titel *Et dukkehjem/Ein Puppenhaus* an: Wie man in einem Puppenhaus mit den Puppen ein Familienleben spielt, verhalten sich auch Nora und Torvald so, wie man es von ihnen in ihrer Stellung erwartet. Nora formuliert es am Ende des Dramas so: »[U]nser Heim war nichts andres als eine Spielstube. Ich war deine Puppenfrau [...]. Und die Kinder wiederum waren meine Puppen. Ich war recht zufrieden, wenn du mit mir spieltest, so wie die Kinder zufrieden waren, wenn ich mit ihnen spielte. Das war unsere Ehe, Torvald«.[46] Die Ernüchterung lässt sich in dieser Replik nicht überhören, aber Nora ist nicht deshalb enttäuscht, weil das Leben ›nur‹ inszeniert war, sondern weil Torvald plötzlich aus der Rolle fällt. Die Rollenverteilung war klar: Nora ist die Frau, die ganz in der Hingabe an ihren Mann lebt; sie kämpft um seine Gesundheit, macht sich sogar strafbar, um ihn zu retten, sie lebt äußerst bescheiden und arbeitet bis spät in die Nacht, um den Kredit abzuzahlen. Diese weibliche Rolle hat ihr Äquivalent in einer ebenso opferbereiten männlichen Heldenrolle: Wenn es gefährlich wird, wird sich der Mann vor seine Frau stellen und sie retten. Dieses soziale Drama hätte Nora gerne weiter inszeniert. Denn gerade als Torvald behauptet, dass er seine Rolle beherrscht, und deklamiert: »Nora – manchmal wünsch ich, es möchte dir eine wirkliche Gefahr drohen, damit ich Leib und Leben und alles, alles für dich aufs Spiel setzen kann«,[47] in diesem Moment offenbart Nora, dass sie wegen ihrer Urkundenfälschung erpresst wird. Und als Torvald sich dann weigert, seine Rolle zu übernehmen, gesteht Nora, dass sie »felsenfest glaubte, [du würdest] vortreten, alles auf dich nehmen und sagen: Ich bin der Schuldige!«[48] Das Skript lag also schon fertig vor, jetzt wäre der Moment, das ästhetische Drama, das offensichtlich sowohl Nora wie Torvald (aus der Romanlektüre? aus Predigten? aus Eheratgebern?) schon kannten, auch als soziales Drama

---

46 Ibsen: Nora, S. 95. – »[V]ort hjem har ikke været andet end en legestue. Her har jeg været din dukkehustru [...]. Og børnene, de har igen været mine dukker. Jeg syntes, det var fornøjeligt, når du tog og legte med mig, ligesom de syntes det var fornøjeligt, når jeg tog og legte med dem. Det har været vort ægteskab, Torvald«. Ibsen: Et dukkehjem, S. 367.

47 Ibsen: Nora, S. 87f. – »Nora, – mangengang ønsker jeg, at en overhængende fare måtte true dig, for at jeg kunde vove liv og blod og alt, alt, for din skyld«. Ibsen: Et dukkehjem, S. 356.

48 Ibsen: Nora, S. 99. – »Når det var sket, da tænkte jeg så usvigelig sikkert, at du vilde træde frem og tage alt på dig og sige: jeg er den skyldige«. Ibsen: Et dukkehjem, S. 374.

aufzuführen. Doch als der Erpresserbrief da ist, will Torvald das Drama nicht inszenieren. Stattdessen will er sofort auf die Bedingungen des Erpressers eingehen und die Sache vertuschen. In wunderbarer Doppeldeutigkeit, die Torvald nicht versteht, das Theaterpublikum aber sehr wohl, verlässt Nora den Raum, um – wie sie sagt – »[d]en Maskenanzug ab[zu]legen«.[49] Da sie von einem Maskenball kommen, meint Torvald, Nora spricht von dem Kostüm des neapolitanischen Fischermädchens in dem ästhetischen Drama, das sie auf der Party gespielt hat; tatsächlich handelt es sich aber um das ›Kostüm‹ ihres sozialen Dramas, in dem sie die Rolle der hingegebenen Ehefrau spielt. Als sie nämlich in den Salon zurückkommt, trägt sie ein Straßenkleid, das später um Mantel, Hut und Reisetasche ergänzt wird: Sie verlässt das Haus und beendet damit gleichzeitig das soziale Drama des Ehepaars Helmer und das ästhetische Drama *Et dukkehjem*. Ibsen zeigt also, dass sich der bürgerliche Alltag als Inszenierung ereignet, dass die Rollenmuster bereit liegen und dass sie im ›echten‹ Leben ausagiert und so verwirklicht werden wollen. Die Inszenierung weicht nicht der Wirklichkeit, sondern die Wirklichkeit wird erst in der Inszenierung der Muster wirklich. Die Krise entsteht in dem Moment, als Torvald sich der Inszenierung verweigert.

Et dukkehjem eignet sich auch dafür, die Logik des Liminalen auf einen literarischen Text anzuwenden. Das Drama ist in drei Akte unterteilt. Nachdem im ersten Akt die Figuren und die Konstellationen eingeführt werden, in dem also die alltägliche Struktur mit ihren Hierarchien und Regeln vorgestellt wird, übernimmt der zweite Akt dieselbe Funktion wie die Trennungsphase im Übergangsritus: Nora löst sich Stück für Stück unter Angst und psychischen Schmerzen aus der Selbstverständlichkeit des Alltags, sie erkennt unter dem Druck der Erpressung, dass ihre Ehe auf die eben beschriebene Inszenierung von Hingabe und Opfer angelegt ist und dass der Moment der Verwirklichung nun gekommen ist. Die Krise im dritten Akt führt dann einen liminalen Zustand herbei, in dem sie und auch Torvald ihrer sozialen Rollen entkleidet sind, sodass sie sich – erstmals – außerhalb der sozialen und geschlechtlichen Hierarchie als Gleiche begegnen: »Wir sind nun acht Jahre verheiratet«, sagt Nora, »Fällt es dir nicht auf, dass wir beide, du und ich, Mann und Frau, heute zum ersten Mal ernst miteinander reden?«[50] Auf eine Wiederangliederung in die Performanzform ›Ehe‹ verzichtet das Drama jedoch; Nora bleibt im Liminalen, sie übernimmt nicht wieder die »heiligsten Pflichten«,[51] die die gesellschaftliche Struktur für sie vorsieht, und gibt als Zeichen der sozialen Unbestimmtheit (»Ich weiß doch gar nicht, was aus

---

49   Ibsen: Nora, S. 92. – »Kaste maskeradedragten«. Ibsen: Et dukkehjem, S. 363.
50   Ibsen: Nora, S. 94. – »Vi har nu været gifte i otte år. Falder det dig ikke ind, at det er første gang vi to, du og jeg, mand og kone, taler alvorligt sammen?« Ibsen: Et dukkehjem, S. 365.
51   Ibssen: Nora, S. 97. – »[H]elligste pligter«. Ibsen: Et dukkehjem, S. 370.

mir wird«[52]) ihren Ehering zurück: Dass es naiv von Nora sein könnte zu meinen, sie könne sich dauerhaft der Struktur entziehen, deutet das Drama durchaus an. Nicht nur, weil der weltkluge Torvald sie vor den finanziellen Konsequenzen warnt. Dass ein dauerhafter Aufenthalt in der Anti-Struktur nicht möglich ist, zeigt sich auch in der Form des Dramas: Es endet damit, dass man »hört, wie unten eine Tür dröhnend ins Schloss fällt«.[53] Nora hat also eine Schwelle überschritten. Hat sie damit auch den liminalen Raum der Anti-Struktur verlassen und tritt nun – verändert – wieder in die Struktur ein, in der sie die Rolle der geschiedenen Frau ohne Vermögen spielen muss?

2.3 Kultur als Verhandlung: Der Kreislauf sozialer Energie

Die dritte Metapher hat Stephen Greenblatt geprägt, ein Spezialist für die englische Literatur der Renaissance. Er ist der Exponent einer Gruppe, die sich zunächst in Berkeley formierte und die eine Praxis des Interpretierens entwickelte, der sie 1982 den Namen *New Historicism* gab. Diese Gruppe fasste das Verhältnis von Literatur und außerliterarischer Wirklichkeit in die Metapher der ›Verhandlung‹ zwischen den beiden Sphären. Bereits die Metapher impliziert, dass sich Literatur und Wirklichkeit auf Augenhöhe begegnen und in der Begegnung verändern.

Autonomie und Heteronomie

Die Lösung, die ein bestimmter Ansatz anbietet, wird häufig dann nachvollziehbar, wenn man sich klarmacht, gegen welche impliziten oder expliziten Feindbilder er argumentiert. Für Greenblatt war das der *New Criticism*, aber auch das, was er selbst einmal den *old historicism* nannte. Dass er gleichzeitig wichtige Aspekte der beiden Antagonisten beibehalten wollte, zeigt sich schon darin, dass sich der ›New Historicism‹ aus lexikalischen Bestandteilen der Namen seiner Gegner zusammensetzt: Der **New Criticism** war die bedeutendste Position in den 1950er bis 70er Jahren an US-amerikanischen Universitäten und das **close reading** war ihre Methode.[54] In dieser Lesepraxis wurde die historische Kontextualisierung von Gedichten, Romanen und Theaterstücken durch die Frage ersetzt, wie weit man kommen kann, wenn man nur die Wege der Bedeutungsbildung rekonstruiert, die der Text selbst anbietet. Die Breite des Wissens wollte man also durch die Tiefe des Lesens

---

52 Ibsen: Nora, S. 101. – »Jeg ved jo slet ikke, hvad der blir ud af mig«. Ibsen: Et dukkehjem, S. 376.
53 Ibsen: Nora, S. 102. – »Nedefra høres drønnet af en port, som slåes ilås«. Ibsen: Et dukkehjem, S. 379.
54 Zur wissenschaftsgeschichtlichen Karriere des *close reading* siehe die knappe Darstellung in: Benesch, Klaus: Mythos Lesen. Buchkultur und Geisteswissenschaften im Informationszeitalter, Bielefeld 2021, S. 34–38. – Zum *close reading* allgemein siehe Hallet, Wolfgang: Methoden der kulturwissenschaftlichen Ansätze: Close Reading und Wide Reading, in: Nünning, Vera u. Ansgar (Hrsg.): Methoden der literatur- und kulturwissenschaftlichen Textanalyse, Stuttgart/Weimar 2010, S. 293–315.

ersetzen. Anschließen konnte man diese Praxis an eine ehrwürdige ästhetische Tradition, die Kunst im Allgemeinen und Literatur im Speziellen als autonom ansah. **Kunstautonomie** bedeutet, dass die Kunst nicht in ihren Verwertungszusammenhängen (etwa der Repräsentation, der Dekoration, der Unterhaltung ...) aufgeht, sondern immer durch einen Überschuss ausgezeichnet ist und deshalb eine ganz eigene Welt mit eigenen Gesetzen bildet. Deshalb könne Kunst als Gegenwelt funktionieren, die nicht auf die Welt außerhalb des Textes referiere, sondern immer nur auf sich selbst. Indem man den Text nach außen abschloss und vereindeutigendes Zusatzwissen über die Intention oder über historische Wortbedeutungen, den sozialen oder politischen Kontext der Epoche oder die historisch verbürgten Reaktionen ausschloss, öffnete man das Innere des Textes auf seine Vieldeutigkeit hin. In dieser Vieldeutigkeit sah man das Differenzkriterium zu nicht-literarischen Textarten (z.B. zu philosophischen Essays, Kochbüchern, Bedienungsanleitungen), die auf potentielle Eindeutigkeit angelegt sind. Am weitesten ging die Abschließung des Textes gegen ein Außen im **Dekonstruktivismus**: Dekonstruktive Lesarten thematisieren nur noch die Sprache und den Abstand jeder Äußerung zur Welt außerhalb des Textes, bzw. sie leugnen die Existenz einer Welt außerhalb der Sprache.

Wenn auf der einen Seite die Autonomie der Literatur in Frage gestellt wurde, mag es überraschen, dass der zweite Gegner, gegen den sich der *New Historicism* in Stellung brachte, gerade solche Positionen waren, die die **Heteronomie** von literarischen Texten betonten, die also meinten, ein literarischer Text wäre dann erklärt, wenn man seinen historischen gesellschaftlichen Hintergrund ausbreitet. Wenn etwa eine Variante des Marxismus behauptet, dass der literarische Text die Gesellschaft mit ihren ökonomischen Produktionsverhältnissen einfach abbildet, in der er entstanden ist, dann wirft Greenblatt diesen **Widerspiegelungstheorien** vor, dass sie »auf blindem Vertrauen in die Verständlichkeit [im Original: transparency] von Zeichen und interpretativen Vorgehensweisen«[55] beruhen. Dasselbe gilt für eine eher bürgerliche Variante, die sogenannte **Einflussforschung**. In ihrem Fall ist der literarische Text durchsichtig auf den Autor oder die Autorin. So begnügen sich entsprechende Untersuchungen häufig damit, zu rekonstruieren, was der Autor gelesen hat, wem er begegnet ist oder was er erlebt hat, um diese Spuren in den literarischen Text hinein zu verfolgen. Die Metapher ›Einfluss‹ ist aufschlussreich: Wie ein Fluss eben nur in eine Richtung fließt, so fließt im Konzept des Einflusses das Material oder die Gedanken eben nur in eine Richtung: von der Quelle, die außerhalb des Textes liegt, in den Text des Autors hinein.

---

55 Greenblatt, Stephen: Grundzüge einer Poetik der Kultur, übers. v. Jeremy Gaines, in: Kimmich, Dorothee/Renner, Rolf Günter/Stiegler, Bernd (Hrsg.): Texte zur Literaturtheorie der Gegenwart, Stuttgart 2003, S. 259–278, hier S. 277.

Sowohl der *New Criticism* als auch der *Old Historicism* stellen sich Kunst und Wirklichkeit als zwei getrennte Bereiche vor: Die Kunst agiert über oder vor der Wirklichkeit, sie bildet eine zweite Wirklichkeit, die im einen Fall ganz von der ersten Wirklichkeit getrennt, im anderen Fall ganz von ihr abgeleitet ist. Greenblatt nun erkannte auf der einen Seite den Reichtum der mikroskopischen Analyse im *close reading*, die die potentielle Vieldeutigkeit eines literarischen Textes herausarbeitete. Auf der anderen Seite konnte er als Renaissancespezialist die Welthaltigkeit der Kunst nicht leugnen. Die interpretierende Ethnologie erschien ihm in diesem Dilemma als Ausweg, denn sie vereinte die scheinbar gegensätzlichen Lager – nur eben im Hinblick auf räumlich entfernte Kulturen, wohingegen der Experte für Renaissanceliteratur es mit historisch entfernten Kulturen zu tun hat, wenn er Shakespeare liest.

Kulturpoetik

Wie entwirft aber der *New Historicism* das Verhältnis von Wirklichkeit und Literatur, wenn er sowohl die Autonomie- als auch die Heteronomiemodelle ablehnt? Zunächst einmal formuliert er die Problemstellung um. Es gehe überhaupt nicht um das Verhältnis von zwei getrennten Bereichen. Man dürfe sich die Wirklichkeit nicht als geschlossenes Gebilde vorstellen, dem die Literatur gegenübersteht; vielmehr setzt sich die Wirklichkeit aus einer Vielzahl von teilautonomen Bereichen zusammen, die je eigene Praktiken und Logiken ausgebildet haben. Welche Bereiche des sozialen Lebens eine solche Teilautonomie besitzen, kann von Kultur zu Kultur variieren. Zu diesen Bereichen können z.B. die Wirtschaft, die Medizin, die Religion, die Ordnung von Sexualität und Reproduktion, aber eben auch die Kunst gehören. Literatur, Malerei, Schauspiel, Tanz etc. haben also eine gewisse ästhetische Eigenlogik, aber nicht jenseits ›der Gesellschaft‹, sondern eingebettet in alle anderen sozialen Teilbereiche. Literatur ist nicht eine zweite Wirklichkeit, kein Spiegel der Wirklichkeit, sondern Teil der sozialen Wirklichkeit.

Zum zweiten versteht der *New Historicism* Wirklichkeit als eine gesellschaftliche und d.h. als eine gedeutete Wirklichkeit, womit er an Geertz' Metapher von der Kultur als Text anschließt. Vielleicht sollte man besser sagen: die Wirklichkeit ist ein Kampfplatz, wo um die Deutung eben dieser Wirklichkeit gestritten wird. In allen gesellschaftlichen Feldern wird die gesellschaftliche Wirklichkeit gedeutet, und man beschreibt diese Felder, seien es Wirtschaft, Reproduktion, Medizin usw., am besten, wenn man sie nicht als homogen auffasst, sondern die dominierenden, miteinander konkurrierenden Positionen rekonstruiert, die zu einem bestimmten Moment innerhalb der Logik des Feldes miteinander ringen.

Zum dritten muss man sich die Grenzen der gesellschaftlichen Teilbereiche durchlässig vorstellen, was bereits Turners Modell des Austauschs von sozialem und ästhetischem Drama andeutet. Menschen und mit ihnen materielle Dinge, aber auch Überzeugungen, Ideen oder Formulierungen bewegen sich im Lebensvollzug von einem gesellschaftlichen Teilbereich in andere Teilbereiche (etwa von der Medizin in die Rechtsprechung, wenn man vor einer Operation eine Verantwortungsklausel über den Ausgang des Eingriffs unterschreibt). Die teilautonomen Bereiche sind also durchzogen von Spuren, die durch sie hindurch gehen und auf denen »Metaphern, Zeremonien, Tänze[...], Embleme[...], Kleidungsstücke[...], abgegriffene[...] Geschichten und so weiter«[56] von einem Bereich in den anderen wandern.

Um diesen Transfer von einem gesellschaftlichen Teilbereich in den anderen (und speziell vom ästhetischen Bereich der Literatur in andere Bereiche und zurück) beschreiben zu können, etabliert Greenblatt viertens zwei Metaphern, die beide aus dem Bereich der Ökonomie stammen: die der Zirkulation (von Kapital und Waren) und die der Verhandlung (Was gebe ich dir und was bekomme ich dafür?). Beide Metaphern geben an, dass die Beziehung zwischen den gesellschaftlichen Zonen nicht hierarchisch ist; anders als bei der Metaphor des ›Einflusses‹ etwa, bei dem das Objekt immer nur in eine Richtung von einem zum anderen fließt, zeigt die Metapher ›**Zirkulation**‹ an, dass das zirkulierende Objekt auch wieder an seinen Ausgangsort zurückkommt – wenn auch verändert. Auch die Metapher der ›Verhandlung‹ deutet die doppelt gerichtete Austauschbewegung an: Die beteiligten Parteien treten in einen Prozess ein, dessen Ausgang offen ist; alle investieren etwas und alle erhalten etwas, was sie vorher nicht hatten; nach beendeter Verhandlung gehen beide Seiten verändert aus dem Prozess heraus.

›Zirkulation‹ ist selbst ein schönes Beispiel für ein solches **wanderndes Konzept**.[57] Denn sie ist neben der Ökonomie auch in vielen anderen gesellschaftlichen Bereichen üblich, darunter dem der Medizin: So zirkulieren Geld und Waren im gesellschaftlichen Körper und halten ihn am Leben wie das Blut den Körper von Lebewesen. Und indem Greenblatt diese Metapher aus dem Referenzsystem Ökonomie aufgreift, wandert sie weiter in die Kulturanalyse. Die (medizinischen, ökonomischen, kulturanalytischen) Texte, die Konzepte aus jeweils anderen teilautonomen Bereichen aufnehmen, erproben deren Tragfähigkeit im Rahmen der Plausibilitäten ihres eigenen Referenzbereichs; es hat sich dafür die Sprechweise etabliert, dass sie die Konzepte, Ideen, Überzeugungen ›verhandeln‹, d.h. sie übernehmen bestimmte Aspekte, lehnen andere ab, fügen neue hinzu; hat sich das Ergebnis dieser **Verhandlung** erst einmal im einen gesellschaftlichen Bereich etabliert, dann strahlt die neue Verwendung auch auf die anderen Teilbereiche zurück.

---

56 Greenblatt, Stephen: Verhandlungen mit Shakespeare. Innenansichten der englischen Renaissance, übers. v. Robin Cackett, Berlin 1990, S. 13.
57 Etabliert hat den Begriff Bal, Mieke: Wandernde Begriffe, sich kreuzende Theorien. Von den ›cultural studies‹ zur Kulturanalyse, in: Dies.: Kulturanalyse, übers. v. Joachim Schulte, Frankfurt a.M. 2002, S. 7–27.

Verhandlungen[58] von Weiblichkeit: Ibsens *Ett dukkehjem*

Ibsens Dramen eignen sich wunderbar dafür, den Transfer zwischen verschiedenen gesellschaftlichen Teilbereichen nachzuverfolgen, denn Ibsen war ein Meister darin, die Vielschichtigkeit ganz alltäglicher Vorstellungen und Sprechweisen in den Dialogen seiner Figuren nachzuzeichnen. Ibsens Dramen machen also die Zirkulation von sozialer Energie sichtbar. Man kann es auch so formulieren, dass Ibsens Dialoge Diskurs-Palimpseste[59] bilden; ein **Palimpsest** bezeichnet ursprünglich eine mittelalterliche Manuskriptseite, die von ihrem Text meist durch das Abschaben der Schrift gereinigt und neu beschrieben wurde, jedoch mit dem Effekt, dass unter dem zweiten Text die Buchstaben des ersten erkennbar bleiben. Aufgrund dieser schattenhaften Anwesenheit eines Textes unter einem anderen hat sich der Begriff auch als Metapher für **intertextuelle Phänomene** etabliert, also für die Tatsache, dass Texte auf andere Texte mal mehr, mal weniger explizit verweisen (s.a. ›Intertextualität‹ in Kap. III).

In *Et dukkehjem* ist das zentrale Objekt der Verhandlung selbstverständlich die Vorstellung von Weiblichkeit, wodurch dem Text Material aus ganz unterschiedlichen gesellschaftlichen Teilbereichen zugeführt wird. Da ist einmal das biologische Register, in der die Frau als Objekt sexuellen Begehrens erscheint: Aus einer Reihe von Andeutungen kann man schließen, dass die Beziehung von Torvald und Nora von gegenseitiger erotischer Attraktion und sexueller Befriedigung geprägt ist; als Torvald im letzten Dialog anbietet, sie könnten wie Bruder und Schwester zusammenleben, bis Nora mit sich im Reinen ist, kommentiert seine Frau dies nur knapp: »Du weißt recht gut, dass das nicht lange dauern würde –«.[60] Zum selben Referenzsystem gehört auch die Mutterschaft und dadurch die im letzten Drittel des 19. Jahrhunderts heftig geführte Debatte um den Darwinismus und die Vererbung von genetischem Material. Mutterschaft ist aber nicht nur biologisch, sondern auch als Erziehungsinstanz bestimmt. Ibsen wechselt also das Register, wenn er Torvald sagen lässt: »Fast alle früh verdorbenen Menschen haben lügenhafte Mütter gehabt. [...] Es kommt meistens von den Müttern«,[61] ein Kommentar, den Nora wegen des verheimlichten Kredits auf sich bezieht, weshalb sie

---

58 In der Skandinavistik wurde der literaturwissenschaftliche Begriff ›Verhandlung‹ erstmals benutzt von: Glauser, Jürg/Heitmann, Annegret (Hrsg.): Verhandlungen mit dem New Historicism. Das Text-Kontext-Problem in der Literaturwissenschaft, Würzburg 1999.
59 Diesen überaus passenden Begriff benutzt Annegret Heitmann in Kapitel 3 von: Heitmann, Annegret: Henrik Ibsens dramatische Methode. Verlag der Bayerischen Akademie der Wissenschaften in Kommission beim Verlag C.H. Beck. München 2012.
60 Ibsen: Nora, S. 101. – »Du ved meget godt, det vilde ikke vare længe –«. Ibsen: Et dukkehjem, S. 376.
61 Ibsen: Nora, S. 43. – »Næsten alle tidligt forvorpne mennesker har havt løgnagtige mødre. [...] Det skriver sig hyppigst fra mødrene«. Ibsen, Et dukkehjem, S. 274f.

panisch den Umgang mit ihren Kindern meidet. Wenn Torvald dann im letzten Akt Nora vorwirft, sie habe ihre »heiligsten Pflichten« vergessen, und diese als »Gattin und Mutter« bestimmt, dann zeigt die Ausdrucksweise, dass neben dem biologischen und pädagogischen Register auch noch ein religiöses Palimpsest durchscheint. Denn nicht nur, dass diese Pflichten ›heilig‹ genannt werden, sie wurden offensichtlich auch im Konfirmationsunterricht von »Pastor Hansen« vermittelt und so als göttlicher Anspruch markiert.[62] In dem oben bereits skizzierten romantischen Liebesideal der sich hingebenden Frau zitiert Ibsen ein Register, für das wohl vor allem ästhetische Quellen wie Romane, Gedichte, Opern, Gemälde oder andere Bildmedien ausgemacht werden können.

Weiterhin wird Weiblichkeit in ein ökonomisches Referenzsystem platziert. Dazu wird zum einen die in gesicherten Verhältnissen lebende Nora durch ihre Freundin Christine Linde kontrastiert, die seit dem Tod ihres Mannes in finanziell prekären Verhältnissen lebt. Zum anderen aber tauchen am Rande der bürgerlichen Welt noch zwei weitere weibliche Figuren auf. Wie Schatten huschen das Kindermädchen und das Hausmädchen über die Bühne und markieren gerade durch die Marginalität ihrer Rollen die Handlung um Ehe, Emanzipation und Ökonomie als eine durch und durch bürgerliche Problemstellung, die überhaupt nur ausagiert werden kann, weil es eine stumme Klasse gibt, die die Maschinerie eines bürgerlichen Haushalts am Laufen hält.

Das letzte Register schließlich ist der Feminismus selbst. Als *Et dukkehjem* 1879 erschien, war die berühmte feministische Streitschrift *The Subjection of Women* des englischen Philosophen John Stuart Mill bereits 10 Jahre alt. Noch im Jahr ihres Erscheinens wurde sie von Georg Brandes ins Dänische übersetzt und konnte deshalb in ganz Skandinavien auf breiter Basis rezipiert werden. Es wäre ein Missverständnis, würde man *Et dukkehjem* als literarische Illustration von Mills Thesen lesen. Noras Emanzipation ist nicht einfach die Befreiung aus dem Gewirr von biologischen, pädagogischen, religiösen, ästhetischen, ökonomischen und sozialen Festschreibungen; denn tatsächlich löst Noras Entscheidung, Torvald und die Kinder zu verlassen, keine der aufgeworfenen Fragen; vielmehr wird auch der Feminismus als weitere Stimme präsentiert, die neben den anderen beteiligt ist, das Wesen der Frau in den 1870er Jahren zu verhandeln.

Dass das Drama bis heute Schlagkraft hat, liegt wohl vor allem genau darin begründet, dass es keinem der Register Deutungsautorität über die anderen gibt – auch nicht dem emanzipatorischen. Eine klare Bestimmung hätte wohl schnell Patina angesetzt, wodurch das Drama heute – wie viele andere literarische Produkte der Zeit – nur noch von historischem Interesse wäre. Doch

---

62 Alle Zitatschnipsel Ibsen: Nora. S. 97f. – »helligste pligter«, »hustru og moder«, »præsten Hansen«. Ibsen: Et dukkehjem, S. 370f.

Ibsen schreibt kein Emanzipationsstück, sondern er entziffert das Palimpsest der sich überlagernden Referenzsysteme, die um 1870 an der diskursiven Verhandlung von Weiblichkeit beteiligt waren, und macht damit die Vorläufigkeit *jeder* Konstruktion von Weiblichkeit nachvollziehbar.

3. Zentrale kulturwissenschaftliche Themen in der Literaturwissenschaft

Die Kulturwissenschaften – so sollte deutlich geworden sein – zeichnen sich nicht durch einen Gegenstandsbereich aus, sondern durch ihre ›Kontingenzperspektive‹, der zufolge man *jedes* Phänomen als ein *kulturelles* Phänomen wahrnehmen kann. ›Kulturell‹ wird es, weil es in komplexe Symbolsysteme (Kultur als Text) und soziale Handlungspraktiken (Kultur als Handlung) eingelassen ist, die nicht einmal gegeben sind, sondern immerzu ausgehandelt werden (Kultur als Verhandlung). Trotzdem haben sich einige zentrale Untersuchungsgegenstände herauskristallisiert, die ihren Zuspruch u.a. daraus beziehen, dass sie auch die Voraussetzungen des Kulturbegriffs selbst reflektieren. An ihnen erprobt man also immer auch die Haltbarkeit des kulturwissenschaftlichen Ansatzes.

Zu diesen Voraussetzungen gehören erstens **die Kategorien von Raum und Zeit**. Sie stecken den Rahmen für jegliche menschliche Vorstellungstätigkeit ab. Denn sie leiten sich von dem anthropologischen Umstand her, dass die menschliche Erfahrung eine verkörperte ist: Aufgrund der Dreidimensionalität des Körpers ist die Orientierung des Menschen ganz grundlegend durch ein räumliches Raster des Vor und Hinter, des Über und Unter, des Auf-dieser- und Auf-jener-Seite strukturiert. Genauso lässt sich die Zeit an der körperlichen Erfahrung festmachen, der des biologischen Wachstums und der Vergänglichkeit, aber auch an den sich immer erneuernden und insofern zyklisch strukturierten Bedürfnissen von Nahrung und Schlaf.

Zweitens gehört zu den Grundbereichen kulturwissenschaftlichen Arbeitens die körperliche Verfassung des menschlichen Seins, weil sich an ihm die konstituierende Kernidee der Kulturwissenschaften besonders deutlich herausarbeiten lässt, die Idee nämlich, dass selbst das, was uns als natürlich gegeben scheint, eine Geschichte hat. An **unterschiedlichen Körperkonzepten** lässt sich somit die Tragweite der Kultur-Natur-Differenz bzw. ihrer Leugnung ermessen.

Der dritte zentrale Gegenstandsbereich kulturwissenschaftlichen Arbeitens betrifft all jene Themen, die das Verhältnis von **individueller Identität und Kollektivität** berühren. Auch er leitet sich von dem anthropologischen Umstand ab, dass die Vorstellung einer Individualität von der Einmaligkeit des Körpers herrührt (›Jeder und jede hat nur einen Körper‹), dass dieser Körper aber von Anfang an in eine Gemeinschaft gestellt ist; schließlich ist er das Produkt zweier anderer Körper. Und auch die Sprache, der primäre Generator menschlicher Symbolsysteme, erfüllt ihre kulturbildende Funktion nur, weil sie von einer Gemeinschaft geteilt wird. An den Aushandlungsprozessen kultureller Semantiken sind eben viele beteiligt.

Ausgehend von diesen drei zentralen Gegenständen haben die Kulturwissenschaften stetig neue Themen erprobt. Manchmal werden diese Erweiterungen als Abfolge von **turns** dargestellt – *interpretive, performative, reflexive, postcolonial, translational, spatial, iconic* und neuerdings *religious* und *ecological turn*.[63] Die Metapher der Wende unterstellt allerdings ein zeitliches Nacheinander von epistemologischen Revolutionen, die alles vorherige jeweils über den Haufen werfen. Angemessener ist es wohl eher, von einer steten Ausdifferenzierung nach Clustern in **Studies** zu sprechen – *Cultural Studies, Media Studies, Gender Studies, Queer Studies, Postcolonial Studies, Space Studies, Performative Studies*[64] –, deren Zuschnitte sich an zahlreichen Stellen überlappen.

Im Folgenden werden nun für jeden der drei Bereiche einige Themenfelder exemplarisch vorgestellt, die in den Literaturwissenschaften besonders erfolgreich waren und sind. Andere Schwerpunkte wären möglich gewesen, schon allein deshalb, weil sich das Feld stetig erweitert.

3.1 Grundlagen des Verstehens: Raum und Zeit

Raum

Im Lehrgedicht *Naturen og Kunsten* (1831/34; *Die Natur und die Kunst*) entwickelt sein dänischer Autor Henrik Hertz eine anthropologische Begründung von Kunst, die implizit auch eine **Ästhetik des Raums** enthält. Ästhetik meint in diesem Kontext nicht eine Lehre vom Schönen, sondern von der Wahrnehmung, was das altgriechische αἴσθησις/aísthēsis zunächst auch bedeutet. Hertz platziert seine beiden Figuren, einen männlichen Ich-Erzähler und eine junge Frau mit Namen Pauline, vor einen Sonnenuntergang am Meeresstrand. Angesichts der Schönheit der Szene gesteht Pauline ihrem Verehrer, dass – wie sie sagt – »ich mehr fühle, / sehr viel mehr bei einer Landschaft, die gemalt ist, / als bei dem Leben, das ich rings um mich sehe«;[65] das sei doch nicht zu verstehen. Der Ich-Erzähler tadelt Pauline nicht, sondern erklärt ihre Empfindung, indem er seine Freundin auf die Analogie zwischen dem ganz alltäglichen Akt des Sehens und dem künstlerischen Erschaffen einer Landschaft auf einem Bild aufmerksam macht:

---

63 Bis auf den *religious* und den *ecological turn* findet man einführende Darstellungen in: Bachmann-Medick, Doris: Cultural Turns. Neuorientierungen in den Kulturwissenschaften, Reinbek bei Hamburg 2006.

64 In diese und einige andere führt folgender Band ein: Moebius, Stephan (Hrsg.): Kultur. Von den Cultural Studies bis zu den Visual Studies. Eine Einführung, Bielefeld 2012.

65 »at jeg føler meer, / Langt mere ved et Landskab, der er malet, / End ved det Liv, jeg rundt omkring mig seer« – Hertz, Henrik: Naturen og Kunsten, in: Ders.: Digte fra forskjellige Perioder, Bd. 3, Kjøbenhavn 1862, S. 177–235, hier S. 181.

[...] Ifald dit Øie	[...] Wenn dein Auge
Ei ordner selv hver Gjenstand nøie,	Nicht selbst jeden Gegenstand genau ordnet,
Da vil Naturen Orden lidt kun gavne.	Wird Ordnung der Natur nur wenig helfen.
Thi Øiet er vor Synskreds Ramme,	Denn das Auge ist unsres Gesichtskreises Rahmen,
Og Sjælen Lærredet, paa hvilket vi	Und die Seele ist die Leinwand, auf der wir
Grupperer med en virksom Phantasi	Mit tätiger Phantasie die weitausgedehnte
Naturens vidtudstrakte Maleri.[66]	Malerei der Natur gruppieren.

Hertz vermittelt also eine Ästhetik, der zufolge der Naturraum nicht einfach vorliegt, sondern seine räumliche Ordnung im Betrachten erhält. Erst im Wahrnehmen wird das Konglomerat von Bäumen, Hügeln, Bächen organisiert, mit einem die Aufmerksamkeit lenkenden Rahmen versehen und so als Raum wahrgenommen. Dass wir Freude an einem Landschaftsbild haben, liege u.a. daran, dass uns die Kunst die Anstrengung des Ordnens bereits abgenommen habe. Damit vermittelt Herz eine Einsicht, die auch den **Space Studies** zugrunde liegt. Raum wird auch hier nicht länger als ein reines Volumen vorgestellt, als **Container**, sondern als **relationales Gebilde**:[67] Der scheinbar schon vorhandene neutrale Raum wird als Ergebnis der Relationen gedacht, die die Körper, die ihn bevölkern, zueinander einnehmen. Wenn sich die Relationen ändern, ändert sich auch der Raum, weshalb man ihn als Resultat von Verräumlichungsprozessen denken muss. Doch anders als Hertz, der im souveränen menschlichen Bewusstsein und in dessen höchster Form, dem Künstler, die ordnende Instanz sieht, wird in den aktuellen Kulturwissenschaften die **Produktion des Raums**[68] als Ergebnis von Praktiken gedacht und d.h. als gemeinschaftlich etabliertes Agieren von Körpern – und das heißt auch immer als Gegenstand der Verhandlung.

Knut Hamsuns berühmter Roman *Markens Grøde* (1917; *Segen der Erde*, 1918) inszeniert erzählerisch gewitzt den Machtkampf um die Definition des Raumes. Er schildert, wie sich Isak etwa eine Tageswanderung vom nächsten Dorf entfernt in der Wildnis Norwegens niederlässt und mit einem Erdloch beginnend Stück für Stück einen großen wohlhabenden Bauernhof aufbaut. Der Roman fängt eben mit der Strukturierung des Raums durch die Praxis des Durchschreitens der Wildnis an und er gibt dieser Praxis die Gestalt eines mythischen Anfangs, einer Gründungserzählung. Die ersten Sätze lauten folgendermaßen:

> Den langen, langen Pfad durch die Moore und in die Wälder, wer hat ihn ausgetreten? Der Mann, der Mensch, der erste, der hier war. Vor ihm gab es keinen Pfad. Später folgte das eine und andere Tier den schwachen Spuren über Heide und Moor und

---

66 Hertz: Naturen og Kunsten, S. 182.
67 Die Unterscheidung von Containermodell und relationalem Raum habe ich übernommen aus: Schroer, Markus: Räume, Orte, Grenzen. Auf dem Weg zu einer Soziologie des Raums, Frankfurt a.M. 2006, S. 36–40.
68 So die deutsche Übersetzung eines Gründungstextes der Space Studies: Lefebvre, Henri: La production de l'espace, Paris 1974.

machte sie deutlicher, und noch später spürte der eine oder andere Lappe den Pfad auf und benutzte ihn, wenn er von diesen Bergen zu den nächsten wollte, um nach seinen Rentieren zu sehen. So entstand der Pfad durch die große gemeine Mark, die niemandem gehörte, das herrenlose Land.[69]

Die Erzählinstanz verknüpft die Praxis des Pfadaustretens, also die Strukturierung des Raums, mit der Aneignung des Landes. So wird aus dem »herrenlose[n] Land« der Besitz von Isak. Diese Gleichsetzung von Strukturierung und Inbesitznahme ist derart stark, dass die Erzählinstanz andere Verräumlichungspraktiken nicht anerkennt: Sie betont, dass »[d]er Mann, der Mensch, der erste, der hier war«, die Pfade angelegt hat und dass dieses Raumangebot dann auch von Tieren und »noch später« von Sami genutzt wird (die hier noch mit der pejorativen Bezeichnung ›Lappen‹ benannt werden). Dies ist eine Umkehrung der faktischen Bedingungen, da Tiere sehr wohl eigene Pfade austreten und der Roman später auch zugibt, dass lange vor Isaks Ankunft Sami die Gegend durchstreiften. Doch da die Praktiken der Tiere und Sami nicht in einer Aneignung resultieren, erkennt die Erzählinstanz deren Raumstrukturierungspraktiken nicht an; sie werden sowohl von der Erzählinstanz als auch von Isak ignoriert. Der erste Abschnitt identifiziert also Raumstrukturierung und Aneignung und verschleiert alternative Weisen der Raumstrukturierung. Der Roman ist allerdings derart gebaut, dass er den eben angesprochenen **Landnahmemythos**[70] zwar unterstellt, dass sich aber seine Erzählinstanz als unzuverlässig herausstellt. Das wird spätestens in dem Moment deutlich, da Isak erfährt, dass der Ort, den er der Wildnis abgetrotzt hat, gar nicht niemandem gehört, sondern Teil des über den Raum definierten modernen Territorialstaats ist, sodass Isak das Land, das er bereits jahrelang bebaut hat, auch noch kaufen muss. Der einleitende Absatz des Romans stellt sich nachträglich als mythologisierender Humbug heraus.

Einer der zentralen Kulturtheoretiker der *Space Studies* ist der russische Literaturwissenschaftler Jurij Lotman. Bereits im Kapitel III wurde sein räumlich gefasstes Ereignismodell vorgestellt, mit dem er in den 1970er Jahren wichtige Impulse für die Narratologie gab. In den 80er Jahren überträgt er dieses literarische Modell auf die Gestalt von Kulturen überhaupt.[71] Kulturen seien

---

69 Hamsun, Knut: Segen der Erde, übers. v. Alken Bruns, München 1999, S. 7. – »Den lange, lange sti over myrene og inn i skogene hvem har trakket opp den? Mannen, mennesket, den første som var her. Det var ingen sti før ham. Siden fulgte et og annet dyr de svake spor over moer og myrer og gjorde dem tydeligere, og siden begynte en og annen lapp å snuse stien opp og gå den når han skulle fra fjell til fjell og se til sin ren. Slik ble stien til gjennom den store allmenning som ingen eiet, det herreløse land. Hamsun, Knut: Markens Grøde. Samlede Verker, Bd. 10, hrsg. v. Lars Frode Larsen, Oslo 2008, S. 7.
70 Vgl. Eglinger, Hanna/Heitmann, Annegret: Landnahme. Anfangserzählungen in der skandinavischen Literatur um 1900, München 2010.
71 Lotman, Jurij M.: Über die Semiosphäre [russ. Original 1984], übers. v. Wolfgang Eismann u. Roland Posner, in: Zeitschrift für Semiotik 12,4 (1990), S. 287–305.

durch Grenzen strukturiert – durch Grenzen zu benachbarten Kulturen, aber auch intern durch Grenzen zwischen verschiedenen Sinnbereichen oder Subkulturen. Doch die Grenzen dieser räumlich vorgestellten Bedeutungssphären, sogenannter **Semiosphären,** darf man sich nicht als strikte Trennlinien vorstellen. Stattdessen funktionieren sie über die unscharfe Differenz von Zentrum und Peripherie als **Grenz*räume.*** Im Zentrum einer Kultur (oder Subkultur) gelten strikte Regeln, die symbolische Ordnung weiß die Welt klar einzuteilen, doch je weiter man in die Peripherie vorrückt, schwächt sich die Wirkmächtigkeit der semiotischen Eindeutigkeit ab, ihre Regeln fransen aus, man arrangiert sich pragmatisch mit den Nachbarsphären. Diese Grenzräume sind bevölkert von Figuren der Überschreitung, von Übersetzern und Nomadinnen, von Spioninnen und Dissidenten, von Flüchtenden und Glückssuchenden. Damit ist das Zentrum nach Lotman der Ort der kulturellen Stabilität, die Peripherie dagegen der Ort der kulturellen Produktivität, wobei beide in einem Austausch stehen: Der Eintritt des Neuen in eine Semiosphäre kann als Übersetzungsleistung an der Peripherie gewertet werden, von wo aus das neue Element in steter Transformation allmählich in das Zentrum wandert und dort die kulturelle Orthodoxie umwandelt; das Zusammenspiel von Zentrum und Peripherie entscheidet über die Anpassungsfähigkeit und Resilienz der jeweiligen kulturellen Sphäre. In späteren Schriften[72] unterscheidet Lotman die kontinuierliche evolutionäre Umgestaltung der Semiosphäre durch Übersetzungsprozesse von der Explosion, dem plötzlichen Einbruch des Neuen in die Ordnung der Kultur, die diese Ordnung mit einem Schlag umgestaltet.

Ein besonders schönes Beispiel für die Semantisierung von räumlichen Relationen und ihrer Überschreitung liefert das Drama *Over Ævne II* (1895; *Über unsere Kraft. Schauspiel in zwei Teilen,* 1896), weil sein Autor Bjørnstjerne Bjørnson sogar eine Explosion zur Umgestaltung der sozialen Welt einsetzt, ganz als hätte er Lotman gelesen. Bei dem norwegischen Drama handelt es sich wohl um den ersten belletristischen Text Skandinaviens, der einen Arbeitskampf erzählt. In ihm treten die ausgebeuteten Arbeiter einer Fabrik in den Streik. Ihnen steht eine Versammlung von Kapitalisten gegenüber. Das soziale Machtgefälle setzt Bjørnson in einer entsprechenden Strukturierung des dargestellten Raums um. Der erste Akt platziert die Handlung am Boden einer tiefen Schlucht, an deren sonnenlosen Hängen sich die elenden Hütten eines Slums festklammern. Am räumlich anderen Ende thront der machtlüsterne Fabrikbesitzer Holger. Er bewohnt ein prächtiges Schloss auf der Spitze eines Berges. Das soziale Oben und Unten bildet sich im vorgestellten Raum ab.

Die beiden Sphären werden durch typische Grenzgänger miteinander in Kontakt gebracht, durch Übersetzerfiguren, die weder zu der einen noch

---

72 Lotman, Jurij M.: Kultur und Explosion [russ. Original 2000], übers. v. Dorothea Trottenberg, Berlin 2010.

zu der anderen Sphäre gehören. Es handelt sich um Rakel und Elias, zwei Figuren, die man aus dem selbstständigen ersten Teil *Over Ævne I* (1883) schon kennt. Sie stammen aus einem Pfarrhaus vom Land, sind also nicht von vornherein in das Oben/Unten der Industriestadt sozialisiert und stehen aufgrund ihres Bildungskapitals zwischen den sozialen Schichten. Sie übersetzen den Glauben ihres Elternhauses an einen gerechten und barmherzigen Gott in eine säkulare Utopie, die sie zum sozialen Kampf – und das heißt: zum Überschreiten der sozialen Grenzen – beflügelt. Elias führt den Arbeitskampf an und Rakel betreibt ein wohltätiges Krankenhaus. Die erste Grenzüberschreitung findet statt, als Elias eine Arbeiterdelegation aus dem Slum in den Palast anführt. Doch als dies nicht zur friedlichen Modifikation der symbolischen Ordnung führt, schleust er sich verkleidet als Diener (eine weitere Übersetzerfigur zwischen unterschiedlichen sozialen Sphären) in die Sitzung der Fabrikantenvereinigung ein und sprengt sie als Selbstmordattentäter in die Luft. Diese Explosion leitet ganz in Analogie zu Lotmans Modell den Einbruch des Neuen ein. Einzig Holger überlebt. Im letzten Akt sehen wir ihn als geläuterten Invaliden in Rakels Krankenhaus, das auf einer mittleren Ebene zwischen den Ruinen des zerstörten Schlosses und dem Abgrund des Slums angesiedelt ist. So eindringlich das Drama eine ökonomisch-soziale Grenzüberschreitung erzählt, so wenig überschreitet es die Gendergrenzen seiner Gegenwart. Rakel, die Frau, hält sich räumlich wie ideologisch in der Mitte und damit unentschieden, sie steht für Dulden und Ausgleich, wohingegen die räumlichen und ideologischen Extreme und der Kampf den männlichen Hauptfiguren Holger und Elias zugeordnet werden.

Die räumliche Strukturierung der fiktiven Welt und ihre Dynamisierung durch Grenzüberschreitungen findet sich allüberall in literarischen Texten, sei es auf der Mikroebene des *plots* einzelner Texte, die etwa von Landnahmen oder Migrationsschicksalen, von Tourismus oder Weltraumreisen erzählen, oder auch auf der Makroebene; so definieren sie ganze Gattungen wie die Robinsonade, den Pikaroroman oder die Spionagegeschichte. Für den dänischen **Bildungsroman** wurde ein Modell relevant, das in Meïr Aron Goldschmidts Roman *Hjemløs* (1853–57, *Heimatlos*, 1853–58) titelgebend wurde. Der Bildungsroman ist eine Gattung, die um 1800 in der deutschsprachigen Literatur geformt wurde. Er erzählt in der Regel die Reifung seiner Hauptfigur zum Erwachsenen, der sich selbst, seine Begabungen und Grenzen kennenlernt und so am Ende seinen Platz in der Gesellschaft findet. Das Bildungsideal ist geprägt von einer prästabilen Harmonie, in der die Ausbildung der eigenen Stärken mit dem Dienst an der Gemeinschaft zusammenfällt. Goldschmidt nun legt dem Reifungsprozess das räumliche Schema von Hjemme – Hjemløs – Hjem (Zu Hause – Heimatlos – Nach Hause) – so die Titel der drei Romanteile – zugrunde und definiert ihn damit als eine doppelte Grenzüberschreitung – zunächst aus der Komfortzone der Kindheit in die Welt, und nach einer Phase von Konflikten sehnt sich die

Hauptfigur wieder aus dieser Welt zurück zu seinem Ausgangspunkt. Dass die Sehnsucht auf das Zuhause der Kindheit zielt, zeigt, dass Goldschmidts Bildungsroman eigentlich ein Desillusionsroman ist. Der Kanonisierung des dreiteiligen Raummodells als Grundstruktur des dänischen Bildungsromans hat dies nicht geschadet. Die Regression hat man als Ziel eines gelungenen Bildungsgangs umdefiniert.

Zeit

Wie nicht anders zu erwarten, wird auch die Zeit in den Kulturwissenschaften – analog zum Raum – nicht als prästabile Größe gesehen, vielmehr versucht man, Zeit prozessual zu konzipieren.[73] Was wie eine Plattitüde klingt – Zeit vergeht eben –, hat in den **Cultural Memory Studies** der letzten 30 Jahre enorme Forschungsenergien freigesetzt. In ihnen wird dem Umstand Rechnung getragen, dass Erinnerung immer einen **Gegenwartsbezug** und damit auch einen **Konstruktionscharakter** hat: Die Vielzahl der Kriterien, die entscheiden, was überhaupt erinnert wird, was davon in den expliziten Vordergrund und was in den nicht ausgesprochenen Hintergrund geschoben wird, und aus welchem Grund, in welchem Kontext und in welcher Institution man überhaupt das Gedächtnis bemüht, machen klar, dass Erinnerungen »niemals originalgetreue und objektive Abbilder vergangener Wahrnehmungen und Ereignisse« sind, »wohl aber ein aussagekräftiges Indiz für die Bedürfnisse und Belange der Erinnernden in der Gegenwart«.[74]

Der Begriff der Verzeitlichungsprozesse bezieht sich neben der sich wandelnden Erinnerungs- und Erwartungsarbeit auch auf die sich wandelnde Konzeption von Geschichte, die als **Kollektivsingular** die Gesamtheit der Zeit und damit neben der Vergangenheit auch die Zukunft umfasst. In einigen Aufsätzen, die zu akademischen Klassikern geworden sind,[75] rekonstruiert Reinhart Koselleck für die westliche Welt der Neuzeit die Abfolge von drei Geschichtsauffassungen. Am Anfang steht die Vorstellung von der **Historia Magistra Vitae**, von der Geschichte als Lehrerin des Lebens. Geschichte wird als Container vorgestellt, der eine ständig wachsende Anzahl einzelner Geschichten enthält, etwa die des Peloponnesischen Kriegs oder die von Cäsars Ermordung durch Brutus; diese Geschichten solle man als *exempla* studieren, um aus ihnen ein Richtmaß für das eigene Handeln abzuleiten. Die Übertragbarkeit dieser vergangener Geschichten auf die eigene Situation

---

73 Wie an allen Stellen wäre auch hier eine andere Auswahl der vorgestellten Ansätze möglich. So gehe ich z.B. nicht auf verschiedene Arten der Zeiterfahrungen ein, etwa auf den Unterschied von objektiver Zeit der Uhren und subjektiver Zeit etwa der Langeweile.
74 Eine hervorragende Einführung in die *Memory Studies* bietet Erll, Astrid: Cultural Memory Studies/Kulturwissenschaftliche Gedächtnisforschung, in: Moebius (Hrsg.): Kultur, S. 258–281. Die beiden Zitate finden sich auf S. 259.
75 Sie sind gesammelt in: Koselleck, Reinhart: Vergangene Zukunft. Zur Semantik geschichtlicher Zeiten, Frankfurt a.M. 1989.

ist aber nur dann gegeben, wenn man davon ausgeht, dass die Rahmenbedingungen konstant sind, dass also die Welt in ihrer sozialen, ökonomischen, militärischen, moralischen etc. Dimension nach festen überzeitlichen Gesetzmäßigkeiten funktioniert. Noch Carl von Linné hat ein solches Kompendium an Geschichten unter dem Titel *Nemesis divina* (= göttliche Vergeltung; fertig ausgearbeitet 1765, erstmals vollständig gedruckt 1968; dt. 1981) angelegt, die belegen sollten, dass in den Geschehnissen der Welt eine ausgleichende Gerechtigkeit am Werk ist.

Die Französische Revolution kann als dasjenige Ereignis gewertet werden, das einem ganz neuen Geschichtsverständnis zur Geltung verhalf. Damals erschien es evident, dass es in der bisherigen Geschichte noch nie zu einer erfolgreichen Revolution von unten gekommen sei und die Geschichte als *Magistra Vitae* versagt habe. Wollte man die Geschichte als Richtschnur für das Handeln rehabilitieren, musste man eine andere Logik etablieren, die den geschichtlichen Zusammenhang garantiert. Der Begriff des **Fortschritts** schien diese Anforderung zu erfüllen. Er impliziert, dass sich die Welt ständig verändert, wodurch die Geschichten der Vergangenheit ihren Wert als Erfahrungen verlieren; doch der historische Sinn ist trotzdem gewahrt, denn Fortschritt impliziert auch, dass jedes dieser unvergleichlichen Ereignisse die Geschichte ihrem Ziel etwas näher bringt, ganz egal wie man dieses Ziel definiert – als bürgerliche Gesellschaft, als Selbsterkenntnis des Geistes, als klassenlose Gesellschaft, als Auftritt des superheldenähnlichen Cyborg. Von diesem Ziel her kann man die Gegenwart interpretieren und sich mit der Geschichte synchronisieren: Man kann mithin mit dem Lauf der Geschichte gehen und in ihrem Namen handeln oder sich ihr bockig, aber in der Konsequenz ergebnislos verweigern. Das bereits erwähnte Drama *Over Ævne II* propagiert ein solches Fortschrittsmodell. Die Situation der Arbeitenden wird dadurch erträglich, dass am Ende eine Utopie verkündet wird, in der man von Technik und Volksbildung erhofft, dass sie die Lebenssituation der Massen verbessern. Bjørnson lässt das naturalistische Setting auf den letzten Seiten in eine Allegorie hinübergleiten, in der zwei Figuren mit den sprechenden Namen Credo (Ich glaube) und Spera (Du sollst hoffen) seinen technikgläubigen Fortschrittsoptimismus verkünden: »Der Himmel sei hier! [...] In der Zukunft, in allem, was wir für die Zukunft thäten«.[76]

Doch die Verzeitlichung der Geschichte eröffnet Koselleck zufolge noch ein drittes Modell von Geschichte. Wenn nämlich der Glaube an ein Ziel schwindet, auf das die Zeit zuläuft, dann zerfällt die ziellos gewordene Geschichte in ein kontingentes Nacheinander von unzusammenhängenden Episoden. Diese Orientierungslosigkeit, die nach Koselleck im 19. Jahrhundert einsetzt,

---

76 Bjørnson, Bjørnstjerne: Über unsere Kraft. Schauspiel in zwei Akten, übers. v. Mathilde Mann, München 1901, S. 313. – »Himlen er her! [...] I Fremtiden, i alt vi gjør for den.« – Bjørnson, Bjørnstjerne: Over Ævne. Annet Stykke, Kjøbenhavn 1895, S. 192.

prägt die Zeiterfahrung der westlichen Moderne. Die Geschichte wird dann ein Kampfplatz um die Deutungshoheit, die kein äußeres Kriterium mehr anerkennt.

Der **historische Roman** und das **Historiendrama** sind wichtige Medien des Geschichtsbewusstseins, in denen nicht nur einzelne historische Ereignisse evaluiert und auf die Gegenwart bezogen werden, sondern auch die Logik der Geschichte per se reflektiert wird. War die Literatur noch im Barock und in der Aufklärung das Medium der Wahl, um etwa in der barocken **Panegyrik** die Regenten mit Vorbildern der Geschichte zu vergleichen[77] oder in Schriften der Aufklärung die Lehren der *Magistra Vitae* zu popularisieren, so wird Literatur im ausgehenden 18. und 19. Jahrhundert immer stärker zum Agenten der Verzeitlichung und betreibt Propaganda für ganz unterschiedliche Ziele der Geschichte.

Henrik Ibsens Drama *Kongs-Emnerne* (1864; *Die Kronprätendenten*, 1872) zeichnet sich dadurch aus, dass es anders als viele zeitgenössische historische Dramen nicht den bürgerlichen Nationalstaat als Ziel der Geschichte feiert, sondern die Verzeitlichung der Geschichte selbst bzw. deren mentale Folgen auf die Bühne bringt. In dem Drama geht es um die Konkurrenz von zwei Anwärtern auf den norwegischen Thron – auf der einen Seite Skule, Bruder des verstorbenen Königs Sverre, auf der anderen Seite Haakon, der uneheliche Sohn von Sverre. Nachdem sich der historische Haakon gegen seinen Widersacher durchsetzt, endet die Periode, die die Geschichtsschreibung den hundertjährigen norwegischen Bürgerkrieg nennt (1130–1240). Ibsen wählt für sein Drama den wichtigsten Wendepunkt dieses Zeitabschnitts, der dazu führt, dass sich eine klare Zentralmacht in Norwegen herausbildet. Es liegt auf der Hand, dass Ibsen damit rechnen konnte, dass sein Publikum seine eigene politische Situation in der mittelalterlichen Krise wiedererkannte. Denn das Thema der Stunde in den 1870er Jahren war, wie zentralistisch der noch junge norwegische Staat werden sollte. Haakon tritt in Ibsens Fassung anachronistisch für einen Nationalstaat ein, dessen Einheit nicht durch die Abstammungslinie des Königshauses legitimiert ist, sondern durch das Gefühl einer gemeinsamen Identität, die alle Untertanen teilen. Er kennt das Ziel der Geschichte. Seinen ›kongstanke‹/Königsgedanken spricht Haakon das erste Mal an dieser Stelle aus:

---

77 Beispiele hierfür finden sich in Ekblom, Birgitta: Härskarhyllning och påverkan. Panegyriken kring kronskiftet 1697 i det svenska Östersjöväldet, Uppsala 2022.

HÅKON. [...] Norwegen war ein *Reich*, es soll ein *Volk* werden. [... A]lle sollen hinfort Eins sein, und alle sollen's wissen bei sich selber und fühlen, daß sie Eins sind! *Das* ist [...] das Werk, das Norwegens König jetzt vollbringen muß. [...].
HERZOG SKULE *vernichtet*. Sammeln –? Zu *einem* Volke sammeln [...] – ganz Norwegen? *Ungläubig*. Das ist unausführbar! Nie zuvor hat Norwegens Saga dergleichen gemeldet!
HÅKON. Für *Euch* ist's unausführbar – denn Ihr könnt einzig die alte Saga wiederholen [.][78]

Ibsen scheint an dieser Stelle also das *nationbuilding* zu unterstützen, indem er den aktuellen Nationalstaat dadurch legitimiert, dass er bereits in der Vergangenheit angelegt war – die Gegenwart wird zur Verwirklichung eines historischen Plans – so zumindest lässt sich die dominante Rezeption rekonstruieren. Doch Ibsen diskutiert nicht nur ein historisches Ereignis, sondern auch dessen Funktionalisierung in der Gegenwart. In den zitierten Positionen von Haakon und Skule zeichnen sich nämlich recht genau zwei der Geschichtskonzepte ab, die eben mit Koselleck dargestellt wurden. Haakon glaubt an ein Ziel der Geschichte und er ist überzeugt, er sei der Auserwählte, der es herbeiführen soll: Norwegen soll eine (auf einem Gemeinschaftsgefühl basierende) Nation werden. Skule dagegen steht für das ältere Modell der *Historia Magistra Vitae*, das von einem einheitlichen Rahmenwerk getragen wird: Wofür es keinen Präzedenzfall in »Norwegens Saga« gibt, ist auch nicht vorstellbar. Doch Ibsen geht noch einen Schritt weiter: Nach dem zitierten Gespräch übernimmt Skule nämlich Haakons teleologisches Geschichtsverständnis, nun will auch er eine nationale Zukunft verwirklichen. Doch ihm fehlt der Glaube, er übernimmt zwar die Vorstellung einer verzeitlichten Geschichte von Haakon, er zweifelt aber an dem Ziel der Geschichte. Damit wird er in der zweiten Hälfte des Dramas ein Vertreter des modernen Geschichtsbewusstseins, also eines Geschichtsdenkens in der Krise.

Historische Dramen wie *Kongs-Emnerne* sind Teil der **Geschichtskultur** des 19. Jahrhunderts. Zur Geschichtskultur tragen alle Objekte, Institutionen und Praktiken bei, die die Wahrnehmung der Vergangenheit beeinflussen, also neben Texten auch Architektur und Denkmäler, Archive und Museen, Gedenktage und Geschichtsunterricht. Sie alle bearbeiten das Gedächtnis und die Erinnerungen, also die Präsenz der Vergangenheit im Jetzt. Die *Cultural*

---

78 Ibsen, Henrik: Die Kronprätendenten. Historisches Schauspiel in fünf Akten, übers. v. Adolf Strodtmann, Berlin 1910, S. 178. – »Haakon: [...] Norge var et Rige, det skal blive et Folk. [...] Alle skal være Et herefter, og Alle skal vide med sig selv og skjønne at de er Et! Det [...] er Gjerningen, som skal gjøres af Norges Konge nu. [...] / Hertug Skule slagen: Samle – ? Samle til Et [...] – alt Norge –? (vantro) Det er ugjørligt! Sligt melder aldrig Norges Saga om før! / Haakon: For Eder er det ugjørligt; thi I kan kun gjøre den gamle Saga om igjen[.]« Ibsen, Henrik: Kongs-Emnerne, in: Ders.: Henrik Ibsens Skrifter. Fullstendig, historisk-kritisk og kommenteret udgave, hrsg. v. Vigdis Ystad, Bd. 4,1, Oslo 2008, S. 217–452, hier S. 339f.

Memory Studies nehmen deshalb die soziale Dimension der Erinnerung in den Blick, weshalb sie auch vom **kollektiven Gedächtnis** sprechen. Der französische Soziologe Maurice Halbwachs, der den Begriff in den 1920er Jahren erfunden hat, war davon überzeugt, dass jede einzelne Person in Erinnerungen nicht nur individuell Erlebtes speichert, sondern dieses Individuelle vom Standpunkt der Gruppen aus betrachtet, zu denen sie gehört.

Auf breiter Basis anerkannt sind die Begriffe, mit denen Jan und Aleida Assmann in den 1980er Jahren Halbwachs' Konzept weiterentwickelt haben.[79] Sie unterscheiden innerhalb des kollektiven Gedächtnisses das kommunikative vom kulturellen Gedächtnis. Das **kommunikative Gedächtnis** versammelt all die Erinnerungen, die eine Zeitgenossenschaft lebendig mit sich herumträgt und auf die sie sich ohne größere Erklärungen in der Alltagskommunikation beziehen kann. Der Zeithorizont des kommunikativen Gedächtnisses erstreckt sich auf die jeweils letzten 80 bis 100 Jahre. Das **kulturelle Gedächtnis** dagegen ist eine Angelegenheit von Spezialisten (z.B. Museumskuratoren und Archivaren, Priestern und Schamanen), die für die Pflege bestimmter Texte, Bilder und Riten abgestellt sind, die das Selbstbild einer Kultur stabilisieren. Das kulturelle Gedächtnis ist die Grundlage für die Identitätsbildung von Gruppen und deren politische, soziale und moralische Legitimation.

Ein nicht allzu altes Beispiel dafür, wie das kulturelle Gedächtnis zum Spender von Sinn wird, liefert der Umgang mit Nordahl Griegs Gedicht *Til ungdommen* (1936; *An die Jugend*) im Zusammenhang mit den Anschlägen vom 22. Juli 2011. Der Rechtsradikale Anders Behring Breivik hatte damals eine Bombe im Osloer Regierungsbezirk gezündet und dann auf der Insel Utøya Jagd auf Jugendliche gemacht, die dort zu einem Sommerlager der Jugendorganisation der sozialdemokratischen *Arbeiderpartiet* versammelt waren. Breivik tötete 77 Menschen, und das Entsetzen erfasste ganz Norwegen. In den Tagen danach wurde das Gedicht *Til ungdommen* in seiner von Otto Mortensen vertonten Fassung (1952) immer wieder in verschiedenen Gedenkgottesdiensten und Trauerzeremonien gesungen. Im Anschluss daran erreichte der Verkauf einer Einspielung von Herborg Kråkevik Platz 1 der norwegischen Hitliste.

Diese Details zeigen, dass das Gedicht offensichtlich zur kollektiven Verarbeitung der Terroranschläge beitrug. Sieht man sich den Kontext an, in dem es entstanden ist, liegt dieser Gebrauch allerdings nicht unbedingt nahe. Es handelt sich um ein revolutionäres Kampfgedicht, das zur Verteidigung des menschlichen Lebens und des Friedens aufruft – im Extremfall unter Einsatz des eigenen Lebens. Der Kommunist Grieg hatte *Til ungdommen* als Reaktion auf den Ausbruch des Spanischen Bürgerkriegs für *Det Norske Stu-*

---

79 S. z.B. Assmann, Jan: Das kulturelle Gedächtnis. Schrift, Erinnerung und politische Identität in frühen Hochkulturen, München 1992. Assmann, Aleida: Erinnerungsräume. Formen und Wandlungen des kulturellen Gedächtnisses, München 1999.

dentersamfund, eine Osloer Studierendenorganisation, geschrieben. Er warb also um Zustimmung für den Kampf gegen die spanischen Faschisten. Das Gedicht beginnt mit den Zeilen

Kringsatt av fiender, gå	Umzingelt von Feinden
inn i din tid!	Engagiere Dich in Deiner Zeit!
Under en blodig storm –	Unter einem blutigen Sturm –
vi dig til strid![80]	weihe Dich dem Kampf!

Die Umzingelung bezieht sich darauf, dass der Faschismus nicht nur ein spanisches Phänomen war, sondern in Deutschland und Italien bereits an der Macht war. Und so hatte das Gedicht auch eine lange Wirkungsgeschichte als Widerstandslied während der deutschen Besatzung und wurde später fester Bestandteil von bestimmten Feiern am Nationalfeiertag (17. Mai) und von Zeremonien der norwegischen Jugendweihe (Humanistisk konfirmasjon). Auch wenn es Zeilen enthält, die für den Frieden werben, predigt es doch gerade keinen Pazifismus, sondern war ein Aufruf zum – auch gewaltsamen – Widerstand: »[V]i dig til strid!« / ›Weihe Dich dem Kampf!‹ Seine Popularität trug deshalb dazu bei, dass das Narrativ vom kleinen Land, das im Zweiten Weltkrieg geschlossen gegen die Besatzer kämpfte, gemeinschaftsstiftende Wirkung entfalten konnte. Dieses Narrativ ist nach wie vor Teil der norwegischen nationalen Identität, auch wenn die Geschichtswissenschaften in den letzten Jahren die grauen Nuancen dieser zunächst schwarz-weißen Erzählung klarer herausgearbeitet haben.

Mit dem Wissen um seine Wirkungsgeschichte muss es deshalb überraschen, dass ein Gedicht über eine Bedrohung von außen auch eine Antwort auf hausgemachten norwegischen rechten Terror des 22. Juli liefern kann, und dass außerdem die Tat eines Einzelnen mit den Erinnerungen an die Okkupation durch eine militärische Übermacht überblendet werden kann. Offensichtlich genügen einige Analogien und vor allem die affektive Besetzung, die das Gedicht durch seine Wirkungsgeschichte hatte, um eine wichtige Funktion in der Bewältigung eines kulturellen Schocks zu erfüllen. Man konnte beobachten, wie das kulturelle Gedächtnis mobilisiert wurde, um ein kollektives Trauma abzuwehren.

Im Zusammenhang mit der Traumaforschung wurde der Begriff **postmemory** prominent. Mit ihm versucht Marianne Hirsch die auch klinisch nachgewiesene transgenerationelle Übertragung von Traumata zu fassen.[81] Für die

---

[80] Das Gedicht liegt in verschiedenen Versionen vor. Hier wurde nach folgender Quelle zitiert: Grieg, Nordahl: Til ungdommen, in: Ders.: Håbet, Oslo 1945, S. 49–52. Das Gedicht umfasst 14 Strophen, die auf vier Seiten verteilt gedruckt wurden. Die folgenden Zitate aus diesen vier Seiten werden nicht für sich ausgewiesen.

[81] Vgl. Hirsch, Marianne: The Generation of Postmemory. Writing and Visual Culture after the Holocaust, New York/Chichester 2012.

Übertragung von Erinnerungen von einer Generation auf die nächste spielt die analoge Fotografie in den *postmemory*-Theorien eine wichtige Rolle; nicht nur, weil sie als Medium der Erinnerung gerne in Familienalben narrativ geordnet und arrangiert von den Eltern an die Kinder weitergereicht werden; sondern auch, weil ihr physikalisch-chemisches Zustandekommen sie als Metapher für die Produktion von Erinnerungen prädestiniert: Licht wird von einem Gegenstand zurückgeworfen und trifft dann auf den Fotofilmstreifen. Dort drückt es sich in dem lichtempfindlichen Material des Films ab. Wie eine Fußspur im Schnee bietet die Fotografie also einen Abdruck des Gegenstandes. Die Literatur nutzt die Fotografie als Motiv, gerade um problematische Fälle der Erinnerungsverarbeitung zu thematisieren, wie sie im Trauma vorliegen. Denn nicht die Ähnlichkeit zwischen dem Foto und dem Fotografierten bzw. der Erinnerung und dem Erinnerten ist entscheidend, sondern die Aura des unleugbaren Realitätsbezugs, ›dass da mal etwas gewesen sein muss‹,[82] denn es hat eine Spur, einen Abdruck im lichtempfindlichen Material bzw. dem Gedächtnis hinterlassen.

Auf diesem Umstand baut die imponierende Erinnerungsarbeit auf, die die Schwedin Joanna Rubin Dranger mit ihrem mehr als 400-seitigen Comic *Ihågkom oss till liv* (2022; *Erinnere uns zum Leben*) vorgelegt hat. Sie erzählt dort, wie sie – eine Jüdin – die Geschichte ihrer Familie im Zweiten Weltkrieg recherchiert und darüber in eine posttraumatische Depression verfällt. Ihre direkte Familie, ihre Eltern und Großeltern entkamen in Schweden den Repressionen und der Vernichtung; aber sobald sie die gerade Linie der familiären Abstammung hin zu Großtanten und -onkeln in Norwegen oder Polen verlässt, ist sie mit vergessenen und ausgelöschten Schicksalen konfrontiert. Das gesamte Buch ist auch als Reflexion über die Verschränkung von Erinnerung und Fotografie zu lesen. Denn Dranger sammelt Fotografien ihrer ›verschwundenen‹ Familie, die sie jedoch selten direkt in ihre Bild-Text-Collagen integriert; stattdessen zeichnet sie sie nach und wiederholt sie an verschiedenen Stellen in leichten Variationen. Die Wirkmächtigkeit, die diese im Bild fixierten Erinnerungen besitzen, streicht sie dadurch heraus, dass die (nach)gezeichneten Fotos von ›damals‹ wesentlich realistischer gezeichnet sind als die Figuren, die diese Fotos ›heute‹ in Händen halten. Die bedrohliche Erinnerung gewinnt somit eine Realität, vor der der friedliche Alltag nur noch schemenhaft bestehen kann.

3.2 Der Körper und die Natur-Kultur-Differenz

Wie oben ausgeführt, ist der Zweifel an einer binär vorgestellten Unterscheidbarkeit von Natur und Kultur zentral für das kulturwissenschaftliche Selbstverständnis. Damit rückt der Körper ins Fadenkreuz des wissenschaft-

---

82 Zur Fotografie als Abdruck vgl. Barthes, Roland: Die Helle Kammer. Bemerkung zur Photographie [franz. Orginal 1980], übers. v. Dietrich Leube, Frankfurt a.M. 1989, S. 86–95.

lichen Interesses, lässt er sich doch als Hybrid aus Natur und Kultur begreifen: Der Körper ist in zwei Zyklen der Reproduktion eingebunden, zum einen in **die sexuelle Reproduktion der Gattung**, in der der Körper als Medium der Fortpflanzung fungiert, zum anderen in **die alimentäre Reproduktion des Individuums**, also die Erhaltung des individuellen Körpers durch seine Ernährung; beide Zyklen könnte man ganz und gar aus der Perspektive der Naturwissenschaften betrachten, wodurch sie den Anschein erwecken, ihre kulturelle Dimension sei nur aufgesetzt.

Essen und Alimentäres[83]

Kaum eine andere alltägliche Handlung ist so natürlich wie das Essen: Ohne Nahrung kann kein Mensch leben. Gleichzeitig ist aber kaum eine andere Handlung ähnlich stark ritualisiert: Man isst zu festen Zeiten, Speisen werden in standardisierten Abfolgen und Kombinationen serviert, jede Nahrung fordert ihre eigenen Benimmregeln. Das Bedürfnis nach Essen ist universal, was, wie, wo man isst, ist jedoch kulturell variabel. Man kann Essen und Trinken ausschließlich als Nahrungsaufnahme betrachten, die den Stoffwechsel in Gang hält; doch dann erfasst man nicht, dass das Wie und Was des Essens als Teil einer sozialen Handlung unmittelbar zum Bedeutungsträger wird: Kaviar bedeutet Oberschicht; *köttbullar* und *kanelbullar* signifizieren ›Schwedizität‹; Nahrung als Zeichenträger hat also eine wichtige Funktion in der sozialen Distinktion, im Markieren von Zugehörigkeiten.

Literatur *über* Essen und Trinken agiert auf einer zweiten, übergeordneten Deutungsebene, auf der der sozial zugeordnete Sinn zum Ausgangspunkt einer weiteren Bedeutungszuschreibung innerhalb der erzählten Geschichte oder des Gedichts wird. Gerhard Neumann beschreibt dies in einem Gründungsdokument der **Kulinaristik** so: »Darstellungen von Essvorgängen in der Kunst [...] thematisieren, kritisieren und widerrufen gelegentlich jene Zeichenbildungen, die schon im sozialen Handlungszusammenhang der alimentären Aktion [...] vorliegen und gesellschaftliche Relevanz gewonnen haben«.[84]

Doch Natur und Kultur sind in Bezug auf das Essen noch viel enger miteinander verflochten. Was jeweils als essbar angesehen wird, ist eine kulturelle Differenzierung, die sich in unserem körperlichen Empfinden als Appetit,

---

83 Die folgenden zwei Abschnitte sind leicht verändert und gekürzt aus einem Text übernommen, den ich 2012 als Einleitung für die Rubrik »Nordischer Klang« im European Journal of Scandinavian Studies geschrieben habe: Schiedermair, Joachim: Spis dog ordentligt! – Kultur und Essen im Norden, in: European Journal of Scandinavian Studies 42,1 (2012), S. 40–44.

84 Neumann, Gerhard: ›Jede Nahrung ist ein Symbol‹. Umrisse einer Kulturwissenschaft des Essens, in: Wierlacher, Alois/Neumann, Gerhard/Teuteberg, Hans Jürgen (Hrsg.): Kulturthema Essen. Ansichten und Problemfelder, Berlin 1993, S. 385–444, hier S. 421.

der das Wasser im Mund zusammenlaufen lässt, oder Brechreiz, der den Hals zuschnürt, naturalisiert hat. Der Soziologe Norbert Elias zeigt in seinem Klassiker *Über den Prozeß der Zivilisation* (1939) am Beispiel der Entwicklung von Essensmanieren, wie die Kultivierung über die Jahrhunderte den Menschen nicht äußerlich bleibt, sondern sie bis in ihren »Trieb- und Affekthaushalt« hinein prägt (also bis in das, was man für begehrenswert und körperlich angenehm hält). Die Tabus, etwa dass man sich nicht ins Tischtuch schnäuzt, sind »nichts anderes als Ritual oder Institution gewordenes Unlust-, Peinlichkeits-, Ekel-, Angst- oder Schamgefühl, das gesellschaftlich unter ganz bestimmten Umständen herangezüchtet worden ist«.[85]

Szenen der Zubereitung von Essen sind in den Erzählungen und Romanen der dänischen Autorin Helle Helle in hoher Dichte zu finden. In ihnen kristallisiert sich die minimalistische Poetik der Autorin, Alltägliches mit dem Versprechen einer Bedeutung aufzuladen, das dann aber nicht eingelöst wird. Damit ergeben sich Texte, in denen zwar viel geschieht, aber nur wenig passiert; die Spannung ergibt sich daraus, dass ein Unausgesprochenes angedeutet wird, in das die Lesenden ihre eigenen Erwartungen niederlegen können. Diese Poetik verdichtet sich meisterhaft in der nicht einmal zwei Seiten langen Erzählung *Syltning* (2000; Einmachen). Die Erzählinstanz berichtet davon, wie sie einen zwölf Kilo schweren Kürbis kauft, den sie nach Vorbild ihrer Mutter konservieren will. Der Kürbis liegt tagelang auf dem Küchentisch, weil sich die Erzählinstanz nicht entscheiden kann, wie sie zu Werk gehen will. Nach einigen Wochen sondert der Kürbis eine harzartige Masse ab, aber noch immer wagt sich das Ich nicht an die Arbeit. Der Text erzählt nicht wirklich eine Handlung, sondern die Prokrastination der Erzählfigur und endet mit den Sätzen: »Aber habe ich mir einmal vorgenommen, dass etwas gemacht wird, dann wird es auch gemacht. So auch mit dem Kürbis. Das ist nur eine Frage der Zeit«.[86] Offensichtlich verkennt das Ich seine Fähigkeiten, und man kann sich gut die Fortsetzung vorstellen: Der Kürbis wird sich in etwas Ekliges verwandeln, das nur noch weggeworfen werden kann, also zu einem **Abjekt** im wörtlichen Sinn (lat: abicere – wegwerfen). Die Frage ist nun, was da *mit* dem Kürbis weggeworfen werden wird, welche Bedeutungsaspekte der literarische Text an ein Nahrungsmittel knüpft, dessen Verarbeitung die Figur nicht hinbekommt.

Da die Erzählung extrem kurz ist und mit Erklärungen geizt, sind die Lesenden dazu gezwungen, die wenigen verfügbaren Angaben zu nutzen, um sich einen Reim auf das seltsame Verhalten zu machen. Gleich im ersten

---

85 Elias, Norbert: Über den Prozeß der Zivilisation. Soziogenetische und psychogenetische Untersuchungen, Bd. 1, Wandlungen des Verhaltens in den weltlichen Oberschichten des Abendlandes, Frankfurt a.M. 1980, S. 171.
86 »Men har jeg én gang sat meg for, at noget skal gøres, bliver det gjort. Således også med græskarret. Det er kun et spørsmål om tid«. Helle, Helle: Syltning, in: Dies.: Biler og dyr. Noveller, København 2000, S. 49–50, hier S. 50.

Absatz wird der Kürbis mit einer wohligen Kindheitserinnerung verbunden. Die Mutter reicht dem Kind eine Schüssel mit etwas Goldenem, Süßem. Diese Erinnerung identifiziert den Kürbis mit der Mutter. Wenn später erzählt wird, dass der riesige Kürbis in der kleinen Küche derart viel Platz wegnimmt, dass weder die Spüle noch der Herd ordentlich zu benutzen sind und das Ich (über Wochen hinweg!) seine Brote im Wohnzimmer schmiert, dann kann man sich leicht erschließen, dass das Ich wohl einen Mutterkomplex hat, der es lebensunfähig macht. Das wird noch dadurch bestärkt, dass die Gedanken, die immerzu die Verarbeitung des Kürbisses umkreisen, das Ich »indædt/verbissen« aussehen lassen. Die Wahl des Ausdrucks »indædt«, wörtlich: ›in sich hineingefressen‹, ruft noch einmal den alimentarischen Kontext auf. Dieser Lesart nach geht es in Helle Helles ›Küchenerzählung‹ um eine infantile Blockade, die sich – am Bewusstsein des sprechenden Subjekts vorbei – in der ausbleibenden Verarbeitung des Kürbisses ihren Ausdruck sucht. Die Prokrastination der Handlung *ist* die Handlung, womit die Erzählung die Poetik der Autorin *in nuce* zusammenfasst.

Der Themenhorizont Essen und Trinken steht in dieser Einführung als pars pro toto dafür, dass der Körper und alles, was damit zu tun hat oder auch nur zu tun zu haben scheint – wie Sexualität, Schlaf, Nahrung, Krankheit, Gesundheit, Schmerz, Lust, Angst, Gefühle, Kleidung, Nacktheit, Kindheit, Jugend, Alter, Tod, Familie, Verwandtschaft, Vererbung, Ethnien –, eine Schnittstelle zwischen Natur und Kultur bilden und damit genuine Forschungsfelder der Kulturwissenschaften abgeben. Entsprechend hängen die angesprochenen Themen auch alle zusammen. Unter dem Begriff der **Affektstudien** versammelt man etwa die – auch in den Literaturwissenschaften erfolgreiche – Forschung zur kulturellen Formung und Distribution von Emotionen.[87]

Geschlecht

Die größte Durchschlagskraft und die breiteste gesellschaftliche Wirkung der erwähnten Körperthemen hatte wohl die kulturwissenschaftliche Reformulierung des Geschlechts in den **Gender und Queer Studies.** Die *Gender und Queer Studies* beerbten die **Frauenforschung**, der es zunächst darum ging, Wissen von und über Frauen, das bisher marginalisiert wurde, in bestehende Wissen(schaft)sbestände aufzunehmen. In der feministischen Literaturwissenschaft z.B. wurde **der männliche Kanon**, der in Institutionen wie Schulen und Universitäten gepflegt wurde, kritisiert, weshalb man die bestehenden Literaturgeschichten um Frauenliteraturgeschichten ergänzte. Die fünfbändige *Nordisk kvindelitteraturhistorie* (Nordische Frauenliteraturgeschichte) ist

---

87 S. z.B. Benthien, Claudia/Fleig, Anne/Kasten, Ingrid (Hrsg.): Emotionalität. Zur Geschichte der Gefühle, Köln/Weimar/Wien 2000.

Ergebnis dieses wissenschaftspolitischen Bestrebens.[88] Die *Gender und Queer Studies* nehmen diese politische Schlagrichtung auf, erweitern aber das Spektrum um andere Formen der geschlechtlichen Identität. Wichtiger aber noch ist die Forderung, Geschlecht nicht nur als Thema, sondern als Analysekategorie wahrzunehmen. Die Frage ist also nicht nur, welche sexuellen Orientierungen literarisch dargestellt werden, sondern inwiefern die Institutionen, Wissensstrukturen und Praktiken durch ein konventionelles Verständnis von Geschlecht vorgeprägt sind.

Wegweisend wurde die Untersuchung *Gender trouble. Feminism and the Subversion of Identity* (1990) der Philosophin Judith Butler. Sie greift den Gegensatz von Natur und Kultur an, indem sie die Begriffe ***sex und gender*** problematisiert. *Sex* wird in der deutschen Übersetzung häufig mit ›biologischem Geschlecht‹ übersetzt, *gender* mit ›sozialem Geschlecht‹. Könnte man strikt zwischen diesen beiden unterscheiden, müsste sich der politische Kampf an den Gegebenheiten des biologischen Geschlechts orientieren. Die soziale Praxis des Korsetts etwa ließe sich als lebensfeindlicher Eingriff in die biologischen Gegebenheiten des weiblichen Körpers kritisieren; doch der Rekurs der Sexualität auf ein vorgängiges biologisches Geschlecht hätte auch zur Folge, dass schnell ausschließlich Heterosexualität als natürlich gelten könnte, weil nur sie der biologischen Reproduktion der Gattung dient. In *Gender trouble* kritisiert Butler die Unterscheidung von natürlich gegebenem *sex* und sozial produziertem *gender* und behauptet, dass jedes Geschlecht in allen seinen Aspekten sozial konstruiert sei. Vielfach wurde das Buch so gelesen, als sei der sexuell festgelegte Körper Butler zufolge eine Phantasie ohne jede Realität. Die Antwort auf diesen Vorwurf formulierte sie in ihrer folgenden Untersuchung *Bodies that matter* (1993). Dort argumentiert sie, dass es sehr wohl ein biologisches Geschlecht gebe, man müsse sich nur von der Vorstellung verabschieden, dass es naturgegeben sei; der Körper sei vielmehr eine Materialisierung des sozialen Geschlechts, das sich durch Wiederholung bestimmter Praktiken herausgebildet habe. Butler kritisiert außerdem die **Heteronormativität** – also die wertende Vorstellung, dass der Körper nur zwei geschlechtliche Optionen (männlich oder weiblich) zulässt – und stellt ihr den Begriff des **dritten Geschlechts** gegenüber, wobei die Zahl drei nicht als genau *eine* weitere Option verstanden werden darf, sondern meint, dass – egal von wieviel Optionen man ausgeht – immer noch weitere vorstellbar sind; Männlichkeit und Weiblichkeit sind nicht als dichotome abgeschlossene Gruppen zu denken, sondern als zwei Enden eines Kontinuums, das sich in beliebig viele Segmente einteilen lässt.

Wie sehr das Geschlecht eine Angelegenheit des Interpretierens ist, zeigen zwei Szenen aus dem Roman *Endymion* (1889; *Endymion*, o.J., wahrschein-

---

88 Møller Jensen, Elisabeth et al. (Hrsg.): Nordisk kvindelitteraturhistorie, 5 Bde., København 1993–1998.

lich 1892) des schwedischen Autors Verner von Heidenstam, in denen geschlechtliche und ethnische Zuschreibungen übereinander geblendet werden, jedoch auf so komplexe Weise, dass sie – ganz entgegen der orientalistisch-rassistischen Grundhaltung des Romans – in ihrer Gemachtheit entlarvt werden: Die junge Amerikanerin Nelly Harven verliebt sich auf einer Reise durch den Orient in den gutaussehenden Orientalen, Emin ibn el-Arabi. Doch ihre Liebe scheitert, weil Emin als Anführer eines Aufstands hingerichtet wird, mit dem er den Orient aus dem kolonialen Griff befreien will. Nelly begegnet Emin das erste Mal in einer Postkutsche, in der beide über das Libanongebirge nach Damaskus reisen. Heidenstam legt Wert darauf, dass sowohl das Gefährt als auch die Straßen französische Produkte seien. Darüber hinaus wird der Charakter der Kutsche als europäischer Container dadurch betont, dass alle Mitreisenden in westlicher Kleidung erscheinen. So auch Emin, der mit eigentümlich androgynen Zügen ausgestattet wird: »Er hatte ein männlich schönes Arabergesicht. Seine orientalischen schwarzen Augenbrauen waren fast weiblich schön gezogen«.[89] Der feminine Eindruck verstärkt sich noch, als Emin einen Fächer hervorzieht und sich »wie ein kokettes Frauenzimmer« Luft zufächelt – ein Anblick, der Nelly enttäuscht, hatte sie sich doch ›den‹ Araber als besonders sinnlich männlich vorgestellt. »Und nun sah sie diesen weißhäutigen Herrn in schwarzem Rock und schwarzen Hosen und mit einem kleinen Papierfächer in seiner weiblich weißen Hand«. Die effeminisierte geschlechtliche Zuschreibung der ersten Begegnung wird jedoch ganz und gar überschrieben, als Nelly ihn später in einem durch und durch orientalischen Zusammenhang und in ›echt‹ arabischer Kleidung wiedersieht: »Alle seine Bewegungen waren beherrscht, bedächtig und voller männlicher Anmut«. Und später wird sogar gesagt, dass er Nelly »männlicher als irgendein anderer Mann [vorkomme], den sie in ihrem ganzen Leben gesehen hatte«.

Wie lässt sich dieser Unterschied zwischen effeminierter und viriler Wirkung erklären? Offensichtlich hat die Zuschreibung gegenderter Attribute etwas mit dem jeweiligen Kontext zu tun. Warum aber effeminisiert das europäische Umfeld der Postkutsche und warum nur den Araber Emin? Die Antwort ist im Genderdiskurs des 18. und 19. Jahrhunderts zu finden. Dort hatten Weiblichkeit und Fremdheit ähnliche Funktionen zu erfüllen. Sie waren beide Orte des Anderen und repräsentierten jeweils den Gegensatz zur männlich und europäisch gedachten Norm der Rationalität, Beherrscht-

---

89 Diese und die folgenden zitierten Stellen aus Heidenstam lauten im Original: »Han hade ett manligt vackert arabansikte. Hans österländska svarta ögonbryn voro nästan kvinnligt fint penslade«, S. 23; »som ett kokett fruntimmer«, S. 33; »Och nu såg hon denne vithyade herre i svart rock och svarta byxor och med en liten papperssolfjäder i sin kvinnligt vita hand«, S. 33; »[A]lla hans rörelser voro behärskade, avmätta och fulla av manligt behag«, S. 60; »mer manlig än någon annan man som hon sett i hela sitt liv«, S. 187. Heidenstam, Verner von: Endymion, Samlade verk, Bd. 3, Stockholm 1943.

heit und Mündigkeit. Das Orientalische repräsentierte wie das Weibliche Irrationalität, Impulsivität, Unmündigkeit; nur der Kontext, in dem sie diese Funktion erfüllten, unterschied sich: Weiblichkeit wurde »zum Territorium des Fremden in der Nähe«.[90] Mit diesem Wissen um das Gendering des 19. Jahrhunderts erklärt sich Emins Changieren zwischen den Geschlechtern: In der westlichen Kleidung und im Europa des Postkutschencontainers werden die orientalistischen Zeichen in Zeichen des Weiblichen übersetzt; dass dies möglich ist, liegt daran, dass beide in der Logik des 19. Jahrhunderts dieselben Konnotationen haben. Mit dem Ablegen der europäischen Kleidung und d.h. mit dem Auflösen der partiellen Fremdheit in die umfassende Fremdheit des Orients verschwinden konsequenterweise auch die Attribute der nahen Fremde, die weiblichen Züge. Nelly sieht je nach Voreinstellung einmal Zeichen der Weiblichkeit und einmal Zeichen der Männlichkeit.

Die Überkreuzung der Kategorien Geschlecht und Ethnie in *Endymion* rückt noch eine weitere kulturwissenschaftliche Denkfigur in den Blick, die der **Intersektionalität**. Sie trägt dem Umstand Rechnung, dass häufig Individuen zu Kreuzungspunkten (engl.: *intersection*) verschiedener Diskriminierungslinien werden. Gayatri Chakravorty Spivak hat in dem bekannten Essay *Can the Subaltern speak?* (1988) die Aufmerksamkeit darauf gelenkt, dass innerhalb des kolonialistisch-rassistischen Zusammenhangs die Frauen der beherrschten Ethnie auch noch geschlechtlich motivierte Unterdrückung sowie Klassengewalt ertragen müssen. Diese Frauen nennt Spivak **Subalterne**; in ihnen schneiden sich die Diskriminierungslinien von *class, race* und *gender*. Die **Disability Studies** ergänzen diese Trias noch um eine weitere marginalisierte Perspektive.

Ökologie

Neben dem Essen und der Sexualität soll noch ein drittes Körperthema beispielhaft angesprochen werden, das besonders in den letzten Jahren viel wissenschaftliche Aufmerksamkeit auf sich gezogen hat: der **Ecocriticism**.[91] Er setzt gerade bei dem Bewusstsein an, dass der Mensch über seinen Körper Teil der ihn umgebenden Natur ist, mit der er komplex verstrickt ist, dass er aber wie kein anderes Wesen in diese Natur eingreift und sie umgestaltet, und zwar – wie wir heute wissen – meist zum Nachteil der Natur und d.h. auch seiner eigenen. Die menschliche Umgestaltung der Welt hat derart

---

90 Weigel, Sigrid: Die nahe Fremde – das Territorium des ›Weiblichen‹. Zum Verhältnis von ›Wilden‹ und ›Frauen‹ im Diskurs der Aufklärung, in: Koebner, Thomas/Pickerodt, Gerhart (Hrsg.): Die andere Welt. Studien zum Exotismus, Frankfurt a.M. 1987, S. 171–199, hier S. 173.
91 Das gilt auch für die Skandinavistik. So hat sich etwa das sehr aktive Netzwerk Ecocritical Network for Scandinavian Studies zusammengefunden: https://enscan.net/ – Eine hilfreiche Einführung bietet: Dürbeck, Gabriele/Stobbe, Urte (Hrsg.): Ecocriticism. Eine Einführung, Köln/Weimar/Wien 2015.

tiefgreifende Folgen, dass die Naturwissenschaftler Paul Crutzen und Eugene Stoermer im Jahr 2000 den Vorschlag gemacht haben, den Zeitraum ab der Industriellen Revolution als neue erdgeschichtliche Epoche zu begreifen, die das Holozän ablöse. Dieser Epoche geben sie den Namen **Anthropozän**, der dem Umstand Rechnung trägt, dass der Mensch (›anthropos‹) weltweite klimatische, biologische, geologische und atmosphärische Veränderungen verursacht, die sich auch in den Erdablagerungen nachweisen lassen. Im Anthropozän wurde der gesamte Planet zum Hybrid aus Natur und Kultur. Das Anthropozän hat damit alle Qualitäten eines kulturwissenschaftlichen Reflexionsbegriffs.

Der ökokritischen Literaturwissenschaft stellen sich ganz unterschiedliche Aufgaben. Zum einen registriert sie, dass die Literatur auf die virulente Umweltzerstörung, das Artensterben und die Klimakrise reagiert. Sie diagnostiziert *ecological grief* und **Klimaangst** als thematischen Trend der Gegenwartsliteratur, für den sich der Begriff der **Cli-Fi**, der *Climate Fiction* herausgebildet hat. Diese Anliegen entfalten aufgrund der Zuspitzung der ökologischen Probleme in den letzten 20 Jahren eine sehr viel größere Wirksamkeit. Gleichwohl ist die fehlende Achtsamkeit für das ökologische Gleichgewicht kein neues literarisches Thema. Man kann aktuelle Schreibweisen beispielsweise zur Gattung der literarischen **Dystopien** ins Verhältnis setzen, etwa zu dem schwedischen Versepos *Aniara. En revy om människan i tid och rum* (1956; *Aniara. Eine Revue vom Menschen in Zeit und Raum*, 1961). Dort entwirft der Literaturnobelpreisträger Harry Martinson in enger Auseinandersetzung mit naturwissenschaftlichen Positionen seiner Zeit das Szenario einer Erde, die aufgrund einer fehlerhaften Technikfolgenabschätzung unbewohnbar geworden ist; das Raumschiff Aniara soll 8000 Emigranten zu einer Kolonie auf dem Mars bringen, kommt aber vom Kurs ab und rast in die Unendlichkeit. Bemerkenswert ist die prognostische Qualität der **Science-Fiction**; Martinson buchstabiert die Konsequenzen eines nuklearen Holocausts aus und gestaltet dabei in fiktionaler Form Konzepte, die die naturwissenschaftliche Forschung zum Anthropozän erst 40 Jahre später entwickelt.[92] Auch macht Martinson mithilfe der Gattung Science-Fiction Konzepte von Zeitlichkeit vorstellbar, die das moderne Erzählen mit seinem zeitlich begrenzten Horizont auf das Individuum und sein problematisches Verhältnis zu allgemeinen Ordnungsverständnissen hinter sich lässt. Denn *Aniara* erzählt von der Zukunft der gesamten Menschheit und verquickt die Science-Fiction mit dem Epos, einer vormodernen Gattung, die dem Theoretiker des Romans Georg Lukács zufolge eben nicht das Individuum, sondern ›eine geschlossene Lebenstotalität‹ gestaltet. Damit berührt *Aniara* grundlegende poetologische Fragen: Sind Phänomene und Problemstellun-

---

92 Am ausführlichsten dazu das Kapitel »Das Ende der Welt« in: Martin, Philipp: Das Schicksal der Erde. Katastrophenzukünfte in skandinavischer Science Fiction des Anthropozäns, Baden-Baden 2022, S. 49–142.

gen des Anthropozäns überhaupt literarisch darstellbar? Entziehen sich erdgeschichtliche Wendepunkte nicht per se dem Erzählen, weil das Erzählen immer auf den Menschen bezogen ist, es aber um Phänomene gehe, die entweder aufgrund ihrer mikroskopischen Kleinheit oder ihrer kosmischen Größe nicht unmittelbar wahrnehmbar sind? Diese Fragen der **raumzeitlichen Skalierung literarischen Erzählens** sind ein zweiter wichtiger Schwerpunkt des *Ecocriticism*, berühren sie doch die Relevanz der menschlichen Imaginationsfähigkeit schlechthin.

Hier zeichnet sich ein weiterer Arbeitsbereich der Ökokritik ab. Als Medium der kulturellen Selbstwahrnehmung kann Literatur einen Beitrag zur **Historisierung der Naturauffassungen** liefern.[93] Eine Station dieser Geschichte in der Frühen Neuzeit wäre die Gattung des **Hexaemerons**, eine in Versen verfasste Dichtung, die enzyklopädisch alle Phänomene der Natur über die sechs Schöpfungstage verteilt aufzählt und für die nicht die Opposition von Natur und menschlicher Kultur paradigmatisch ist, sondern die Unvergleichbarkeit von Schöpfer und Geschaffenem, die neben allen Tieren und Pflanzen eben auch den Menschen umfasst. Für den skandinavischen Raum liegen zwei solcher theologisch inspirierter Kosmogonien vor: Anders Arrebos dänisches *Hexaëmeron Rhythmico-Danicum. Det er: Verdens Første Vges Sex Dages prœctige oc mœctige Gierninger* (1661; *Hexaemeron in dänischen Versen. Das ist: Die prächtigen und mächtigen Taten der sechs Tage der ersten Woche der Welt*) und Haquin Spegels schwedisches *Guds Werk och Hwila* (1685; *Gottes Werk und Ruhe*).

Die romantische Dichtung macht eine weitere prominente Station in der Geschichte der Naturauffassungen aus. Im bürgerlichen Zeitalter des 18. und 19. Jahrhunderts wird die Natur neu gefasst, damit sie Resonanzraum der Innerlichkeit des Individuums werden kann. Der dänische Romantiker Adam Oehlenschläger etwa thematisiert selbst den Wandel in der Naturauffassung, wenn er in seinem Gedichtzyklus *Frederiksberg* (1817) erzählt, wie der Garten des Schlosses Frederiksberg von einem symmetrisch angelegten französisch-barocken Park zu einem ›natürlichen‹ englischen Landschaftsgarten umgestaltet wurde. Die Einsamkeit in der freien Natur des Landschaftsgartens lässt Oehlenschläger die eigene Natur in seinem Inneren spüren, er kommt in der Natur zu sich selbst: »Hele Skoven er min Bolig / Tankens Helligdom«[94] (Der ganze Wald ist meine Wohnstatt, / des Gedankens Heiligtum). Deshalb kann er dort nach eigenem Bekunden auch zum Dichter reifen. Derselbe Gedichtzyklus markiert noch eine zweite Wende in der Naturauffassung. Denn die Einsamkeit des Schlossparks war 1817 zum Zeitpunkt der Veröffent-

---

93 Z.B. Detering, Heinrich: Lyrische Dichtung im Horizont des Ecocriticism, in: Dürbeck, Gabriele/Stobbe, Urte (Hrsg.): Ecocriticism. Eine Einführung, Köln/Weimar/Wien 2015, S. 205–218.
94 Oehlenschläger, Adam: Frederiksberg: Et Digt, Kiöbenhavn 1817, S. 61.

lichung des Gedichtzyklus bereits Vergangenheit. Mittlerweile war er der Öffentlichkeit zugänglich, und Oehlenschläger macht sich über den Trubel lustig, der an Sonntagen dort herrscht:

Og denne tætte Stimmel	Und dieser dichte Rummel
Af Mennesker, som vandre!	Von Menschen, die umherwandern!
Den bedste Skiønhed mangler: Eensomheden	Die beste Schönheit fehlt: Die Einsamkeit
[...].	[...].
Naturen elsker Freden.	Die Natur liebt den Frieden.
For vilde Larm jo Nattergalen viger.[95]	Dem wilden Lärm weicht doch die Nachtigall.

In dem Moment, in dem die romantische Naturschwärmerei sich als kultureller Standard durchgesetzt hat, geht das Ideal an seinem Erfolg zugrunde. Von einer Projektionsfläche des einsamen Individuums wird die Natur zum Rekreationsraum, der den sozialen Stress der einsetzenden Industrialisierung kompensieren soll. Dieses neue kompensatorische Naturverständnis wird wenig später vom Tourismus beerbt, der immer entlegenere Naturräume erschließt.

Die radikalste Behandlung erfährt das Naturverständnis im **Posthumanismus**. Reklamiert das aus den Naturwissenschaften stammende Konzept des Anthropozäns noch eine Sonderstellung des Menschen – schließlich gilt er als wichtigste geophysikalische Kraft –, liegt für den Posthumanismus das Übel darin, diese Sonderstellung auch im ökologischen Denken weiter zu perpetuieren. Er verfolgt stattdessen eine Überwindung der modernen Dichotomie von Mensch und Nicht-Mensch als streng getrennte Kategorien. ›Der‹ Mensch wurde in der Moderne gewöhnlich auf der einen Seite von der Technik, auf der anderen Seite vom Tier abgegrenzt. Die prominenteste Theoretikerin des Posthumanismus Donna Haraway versucht die Grenzen in verschiedenen Figurationen durchlässig zu machen. In der Figur des **Cyborg** beispielsweise meint sie das Ideal einer untrennbaren Verschmelzung von Technik und menschlichem Körper zu erkennen; in der Figur der **Companion Species** verschwimmen die Grenzen zwischen den Spezies.[96] Haraway wendet das Wort beispielsweise auf Hunde an, aber auch auf Pferde oder Getreide leuchtet es unmittelbar ein. Es bezeichnet den Umstand, dass alle diese Spezies – schon in ihrer biologischen Erscheinung – nicht ohne die anderen gedacht werden können. Mensch, Hund, Pferd, Getreide haben sich in gegenseitiger Abhängigkeit geformt. Dem einsamen **Individuum** setzt Haraway das nur mit seinen ›Gefährten‹ vorstellbare **Dividuum** entgegen.

Haraway ist sich allerdings bewusst, dass es wenig Sinn macht, einfach einen neuen großen philosophischen Entwurf vorzulegen, in dem der Mensch

---

95 Ebd., S. 52f.
96 Haraway, Donna: Ein Manifest für Cyborgs, in: Dies.: Die Neuerfindung der Natur. Primaten, Cyborgs und Frauen, übers. v. Fred Wolf, Frankfurt am Main 1995, S. 33–72. – Dies.: Das Manifest für Gefährten: Wenn Spezies sich begegnen – Hunde, Menschen und signifikante Andersartigkeit, übers. v. Jennifer Sophia Theodor, Berlin 2016.

nicht mehr vom Tier oder der Pflanze unterschieden wird. Ein solches Neudenken würde nur wieder die Größe der menschlichen Imaginationskraft beschwören; stattdessen will sie die Geschichte und die Geschichten (history and stories), deren Teil wir sind, beerben und bewohnen. Was man erbt, kann man sich nicht aussuchen, aber frei darüber verfügen; genauso kann man eine Wohnung ummöblieren. Mit anderen Worten: Sie glaubt nicht an einen Neustart auf einer *tabula rasa*, sondern setzt ihre Hoffnung in das allmähliche Umerzählen ererbter Geschichte(n).

Haraway vertritt also eine Position, die der oben genannten Skepsis an der ökologischen Relevanz des Erzählens diametral gegenübersteht. Man könnte sogar argumentieren, dass die Belletristik schon immer der Ort eines Gegendiskurses gegen die Gewissheiten eines Humanismus war, der dem Menschen einen autonomen Subjektstatus zugesteht – etwa in der seit der Romantik virulenten **Phantastik**. Das zeitgenössische Erzählen kombiniert diese Tradition mit dem Inventar posthumanen Nachdenkens. So verschwindet etwa in der ersten Staffel der schwedischen *Mystery*-TV-Serie *Jordskott* (2015; *Jordskott. Die Rache des Waldes,* 2016) des Regisseurs Henrik Björk ein Mädchen im Wald und taucht Jahre später als Wesen zwischen Mensch und Pflanze wieder auf; es verweigert menschliche Nahrung und ernährt sich stattdessen über Wurzeln, die aus den Fingern sprießen. Die Serie erzählt die Geschichte eines Paktes zwischen Mensch und Wald im 18. Jahrhundert (also zu einem Zeitpunkt, der den Anfang der Moderne markiert). Beide Parteien haben vertraglich geregelt, wer wo agieren darf; doch der Pakt wird einseitig aufgrund der Gier einiger Menschen aufgekündigt, womit sich auch die Grenzen zwischen den vorher getrennten Sphären auflösen. Einige der Wesen ignorieren die moderne Trennung von Mensch und Natur seit jeher und verwirklichen damit Bruno Latours berühmte These *Nous n'avons jamais été modernes* (1991; *Wir sind nie modern gewesen,* 1995). In diesem Klassiker der *Science Studies* widerspricht Latour der Vorstellung von der Moderne als einer Epoche, in der sich ein rationaler Zugang zur Welt durchgesetzt habe; vielmehr sei die Moderne durch ein um 1700 dominant gewordenes Verlangen charakterisiert, die Phänomene der Welt nach ihrer Zugehörigkeit entweder zur Natur oder zur Kultur einzuteilen. Diese Unterscheidung definierte den Zuschnitt der Zuständigkeitsbereiche der Naturwissenschaften einerseits und der Geistes- und Sozialwissenschaften andererseits. Doch da diese Einteilung Latour zufolge nie möglich war, ist die Moderne mit einer nicht enden-wollenden ›Reinigungsarbeit‹ (so seine Formulierung) beschäftigt; dies bedeutet, dass die Moderne Erscheinungen, die offensichtlich an beiden Sphären teilhaben, zu vereindeutigen versucht, um so die Unterscheidung Natur/Kultur ›rein‹ zu erhalten. Doch genau dadurch produziere sie immer neue Hybridwesen, weil das System durch die ständige Reparatur neue Konstellationen hervorbringe. *Jordskott* erzählt nun genau diesen Moment, in dem die Unterscheidung brüchig wird, in dem die nur vertragliche Aufteilung in einen ›natürlichen‹ Wald und dem Bereich der ›kulturellen‹ Nutzung sich endgültig als unmöglich herausstellt und die tatsächliche Hybridität der Welt offenbar wird. Die Lebewesen des Waldes werden zu Companion Species des Menschen; ihre Bedrohung bedroht auch den Menschen.

3.3 Identität und Kollektivität

Während der posthumanistische Ansatz den Menschen in Relation zu Nicht-Menschlichem setzt, kann man auch die Relation des Einzelnen zu anderen Menschen in den Fokus rücken. Wenn wir mit einer naiven oder alltäglichen Verwendung beginnen, würden wir den Ausdruck ›Identität‹ vielleicht als das So-Sein einer bestimmten Entität (einer Person, einer Gruppe, einer Institution ...) fassen und, um dieses So-Sein zu beschreiben, würden wir eine Reihe von Eigenschaften auflisten. Wir beschreiben Identität, indem wir Sätze nach dem Muster »Die Person X ist so und so, aber nicht so und so« bilden. Doch das genügt nicht. Ein Stein etwa hat auch ein So-Sein, also bestimmte Eigenschaften; allerdings würden wir nicht davon sprechen, dass ein Stein eine Identität besitzt. Vielmehr verlangen wir, dass die Person oder Gruppe, denen wir eine Identität zusprechen, selbst ein Verständnis von ihrem So-Sein hat. Zum Konzept ›Identität‹ gehört also a) ein So-Sein eines Individuums oder einer Gruppe, b) ein Selbstverhältnis dieser Entität und damit ein Selbstbild von ihrem So-Sein, aber auch c) eine Außenposition, die sowohl das So-Sein wie auch das Selbstbild der Entität kommentiert und bewertet. Denn Identität wird in der Regel dann ein Thema, wenn der Person oder Gruppe bewusst wird, dass Selbstbild und Fremdbild wesentlich voneinander abweichen. Dann greift die verunsicherte Person oder Gruppe zu Strategien der Identitätsstärkung oder des Identitätsumbaus. Mit anderen Worten: Identität ist ein Verhandlungsprodukt.

Entsprechend kann man sich leicht vorstellen, dass Identitätskrisen ausgelöst werden, wenn sich das Individuum mehr oder weniger abrupt in einen neuen Kontext versetzt sieht. Räumliche, aber auch soziale Mobilität – in Migrationsprozessen kommen meist beide zusammen – konfrontieren uns mit neuen Fremdbildern von uns selbst, die erst einmal mit den eigenen Selbstbildern abgeglichen werden müssen. Es liegt deshalb auf der Hand, dass Modernisierungs- und Globalisierungsprozesse Identitätskrisen (von Individuen, aber auch von ganzen Bevölkerungsschichten) begünstigen. Die Kulturwissenschaften interessieren sich für diese Krisen- und Umbruchszeiten, da hier die jeweils aktuell gültigen Maßstäbe und Muster von Identität und Identitätsbildung sichtbar werden. Die vorgestellten Ansätze und Themen bilden wiederum nur einen Ausschnitt des möglichen Spektrums.

Nationen und andere vorgestellte Gemeinschaften

Den Begriff der **imaginierten Gemeinschaften** hat der Politikwissenschaftler Benedict Anderson 1983 in seinem einflussreichen Buch *Imagined Communities. Reflections on the Origin and Spread of Nationalism* formuliert. Der Grundgedanke ist simpel: Wenn sich Menschen, die sich nie getroffen haben und auch nie treffen werden, als Gemeinschaft verstehen sollen, benötigen sie ein Medium der Identitätsbildung. Wie bereits im Kapitel II (dort Teil 3 ›Nationalliteratur‹) ausgeführt, erfüllten besonders massenweise verbreitete Druckerzeugnisse diese Aufgabe. Das Lesen derselben Zeitungen und Zeitschriften, Gedichte und Romane schafft einen gemeinsamen Horizont, an dem Werte und Überzeugungen ausgebildet werden können. Was ist relevant? Worüber wird gesprochen? Und worüber nicht? Und in welcher rationalen und emotionalen Rahmung?

Die belletristische Literatur war also ganz wesentlich am *nationbuilding* des 18. und 19. Jahrhunderts beteiligt. Plakativ kann man das mit dem Umstand illustrieren, dass die Texte der dänischen und der norwegischen Nationalhymne von kanonischen literarischen Autoren verfasst wurden. *Det er et yndigt land* (gedr. 1823; *Dies ist ein liebliches Land*) stammt aus der Feder des schon mehrfach genannten Dänen Adam Oehlenschläger; *Ja, vi elsker dette landet* (1859; *Ja, wir lieben dieses Land*) hat der ebenfalls bereits genannte Norweger Bjørnstjerne Bjørnson gedichtet. Bevor die Texte ihren Status als nationale Hymnen bekamen, waren sie zunächst nur zwei Beispiele vieler national gestimmter Gedichte, die im 19. Jahrhundert geschrieben, vertont und gesungen wurden. Zur Nationalhymne wurden sie nicht durch einen Akt staatlicher Einsetzung, sondern durch die Praxis des Singens.[97] Das gilt auch für Schwedens Hymne *Du gamla, du fria, du fjällhöga Nord* (1844; *Du alter, du freier, du fjällhoher Norden*); anders als das dänische und norwegische Äquivalent wurde sie nicht von einem kanonischen Autor geschrieben – Richard Dybeck war Jurist und Altertumsforscher –, sie enthält aber zwei Zeilen, die das nationalromantische Verständnis des 19. Jahrhunderts besonders klar ausdrücken:

Du tronar på minnen från fornstora da'r […].	Du thronst auf Erinnerungen aus altgroßen Tagen […].
Jag vet att du är och du blir vad du var.[98]	Ich weiß, dass du bist und du bleibst, was du warst.

Mit dem ›Du‹ wird Schweden angesprochen, das sich angeblich über die Kontinuität seines Volkscharakters definiert, über ein So-Sein, das angeblich schon immer in der Welt war, aber erst im Nationalstaat seine souveräne Anerkennung findet. Die **Nationalromantik** ist davon überzeugt, dass sie die

---

97 »Ja, vi elsker dette landet« wurde beispielsweise erst 2019 offiziell vom norwegischen Parlament als Landeshymne anerkannt: https://snl.no/Norges_nasjonalsang (zuletzt aufgerufen: 21.08.2023).
98 https://sv.wikipedia.org/wiki/Du_gamla_du_fria (zuletzt aufgerufen: 09.04.2024).

nationale Identität in der Überlieferung vorfindet, und sieht ihre Aufgabe darin, dieser überlieferten Identität eine Stimme im Jetzt zu geben. Deshalb sammelt sie Altertümer und Volksdichtung und bereitet das Material in **Historiendramen, -romanen und -lyrik** auf eine Weise auf, die es dem zeitgenössischen bürgerlichen Publikum ermöglicht, sich anachronistisch in ihm wiederzuerkennen. Diese Programmatik der Kontinuitätsversicherung drückt sich beispielhaft in der Lyrik des Schweden Erik Gustaf Geijer aus. Im Gedicht *Manhem* (1811; eine Bezeichnung für Schweden in der *Heimskringla*, einer mittelalterlichen Schrift des Isländers Snorri Sturluson) etwa entwirft er das Bild eines früheren, wohl mittelalterlichen Schwedens, das der Hort ›männlicher‹ Tugend war: Seine Bewohner waren wortkarg, aber ehrlich; selbstgenügsam, aber selbstbewusst; bescheiden in ihren Ansprüchen, aber dafür niemandem untertan. Erst der Kontakt mit anderen Nationen habe sie verdorben. Ist also alles verloren und eine Angelegenheit für Historiker?

Nej! renom det, de fordna dygders tempel	Nein! lasst uns den Tempel früherer Tugend reinigen,
För evigheted rest på denna jord! [...]	der für die Ewigkeit auf dieser Erde errichtet ist! [...]
Upplifvom dem de forntida exempel	Lasst uns beleben die vormaligen Beispiele
Af ära, kraft och tro uti vår Nord.	Von Ehre, Kraft und Glauben in unserem Norden.
Då skola [...]	Da wird [...] auf Erden
Och Manhems namn på jorden åter nämnas.[99]	auch Manhems Name wieder genannt werden.

Postcolonial Studies

Der Begriff der imaginierten Gemeinschaften trägt dem Umstand Rechnung, dass Gemeinschaften ein Kommunikationsmedium brauchen (s. Kap. IV). Sie brauchen aber auch ein gemeinsames Verständnis davon, was denn den Kern ihrer Gemeinschaft ausmacht, worin also ihre Identität, ihr So-Sein besteht. Diese Frage nach Einschluss und Ausschluss, die Frage nach den Strukturen, Methoden und Praktiken von **Inklusion** und **Exklusion** wird zentral in den *Postcolonial Studies* diskutiert.

Das Adjektiv ›*postcolonial*‹ lässt vermuten, dass sich diese *Studies* die unrühmliche Geschichte der europäischen Kolonialisierung vornehmen, eine Geschichte die *cum grano salis* mit der ›Entdeckung‹ Amerikas 1492 begann und mit der Unabhängigkeit vieler früherer Kolonien in den 1960er Jahren endete. Dies ist sicher nicht falsch, geht es den *Postcolonial Studies* doch zentral um die Untersuchung von kolonialer Hegemonie und Eurozentrismus, von Sklaverei und Rassismus, von Strategien der Unterwerfung und Subversion. Allerdings ist die Perspektive auf dieses Themenspektrum nicht die eines Danach (post). In dem viel beachteten Artikel *When was the ›post-colonial‹? Thinking at the*

---

99 Geijer, Erik Gustaf: Manhem, in: Algulin, Ingemar/Ståhle Sjönell, Barbro (Hrsg.): Svensk litteratur, Bd. 3, Romantiken, Stockholm 1994, S. 197–200, hier S. 200.

limit[100] bringt es Stuart Hall auf den Punkt, dass das Ende der Kolonien als geopolitische Einheiten die Welt nicht in eine Zeit entlassen habe, die allenfalls noch die Nachwirkungen des Kolonialismus zu verkraften hätte; dass vielmehr die koloniale Erfahrung, die zu Zeiten des Kolonialismus auf die Kolonien beschränkt galt, aufgrund der fortschreitenden Globalisierung heute universalisiert ist: Imaginierte sich Europa in Zeiten des Kolonialismus noch als homogener Raum, sind die kulturelle Heterogenität der früheren Kolonien, die Vielfalt ethnischer, sprachlicher, familiärer und sozialer Zugehörigkeiten heute auch im letzten Winkel der Erde Realität. Und auch die asymmetrischen Machtverhältnisse wirken weiter. Postkolonial sind also nicht einfach die Gegenstände der *Postcolonial Studies*, sondern vor allem ihre Perspektive.

Edward Saids literaturwissenschaftliche Untersuchung mit dem schlichten Titel *Orientalism* (1978) kann man als deren Gründungsdokument bezeichnen. Saids Pointe besteht in der Grundthese, dass im 18. Jahrhundert eine neue Wissenschaft entsteht, die Orientalistik, mit deren Hilfe der europäische Westen den Orient (nicht beschreibt, sondern) erfindet. Damit ist natürlich nicht gemeint, dass die Welt von der Türkei bis China eine Fiktion sei, sondern dass der Westen eine Region der Welt, die in sich divergent und vielfältig ist, auf einen Nenner bringt, wenn er sie im sprachlichen Zeichen ›Orient‹ zusammenfasst. Worin besteht der gemeinsame Nenner? Darin – und das ist der Clou –, dass der Orient *nicht* der Westen ist. Said greift auf die strukturalistische Definition des Zeichens zurück, derzufolge das Zeichen seine Bedeutung nicht in sich trägt, sondern es in Differenz zu anderen Zeichen erhält (s. 1.4 dieses Kapitels). Wenn sich der Westen also für rational, beherrscht, fortschrittlich, konsequent, maßvoll und männlich tugendhaft hält, braucht er ein Anderes, an dem er sich qua Negation selbst erkennen kann; dieses Andere muss dann zwangsläufig irrational, unbeherrscht, rückständig, inkonsequent, unverhältnismäßig und weiblich lasterhaft sein. Diese Aufgabe wurde dem Orient zugewiesen. Der **Orientalismus** hat im westlichen Wissensdiskurs demnach die Funktion, den Osten als Projektionsfläche zu errichten, auf die der Westen »sein Gegenbild, seine Gegenidee, Gegenpersönlichkeit und Gegenerfahrung« projizieren kann.[101] Gleichzeitig leitete der Westen aus dieser asymmetrischen Gegenüberstellung von Ost und West die Legitimation seiner Herrschaft über den Orient ab.

Was für das Verhältnis von Orient und Okzident gilt, kann auch auf andere Zusammenhänge der Identitätsbildung übertragen werden. Eines der wichtigsten Themen der *Postcolonial Studies* ist deshalb die Rekonstruktion

---

100 Hall, Stuart: Wann war ›der Postkolonialismus‹? Denken an der Grenze, in: Bronfen, Elisabeth/Marius, Benjamin/Steffen, Therese (Hrsg.): Hybride Kulturen. Beiträge zur anglo-amerikanischen Multikulturalismusdebatte, übers. v. Anne Emmert u. Josef Raab, Tübingen 1997, S. 219–246.
101 Said, Edward W.: Orientalismus, übers.v. Hans Günter Holl, Frankfurt a.M. 2009, S. 10.

des *othering*, wie man dieses Verfahren der Selbstvergewisserung nennt. Es funktioniert auf verschiedenen Ebenen. Die kurze Analyse der Zuschreibung von Androgynität in Verner von Heidenstams Roman *Endymion* im Zusammenhang der *Gender Studies* zeigte bereits, wie das Andere auch geschlechtlich konnotiert werden kann. Auch die wechselvolle Geschichte des Judentums in Europa hat man als *othering*-Effekt analysiert. Juden und Jüdinnen wurden lange als die Orientalen in Europa gelesen, als das Fremde im eigenen Land, in das man alle Gegenbilder hineinprojizieren konnte. In der skandinavischen Literatur lässt sich dieses Phänomen exemplarisch an den zahlreichen dänischen Texten der ersten Hälfte des 19. Jahrhunderts untersuchen, die jüdische Figuren ins Zentrum ihrer Handlung stellen. Darunter gibt es viel antisemitische Hetze; es gibt aber genauso zahlreiche Beispiele für das Gegenteil, für **Philosemitismus**.[102] Prominente Autoren und Autorinnen wie Bernhard Severin Ingemann (*Den gamle Rabbin*, 1827; *Der alte Rabbiner*), Thomasine Gyllembourg (*Jøden*, 1836; *Der Jude*) oder Hans Christian Andersen (*At være eller ikke være*, 1857; *Sein oder nicht sein*, 1857) haben Erzählungen geschrieben, in denen den jüdischen Figuren viel Sympathie entgegengebracht wird. Trotzdem unterscheidet sich das Verfahren des *othering* nicht von dem des **Antisemitismus**; zum einen arbeiten beide mit Stereotypen – hier der raffgierige, verschlagene und herzlose Semit, dort der edle alte Jude und die schöne junge Orientalin; zum anderen lässt sich die positive Wertung der genannten Texte daraus ableiten, dass die christliche Mehrheitsgesellschaft nicht vor die Herausforderung gestellt wird, das Judentum als eine Option in Dänemark anzuerkennen, weil es am Ende der jeweiligen Geschichte verschwindet: In der Regel stirbt der edle alte Jude und seine junge schöne Tochter heiratet einen Christen und konvertiert zur Religion ihres Gatten. Die Exklusion ist weniger gewalttätig und polemisch, der Effekt ist jedoch derselbe. Vor allem aber gleichen sich der philosemitische und der antisemitische Diskurs darin, dass in ihnen nicht mit, sondern über die Juden und Jüdinnen gesprochen wird. Was jüdische Identität ist, wird ohne die Betroffenen ausgemacht.

Deshalb ist es bemerkenswert, dass zur gleichen Zeit ein Roman in Dänemark herauskommt, in dem erstmals in der europäischen Literatur überhaupt ein jüdischer Autor eine Geschichte über eine jüdische Hauptfigur erzählt, die von der schwierigen, ja unmöglichen Anerkennung eines Juden in der dänischen Mehrheitsgesellschaft handelt: Meïr Aron Goldschmidts *En Jøde* (1845; *Ein Jude*, 1856) erzählt mit intimer Kenntnis von jüdischen Religionspraktiken, orthodoxen Lebensumständen und jiddischen Wendungen, die er seinem Lesepublikum in zahlreichen Fußnoten übersetzt und erläutert. Die Hauptfigur, der junge Jakob Bendixen, lässt die engen orthodox-jüdischen Zusammenhänge seiner Kindheit und Jugend hinter sich und versucht

---

102 Vgl. Bock, Katharina: Philosemitische Schwärmereien. Jüdische Figuren in der dänischen Erzählliteratur des 19. Jahrhunderts, Tübingen 2021.

auf verschiedenen Wegen, Zugang zur bürgerlichen christlichen Gesellschaft zu bekommen; er geht zum Medizinstudium nach Kopenhagen, verlobt sich mit einer Christin, die mit ihrem Namen Thora, der weiblichen Form des nordischen Gottes Thor, für Dänemark schlechthin steht; als die Verlobung gelöst wird, versucht sich Jakob als Glücksritter auf dem Schlachtfeld des polnischen Freiheitskampfs. Doch die Anerkennung des dänischen Bürgertums wird ihm verweigert; immer wieder wird er auf seine jüdische Herkunft verwiesen und die jüdischen Klischees werden in ihn hineinprojiziert; am Ende des Romans gibt er auf, übernimmt das Fremdbild und wird zu dem, was seine Umwelt schon immer in ihm sehen wollte: ein Wucherjude, der sich in seine orthodoxe Welt abschließt.

Aus heutiger Perspektive beeindruckt der Roman u.a. deshalb, weil er die Verfahren aufdeckt, die etwa 130 Jahre später als *othering* bezeichnet wurden. Denn immer wieder unterstreicht Goldschmidt, dass Jakob nicht anders als sein Umfeld ist, dass das Umfeld – sei es christlich oder jüdisch – aber das in ihn hineinliest, was es ohnehin schon über ›den Juden‹ zu wissen meint. Die jüdische Gemeinde, in der Jakob nach seiner endgültigen Exklusion aus der dänischen Mehrheitsgesellschaft aufgeht, verfährt nicht anders. Auch sie sieht nur das in Jakob, was sie sehen will. Das letzte Kapitel beschreibt seine Beerdigung, auf der ihn zwei seiner Glaubensgenossen für seine Frömmigkeit loben. Bester Beweis: Auf dem Totenbett habe er nach »Moses Gesetz, nach der gebenschten Tora,« gerufen;[103] nur die Lesenden wissen, dass Jakob nicht die fünf Bücher Mose meint, sondern das dänische Mädchen, mit dem er einmal verlobt war. Däne oder Jude – eine dritte Möglichkeit gibt es nicht.

Nachdem Said die binäre Logik der Identitätsbildung anhand des Orients rekonstruiert hatte, geht er in seiner nächsten Untersuchung *Culture and Imperialism* (1993) einen Schritt weiter. Denn auch wenn der Westen sich das Spiegelpaar Okzident/Orient zur Selbstbestätigung konstruiert hat, lässt sich die sehr viel komplexere Wirklichkeit nicht völlig ausschließen. Said vermutet deshalb unter der (über das Oppositionspaar konstruierten) Identität eine Ebene, in der die beiden Bereiche nicht getrennt sind. Zu dieser Ebene solle die literaturwissenschaftliche Analyse durch die Praxis der **kontrapunktischen Lektüre** vorstoßen; sie soll die Relevanz von kolonialen Machtstrukturen auch in solchen Texten ansichtig machen, die auf ihrer Oberfläche gar nichts mit dem Kolonialismus zu tun haben. Eine solche Lektüre kann man an einer Reihe von dänischen Dramen veranschaulichen,[104] die zwischen 1720 und 1800 erschienen sind, als Dänemark die fünftgrößte

---

103 Goldschmidt, Meïr Aaron: Ein Jude, übers. v. Ernst Guggenheim, Reinbek bei Hamburg 1992, S. 389. – »[H]an raabte […] paa Mose Lov, den gebenschte Thora, og det er ligesaa godt!« Goldschmidt, Meïr Aaron: En Jøde, in: Ders.: Folkeudgave, Bd. 1, København 1908, S. 282.

104 S. Heitmann, Annegret: »Til Ostindien eller St. Croix«. Cirkulation og kosmopolitisme i 1700-tallets dramatik, in: Edda 114,2 (2014), S. 120–130.

Sklavenhändlernation Europas war. Die Dramen handeln nicht von den dänischen Kolonien in Afrika, Indien oder der Karibik, stattdessen erzählen viele von ihnen von typischen Liebesgeschichten des europäischen 18. Jahrhunderts, von Vätern, die ihre Töchter in die Ehe mit ungeliebten Männern zwingen wollen; doch die Vertreter des neuen aufklärerischen Menschenbilds obsiegen, die Aufrichtigkeit der Liebe überwindet die Autorität der sozialen Konvention. Das übergeordnete Ziel dieser Dramen ist es, dem Theaterpublikum ein kosmopolitisches Selbstbild zu vermitteln, das durch die aufklärerische Trias von Gleichheit, Freiheit, Brüderlichkeit charakterisiert ist. Doch diese Oberfläche bekommt Risse, wenn man zur Handlung das dazu denkt, was zwar nicht auf der Bühne dargestellt wird, was aber das neu gewonnene bürgerliche Selbstbewusstsein trotzdem erst ermöglichte: den Reichtum nämlich, der durch den schändlichen Dreieckshandel erwirtschaftet wurde: Waffenlieferungen von Dänemark an die Goldküste Afrikas, von dort Sklaven in die karibischen Kolonien, und von dort mit Zucker, Kaffee und Baumwolle zurück nach Dänemark. Die dem aufklärerischen Selbstverständnis zutiefst widersprechende Praktik des Sklavenhandels wird in den Dramen nicht erwähnt, eine kontrapunktische Lektüre müsste jedoch die Momente herausarbeiten, in denen die koloniale Grundlage der Liebesgeschichte durchscheint. So kann sich beispielsweise der verhasste verordnete Ehemann als der geliebte Wunschpartner herausstellen, der nur nicht gleich erkennbar war, weil er einige Jahre in den Kolonien verbrachte, oder der Geliebte wird nun doch zu einer akzeptablen Partie, weil er in den Kolonien plötzlich zu Reichtum gekommen ist, etwa in P.A. Heibergs *Chinafarerne* (1792; *Die Chinafahrer*) oder C.F. Thessens *Velgiøreren* (1796; *Der Wohltäter*). Doch die Wirklichkeit der Kolonien im europäischen Alltag des 18. Jahrhunderts zeigt sich auch in sehr viel unscheinbareren Details; etwa wenn die Figuren immer wieder die kolonialen Modegetränke Tee, Kaffee oder Schokolade zu sich nehmen – so in Ludvig Holbergs *Den politiske Kandestøber* (1722/23; *Der Politische Kannengießer*, 1742). Auch wenn das *setting* der Dramen an seiner Oberfläche durch und durch dänisch ist, zeigt das kontrapunktische Lesen, dass dieses Dänische eben nur scheinbar kulturell homogen ist; tatsächlich ist es von dem durchzogen, was es ausgegrenzt hat.

Im kulturwissenschaftlichen Zusammenhang der *Postcolonial Studies* hat sich für solche Mischverhältnisse der Begriff ›**Hybridität**‹ durchgesetzt. Er bezeichnet den Umstand, dass sich die Grenze zwischen zwei als gegensätzlich aufgefassten Zuständen auflöst, sodass sich die vorher getrennten Bereiche vermischen. Der Begriff wurde zunächst in der Biologie verwendet. Von dort geht er in rassistische Diskurszusammenhänge ein und bezeichnet das angstgeprägte und gleichzeitig begehrte Imaginäre eines sexuellen Kontakts zwischen Menschen unterschiedlicher Ethnien; im Zusammenhang mit den *Postcolonial Studies* aber macht der Begriff eine 180-Grad-Wende, um zu einer grundlegenden Denkfigur kultureller Begegnung umdefiniert zu werden. Die hybride Situation der Kolonien illustriert folgendes Zitat über die Lebensverhältnisse auf den Karibikinseln Sankt Croix, Sankt Thomas und Sankt Jan, die bis 1917 dänische Kolonien waren:

> Der einzelne Sklave in Dänisch-Westindien war entweder selbst in Afrika geboren oder war Kind von Afrikanern. Die Sklaven kamen aus verschiedenen Gegenden Afrikas, wo man seine eigene Sprache sprach und nach je verschiedenen kulturellen Mustern lebte. Einige waren auf einer Plantage in Westindien aufgewachsen und hatten Elemente derjenigen europäischen Kultur aufgenommen, die vor Ort repräsentiert war, ob es nun eine lokale kreolische, englische oder vielleicht dänische Plantagenbesitzerfamilie war, ein irischer Plantagenverwalter oder vielleicht ein deutscher Herrnhuterpfarrer.[105]

Ausgearbeitet und bekannt gemacht hat den Begriff der Hybridität Homi Bhabha. Er kritisiert Saids postkoloniale Konzepte, weil in ihnen die Kolonisierten keine eigene Wirklichkeit haben. Sie wirken wie eine leere Fläche, in die die koloniale Macht ihre Vorstellungen einschreibt. Tatsächlich aber ist Bhabha zufolge die Grenze zwischen Herrschenden und Beherrschten nicht derart scharf gezogen, wie es die europäischen Kolonisator:innen meinten und wie es Saids strukturalistisch argumentierendes Orientalismuskonzept rekonstruiert. Bhabha prägt einen weiteren Ausdruck, den **Dritten Raum**, um die Mischungsverhältnisse sprachtheoretisch zu begründen: In der Kommunikation treffen zwei Räume aufeinander, die durch je eigene Vorstellungen geprägt sind. Doch wenn ein Element (ein Objekt oder ein sprachliches Zeichen) des einen in den anderen Raum wechselt, wird es aus der Vorstellungswelt des ersten Raums gelöst und in den Kontext der zweiten Vorstellungswelt eingebaut. Dabei verändert sich zwangsläufig auch die Bedeutung des Elements mehr oder weniger stark. Der dritte Raum nun soll den Raum der Äußerung bezeichnen, also eigentlich den Moment des Wechsels vom einen Vorstellungsraum in den anderen und damit den Moment der semantischen Unbestimmtheit, in dem die Zeichen noch ihre alten Konnotationen besitzen, aber bereits neue Verbindungen eingehen. Letztlich zeigt der Ausdruck an, »daß die Bedeutung und die Symbole von Kultur nicht von allem Anfang an einheitlich und festgelegt sind und daß selbst ein und dieselben Zeichen neu belegt, übersetzt, rehistorisiert und gelesen werden können«.[106] Dieser Gedanke hatte unter anderem zur Folge, dass man den allgemein verbreiteten Begriff der **Interkulturalität** im akademischen Zusammenhang durch den der **Transkulturalität** ersetzt hat. Impliziert ›Interkulturalität‹, dass Kulturen je eigene Sphären bilden, die von den Mitgliedern verlassen werden können, damit diese sich in einem Raum zwischen (›inter‹) den Kulturen begegnen können, löst der Begriff der

---

105 Meine Übersetzung eines Abschnitts aus Nielsen, Per: Slaver og frie indbyggere 1780–1848, in: Ders. (Hrsg.): Fra slaveri til frihed. Det dansk-vestindiske slavesamfund 1672–1848, København 2001, S. 84–104, hier S. 87f.
106 Bhabha, Homi K.: Die Verortung der Kultur [engl. Original 1994], übers. v. Michael Schiffmann u. Jürgen Freudl, Tübingen 2000, S. 57.

Transkulturalität die Vorstellung von getrennten homogenen Sphären auf. Kultur ist ihm zufolge immer schon ein Phänomen der Überlappung und Mischung.

Anschaulich wird dieser abstrakte Zusammenhang in einem weiteren prominenten Ausdruck aus Bhabhas Metaphernarsenal, dem der **Mimikry**. Koloniale Herrschaft wurde mit der Überzeugung begründet, dass Europa eine für die gesamte Menschheit modellhafte historische Entwicklung durchlaufen habe, und man deshalb den ›zurückgebliebenen‹ indigenen Kulturen dabei behilflich sein müsse, das universale Ziel der Zivilisation zu erreichen. Doch unweigerlich bleibt ein Unterschied zwischen Europäer-Sein und Europäisiert-Sein. Bhabha drückt dies pointiert in dem Wortspiel aus, dass das Ergebnis der Mimikry ›almost the same, but not quite/but not white‹ sei.[107] Da die Differenz nicht aufgeholt werden *kann*, kann sie strategisch dazu eingesetzt werden, die koloniale Herrschaft weiterhin zu rechtfertigen. Wird dieser Schachzug jedoch durchschaut, verwandelt sich die Mimikry in eine Farce der Legitimation. Mimikry kann dann vom kolonisierten Subjekt als ironischer Kompromiss eingegangen werden mit dem Hintergedanken, dass ein Element übernommen, neu kontextualisiert und dadurch umgedeutet wird. Diese Umdeutung wirkt dann auf die Herkunftskultur zurück. In der bewusst eingegangenen Mimikry gewinnt der oder die Kolonisierte Handlungsmacht.

Das Erinnerungsbuch *Den afrikanske Farm* (1937; gleichzeitig auch auf Englisch als *Out of Africa* veröffentlicht; *Afrika, dunkel lockende Welt*, 1938) der Dänin Karen Blixen illustriert das Konzept der Mimikry in einer seltsamen Brechung. Nach ihrer Hochzeit übernahm die Autorin zusammen mit ihrem Mann 1914 eine Kaffeefarm in Kenia. 1931 kehrte sie nach Dänemark zurück, offensichtlich auf ganzer Linie gescheitert: die Farm ging pleite, die Ehe war seit langem zerrüttet, ihr notorisch untreuer Mann hatte sie mit Syphilis angesteckt, ihr Liebhaber starb in einem Flugzeugunglück. *Den afrikanske Farm* ist denn auch ein Dokument des melancholischen Rückblicks, in dem die koloniale afrikanische Welt zu einem vormodernen feudalen Ideal überhöht wird, das aber bereits – individuell wie welthistorisch – verloren ist. Seine kolonialistische Sprechweise und die rassistischen Konzepte, die in Blixens Stilisierung der kenianischen Indigenen erkennbar sind, wurden vielfach heftig – und mit Recht – kritisiert. So werden die indigenen afrikanischen Gesellschaften ganz aus ihrer Identität mit der Natur heraus erklärt:

> Die Eingeborenen, das war Afrika in Fleisch und Blut. Der hohe erloschene Vulkan Longonot, der sich steil und einsam über Rift Valley erhob, die Mimosenbäume am Fluss, die Elefanten und die Giraffen, das alles war nicht so sehr Afrika, wie es die

---

107 Vgl. Bhabha, Homi K.: Of Mimicry and Man: The Ambivalence of Colonial Discourse, in: October 28 (1984), S. 129–133, hier S. 130.

Eingeborenen waren [...]. Alles das war Ausdruck derselben Idee, Variationen über das eine Thema [...]. Die Eingeborenen waren mit ihr [= der Landschaft] im Einklang, und wenn ihre hohen, schmalen, dunklen und dunkelhäutigen Gestalten sie durchwanderten [...] oder wenn sie den Boden bearbeiteten, ihre Kühe hüteten oder ihre großen Tänze tanzten und mir eine Geschichte erzählten, dann war es Afrika selbst, das da wanderte, lachte, seine Herden zählte, tanzte und von alten Tagen berichtete.[108]

Auch wenn der Vergleich großmütig zugunsten der Indigenen ausgelegt wird (»Edel fand ich / immer den Eingeborenen / und arm den Einwanderer.« – Blixen zitiert hier Johannes V. Jensen), wiederholt diese Passage doch ganz die paternalistische Unterscheidung von (afrikanischer) Natur und (europäischer) Zivilisation. Doch die Sache ist nicht so eindeutig, wie man annehmen sollte. Etwa zwei Seiten vorher gibt die Erzählinstanz nämlich offen zu, dass die Eingeborenen »alte[n], ausgebuffte[n] Pokerspieler[n]«[109] gleichen, die sich nicht in die Karten blicken lassen; sie bedienen sich »einer barocken, lustigen Phantasie, um uns in die Irre zu führen«, bei ihrem Verhalten mag es sich in Wirklichkeit um »einen besonderen, unerklärlichen Spaß, eine Parodie, eine Extravaganz« handeln. Man kann sich also fragen, ob der Text die Äußerungen und Praktiken der Indigenen als organischen Auswuchs ihrer afrikanischen Identität interpretiert oder ob er sie als Inszenierungen deutet, in denen das Material in freier Kreativität gestaltet wird. Der Text pendelt zwischen kolonialer Selbstsicherheit und postkolonialer Verunsicherung.

Dies wird besonders in solchen Momenten deutlich, in denen der Text voller Ironie und gleichzeitig Bewunderung für den theatralen Effekt von Szenen indigener Mimikry erzählt. Etwa wenn die Erzählerin den neunjährigen Kikuyu Kamante wegen entzündeter Beine in ein Krankenhaus der schottischen Mission bringt. Als dieser nach drei Monaten – ausgerechnet am Ostersonntag – geheilt zurückkehrt, entfernt er vor der Erzählerin effektvoll die Bandagen und präsentiert zwei glatte, gesunde Beine. Die Bandagen waren also eigentlich bereits überflüssig, aber erst das Fallenlassen des Tuches erzielt den theatralen Effekt, der auf die Auferstehung Christi anspielt, der sein Leichen-

---

108 Dieses und das folgende Zitat stammen aus folgender Ausgabe: Blixen, Tania [Karen Blixen]: Jenseits von Afrika. Memoiren, übers. v. Gisela Perlet, München 2021, S. 40f. – »De indfødte Folk, det var Afrika i Kød og Blod. Den høje udslukte Vulkan, [...] Mimosetræerne langs Floden, Elefanterne og Giraffferne var ikke i højere Grad Afrika selv, end de Indfødte var det [...]. Det var altsammen Udtryk for den samme Idé, Variationer over eet Tema. [...] De Indfødte var i Samklang med det [= Landskabet], og naar de høje smalle, mørke og mørkøjede Folk var paa Vandring [...] eller arbejdede i Jorden, vogtede deres Køer, eller dansede deres store Danse og fortalte mig en Historie, saa var det Afrika selv, der vandrede, lo, talte sine Hjorder, dansede og berettede om gamle Dage«. »Ædel fandt jeg / altid den indfødte / og arm indflytteren«. Blixen, Karen: Den afrikanske Farm, Værker. 1. tekstkritiske og kommenterede udgave, Bd. 1, hrsg. v. Nicolas Reinecke-Wilkendorff, København 2007, S. 29.
109 Dieses und die nächsten beiden Zitate finden sich hier: Blixen: Jenseits von Afrika, S. 36f. – »gamle, forhærdede Pokerspillere«, »af en barok, lystig Fantasi til at lede os paa Vildspor med«, »en Slags sær, uforklarlig Spas, en Parodi, en Extravaganza«. Blixen: Den afrikanske Farm, S. 27f.

tuch im Höhlengrab hinterlässt. Diese Überraschung leitet die Mimikry ein, die gesetzt und sofort ironisiert wird, denn Kamante behauptet, »er sei Christ geworden. ›Ich bin wie du‹, sagte er und fügte hinzu, dass ich ihm an diesem Tag, an dem Christus zu unser beider Freude auferstanden sei, wohl eine Rupie geben könnte«.[110] Besser könnte man Bhabhas Begriff ›Mimikry‹ nicht illustrieren. Die Nachahmung der Europäer durch die Taufe (die dann noch durch die an die Auferstehung gemahnende Heilung bestätigt wird) stellt noch ganz unironisch einen Akt europäisierender Mimesis dar. Diese Angleichung aber ironisiert Kamante durch seine ökonomische Findigkeit. Ist die Bekehrung also ›nur‹ ironisch? Den Anspruch, durch den mimetischen Akt der Taufe auf Augenhöhe mit seiner Herrin verkehren zu können, erhält Kamante aufrecht. Denn er kehrt nicht in die Gemeinschaft seiner Familie zurück, sondern kommt nach kurzem Besuch bei seiner Mutter »bald in mein Haus zurück, als wäre es für ihn selbstverständlich, dass er jetzt dorthin gehörte«. Kamantes mimetischer Schachzug wird aber selbst in einem ironischen Ton erzählt. Man kann also sagen, dass die Erzählinstanz Kamantes ironische Strategie selbst ironisch abwehrt.[111] Um kurz zusammenzufassen: *Den afrikanske Farm* folgt an vielen Stellen einer kolonialistischen Logik, von der man den Text auch nicht freisprechen sollte; seine ästhetische Qualität aber bezieht er daraus, dass er diese Logik ironisch ausstellt. Der Text präsentiert sein erzählendes Bewusstsein also als ein hybrides Gemisch aus kolonialem Herrschaftsdenken, seiner Abwehr und der Abwehr dieser Abwehr. Einfachere Lesarten werden dem Text nicht gerecht.

Die Mimikry, die ironische Wiederholung in der Verkleidung, wird zur poetologischen Strategie von Blixens gesamtem Werk. Eine Identität zu haben, bedeutet in ihren Erzählungen, eine Rolle zu übernehmen und sie so gut zu spielen, dass sie von der Gemeinschaft bestätigt wird. Ikonisch wird das Rollenspiel in der Tatsache, dass es von Blixens Büchern je zwei Originale gibt – sie schrieb jeden ihrer literarischen Texte sowohl auf Dänisch wie auf Englisch – und dass sie ihre englischsprachigen Publikationen unter dem männlichen Pseudonym Isak Dinesen veröffentlichte. Karen Blixens und Isak Dinesens Erzählungen sind der ideale Tummelplatz, auf dem man einen kulturwissenschaftlichen Blick auf Literatur – wie er in diesem Kapitel angeregt wurde – mit ästhetischem Genuss und intellektuellem Vergnügen einüben kann.

---

110 Dieses und das nächste Zitat: Blixen: Jenseits von Afrika, S. 57f. – »at han var blevet Kristen. ›Jeg er ligesom du,‹ sagde han. Han tilføjede, at han syntes, jeg gerne kunde give ham en Rupee, siden Kristus, til Glæde for os begge to, idag var opstanden«. »tilbage til mit Hus, som om han tog det for givet, at han nu hørte til der«. Blixen: Den afrikanske Farm, S. 37.
111 In der kurzen Lesart von Den afrikanske Farm habe ich auf Beispiele zurückgegriffen, die in folgendem Aufsatz sehr viel ausführlicher dargelegt werden: Thisted, Kirsten: Dead Man Talking. Om tale og tavshed og repræsentationens ambivalens hos Karen Blixen og Thorkild Hansen, in: Spring. Tidsskrift for moderne dansk litteratur 22 (2004), S. 102–130.

Literaturverzeichnis

Das folgende Literaturverzeichnis listet einige erprobte Empfehlungen zum Weiterlesen in Einführungen, Handbüchern und Überblickswerken auf. Es enthält nicht die Nachweise der Texte, die in den einzelnen Kapiteln zitiert wurden oder auf die dort hingewiesen wurde; solche Nachweise finden sich in den Fußnoten.

Zu Kapitel I: Einleitung

Böldl, Klaus/Kauko, Miriam (Hrsg.): Kontinuität in der Kritik, Freiburg 2005.
Henningsen, Bernd (Hrsg.): Nordeuropa. Handbuch für Wissenschaft und Studium, Freiburg 2023.
Rühling, Lutz/Huntemann, Willi (Hrsg.): Fremdheit als Problem und Programm: Die literarische Übersetzung zwischen Tradition und Moderne, Berlin 1997.
See, Klaus von: Deutsche Germanen-Ideologie. Vom Humanismus bis zur Gegenwart, Frankfurt 1970.
Wischmann, Antje/Reinhardt, Michaela (Hrsg.): Multilingualität und Mehr-Sprachlichkeit in der Gegenwartsliteratur, Freiburg 2019.
Zernack, Julia/Schulz, Katja (Hrsg.): Gylfis Täuschung. Rezeptionsgeschichtliches Lexikon zur nordischen Mythologie und Heldensage, Heidelberg 2019.

Zu Kapitel II: Literaturgeschichtliche Zugänge

Anderson, Benedict: Imagined Communities. Reflections on the Origin and Spread of Nationalism, London 1983.
Arnold, Heinz Ludwig/Detering, Heinrich (Hrsg.): Grundzüge der Literaturwissenschaft, München 2002.
Bloom, Harold: The Western Canon, New York 1994.
Glauser, Jürg (Hrsg.): Skandinavische Literaturgeschichte, 2. Aufl., Stuttgart 2016.
Jannidis, Fotis et al. (Hrsg.): Texte zur Theorie der Autorschaft, Stuttgart 2000.
Møller Jensen, Elisabeth (Hrsg.): Nordisk Kvindelitteraturhistorie, 5 Bde., København 1993.
Weimar, Klaus (Hrsg.): Reallexikon der deutschen Literaturwissenschaft, 3 Bde., Berlin/New York 2007.

Zu Kapitel III: Poetologische Zugänge

Berndt, Frauke/Tonger-Erk, Lily: Intertextualität. Eine Einführung, Berlin 2013.
Fischer-Lichte, Erika: Ästhetische Erfahrung. Das Semiotische und das Performative, Tübingen 2001.
Genette, Gérard: Die Erzählung. 3. durchges. u. korr. Aufl., übers. von Andreas Knopp, Paderborn 2010 [franz. Original 1972–76].
Lehmann, Hans-Thies: Postdramatisches Theater, 6. Aufl., Frankfurt a.M. 2015.
Köppe, Tilmann/Winko, Simone: Neuere Literaturtheorien. Eine Einführung. 2. aktualis. u. erw. Aufl., Stuttgart 2013.
Martinez, Matias/Scheffel, Michael: Einführung in die Erzähltheorie, 9. aktualis. u. überarb. Aufl., München 2012.
Rühling, Lutz: Fiktionalität und Poetizität, in: Ders.: Die Metapher, die immer da ist. Studien zur Literaturtheorie und Textanalyse, Göttingen 2019, S. 13–38.
Schmid, Wolf: Elemente der Narratologie, 3. erw. u. überarb. Aufl., Berlin/Boston 2014.
Schößler, Franziska: Einführung in die Dramenanalyse, 2. Aufl. Weimar 2017.

Literaturverzeichnis

Simon, Ralf (Hrsg.): Grundthemen der Literaturwissenschaft: Poetik und Poetizität, Berlin/Boston 2018.
Todorov, Tzvetan: Die literarischen Gattungen, in: Ders.: Einführung in die fantastische Literatur, übers. v. Karin Kersten, Senta Metz u. Caroline Neubaur, Berlin 2013 [franz. Original 1970], S. 7–32.
Zymner, Rüdiger (Hrsg.): Handbuch Gattungstheorie, Stuttgart 2010.

Zu Kapitel IV: Medienwissenschaftliche Zugänge

Assmann, Aleida: Medien, in: Dies.: Einführung in die Kulturwissenschaft. Grundbegriffe, Themen, Fragestellungen, 4. durchges. Aufl., Berlin 2017, S. 59–90.
Boasson, Frode et al. (Hrsg.): Det mediale gjennombruddet. Medieestetiske lesninger av det sene 1800-tallets litteratur, Oslo 2023.
Heitmann, Annegret: Intermedialität im Durchbruch. Bildkunstreferenzen in der skandinavischen Literatur der frühen Moderne, Freiburg 2003.
Hickethier, Knut: Einführung in die Medienwissenschaft, 2. aktualis. u. überarb. Aufl., Stuttgart 2010.
Hutcheon, Linda: A Theory of Adaptation, New York 2006.
Kerlen, Dietrich: Einführung in die Medienkunde, Stuttgart 2003.
Ludes, Peter: Einführung in die Medienwissenschaft. Entwicklungen und Theorien, Berlin 2003.
Rajewsky, Irina O.: Intermedialität, Tübingen/Basel 2002.
Schröder, Stephan Michael/Hockenjos, Vreni (Hrsg.): Historisierung und Funktionalisierung. Intermedialität in den skandinavischen Literaturen um 1900, Berlin 2005.
Wiesing, Lambert: Was sind Medien, in: Ders.: Artifizielle Präsenz. Studien zur Philosophie des Bildes, Frankfurt a.M. 2005, S. 149–162.
Wolf, Werner: Intermedialität: Konzept, literaturwissenschaftliche Relevanz, Typologie, intermediale Formen, in: Dörr, Volker C./Kurwinkel, Tobias (Hrsg.): Intertextualität, Intermedialität, Transmedialität. Zur Beziehung zwischen Literatur und anderen Medien, Würzburg 2014, S. 11–45.

Zu Kapitel V: Kulturwissenschaftliche Zugänge

Assmann, Aleida: Einführung in die Kulturwissenschaft. Grundbegriffe, Themen, Fragestellungen, 4. durchges. Aufl., Berlin 2017.
Borgards, Roland (Hrsg.): Texte zur Kulturtheorie und Kulturwissenschaft, Stuttgart 2010.
Hepp, Andreas/Krotz, Friedrich/Thomas, Tanja (Hrsg.): Schlüsselwerke der Cultural Studies, Wiesbaden 2009.
Jaeger, Friedrich/Liebsch, Burkhard (Hrsg.): Handbuch der Kulturwissenschaften, Bd. 1: Grundlagen und Schlüsselbegriffe, Bd. 2: Paradigmen und Disziplinen, Bd. 3: Themen und Tendenzen, Stuttgart/Weimar 2004.
Kimmich, Dorothee/Schahadat, Schamma/Hausschild, Thomas (Hrsg.): Kulturtheorie, Bielefeld 2010.
Leggewie, Claus et al. (Hrsg.): Schlüsselwerke der Kulturwissenschaften, Bielefeld 2012.
Moebius, Stephan/Quadflieg, Dirk (Hrsg.): Kultur. Theorien der Gegenwart, 2. erw. u. aktualis. Aufl., Wiesbaden 2011.
Moebius, Stephan (Hrsg.): Kultur. Von den Cultural Studies bis zu den Visual Studies. Eine Einführung, Bielefeld 2012.
Nünning, Ansgar (Hrsg.): Metzler Lexikon Literatur- und Kulturtheorie: Ansätze – Personen – Grundbegriffe, 2. überarb. u. erw. Aufl., Stuttgart/Weimar 2001.

Register der skandinavischen Autor:innen

A

Aasen, Ivar (1813–96) 32
Ahlin, Lars (1915–97) 147
Almqvist, Carl Jonas Love (1793–1866) 37, 38, 61, 62, 166, 167, 171
Andersen, Hans Christian (1805–75) 8, 10, 21, 27, 85, 127, 128, 134, 135, 144, 145, 219
Arrebo, Anders (1587–1637) 60, 212
Asbjørnsen, Peter Christen (1812–85) 32
August, Bille (* 1948) 142, 143

B

Baggesen, Jens (1764–1826) 15
Bang, Herman (1857–1912) 105–107, 109, 141
Bellman, Carl Michael (1740–95) 24, 25
Benedictsson, Victoria (1850–88) 138
Biehl, Charlotte Dorothea (1731–88) 21, 28, 29
Bildøen, Brit (* 1962) 12
Bjerring, Viggo (* 1981) 150
Björk, Henrik (* 1973) 214
Bjørnson, Bjørnstjerne (1832–1910) 27, 32, 196, 199, 216
Blixen, Karen (1885–1962) 21, 32, 38, 72, 73, 89, 142–144, 223–225
Bording, Anders (1619–77) 23, 24
Brandes, Georg (1842–1927) 35, 36, 39, 191

C

Christensen, Inger (1935–2009) 43, 68, 70–72

D

Ditlevsen, Tove (1917–76) 42
Drachmann, Holger (1846–1908) 138
Dranger, Joanna Rubin (* 1970) 204
Drewsen, Jette (* 1943) 29, 30
Dybeck, Richard (1811–1877) 216

E

Enquist, Per Olov (1934–2020) 42
Espedal, Tomas (* 1961) 42
Ewald, Johannes (1743–81) 30

F

Fosse, Jon (*1959) 12

G

Garborg, Arne (1851–1924) 12
Geijer, Erik Gustaf (1783–1847) 217
Goldschmidt, Meïr Aron (1819–87) 197, 198, 219, 220
Grieg, Nordahl (1902–43) 202, 203
Grundtvig, Nikolai Frederik Severin (1783–1872) 160
Grundtvig, Svend (1824–83) 119, 144
Grytten, Frode (*1960) 12
Gunnarsson, Gunnar (1889–1975) 32, 33
Gyllembourg, Thomasine (1773–1856) 120–122, 161, 162, 219

H

Hamsun, Knut (1859–1952) 38, 83, 89, 90, 111, 117, 135, 148, 149, 194, 195
Heiberg, Johan Ludvig (1791–1860) 120, 121, 144
Heiberg, Peter Andreas (1758–1841) 221
Heidenstam, Verner von (1859–1940) 209, 219
Helle Helle (*1965) 206, 207
Herbjørnsrud, Hans (1938–2023) 42
Hertz, Henrik (1797/98–1870) 193, 194
Hjort, Vigdis (* 1959) 42
Høeg, Peter (* 1957) 87–89
Holberg, Ludvig (1684–1754) 28, 29, 31, 39, 60, 61, 99, 100, 221
Holger-Madsen (1878–1943) 112

I

Ibsen, Henrik (1828–1906) 9, 27, 31, 43, 79–81, 98, 102, 103, 139, 140, 177, 178, 183–186, 190–192, 200, 201

Ingemann, Bernhard (1789–1862) 144, 219
Iunker, Finn (* 1969) 101

J

Jacobsen, Jens Peter (1847–85) 144, 145
Jansson, Tove (1914–2001) 12, 127, 128
Jensen, Johannes Vilhelm (1873–1950) 138, 154–157, 159, 160, 163–165, 170, 224
Johnson, Eyvind (1900–76) 162

K

Khemiri, Jonas Hassen (* 1978) 13, 34, 64–66
Kielland, Alexander (1849–1906) 27, 74, 75
Kjærstad, Jan (* 1953) 41, 149
Knausgård, Karl Ove (* 1968) 42, 83–85
Korneliussen, Niviaq (*1990) 13

L

Lagerlöf, Selma (1858–1940) 21, 43, 52–54, 62
Langstrup, Steen (* 1968) 150, 151
Lie, Jonas (1833–1908) 27
Lindgren, Torgny (1938–2017) 129, 130
Linné, Carl von (1707–78) 49–51, 55, 158, 159, 199
Løveid, Cecilie (* 1951) 100–103
Lundberg, Kristian (* 1966) 42
Lundberg, Ulla-Lena (* 1947) 12

M

Madame Nielsen (* 1963) 42
Martinson, Harry (1904–78) 162, 211
Martinson, Moa (1890–1964) 132, 147
Michaëlis, Sophus (1865–1942) 112
Moe, Jørgen (1813–82) 32

O

Oehlenschläger, Adam (1779–1850) 32, 39, 98, 144, 161, 162, 212, 213, 216

Øyehaug, Gunhild (* 1975) 44–48

P

Palm, Göran (1931–2016) 123, 124

R

Rifbjerg, Klaus (1931–2015) 148, 151

S

Skram, Amalie (1846–1905) 27
Snoilsky, Carl (1841–1903) 54
Snorri Sturluson (1178/9–1241) 217
Södergran, Edith (1892–1923) 12, 27
Spegel, Haquin (1645–1714) 212
Stålenhag, Simon (* 1984) 145, 146
Stiernhielm, Georg (1598–1672) 56–58, 60
Strindberg, August (1849–1912) 21, 27, 32, 49–53, 55, 62, 63, 85, 93–97, 136–139

T

Thorild, Thomas (1759–1808) 15

U

Ulfeldt, Leonora Christina (1621–98) 85
Undset, Sigrid (1882–1949) 27

V

Valkeapää, Nils-Aslak (1943–2001) 13
Vold, Jan Erik (* 1939) 78, 79

W

Welhaven, Johan Sebastian (1807–73) 32
Wergeland, Henrik (1808–45) 32
Westö, Kjell (* 1961) 12
Winther, Christian (1796–1876) 144

Stichwortregister

A

Adaption 20, 86, 138, 143, 144
Affektstudien 207
Anthropozän 211
Äquivalenz 67, 106
Aufführung 48, 89–93, 95–101, 103, 104, 108, 124, 177, 178
Aufschreibesystem 126, 132
Autofiktion 42, 83
Autonomie / Heteronomie 37, 186, 187
Autorschaft 38, 40–42

B

Berner Übereinkunft 41
Bildanthropologie 126
Binarismus 169

C

Close reading 186, 188
Cultural Memory Studies 198, 202
Cyborg 199, 213

D

Dekonstruktion 55, 88, 89
Dichte Beschreibung 9, 174, 176, 178
Diegese 75, 88
Digitale Revolution 149
discours - histoire 80, 147
Dispositiv 123, 125, 126, 133, 139, 140
Dritter Raum 222
Drittes Geschlecht 208

E

Ecocriticism / Ökokritik 210, 212
Einflussforschung 187
Ekphrasis 129, 130
Entautomatisierung 67
Epoche 26, 34–38, 53, 125, 127, 133, 187, 211, 214
Erzähler / Erzählinstanz 40–42, 53, 56, 73–77, 80, 81, 83–85, 107, 149, 161, 193, 195, 206, 224, 225

F

Fabel 80, 155, 157, 170
Fiktionalität 82
Fokalisierung 76
Formalismus 45, 63, 64, 67, 68, 80

G

Gedächtnis 117–119, 198, 201–204
Gender und Queer Studies 207, 208
Gesamtkunstwerk 37, 61
Global Village 133
Grand récit 36
Gründungserzählung 155, 178, 194
Gutenberg-Galaxis 125

H

Heteronormativität 9, 208
Hybridität 33, 55, 215, 221, 222

I

Inszenierung 9, 90, 91, 94, 97, 178, 184, 185
Intention / Intentional fallacy 40, 175, 187
Intermedialität 20, 121, 126, 127, 130, 131, 133, 136, 139–141, 146, 149
Interpretation 56, 87, 141, 174, 178
Intertextualität 85, 86, 130, 131, 190
Intramedialität 130
Isotopie 70, 71

K

Kanon 20, 26–30, 48, 207
Kommunikation 12, 23, 74, 95, 106, 111–114, 116, 121, 122, 150, 151, 222
Kontingenz / kontingent 154, 171
Kontrapunktische Lektüre 20, 220, 221
Körper / Körperkonzepte 56, 91, 92, 103, 134, 138, 164, 165, 178, 189, 192, 204, 205, 207, 208, 210, 213
Körperextensionen 113, 114
Kulturelle Praktiken 116, 121, 141
Kulturelles Kapital 162
Kulturpoetik 188

Kulturtechnik 118, 123, 163, 164

L

Leitmedien 124, 125, 127
Liminalität 180–182, 185, 186
Literalität / Literarizität 63, 64, 67, 122

M

Materialität 115, 116, 128, 130, 131
Medialität 121, 122, 128, 134, 135, 151
Medienästhetik 132, 133, 146
Mediendispositiv 121, 123, 125, 138, 147
Medienkonglomerat 143
Medienkontexte 142, 145
Medienkulturwissenschaft 123, 126
Mediensozialisation 121, 122
Medienwechsel 113, 131, 142, 143
Medium ist die Botschaft 121, 122, 138
Mehrsprachigkeit 12, 13, 32
Metapoesie 69
Mimesis 25, 104, 105, 130, 225
Mimikry 223–225
Minderheitensprachen und -literaturen 32

N

Narratologie / Erzähltheorie 73, 74, 76, 77, 79, 80, 195
Nation building 31
New Criticism 186, 188
New Historicism 186–188, 190

O

Oralität 119, 122
Orientalismus 218

P

Palimpsest 25, 190–192
Paragone 124
Paratext 52
Performativität 179
Periodisierung 34–38
Poetik – poetologisch 13, 37, 38, 51, 56, 59–62, 64, 109, 141, 187, 206, 207
Postcolonial Studies 193, 215, 217, 218, 221

Postdramatisches Theater 100, 101
Primärmedien – Sekundärmedien – Tertiärmedien 122

R

Raum 112, 117, 133, 161, 166, 178, 192–196, 198, 222
Remusikalisierung 145
Rezeptionsästhetik 46, 175
Ritual / Ritualanalyse 178–182, 206

S

Selbstauslegung / Selbstbeschreibung / Selbstreferenzialität 67, 68, 83, 176, 177
Semiose 164, 166
Semiosphäre 20, 195, 196
Sex und gender 208
Signifikat / Signifikant 112, 115, 164
Soziale Rolle / soziales Drama 180, 182–185
Space Studies 193–195
Spiel im Spiel 88, 105, 108
Struktur / Anti-Struktur 53, 77–79, 86, 96, 123, 176, 179–181, 185, 186
Sujet 79, 80
Symbolische Ordnung 166–168, 179, 182, 196, 197
Systemdichtung 68
Systemkontamination 149
Systemreferenz 141

T

Texte général 86
Transformation 56, 143, 144, 196
Transgression 56
Transkulturalität 222, 223
Trauma 203, 204

U

Übertragung 59, 111, 113–116, 203, 204

V

Verhandlung 154, 186, 189, 190, 192, 194
Vierte Wand 94, 95, 183

W

Widerspiegelungstheorie 187
Wirkungsäquivalenz 143–145

Z

Zeichen / Zeichensystem 9, 40, 45, 48, 67, 71, 85, 90–92, 95, 97, 98, 100, 102, 105, 112, 115, 128, 131, 135, 144, 159, 163–168, 173, 185, 187, 210, 218, 222
Zeit / Verzeitlichung 81, 84, 112, 117, 127, 132, 133, 178, 192, 198–201, 218, 219
Zerdehnte Kommunikation 111
Zirkulation 189, 190
Zwischenraum 33